REICH DER NATUR

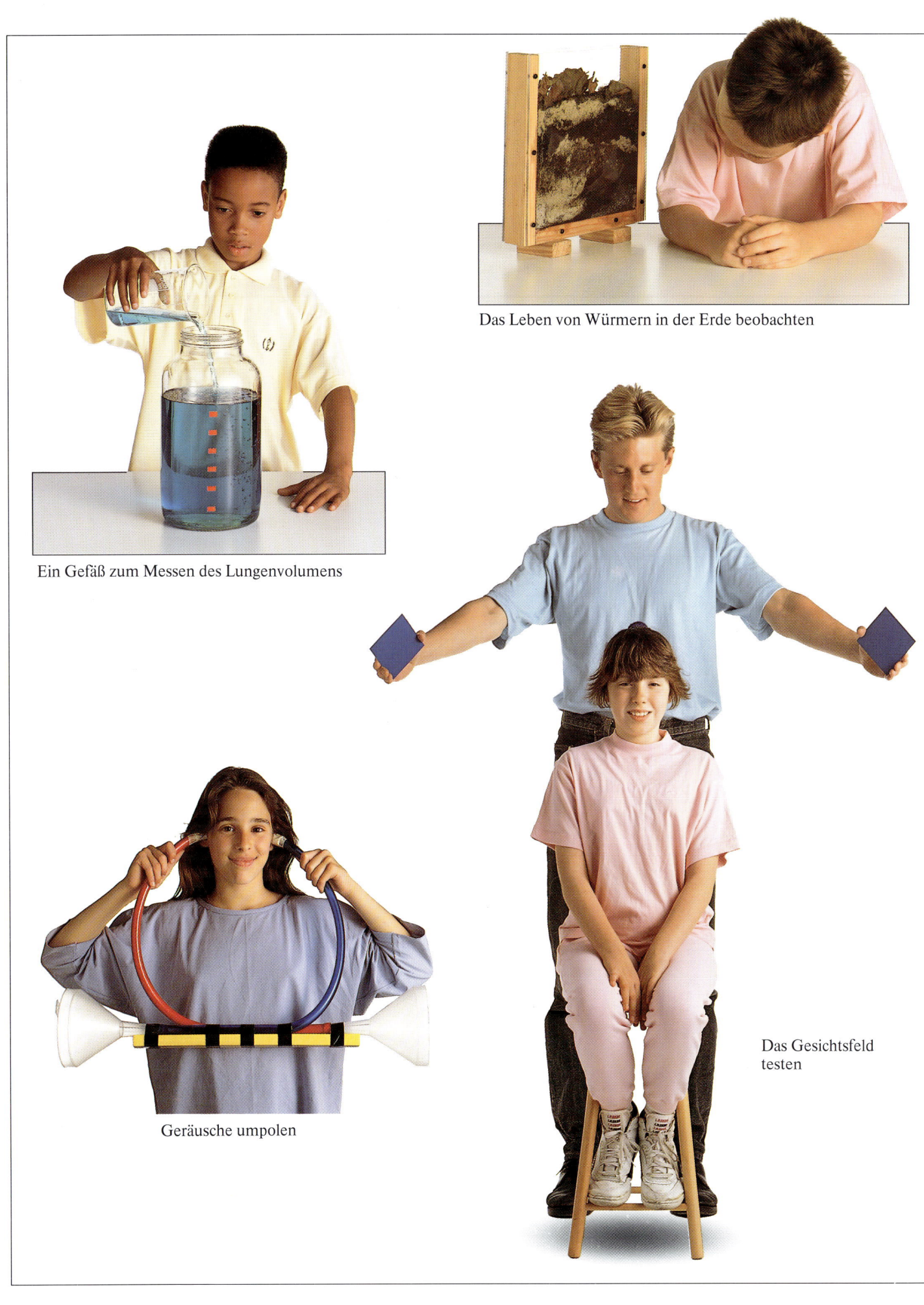

Das Leben von Würmern in der Erde beobachten

Ein Gefäß zum Messen des Lungenvolumens

Das Gesichtsfeld testen

Geräusche umpolen

BEOBACHTEN · EXPERIMENTIEREN · ENTDECKEN

Spannende Projekte und
Versuche aus dem

REICH DER NATUR

Ein Buch für die ganze Familie

David Burnie

Die Geschmacksschwelle testen

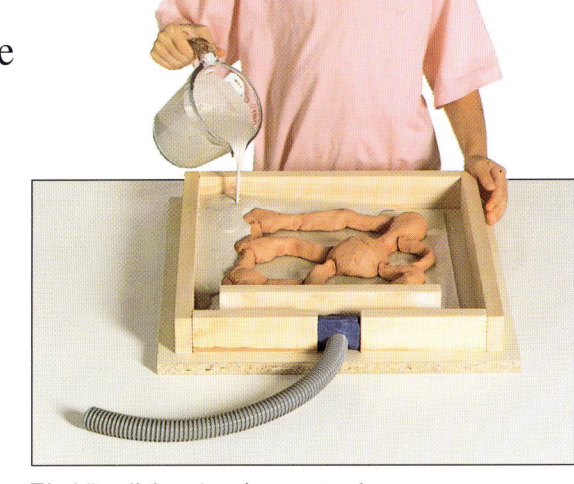

Ein künstliches Ameisennest anlegen

Bodenbewohner mit einem Baermann-Trichter untersuchen

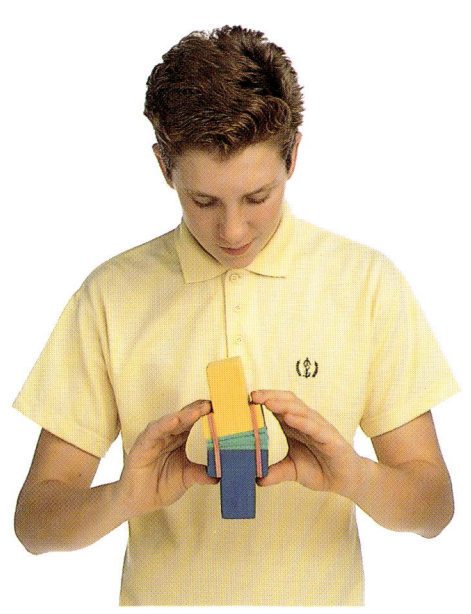

Die Arbeitsweise eines Gelenks studieren

Christian Verlag

HINWEIS

Alle Experimente, die ins Buch aufgenommen wurden, sind ungefährlich und wurden von Fachleuten sorgfältig ausgewählt und überprüft. Wenn erhöhte Vorsicht oder die Aufsicht von Erwachsenen vonnöten ist, wird jeweils darauf hingewiesen. Es ist selbstverständlich, daß nicht alle Versuche für Kinder aller Altersklassen gleichermaßen geeignet sind. Der Verlag kann keine Haftung übernehmen, falls bei der Durchführung der im Buch beschriebenen Experimente Schäden entstehen.

Aus dem Englischen übertragen von Michael Schmidt
Redaktion: Vera Murschetz
Wissenschaftliche Beratung: Dr. Jens-Uwe Voss
Korrektur und Register: Britta Fuss
Umschlaggestaltung: Ludwig Kaiser
Herstellung: Dieter Lidl
Satz: Josef Fink GmbH, München

© Copyright 1992 der deutschsprachigen Ausgabe
by Christian Verlag, München
Die Originalausgabe mit dem Titel
How Nature Works wurde erstmals 1991
im Verlag Dorling Kindersley Limited,
London, veröffentlicht
© Copyright 1991 der Originalausgabe
by Dorling Kindersley Limited, London
© Copyright 1991 für den Text
by David Burnie

[DK] Ein Dorling Kindersley Buch

Druck und Bindung: Tien Wah Press, Singapore
Printed in Singapore

Alle Rechte vorbehalten, auch die des
teilweisen Nachdrucks, des öffentlichen Vortrags und
der Übertragung in Rundfunk und Fernsehen

ISBN 3-88472-216-6

Inhalt

Einführung _____ 6
Das Heimlabor _____ 8

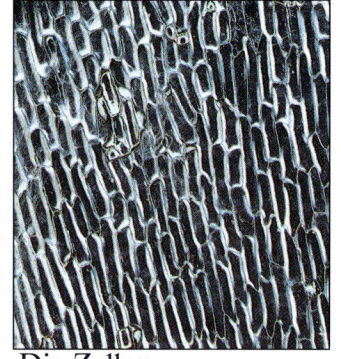

WAS IST LEBEN?

WIE LEBEN ENTSTEHT _____ 14
Die Zellen _____ 16
Die Bausteine des Lebens _____ 18
EVOLUTION _____ 20
Natürliche Auslese _____ 22
Das System der Lebewesen _____ 24
Bakterien, Pilze und Pflanzen _____ 26
Einzeller und Tiere _____ 28
ÖKOLOGIE _____ 30
Das Vermessen des Pflanzenreichs _____ 32
Nahrungsnetze _____ 34

DIE WELT DER PFLANZEN UND PILZE

BLÜTENPFLANZEN _____ 38
Wie Pflanzen Nährstoffe erzeugen 1 _____ 40
Wie Pflanzen Nährstoffe erzeugen 2 _____ 42
Wachstum und Bewegung _____ 44
Der Aufbau von Blüten _____ 46
Blüten untersuchen _____ 48
Früchte und Samenverbreitung _____ 50
Samen und Keime _____ 52
BÄUME _____ 54
Der Aufbau der Bäume _____ 56
Blätter und Rinde _____ 58
EINFACHE PFLANZEN _____ 60
Pflanzen ohne Blüten _____ 62
PILZE _____ 64
Der Aufbau der Pilze _____ 66
Wie sich Ständerpilze vermehren _____ 68

LEBEN IM WASSER

SÜSSWASSERREVIERE	72
Leben in Teichen und Bächen	74
Einen Teich bauen	76
Lurche	78
Von der Kaulquappe zur Kröte	80
Fische	82
LEBEN AM STRAND	84
Verschiedene Strände	86
Leben am Felsstrand	88
Muscheln und Schnecken	90
Felstümpel	92
Korallenriffe	94
Meeresalgen	96

INSEKTEN UND ANDERE WIRBELLOSE

DIE WELT DER WIRBELLOSEN	100
Insekten aufziehen	102
Heuschrecken und Grashüpfer	104
Schmetterlinge züchten	106
Falter	108
Ameisen und Termiten	110
Bienen und Wespen	112
Wie Bienen ihre Nahrung finden	114
Umweltverhalten	116
Tarnung und Mimikry	118
Das Leben im Boden	120
Das Prüfen von Bodenproben	122
Regenwürmer	124

VÖGEL

WAS WIR VOM FLIEGEN WISSEN	128
Flügel	130
Federn	132
Gewölle	134
Eier	136
Nester und Nistkästen	138
Vögel beobachten	140

REPTILIEN

DIE WELT DER REPTILIEN	144
Schlangen	146
Krokodile, Alligatoren und Echsen	148
Wasser- und Landschildkröten	150

SÄUGETIERE

DER KÖRPERBAU DER SÄUGETIERE	154
Das Skelett	156
Gelenke und Bewegungsapparat	158
Muskelkraft	160
Zähne	162
Lunge und Atmung	164
Sehen	166
Fühlen	168
Schmecken und Riechen	170
Hören	172
In freier Wildbahn	174
Fortpflanzung	176
Nachtsäugetiere	178
Fußspuren und Fährten	180
Nahrungsspuren	182
Fachbegriffe	184
Register	188
Danksagung und Bildquellenverzeichnis	192

EINFÜHRUNG

Wie fliegt ein Vogel? Warum brauchen Pflanzen Licht? Wie wird aus einer Kaulquappe ein Frosch? Solche und andere Fragen über die Welt, in der wir leben, haben uns Menschen schon immer fasziniert. Jahrhunderte vor unserer Zeit fand man eine Antwort darauf, indem man sich auf den bloßen Augenschein verließ – oder die Phantasie bemühte. Damals schien die Welt noch voller Geheimnisse zu sein. Aus Berichten über seltsame Lebewesen in fernen Ländern entstanden Märchen und Sagen von Drachen, Einhörnern und Seeungeheuern. Und viele Menschen glaubten tatsächlich, daß tote Gegenstände sich plötzlich in lebendige Wesen oder irgendwelche Pflanzen sich in Tiere verwandeln und davonfliegen könnten.

Seitdem hat die Wissenschaft vom Leben, die Biologie, eine ganze Menge darüber herausgefunden, was Leben wirklich ist. Viele bedeutende Biologen haben als Amateurforscher begonnen, die wissen wollten, wie Leben funktioniert. Ihre Entdeckungen verdanken sie ihrer Experimentierlust sowie sorgfältiger Beobachtung. Und auf genau die gleiche Weise könnt ihr mit diesem Buch die Natur spielend entdecken lernen.

Für die erläuterten Experimente braucht man keine komplizierten Geräte, man kann sie im Freien wie zu Hause ausführen, und die ganze Familie kann mitmachen. Viele Experimente sind auch für kleine Kinder interessant, und wenn

ein Erwachsener dabeisein oder helfen sollte, weisen wir extra darauf hin. Bei einigen Experimenten seht ihr das Ergebnis sofort. Für andere wiederum braucht ihr mehr Zeit, zum Beispiel für das Aufziehen von Pflanzen oder Insekten. Dann solltet ihr täglich darauf achten, ob genügend Wasser und Nahrung vorhanden ist. Am besten fängt man damit an, wenn man ein wenig vorausplanen kann.

Unsere Welt verändert sich in einem unglaublichen Tempo. Viele einst so zahlreiche Lebewesen sind heute durch menschliche Aktivitäten bedroht, angefangen von der Landwirtschaft bis zum Verkehr. Vernichtet also nicht mutwillig Pflanzen und Tiere, wenn ihr sie untersucht.

Unser Planet ist voller schöner, komplizierter und erstaunlicher Lebewesen. Laßt sie in ihrem Lebensraum und beherzigt das Motto des wahren Naturforschers: »Schauen, lernen und in Frieden lassen.«

Das Heimlabor

Wenn ihr in der Natur mehr entdecken wollt, als ihr mit bloßem Auge sehen könnt, braucht ihr ein einfaches Heimlabor. Für die meisten dieser Experimente genügt ein Fensterbrett oder eine Arbeitsfläche, oder sie können im Garten mit alltäglichen Gebrauchsgegenständen ausgeführt werden. Wenn ihr nicht alle oder die gleichen hier abgebildeten Sachen habt, probiert es mit etwas Ähnlichem – es funktioniert genauso.

Die Ausstattung

Die wichtigsten Dinge für den angehenden Forscher sind eine gute Lupe, Bleistift und Papier sowie ein scharfes Messer oder Skalpell.

Achtung: Skalpelle sind *sehr* scharf und sollten *nur in Gegenwart eines Erwachsenen* benutzt werden. Ein Mikroskop ist nützlich, aber nicht unbedingt erforderlich. Übrigens gibt es auch komplette Naturforscherkästen zu kaufen.

Skalpell

Trinkhalme *Watte*

     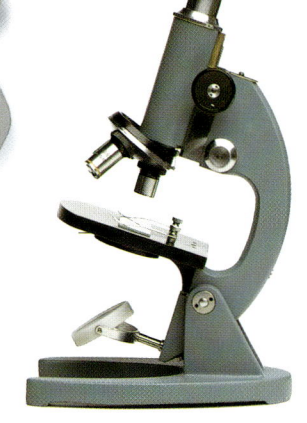

Korken  *Lupe*

Notizblock *Bleistifte* *Taschenlampe* *Wachsmalstifte* *Objektträger* *Mikroskop*

Messen und Zählen

Nicht nur Wissenschaftler, wir alle brauchen immer wieder genaue Maßangaben. In eurer Küche findet ihr zum Beispiel Meßgeräte für Rauminhalte (Meßbecher) und Gewichte (Waagen). Und ein Lineal, ein Maßband und einen Taschenrechner habt ihr sicher zu Hause.

Lineal

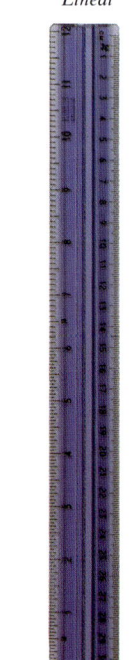

Maßband

Taschenrechner

Thermometer

Tropfflasche *Meßbecher* *Meßzylinder* *Trichter*

DAS HEIMLABOR

Küchenutensilien und andere Geräte

In eurer Küche gibt es alle möglichen nützlichen Utensilien. Aber **Achtung**: Küchengeräte werden verunreinigt, wenn ihr damit experimentiert – durch Tiere, Pflanzen, Erde, Teichwasser oder Chemikalien. Wascht sie also gründlich in heißem Wasser, bevor ihr sie wieder zurückgebt, oder stellt einen eigenen Satz dieser Utensilien nur für eure Experimente zusammen.

Einfache Materialien für Bastler

Für manche Experimente benötigt man ein paar Bretter und Sperrholz. Seid umweltbewußt und kauft keine Tropenhölzer. Die hier abgebildeten Sachen gibt es alle in Bastlerläden und Heimwerkermärkten.

Befestigungsmittel

Für die verschiedenen Experimente und Aufgaben braucht man alle möglichen Befestigungsmaterialien wie Klebeband, Nägel oder Schrauben. Legt euch einen kleinen Vorrat an, und wenn ihr mal nicht das bei einem bestimmten Experiment Angegebene zur Hand habt, tut's etwas Ähnliches auch.

Schrauben

Stifte

Nägel

Reißnägel

Hefter

Schnur

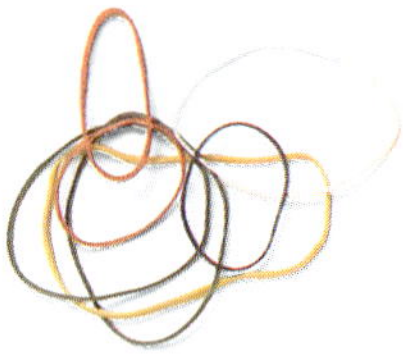

Gummiringe

Klebeband

Zwirn

Schnellkleber

Holzleim

Draht

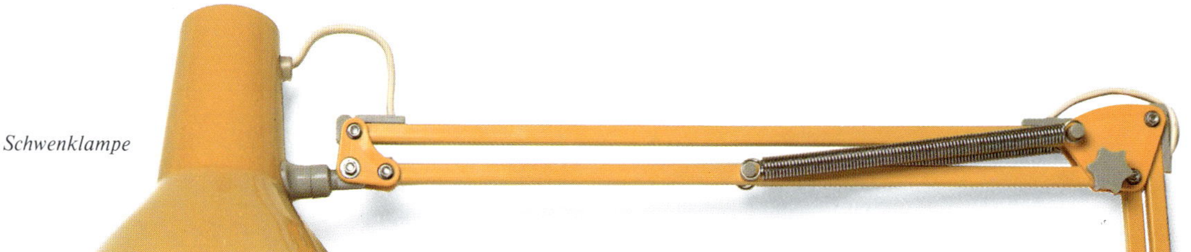

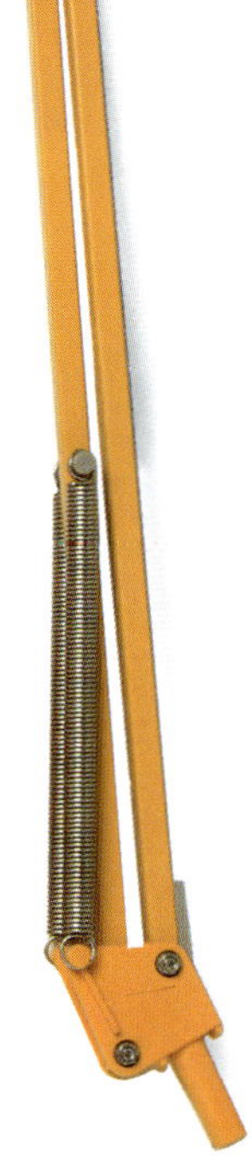

Schwenklampe

Elektrodraht

Glühbirne

Elektrogeräte

Für manche Experimente wird ein elektrisches Licht oder eine Klingel benötigt. Eine schwenkbare Lampe wie die hier abgebildete ist bei der Untersuchung von Proben wie bei Experimenten nützlich.

Isolierzange

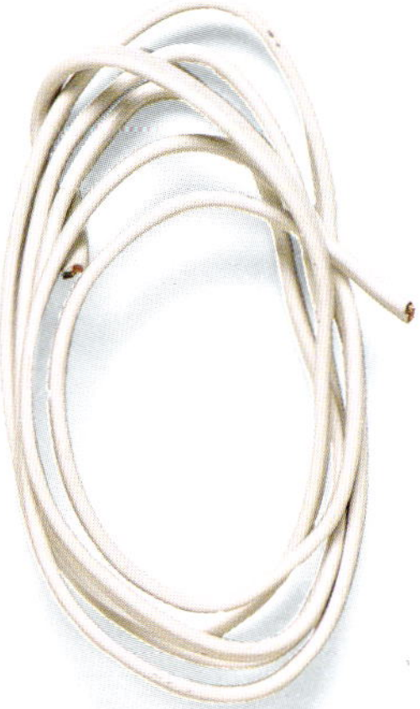

Kabel

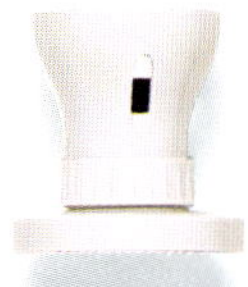

Fassung

DAS HEIMLABOR

Werkzeuge

Für einige Experimente benötigt ihr Werkzeuge wie Schraubenzieher, Schraubzwinge oder Säge. Wenn ihr eine elektrische Bohrmaschine oder Säge braucht, *bittet einen Erwachsenen, euch dabei behilflich zu sein.*

Schraubenzieher   *Handbohrer*   *Hammer*   *Metallsäge*   *Schraubzwinge*   *Feinsäge*

Behälter

Gläser und Büchsen sind fürs Heimlabor sehr wichtig. Versucht so viele wie möglich aufzutreiben, am besten solche mit Schraubdeckeln. Außerdem braucht ihr ein paar hitzefeste Reagenz- und Bechergläser (am besten Chemikalienflaschen aus einem Geschäft für Laborbedarf) oder Blechtassen. **Achtung:** Kennzeichnet Behälter mit Chemikalien, damit niemand daraus versehentlich ißt oder trinkt.

  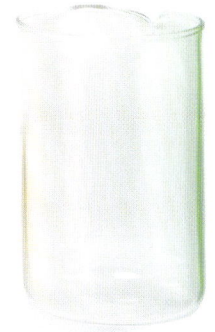 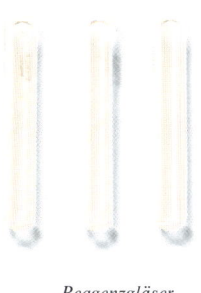

Glas   *Petri-Schale*   *Hitzefestes Becherglas*   *Reagenzgläser*

  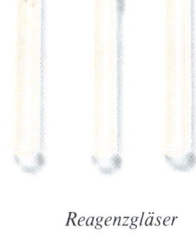

Glas mit Schraubdeckel   *Plastikbecher*   *Glasschale*

Tasse   *Trinkglas*   *Plastikschüssel*

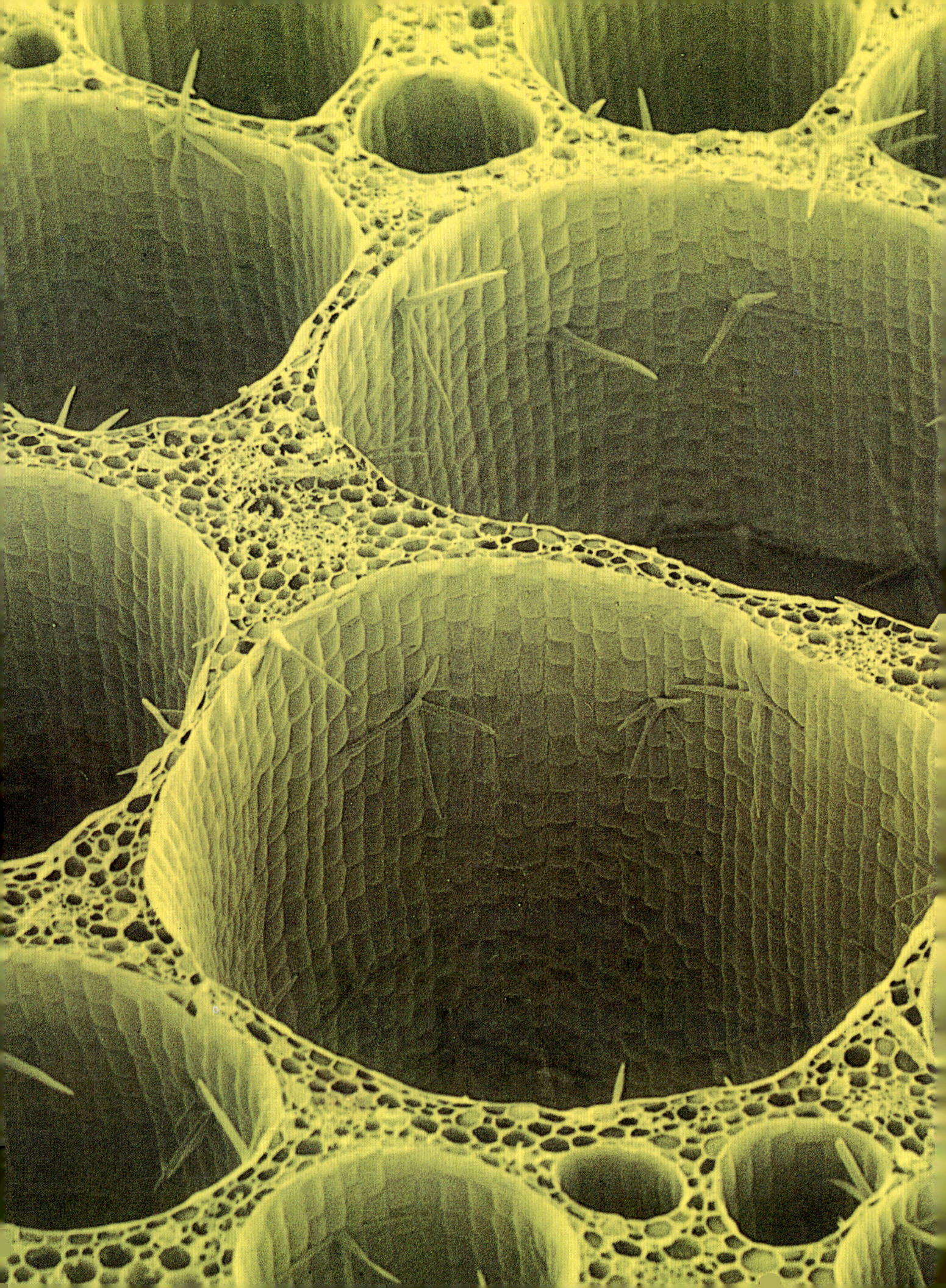

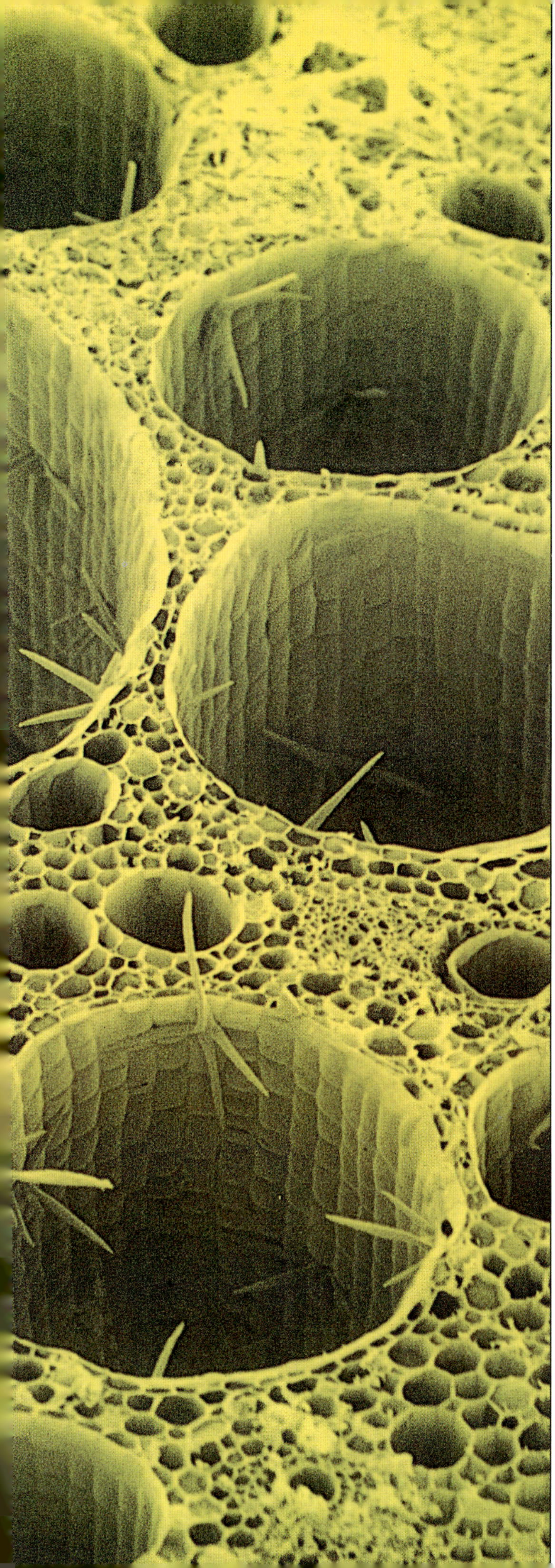

WAS IST LEBEN?

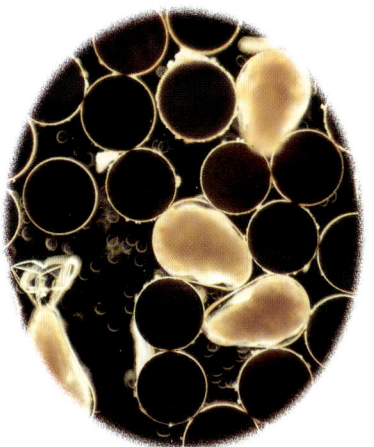

Leben in Großaufnahme
*Gut ausgeleuchtet und stark vergrößert sehen die
Eier und Larven des Salinenkrebses (oben)
wie eine Ansammlung leuchtender Punkte aus.
Unter dem Elektronenmikroskop wirkt
das aus unzähligen Zellen gebildete Innere des
Blattstiels einer Seerose (links) wie eine
Landschaft gigantischer Röhren.*

Wie entsteht Leben? Wann erschien es zum erstenmal auf unserer Erde, und wie hat es sich seither verändert? Um eine Antwort auf derartige Fragen zu finden, müssen Biologen weit in die Erdgeschichte zurückblicken, die Versteinerungen von längst ausgestorbenen Lebewesen studieren und nach Hinweisen auf die Entwicklung ihrer Nachfolger Ausschau halten. Aber genauso wichtig ist die Untersuchung der chemischen Zusammensetzung und des Aufbaus der lebendigen Natur, die uns heute umgibt.

WIE LEBEN ENTSTEHT

Fossilien beweisen, daß es schon vor fast 3,5 Milliarden Jahren Leben auf der Erde gegeben hat, also etwa eine Milliarde Jahre nach ihrer Entstehung. Aus zunächst einfachen Kohlenstoffverbindungen entstanden immer kompliziertere Gebilde, die sich schließlich selbst vermehren konnten. Das war die Geburtsstunde des Lebens.

In den frühen fünfziger Jahren gelang es dem Biochemiker Stanley Miller, weit in die Geschichte unseres Planeten zurückzublicken. Er füllte eine Glaskugel mit einem Gasgemisch, das vermutlich der Erdatmosphäre der Frühzeit entsprach. Die Kugel verband er mit einem Gefäß voll kochendem Wasser, das einen brodelnden Ozean auf der heißen Erdoberfläche darstellte. Dampf aus dem »Ozean« mischte sich mit der »Atmosphäre«, wurde durch ein gekühltes Röhrchen geleitet und schlug sich als »Regen« nieder. Dazu ließ

Ein einfaches Experiment mit einer Kartoffel zeigt, wie Wasser in Zellen ein und aus strömt.

Miller zwischen zwei Drähten Funken überspringen – »Blitze« wie in den Gewittern, die seinerzeit unaufhörlich über die Erde tobten. In diesem nach außen völlig abgeschlossenen System ließ er das dampfende Gemisch eine Woche lang brodeln. Das Ergebnis war bemerkenswert: Neben den ursprünglich vorhandenen Stoffen gab es nun eine Menge neue, unter anderem auch Aminosäuren – also kohlenstoffhaltige Substanzen, die zu den Bausteinen des Lebens gehören.

Jede Mooszelle bildet ein winziges stabiles Milieu, in dem sich die chemischen Prozesse des Lebens abspielen.

Wie das Leben begann

Man vermutet, daß die chemischen Bauelemente des Lebens ganz zufällig vor Milliarden Jahren in den Meeren der Erde entstanden sind. Es ist zwar ein Riesensprung von einer simplen Aminosäure zu einer lebenden Zelle (S.16), aber diese Umwandlung einfacher Verbindungen in kompliziertere könnte nach Meinung der meisten Wissenschaftler im Laufe der Zeit stattgefunden und zur Entstehung von Leben geführt haben. Es gibt über 100 verschiedene chemische Elemente, von denen nur etwa 20 lebenswichtig sind. Vor allem Kohlenstoffatome können sich zu Atomketten oder -ringen zusammenschließen, die sich wiederum mit anderen Elementen wie Wasserstoff und Sauerstoff zu Substanzen mit unterschiedlichen Eigenschaften verbinden können. Die Aminosäuren in Millers Experiment enthielten nur bis zu fünf Kohlenstoffatome, können aber von einem Organismus zu Ketten von Hunderten oder Tausenden von Atomen verbunden werden. Diese Riesenketten aus Aminosäuren heißen Proteine (S.18); auf ihnen basieren alle Formen des Lebens. Pflanzen stellen alle Aminosäuren selbst her; Tiere müssen bestimmte Aminosäuren mit der Nahrung aufnehmen.

Was alle Lebewesen gemeinsam haben

Alle Lebewesen – von Bakterien bis zu Elefanten – haben eine Reihe von Eigenschaften gemeinsam, die ihr »Lebendigsein« ausmachen. Sie nehmen Nahrung zu sich, deren chemische Energie chemische Prozesse in Gang hält und Wachstum ermöglicht. Diese Energie wird durch »Verbrennung« gewonnen, gewöhnlich durch die Verbindung mit Sauerstoff, wobei Kohlenstoffdioxid und Wasser als Endprodukte entstehen (S.42). Sie reagieren auf ihre Umwelt, und vor allem haben sie Nachkommen, die ihnen gleichen.

Scheinbar läßt sich also ganz leicht bestimmen, ob etwas lebendig ist oder nicht. Aber wie steht's damit bei einem Virus? Wenn wir uns eine Erkältung holen, werden wir genaugenommen von einem Virus befallen: einer winzigen Menge von Chemikalien, die in die Zellen der Nasen- und Rachenschleimhaut eindringen. Das Virus zwingt diese Zellen, es zu kopieren, und wenn das erste Opfer niest, werden diese Duplikatviren auf andere Personen übertragen.

Also scheint ein Virus etwas ganz Lebendiges zu sein. Aber es wächst nicht und kann sich nur in lebenden Zellen vermehren. Außerhalb davon ist es leblos und kann wie eine

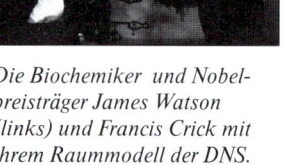
Die Biochemiker und Nobelpreisträger James Watson (links) und Francis Crick mit ihrem Raummodell der DNS.

Chemikalie Kristalle bilden und jahrelang so aufbewahrt werden.

Erst wenn es wieder mit lebenden Zellen in Kontakt gerät, wird es wieder »lebendig«. Des Rätsels Lösung: Viren stammen von Lebewesen ab, haben aber viele Eigenschaften anderer Lebewesen verloren, weil sie Parasiten sind. Da sie den Vermehrungsmechanismus anderer Zellen mitbenützen, brauchen sie keinen eigenen. Sie sind wie ein Auto ohne Räder. Wenn man ein Auto als »Fahrzeug mit Rädern« definiert, dann wäre eines ohne Räder logischerweise kein Auto. Dennoch würde es jeder, der es sieht, noch immer als Auto bezeichnen. Genauso verhält es sich auch bei den Viren.

Stoffe, die sich selbst kopieren

Alles Leben – auch das der größten Geschöpfe – beginnt in der einzelnen Zelle. Die winzig kleine Eizelle des Blauwals enthält alle Informationen, die zum Aufbau und zur Erhaltung des 150 Tonnen schweren Walkörpers erforderlich sind. Während die Eizelle größer wird und sich teilt, müssen ihre Informationen an Millionen andere Zellen weitergegeben werden, so daß alle vom Körper des Wals benötigten Substanzen in den richtigen Mengen, in der richtigen Zeit und an der richtigen Stelle produziert werden. Wie geht das vor sich? Vor über einem Jahrhundert entdeckten Biologen in Zellen kurz vor ihrer Teilung fadenförmige Gebilde, die sie Chromosomen nannten. Außerdem fanden sie heraus, daß jede Pflanzen- oder Tierart eine spezifische Anzahl von Chromosomen besitzt – wir Menschen haben 23 Paare. Es war offensichtlich, daß diese Chromosomen etwas mit der Steuerung von Zellen zu tun haben, aber wie das genau funktioniert, fand man erst mit Hilfe von Elektronenmikroskopen und modernen Methoden der chemischen Analyse heraus. Chromosomen bestehen aus Proteinen und einer Substanz, die man DNS nennt: Desoxyribonukleinsäure. Die DNS ist sehr lang – etwa bis zu 10 000 mal länger als das Chromosom selbst –, aber so dicht aufgewickelt, daß sie nur wenig Platz braucht. Sie besteht aus zwei schraubig miteinander verflochtenen Strängen, der Doppelhelix. An diese Stränge sind vier verschiedene Bestandteile, die sogenannten Basen, gebunden, die für das Steuerungssystem der Zelle entscheidend sind. Sie sind in einer bestimmten Abfolge angeordnet, wie ein Computerprogramm, und liefern eine fast endlose Liste von Informationen, die sogenannten Gene, die die Herstellung von Proteinen steuern. Diese Proteine wiederum produzieren fast alle anderen Stoffe, die die Zelle benötigt.

Seit einigen Jahren sind Wissenschaftler in der Lage, diese Gene genau zu untersuchen und die Reihenfolge der Basen zu bestimmen. Seit längerem weiß man auch, daß immer durch eine Folge von 3 Basen festgelegt ist, welche von 20 verschiedenen Aminosäuren ausgewählt und an eine Proteinkette angehängt wird. Aus der Reihenfolge der Basen eines Gens kann man also den Aufbau eines Proteins ermitteln.

Die DNS besitzt die außergewöhnliche Fähigkeit, sich selbst zu kopieren. Während der Zellteilung gehen die beiden DNS-Stränge wie ein Reißverschluß auf. Bei diesem Prozeß, der sogenannten Replikation, kopieren sich die Stränge gegenseitig und bilden jeweils eine komplette neue Doppelhelix aus. Die Vervielfältigung der Informationen in der DNS stellt den Grundstein des Lebens dar.

Ordnung im Chaos

Die Welt, in der wir leben, ist also das Produkt chemischer Informationen. Die wunderschöne Schale eines Weichtiers (S. 90) besteht aus einem einfachen Rohstoff, aus Kalk, und ist gemäß der DNS-Information gestaltet. Die Blütenblätter einer Blume (S. 46) entstehen mit Hilfe des Sonnenlichts, das vom Stoffwechsel der Pflanze zum präzisen Aufbau bestimmter Substanzen benützt wird. Auch die Augenflecken einer Pfauenfeder (S. 132) und der Aufbau eurer Augen sind im DNS-Code enthalten und werden somit weitervererbt. Im Laufe der Entwicklungsgeschichte (S. 20 – 21), in der verschiedene Arten ums Überleben kämpfen mußten, ist die DNS-Information immer vielfältiger geworden. Und genau diese Vielfalt macht die Natur so faszinierend, je näher ihr sie betrachtet.

Einst glaubte man, lebende Organismen entstünden einfach aus toter Materie. Louis Pasteur (1822 – 1895) hat das experimentell widerlegt.

Ein einfaches Mikroskop macht bereits Zellen sichtbar. Viren und einige Bakterien sind erst unter einem Elektronenmikroskop bei starker Vergrößerung zu erkennen.

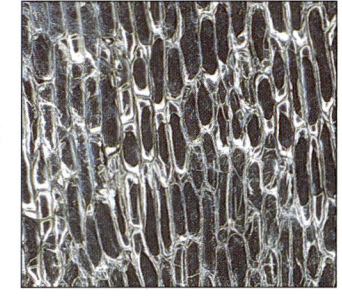

Beim Schälen einer Zwiebel könnt ihr ein dünnes Häutchen ablösen, das nur eine Zelle dick ist.

Die Blasen zeigen, daß ein Enzym reagiert.

Die Zellen

Vor über 300 Jahren betrachtete der englische Mathematiker und Erfinder Robert Hooke ein Korkscheibchen durch ein einfaches Mikroskop. Er sah »viele kleine Kästchen, die durch eine Art Membran voneinander getrennt waren« und nannte diese Kästchen Zellen.

Zellen sind die Bausteine der Organismen. Das Innere einer Zelle ist ein sorgfältig gesteuertes Milieu, in dem die chemischen Prozesse des Lebens ablaufen können. Einfache Lebewesen wie Bakterien bestehen aus einer einzigen Zelle, andere – auch wir Menschen – aus vielen Milliarden. In solchen Vielzellern erfüllen verschiedenartige Zellen unterschiedliche Funktionen.

Zelle eines Tiers

Eine Tierzelle ist wie ein winziger, mit Flüssigkeit gefüllter Beutel. Darin befinden sich der Kern oder Nukleus, der die Zelle steuert, und das Zytoplasma, das verschiedene winzige Teilchen, die sogenannten Organellen, enthält. Die Kraftwerke der Zelle, die Mitochondrien, erzeugen durch Nahrungsverbrennung Energie.

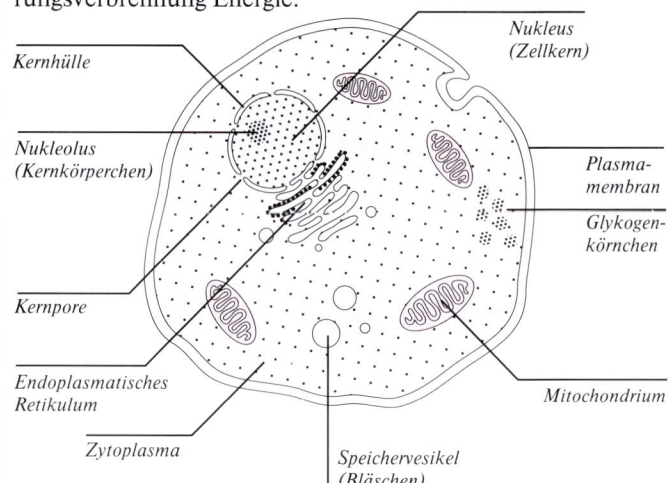

Kernhülle, Nukleolus (Kernkörperchen), Kernpore, Endoplasmatisches Retikulum, Zytoplasma, Speichervesikel (Bläschen), Mitochondrium, Glykogenkörnchen, Plasmamembran, Nukleus (Zellkern)

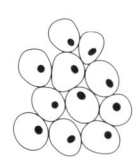

Gruppe von Tierzellen
Der »Beutel« um jede Zelle ist eine flexible Membran.

Kann man Zellen sehen?

Zellen sind für das bloße Auge viel zu klein. Einige Pflanzenzellen kann man mit einer Lupe erkennen, für Tierzellen braucht man schon ein Mikroskop. Biologen machen durchsichtige Zellen durch Einfärben sichtbar.

Mooszellen betrachten
Gebt ein kleines Stückchen Moos mit einem Wassertropfen auf einen Objektträger. Verschließt diese Probe mit einem Deckglas, befestigt sie auf dem Objekttisch und stellt das Mikroskop scharf ein.

Okular, Objektiv, Objektträger, Objekttisch, Spiegel

Zwiebelzellen betrachten
Wenn ihr von einem Zwiebelstückchen die innere Oberfläche ablöst, bekommt ihr ein Zwiebelhäutchen, das dünner als Seidenpapier und nur eine Zelle dick ist. Auf ein Glas gelegt, kann man die Zellen mit einer Lupe erkennen.

DIE ZELLEN

Zelle einer Pflanze

Pflanzenzellen haben feste Wände aus Zellulose. In der Zelle befinden sich mit Flüssigkeit gefüllte Vakuolen, die durch Druck nach außen die Stabilität der Zellwände aufrechterhalten. Das Zytoplasma enthält Organellen, die man Chloroplasten nennt und die die Sonnenenergie zur Photosynthese (S. 40–43) nutzen.

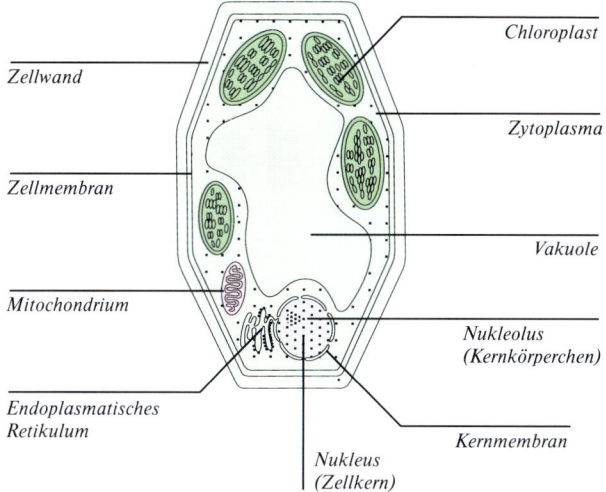

Chloroplast
Zellwand
Zytoplasma
Zellmembran
Vakuole
Mitochondrium
Nukleolus (Kernkörperchen)
Endoplasmatisches Retikulum
Kernmembran
Nukleus (Zellkern)

Gruppe von Pflanzenzellen
Jedes dieser »Kästchen« besitzt hinter der Zellwand aus Zellulose eine Zellmembran.

GROSSE ENTDECKER
Theodor Schwann

Zellen wurden zwar bereits im 17. Jahrhundert entdeckt, ihre wahre Bedeutung aber hat man erst fast 200 Jahre später verstanden. Der deutsche Naturforscher Theodor Schwann (1810–1882), der das im Magensaft wirksame Ferment Pepsin entdeckte und wichtige Untersuchungen über Verdauungsvorgänge veröffentlichte, erkannte als einer der ersten die Übereinstimmung in der Struktur und dem Wachstum von Tieren und Pflanzen. Er führte den wissenschaftlich begründeten Nachweis, daß Tiere wie Pflanzen aus den selben Elementarorganismen bestehen, den Zellen. Nach der von ihm mitbegründeten Zelltheorie sind Zellen die kleinsten Einheiten von Leben, und alle Organismen bestehen aus einer oder mehreren Zellen. Außerdem entstehen Zellen nur aus der Teilung anderer Zellen.

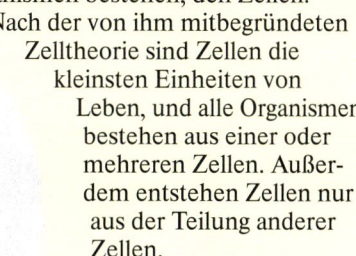

EXPERIMENT
Wie Osmose funktioniert

Bei diesem Experiment sollte ein Erwachsener dabeisein

Wenn Wasser von außen in eine Zelle eindringt, passiert es die Zellmembranen. Die Zellmembranen lassen Wasser durch, aber weder gelöste Salze noch Zucker. Befindet sich auf der einen Seite mehr Salz oder Zucker als auf der anderen, passiert das Wasser die Membran und verdünnt so die Salz- oder Zuckerlösung. Den Vorgang der Osmose könnt ihr bei einer Kartoffel beobachten, die als Modell für Zellmembranen dient. Halbiert zwei Kartoffeln und werft eine Hälfte weg. Schält jedes Stück an der Schnittfläche etwa 1 cm breit und höhlt es oben ein wenig aus. Legt zwei Kartoffelhälften mit der Schnittfläche nach unten in Wasser und kocht eine dritte Hälfte zehn Minuten lang, um die Zellen abzutöten.

IHR BRAUCHT
- 2 Kartoffeln • Zucker • 3 Glasschalen • Löffel • Messer

Kartoffel 1
Das ist die Kontrollkartoffel. Laßt sie, wie sie ist, und vergleicht sie am Schluß mit den anderen.

Kartoffel 2
An der gekochten Kartoffel könnt ihr sehen, wie Wasser durch tote Zellen dringt. Legt sie in eine Schale, gebt einen Löffel Zucker in die Höhlung und schaut am nächsten Tag nach, was passiert ist.

Kartoffel 3
An dieser Kartoffel könnt ihr sehen, wie Wasser durch die Membranen lebender Zellen dringt. Gebt wieder einen Löffel Zucker in die Höhlung und schaut euch am nächsten Tag das Ergebnis an.

Wasser in Bewegung
Durch Osmose ist Wasser durch die Zellmembranen der 3. Kartoffel gedrungen. Bei diesem Vorgang bewegt sich Wasser stets in einer vorgegebenen Richtung: nämlich von der Seite, auf der weniger Substanzen in ihm gelöst sind, zur anderen mit mehr gelösten Substanzen. Was passiert ohne den Zucker oder wenn die Zellen tot sind?

Die Bausteine des Lebens

Stellt euch eine einzelne Zelle wie eine riesige chemische Fabrik vor, die millionenmal schneller und sauberer arbeitet als eine normale Fabrik, und verkleinert sie so weit, daß sie unsichtbar ist. Die chemischen Bestandteile einer Zelle bilden Gruppen. Die größten heißen Nukleinsäuren, Kohlenhydrate, Fette und Proteine. Kohlenhydrate dienen vor allem zur Energiespeicherung. Auch Fette fungieren als Energiespeicher und bilden Membranen. Einige Proteine bauen die Zelle auf, andere, die sogenannten Enzyme, beschleunigen chemische Reaktionen.

1 Gebt das unverdünnte Wasserstoffperoxid ins Glas, fügt die Leber hinzu und verschließt das Glas lose.

Achtung!
Wasserstoffperoxid und das beim Experiment auf der nächsten Seite verwendete Ätznatron können Hautschäden hervorrufen. Ihr müßt eine Schutzbrille und Gummihandschuhe anziehen und anschließend die Hände waschen. Bei beiden Experimenten sollte unbedingt ein Erwachsener dabeisein.

2 Die Katalase der Leber spaltet sofort das Wasserstoffperoxid auf. Dabei steigen Blasen nach oben, aber der Deckel hält das Gas zurück.

EXPERIMENT
Ein Enzym in Aktion beobachten

 Bei diesem Experiment sollte ein Erwachsener dabeisein

Eure Leber ist eine Fabrik, die Tausende verschiedener Stoffe erzeugt und dafür Enzyme benötigt. Eines dieser Enzyme ist die Katalase, die Wasserstoffperoxid aufspaltet. Hier könnt ihr beobachten, wie ein Enzym arbeitet.

IHR BRAUCHT
• ein Stückchen Leber • Wasserstoffperoxid (aus der Apotheke) • Glas mit Deckel • Zahnstocher

3 Zündet das Ende des Zahnstochers an, blast die Flamme aus, öffnet den Deckel und haltet den Zahnstocher ins Glas. Er brennt sofort wieder, da im Glas mehr Sauerstoff ist als in der Luft außerhalb.

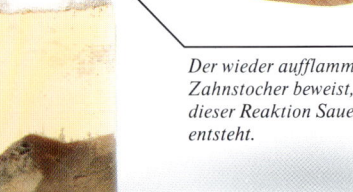

Der wieder aufflammende Zahnstocher beweist, daß bei dieser Reaktion Sauerstoff entsteht.

Wie Enzyme arbeiten

Enzyme sind Proteine, die durch die Beschleunigung chemischer Reaktionen Leben ermöglichen. Durch sie reagieren bestimmte Chemikalien oder Substrate miteinander. Die rechts abgebildeten Computerzeichnungen zeigen auf stark vereinfachte Weise, wie Enzyme arbeiten. Jedes Enzym steuert nur eine chemische Reaktion.

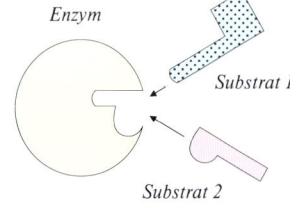

Stufe 1
Die beiden Substratmoleküle passen in die »aktive Stelle« des Enzyms und werden dadurch zusammengebracht.

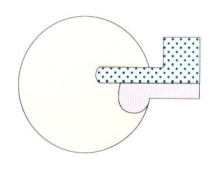

Stufe 2
Da das Enzym für die richtigen chemischen Bedingungen sorgt, findet zwischen den beiden Substratmolekülen eine chemische Reaktion statt.

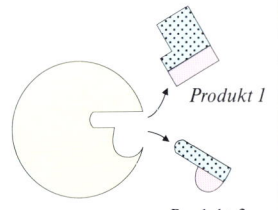

Stufe 3
Die beiden Substrate werden in zwei neue Moleküle verwandelt, die das Enzym verlassen. Das Enzym setzt seine Arbeit an weiteren Substratmolekülen fort.

DIE BAUSTEINE DES LEBENS

EXPERIMENT
Das Nachweisen von Stärke, Fett und Protein

 Bei dem Experiment sollte ein Erwachsener dabeisein

Dieser Test zeigt, ob ein Nahrungsmittel Stärke, Fett oder Protein enthält. Nehmt möglichst reine Stoffe: Stärkemehl (Stärke), Pflanzenöl (Fett) und Eiweiß (Protein). Alle benötigten Chemikalien bekommt ihr beim Apotheker.

IHR BRAUCHT
- Stärkemehl • Pflanzenöl • Hühnereiweiß • Jodtinktur • reiner Alkohol oder Brennspiritus • Ätznatronlösung • Kupfersulfatlösung • Becher • Reagenzgläser
- Wasser • Gummihandschuhe • Schutzbrille

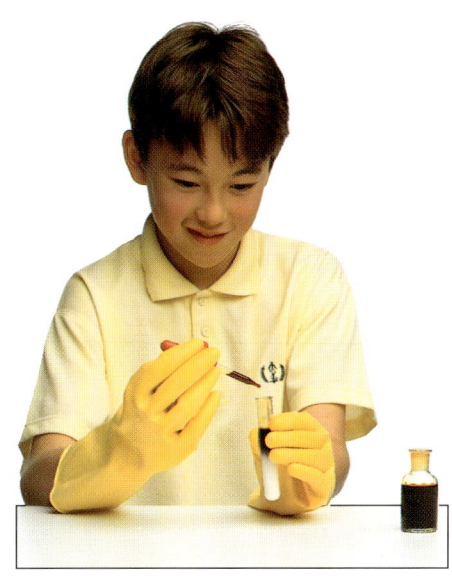

1 Arbeitet auf einer sauberen Arbeitsfläche. Bittet einen Erwachsenen, eine kleine Menge Kupfersulfatlösung und verdünnte Ätznatronlösung herzustellen. Das Ätznatron sollte in Wasser gegeben werden – nicht umgekehrt!

2 Ihr solltet jeden Test zweimal machen – einmal mit der zu testenden Substanz und einmal ohne sie. Der zweite Test ist ein Kontrolltest, bei dem ihr seht, was passiert, wenn Stärke, Fett oder Protein fehlt.

Nachweis von Stärke
Verrührt in einem Becher einen Teelöffel Stärkemehl mit genügend Wasser zu einer flüssigen Mischung. Füllt damit ein Reagenzglas zur Hälfte, fügt einen Tropfen Jodtinktur hinzu und schüttelt das Ganze. Durch die Stärke färbt sich die Tinktur blauschwarz, im Röhrchen ohne Stärke bleibt sie orangegelb.

Nachweis von Fett
Füllt ein Reagenzglas zu einem Drittel mit reinem Alkohol oder Brennspiritus, fügt einen Tropfen Pflanzenöl hinzu und schüttelt das Glas, bis sich das Öl verteilt hat. Gebt ein paar Tropfen von dieser Lösung in ein Röhrchen mit Wasser und schüttelt es. Das Fett erzeugt eine Emulsion aus weißen Tröpfchen.

Nachweis von Protein
Verrührt etwas Hühnereiweiß mit Wasser und füllt damit ein Regenzglas zu einem Drittel. Zieht die Schutzbrille und Gummihandschuhe an und fügt etwa 10 Tropfen Ätznatronlösung sowie die gleiche Menge Kupfersulfatlösung hinzu. Dann das Reagenzglas schütteln. Durch das Protein färbt sich die Mischung violett.

Ohne Stärke   *Mit Stärke*   *Ohne Fett*   *Mit Fett*   *Ohne Protein*   *Mit Protein*

EVOLUTION

Ständig verändert sich die Welt, in der wir leben. Pflanzen und Tiere scheinen zwar Jahr für Jahr gleich zu sein, doch läßt sich nachweisen, daß sich alle Lebewesen von Generation zu Generation verändern. Diesen Prozeß nennt man Evolution. Daß es sie gibt und was sie bewegt, hat einer der bedeutendsten Naturforscher der Welt entdeckt: Charles Darwin.

»Die Naturgeschichte dieser Inseln ist höchst sonderbar ...«, schrieb Charles Darwin über die Galapagosinseln, die er auf seiner Weltreise an Bord der HMS Beagle 1835 aufsuchte. »Fast alles Organische, das sie hervorbringen (Pflanzen und Tiere), gibt es nirgendwo sonst ... und doch weist alles eine bemerkenswerte Verwandtschaft zur belebten Natur von Südamerika auf, obwohl sie doch von jenem Erdteil der offene Ozean in einer Breite zwischen 500 und 600 Meilen trennt. In Anbetracht der geringen Größe dieser Inseln empfinden wir die Anzahl ihrer urtümlichen Bewohner als noch erstaunlicher ...«

Charles Darwin (1809–1882). Durch seine Weltreise wurde unser Wissen von der Natur revolutioniert.

Damals glaubten die meisten Menschen, Gott habe alle Lebewesen in ihrer gegenwärtigen Form eigens für den Ort erschaffen, an dem sie leben. Aber warum so viele neue Arten nur für die Galapagosinseln allein? Warum Schildkröten und Echsen, aber keine Frösche oder Kröten? Warum 13 Arten von Finken, aber nur wenige andere Vogelarten? Vor allem aber: Warum sollten die Pflanzen und Tiere dieser Inseln mit denen des nahegelegenen Südamerika verwandt sein? Für Darwin ergab die Vorstellung, sie seien eigenständige Schöpfungen, keinen Sinn und ließ ihn an dem damals unangefochtenen Glauben zweifeln.

Die Meerechse der Galapagosinseln, eine einzigartige Echse, die im Meer nach Seetang taucht.

Eine lange Seereise

Es mußte eine einfache Erklärung dafür geben. Da die Galapagosinseln vulkanischen Ursprungs waren, konnten sie zunächst aus nichts anderem als nacktem Fels ohne Leben bestanden haben. Vermutlich wurden die neuen Inseln von Pflanzen und Tieren aus Südamerika besiedelt. Pflanzensamen und Vögel konnten vom Wind dahin geweht, andere Tiere übers Meer getrieben worden sein.

Diese Seereise würde erklären, warum es Reptilien wie Echsen und Schildkröten gab, aber keine Frösche oder andere Amphibien, auch keine einheimischen Säugetiere. Echsen und Schildkröten sind Wechselwarme (S. 144) und haben eine dicke, wasserundurchlässige Haut. Sie können längere Zeit ohne Nahrung leben, und Salzwasser macht ihnen nichts aus. Vielleicht wurden nach einem heftigen Tropensturm entwurzelte Bäume aufs Meer hinausgetrieben – und mit ihnen ein paar kleine Reptilien, die sich an sie klammerten. Kämen sie nach ein, zwei Wochen auf den Galapagosinseln an, würden sie noch immer leben. Ein warmblütiges Säugetier hingegen hätte nicht ohne Nahrung und Wasser so lange überleben können. Und ein Lurch (Amphibie) wäre im Meerwasser umgekommen.

Überleben durch Anpassung

Die Tiere, die diese Seereise überlebten, hätten ganz andere Lebensbedingungen als die in Südamerika angetroffen. Sie hätten sich Nahrung nur mit wenigen anderen Tieren teilen müssen. Aber viele Nahrungsmittel wären neu für sie gewesen – sie hätten irgendwie angepaßt sein müssen, um sie essen zu können.

Ein Argument für diesen Anpassungsprozeß sah Darwin in den Galapagos-Finken. Einige hatten viel größere Schnäbel als normale Finken, andere wieder sehr viel kleinere: hier der Fink, der mit seinem riesigen Papageienschnabel große, harte Samen knacken konnte – dort der Fink mit dem winzigen, scharfen Schnabel des Insektenfressers. Weder Papageien noch kleine Insektenfresser wie die Grasmücke waren auf die Inseln gekommen, doch dafür waren diese Finken da.

Eine allmähliche Entwicklung

Darwin begann an der Schöpfung zu zweifeln, und in seinem Bericht über die Reise auf der Beagle deutet er an, was ihm zu den Galapagos-Finken eingefallen war: »... man kann sich in der Tat vorstellen, daß angesichts des ursprünglichen Mangels an Vögeln ... eine

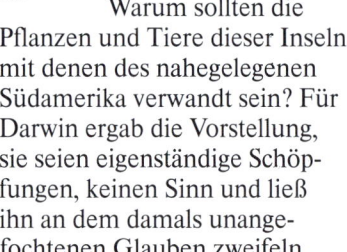

Eine Blume und eine Biene – zwei Lebewesen, die eine Partnerschaft entwickelt haben, von der beide profitieren.

EVOLUTION

Art ausgewählt und für die verschiedenen Zwecke modifiziert wurde«. Anders gesagt: Ein Finkenpaar oder vielleicht auch ein kleiner Zug hatte die Galapagosinseln frühzeitig erreicht und das Große Los gezogen – ein reiches Nahrungsangebot und nur wenig Konkurrenz. So entwickelten sich 13 verschiedene Arten, die auf unterschiedliche Weise verschiedene Nahrung aufnehmen.

Darwins Hinweis wurde kaum beachtet, und niemand erkannte, worauf er hinaus wollte: daß *alle* Arten auf der Erde genauso, nämlich durch Evolution entstanden waren – durch die allmähliche Entwicklung aus anderen lebenden Arten.

Flugtauglich

Darwin wartete über 20 Jahre, ehe er der Welt seine Idee kundtat. Er war nicht der erste, aber niemand hatte seinen Vorgängern geglaubt. Er wollte soviel Beweismaterial wie nur möglich sammeln und jedem Einwand begegnen können. Er untersuchte die Fossilien aus den Felsen verschiedener Kontinente und stellte fest, daß die Tiere, die dort einst gelebt hatten, im allgemeinen mit den heute lebenden verwandt waren. Die Fossilien zeigten auch, daß das Leben mit einfachen Formen begonnen hatte und daß sich größere und komplexere Tiere erst später entwickelt haben. Das alles stimmte mit der Idee der Evolution überein.

Die Chancen, daß irgendein Tier zum Fossil wird und man dieses eines Tages findet, sind ziemlich gering. In manchen Fällen gab es indes genügend Fossilien, an denen zu erkennen war, wie eine Art sich allmählich aus einer anderen entwickelt hatte: Pferde aus kleinen hundeähnlichen Tieren, Kamele aus viel kleineren Vorfahren und Säugetiere aus Reptilien. Noch zu Darwins Lebzeiten konnte das »fehlende Glied« zwischen Reptilien und Vögeln entdeckt werden.

Ein einfaches Brettspiel zeigt, wie sich eine Art durch natürliche Auslese entwickelt (S. 22–23).

Der Ursprung der Arten

Aufgrund seiner Forschungsergebnisse war Darwin überzeugt, daß die Evolution stattfand. Doch erst eine Erklärung, wie es dazu kam, würde seine Theorie bestätigen. Am Ende folgerte er, die Evolution müsse auf »natürlicher Auslese« (S. 22) beruhen. Damit diese natürliche Auslese funktioniert, müßten charakteristische Merkmale irgendwie von den Eltern an die Nachkommen weitergegeben werden. Darwin kam nicht mehr dahinter, aber wir wissen heute, daß dies durch die DNS geschieht (S. 15).

Darwin veröffentlichte schließlich seine Ansichten 1859 in seinem Werk *Über den Ursprung der Arten* (*On the origin of species by means of natural selection*). Dieses Buch ist das Ergebnis zwanzigjähriger Studien und enthält eine erstaunliche Fülle aufschlußreicher Beobachtungen und Schlußfolgerungen sowie eine strenge Selbstkritik hinsichtlich der in diesem Buch gemachten Aussagen. Dennoch löste es heftige Diskussionen aus. Darwin hütete sich, darin viel über den Menschen und seinen Ursprung zu sagen, aber es war klar, daß er der Auffassung war, sie hätten die gleichen Vorfahren wie die Affen. Trotz vehementer Angriffe durch die Kirche konnte er am Ende durch seine schwerwiegenden Argumente die meisten Menschen für sich gewinnen.

Die HMS Beagle trug Charles Darwin auf einer fünf Jahre dauernden Reise um die Welt.

Erkenntnisse der Chemie

Im 20. Jahrhundert sind immer mehr Hinweise für Darwins Theorien gefunden worden. Insbesondere haben die Wissenschaftler eine Menge aus der Analyse der DNS (S. 15) gelernt. Sie haben herausgefunden, daß die DNS bei allen Lebewesen ähnlich ist und durch den gleichen genetischen Code in Proteine übersetzt wird. Zweifellos haben sich alle Lebewesen aus einem gemeinsamen Ursprung entwickelt. Mit Hilfe der DNS kann man auch die Verwandtschaft zwischen verschiedenen Tieren und Pflanzen nachweisen und Stammbäume überprüfen, die aufgrund anderer Merkmale erstellt wurden (S.24). Von wenigen Fällen abgesehen, hat die Analyse der DNS diese nach der vergleichenden Anatomie gebildeten Stammbäume bestätigt. Wenn Darwin heute noch lebte, würde er sich bestimmt über diese schlüssigen Argumente für seine Theorien freuen.

Eine Schildkröte von den Galapagosinseln – eine von vielen Arten, die es nur hier gibt.

Das Haushuhn mit 150 Rassen ist das Ergebnis von Züchtungen.

Natürliche Auslese

Ein Bernhardinerhund kann etwa 75 kg wiegen, ein Chihuahua hingegen oft weniger als ein Pfund. Dennoch stammen beide Hunde – und all die Hunderte anerkannter Hunderassen – von *einer* einzigen wilden Art ab, dem Grauen Wolf. Alle Hunderassen wurden von Menschen gezüchtet – durch die wiederholte Auswahl der am besten geeigneten Eltern. Da Hunde für unterschiedliche Aufgaben eingesetzt werden, kann »am besten geeignet« bedeuten: lange Beine für hohe Geschwindigkeiten oder kurze Beine für das Aufspüren von Kaninchen, zum Beispiel durch den Terrier. Konnte sich das auch in der Natur abspielen, wenn auch viel langsamer?

GROSSE ENTDECKER

Thomas Robert Malthus

Der englische Pfarrer und Nationalökonom Thomas Robert Malthus (1766–1834) wurde berühmt für seine *Abhandlung über das Bevölkerungsgesetz* (1798). Danach wurde die Größe einer Bevölkerung durch Hunger, Krankheit und Krieg notwendig begrenzt. Darwin erkannte, daß die Vermehrung von Lebewesen durch natürliche Ursachen wie Nahrungsmangel und Krankheiten begrenzt werden kann. Es müßte also demnach so etwas wie eine »natürliche Auslese« geben: Die Tiere und Pflanzen, die überlebten und sich vermehrten, waren offensichtlich ihrem Lebensraum am besten angepaßt. Und sie gaben die entscheidenden Eigenschaften an ihre Nachkommen weiter. Im Laufe dieses Prozesses entwickelten sich bei Pferden lange Beine und bei Wieseln kurze – ähnlich wie bei Züchtungen von Windhunden mit langen und von Terriern mit kurzen Beinen.

Das Jägerspiel

Dieses Brettspiel zeigt, wenn auch nur auf sehr einfache Weise, wie die natürliche Auslese funktioniert. Ihr jagt als Raubtier in einem neuen Gebiet. Die kleinen farbigen Quadrate sind eure Beute. Alle gehören zur selben Art, aber einige haben ein helleres Fell (gelbe Quadrate), andere ein dunkleres (blaue Quadrate). Ihr, die Raubtiere also, jagt eure Beute in der Dämmerung auf Sichtweite. Versucht so viele Quadrate wie möglich zu bekommen.

1 Da die Beutetiere noch nie von einem Raubtier wie euch gejagt wurden, ist die Anzahl der Tiere mit dunklem und hellem Fell etwa gleich. Beginnt mit je 20. Die helleren Quadrate fallen mehr auf, so daß ihr davon immer doppelt so viele fangt.

2 Die Jagd beginnt! Fangt beliebige Tiere, aber stets etwa doppelt so viele mit hellem (gelbem) wie mit dunklem (blauem) Fell. Die gefangenen Tiere werden vom Brett entfernt.

3 Wenn die Brutzeit kommt, hat jedes Tierpaar, das noch lebt, zwei Junge. Legt also für jedes blaue Paar zwei neue blaue Quadrate auf das Spielbrett und wiederholt das bei den Gelben.

NATÜRLICHE AUSLESE

EXPERIMENT
Der Kampf ums Überleben

Salinenkrebse sind Kleinkrebse, deren Eier als Aquarienfutter verwendet werden. Zieht Salinenkrebse aus ihren Eiern auf und beobachtet, was passiert, wenn sie in ihrer Miniaturumwelt miteinander um Nahrung konkurrieren. Salinenkrebseier gibt es in jeder Zoohandlung.

IHR BRAUCHT
- Salinenkrebseier • Meersalz
- flüssiges Fischfutter

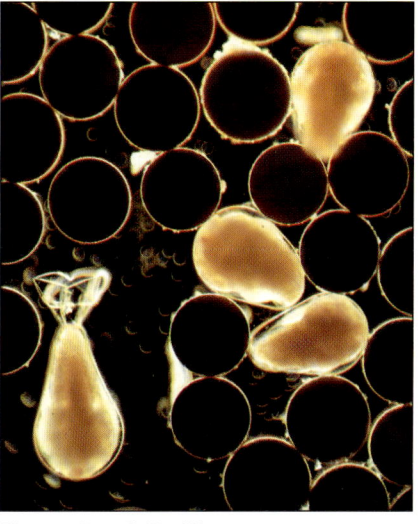

Eine wachsende Bevölkerung
Mit einer Lupe könnt ihr die Larven der jungen Krebschen (oben) und später die ausgewachsenen Krebschen erkennen. Einmal am Tag rührt ihr das Wasser um, entnehmt einen Teelöffel voll und schätzt, wieviel Larven oder Krebse es enthält. Werden aus allen Larven kleine Krebse? Was meint ihr, mit welchen Eigenschaften ein Salinenkrebs die beste Chance hat zu überleben und Eier zu legen?

1 Setzt die Kultur an, indem ihr 50 g Meersalz in 500 ml warmes Wasser gebt. Umrühren, abkühlen lassen und ein paar Tropfen Fischfutter hinzufügen.

2 Streut einen Teelöffel voll Eier auf die Oberfläche und haltet die Temperatur bei konstant 21° C. Die Jungen sollten in etwa zwei Tagen ausschlüpfen.

4 Wieder geht ihr auf Jagd, wobei ihr mehr Tiere mit hellem Fell fangt, weil sie so gut sichtbar sind. Die Jagd beginnt sich auf die Beute auszuwirken. Was passiert mit den helleren Tieren?

6 Was ist mit den helleren Tieren passiert? Wiederholt das Spiel und ändert dabei die Regeln. Was geschieht, wenn die Überlebenden in der Brutzeit z.B. drei oder vier Junge haben?

5 Die überlebenden Tiere vermehren sich erneut – ergänzt die blauen und gelben Quadrate wie zuvor. Wir vereinfachen das Ganze, indem wir annehmen, daß die Jungen die gleiche Farbe wie ihre Eltern haben. Das ist nicht immer der Fall (S. 48).

Das System der Lebewesen

Wenn ihr Vögel beobachtet und bestimmt, wißt ihr, daß es verschiedene Arten gibt, zum Beispiel den Haussperling oder den Gemeinen Star. Innerhalb einer Art gibt es immer kleine Unterschiede, die bei der natürlichen Auslese (S. 22 – 23) eine Rolle spielen. Aber im großen und ganzen sieht ein männlicher Sperling wie der andere aus. Bei der Vermehrung bleiben die Angehörigen einer Art unter sich. Ihr wedet also nie einen Vogel entdecken, der zum Beispiel eine Kreuzung zwischen einem Sperling und einem Star ist, da sich Sperlinge immer nur mit Sperlingen und Stare nur mit Staren paaren. Aus biologischer Sicht also ist eine Art eine sehr wichtige Einheit, und danach teilen die Biologen alle Lebewesen ein.

Die Klassifikation eines Tigers

Als Linné verwandte Arten zu Gruppen zusammenfaßte, erkannte er, daß sich ein bestimmtes Muster wiederholte: Jede Gruppe gehörte wieder einer größeren Gruppe an. Also stellte er die verwandten Gattungen zu Familien, die Familien zu Ordnungen, die Ordnungen zu Klassen, die Klassen zu Stämmen und die Stämme zu Reichen zusammen.

Reich — Animalia (Tiere)	*Organismen ohne starre Zellwände, die ihre Nahrung nicht selbst produzieren können*
Stamm — Chordata (Chordatiere)	*Tiere, die zumindest als Larven einen Stützstab (Chorda) und einen Nervenstrang im Rücken haben*
Unterstamm — Vertebrata (Wirbeltiere)	*Chordatiere mit einer Wirbelsäule*
Klasse — Mammalia (Säugetiere)	*Wirbeltiere, die ihre Jungen mit Milch säugen und die ein Fell oder Haare haben*
Ordnung — Carnivora (Fleischfresser)	*Landsäugetiere, die sich auf die Jagd spezialisiert haben*
Familie — Felidae (Katzen)	*Fleischfresser mit scharfen Krallen, die eingezogen werden können*
Gattung — Panthera (Großkatzen)	*Davon gibt es fünf Arten: Löwe, Tiger, Leopard, Schneeleopard und Jaguar*
Art — Tigris (Tiger)	*Der Tiger*

GROSSE ENTDECKER
Carl von Linné

Schon früh haben die Naturforscher Systeme entwickelt, nach denen man Arten für jedermann verständlich benennen konnte. Das in der modernen Biologie benutzte Schema geht auf den schwedischen Forscher Carl von Linné (1707–1778) zurück. Er verwendete lateinische Begriffe und gab allen Tieren und Pflanzen einen zweiteiligen Namen, z.B. *Sturnus vulgaris* für den Gemeinen Star. Diese zweiteiligen Namen entsprechen unseren Vor- und Nachnamen: Der Nachname zeigt an, welcher Familie ein Mensch angehört, der Vorname gehört nur dem Individuum. Bei den wissenschaftlichen Namen für Tiere und Pflanzen verhält es sich genauso, nur wird hier der Oberbegriff oder Gattungsname zuerst genannt. Dieser Gattungsname bezeichnet eine Gruppe von verwandten Arten, die man auch Genus nennt (Plural: Genera). *Sturnus* ist das Genus oder die Gattung, der alle Stare angehören, *vulgaris* benennt eine bestimmte Art (oder Spezies) der Gattung – den Gemeinen Star.

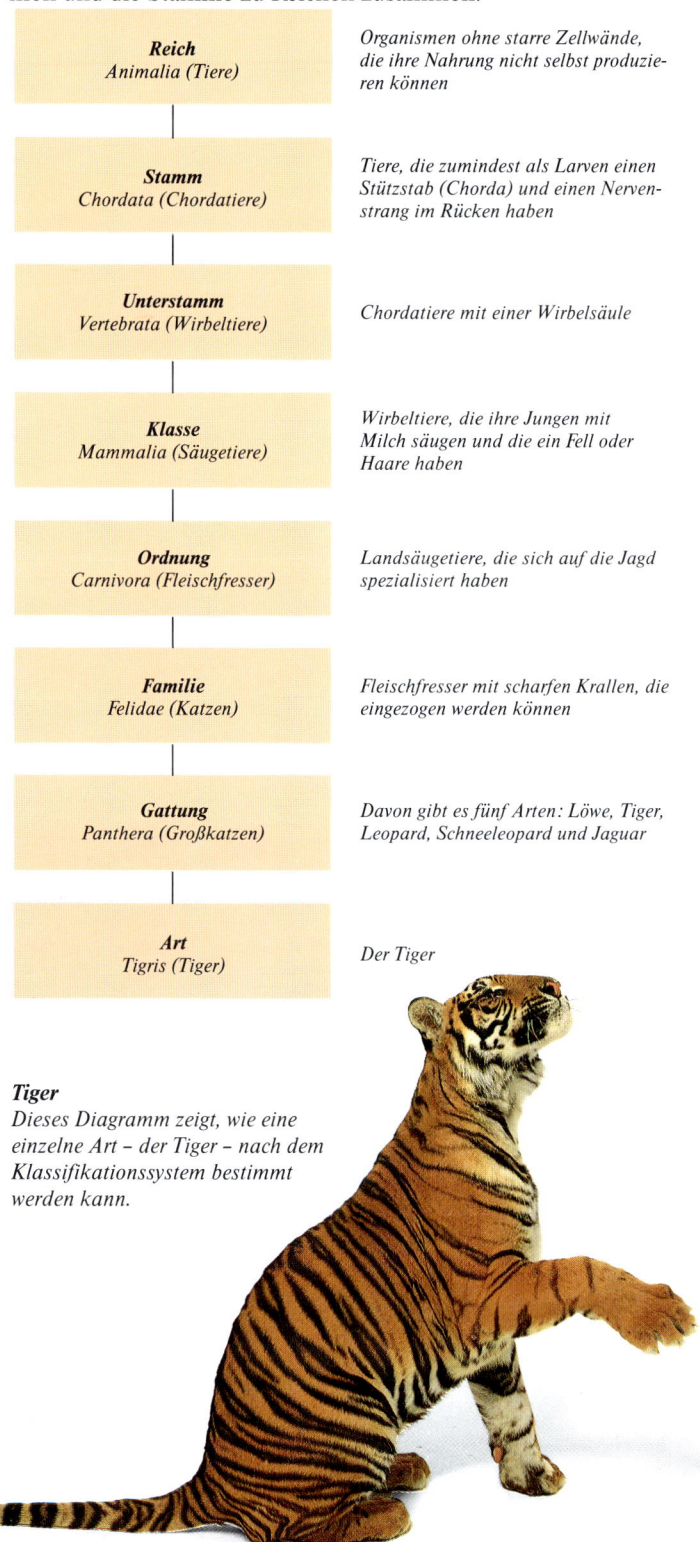

Tiger
Dieses Diagramm zeigt, wie eine einzelne Art – der Tiger – nach dem Klassifikationssystem bestimmt werden kann.

DAS SYSTEM DER LEBEWESEN

EXPERIMENT
Wir stellen ein Klassifikationssystem auf

Stellt euch vor, Linné hätte sich mehr fürs Basteln als für Pflanzen und Tiere interessiert. Wie hätte er die hier gezeigten Gegenstände eingeteilt? Ihr könnt für dieses Experiment alle möglichen Alltagsgegenstände verwenden: Knöpfe, Briefmarken oder Kugelschreiber und Bleistifte. Ordnet diese Gegenstände nach ihren jeweiligen gemeinsamen Eigenschaften einem »Stammbaum« zu.

Wie man Gruppen bildet
Die hier abgebildeten Gegenstände wurden zunächst danach eingeteilt, ob sie aus Metall oder Kunststoff bestehen. Die Metallobjekte teilen sich auf in ein- und mehrteilige, die einteiligen wiederum in solche mit oder ohne Gewinde. Dies ist nur ein Schema, wie man die Gegenstände einteilen kann. Wie würdet ihr z. B. einen Haken einordnen, der zur Hälfte in Kunststoff eingehüllt ist?

Stammbäume in der Natur
Pflanzen und Tiere sind eigentlich alle miteinander verwandt. Die korrekte Klassifikation macht die entwicklungsgeschichtliche Verwandtschaft sichtbar, zum Beispiel indem man ihre DNS vergleicht (S. 14 – 15). Die DNS von Tigern ist fast die gleiche wie die von Löwen (Gattung Panthera), ebenso die anderer Katzen (Familie Felidae); und das gleiche gilt für die DNS von Hunden und Ottern (Ordnung Carnivora) usw.

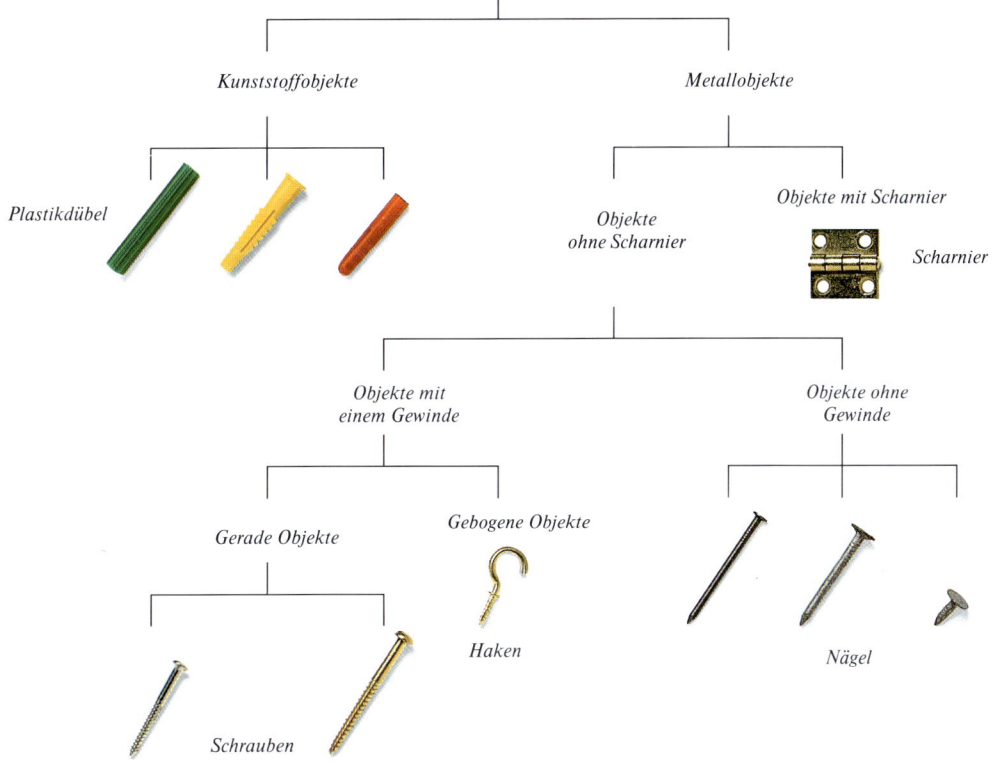

Auf den zweiten Blick

Beim Klassifizieren trügt oft der Augenschein, denn Tiere, die gleich ausschauen und sogar auf ähnliche Weise leben, müssen nicht eng miteinander verwandt sein. Delphine sind stromlinienförmig wie Haie, weil sie ihre Beute dank ihrer Schnelligkeit fangen. Ihre ähnliche Form beruht auf einer »konvergenten Evolution«. Delphine geben ihren Jungen Milch und atmen durch Lungen, sind also Säugetiere. Haie atmen durch Kiemen und sind Fische.

Hai
Von außen sehen die Flossen eines Hais wie die eines Delphins aus, aber sie haben keine Knochen, sondern Knorpelstäbe und Flossenstrahlen.

Delphin
In Delphinflossen befinden sich kleine Knochen, die so ähnlich wie die Fingerknochen aller anderen Säugetiere angeordnet sind.

Bakterien, Pilze und Pflanzen

Maßgebend für die Klassifizierung von Lebewesen ist zunächst das Vorhandensein oder Nichtvorhandensein eines Zellkerns. Dabei werden Bakterien und Blaualgen, die keinen Zellkern haben, allen anderen Lebewesen gegenübergestellt.
Alles Lebendige scheint nur in zwei Gruppen eingeteilt zu sein: in Tiere und Pflanzen. Doch für die Biologen gibt es mindestens fünf wichtige Gruppen, insgesamt vielleicht sogar 20. Und diese Gruppen heißen Reiche (S. 24)

PFLANZENREICH
1. Gefäßlose Pflanzen

Alle Angehörigen des Pflanzenreichs können ihre eigene Nahrung mit Hilfe des Sonnenlichts produzieren (S. 38–43). Sie besitzen komplexe Zellen mit festen Wänden aus Zellulose. Die frühesten Pflanzen entwickelten sich im Wasser und waren Gefäßlose, d.h., sie verfügten

REICH DER BAKTERIEN
Bacteria

Bakterien sind sehr kleine, einzellige Organismen, die als die ältesten Formen des Lebens auf der Erde gelten. Ihre Zellen haben eine feste Wand, sind aber viel einfacher als die der Pflanzen und Tiere. Bakterien leben in riesigen Mengen in fast jedem Lebensraum, auch in eurem Körper. Einige sind schädlich und können Krankheiten verursachen, doch viele andere sind nützlich für uns.

REICH DER PILZE
Fungi

Pilze (S. 64–69) leben, indem sie Nahrung von anderen lebenden Organismen oder von Überresten abgestorbener Organismen aufnehmen. Einige sehen wie Pflanzen aus, leben aber auf völlig unterschiedliche Weise. Mit einem Mikroskop erkennt man, daß sie aus einem dichten Geflecht von Zellfäden mit festen Wänden bestehen, die man Hyphen nennt. Wie Bakterien sind Pilze sehr wichtig für die Natur, weil sie die Überreste anderer Organismen wiederaufbereiten.

Ungenießbare Pilze
Die uns bekannten »Pilze« sind nur die oberirdischen Fruchtkörper, die bei der Fortpflanzung einiger Pilzarten gebildet werden.

Gruppe von Fruchtkörpern

Zäher, ledriger Wedel

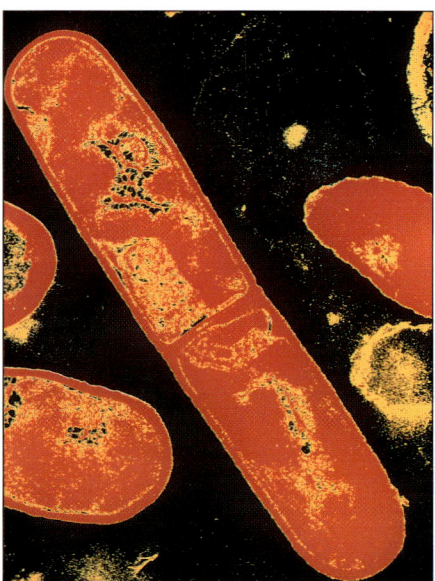

Eine sich teilende Bakterie
Diese Bakterie ist durch ein Elektronenmikroskop in vieltausendfacher Vergrößerung fotografiert worden. Sie vermehrt sich, indem sie sich teilt. Unter günstigen Bedingungen geschieht das alle 20 Minuten, so daß sie bald von einer riesigen Menge ihrer Nachkommen umgeben ist.

Flechten
Eine Flechte (S. 63) stellt eine Lebensgemeinschaft (Symbiose) zwischen zwei verschiedenen Organismen dar: einem Pilz und einer Alge.

Flechte auf einem Felsen

Büschel aus vielen Moospflanzen

Laubmoose
Laubmoose sind enge Verwandte der Lebermoose. Es gibt etwa 14 000 Laubmoosarten (S. 63). Viele bilden kissenförmige Gruppen und wachsen vorwiegend an feuchten Orten.

BAKTERIEN, PILZE UND PFLANZEN

PFLANZENREICH
2. Gefäßpflanzen

nicht über spezielle Leitungsbahnen zum Transportieren von Wasser oder Nahrung innerhalb der Pflanze. Die meisten ihrer heutigen Verwandten – Algen und Moose – wachsen nur in feuchten Milieus. Gefäßlose Pflanzen haben keine Blüten.

Gefäßpflanzen haben echte Blätter, Wurzeln und Sprossen. In ihren Sprossen (auch Stengeln oder Stämmen) gibt es spezielle Kanäle, die Wasser und andere Stoffe aus der Umgebung der Pflanze transportieren. Mit Hilfe dieser Kanäle kann ein Baum Wasser über seine Wurzeln aufnehmen und bis hoch über der Erde an die Blätter verteilen. Auf ähnliche Weise leitet eine Kartoffelpflanze die in den Blättern gebildeten Nährstoffe in die unterirdischen Knollen. Unter den Gefäßpflanzen beherrscht heute eine einzige Gruppe – die Samenpflanzen (Blütenpflanzen) – die Erde, und ihr verdanken wir und viele Tiere einen Großteil unserer Nahrung.

Algen
Meeresalgen (S. 96 – 97) sind die häufigsten Vertreter dieser Gruppe von etwa 25 000 Arten. Die meisten wachsen auf Felsen, manche treiben im Meer. Andere Algen gedeihen in Teichen und Seen, manche auch an Land.

Gummiartiger, stengelähnlicher Strunk

Lebermoose
Einige Lebermoose (S. 63) sehen vielleicht so ähnlich aus wie die ersten Pflanzen, die an das Leben auf dem Land angepaßt waren. Es gibt etwa 9000 Arten, die überwiegend an feuchten Orten wachsen, z. B. am Ufer von Flüssen.

Beim Wachsen verzweigt sich die Pflanze

Farne
Farne (S. 62 – 63) haben grüne Wedel, die sich beim Wachsen entrollen. Die meisten der heute existierenden 10 000 Farnarten sind niederwüchsig, aber einige tropische Farne sind richtige kleine Bäume.

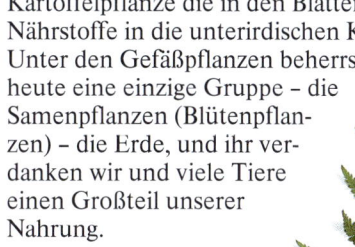

Gefiederte Wedel

Stiel

Blättchen

Schachtelhalme
Die Vorfahren der Schachtelhalme (S. 63) waren einst so groß wie stattliche Bäume. Heute werden sie kaum größer als einen Meter. Am ehesten trifft man sie auf feuchten Böden an.

Hohler Stengel

Samenpflanzen (Blütenpflanzen)
Blumen (S. 46 – 49) gibt es in sehr vielen Formen, Größen und Farben. Die Botaniker teilen die mindestens 250 000 Arten von Blütenpflanzen in zwei Hauptgruppen ein: in Nacktsamer (Palmfarne, Nadelbäume, Ginkgo) und Bedecktsamer (Einkeimblättrige, Zweikeimblättrige).

Zweikeimblättrige
Der Storchschnabel ist ein typischer Vertreter dieser Gruppe. Seine Samen haben zwei Keimblätter, seine Blätter sind netzadrig.

Koniferen
Die auffälligen Bäume, deren Samen in schützenden Zapfen heranwachsen, nennt man Koniferen (S. 54). Ihre Blätter sind meist hart und nadel- oder schuppenförmig. Im Unterschied zu den meisten Farnen und Schachtelhalmen können sie auch mit wenig Wasser auskommen.

Einkeimblättrige
Dazu gehören alle Gräser. Ihre Samen haben nur ein Keimblatt, ihre Blätter sind parallel geädert.

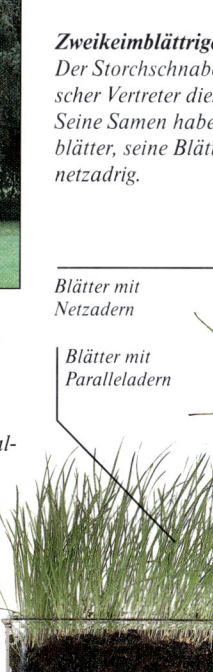

Blätter mit Netzadern

Blätter mit Paralleladern

Samenkapsel

Einzeller und Tiere

Einzeller oder Protisten ernähren sich entweder von Nahrungspartikeln oder produzieren Nahrung mit Hilfe des Sonnenlichts. Früher wurden manche Einzeller als Tiere, andere als Pflanzen angesehen. Heute bilden sie für die meisten Biologen ein eigenes Reich. Richtige Tiere bestehen aus vielen Zellen, die keine starren Zellwände haben wie die Zellen der Pflanzen und Pilze. Tiere haben Muskeln, mit deren Hilfe sie sich auf der Suche nach Nahrung bewegen können. Allerdings können sich nicht alle Tiere fortbewegen. Korallen und Seepocken zum Beispiel haben einen festen Standort und warten darauf, daß die Nahrung zu ihnen kommt.

REICH DER EINZELLER
Protisten oder einzellige Organismen

Dem Reich der Einzeller ordnen Biologen bequemerweise alles zu, was sie nicht anderswo unterbringen können – nämlich jedes einzellige Wesen mit einer komplexen Zelle, das eindeutig kein Hefepilz (S. 67) oder keine Alge ist. Aber es würde die Klassifizierung sehr erschweren, würde man Einzeller verschiedenen Reichen zuweisen.

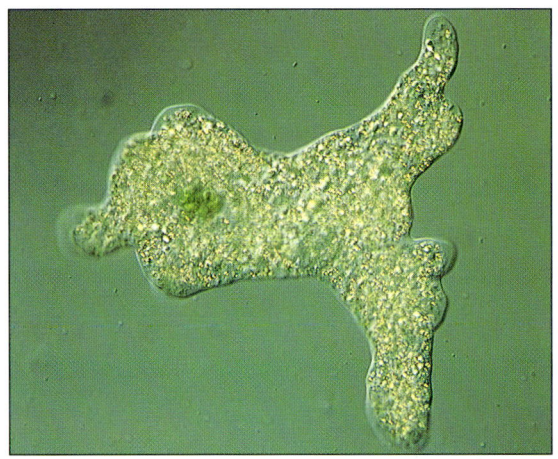

In ständigem Wandel
Eine Amöbe ist ein Einzeller ohne feste Form. Sie kann in jede Richtung auseinanderfließen und benutzt ihren Körper, um ihre Nahrung zu verschlingen. Die Zelle der Amöbe ist sehr komplex und besitzt viele Organellen.

TIERREICH
1. Wirbellose Tiere

Die meisten Tiere der Welt sind Invertebraten, also ohne Wirbelsäule. Zu den Wirbellosen gehören sehr einfache Tiere, aber auch kompliziert gebaute. Es gibt über 30 Stämme von Wirbellosen. Wir zeigen hier einige Tiere aus fünf dieser Stämme – Nesseltiere (Cnidarien), Gliederfüßer (Arthropoden), Ringelwürmer (Anneliden), Stachelhäuter (Echinodermaten) und Weichtiere (Mollusken).

Seeanemone

Ringelwürmer
Es gibt etwa 9000 Arten von Ringel- oder Gliederwürmern wie z. B. den Regenwurm (S. 124 – 125). Wie andere Würmer haben sie kein festes Skelett, sondern ein Hydroskelett, mit dem sie sich durch Dehnen und Zusammenziehen bewegen.

Nesseltiere
Zu diesem Stamm gehören die Korallen (S. 94 – 95), Quallen und Seeanemonen (S. 93). Es gibt etwa 9000 Arten, die alle im Wasser leben. Um den Mund haben sie einen mit Stachelzellen versehenen Tentakelring.

Gliederfüßer
Der Stamm der Gliederfüßer ist sehr groß und enthält etwa 10 Millionen Arten. Sie leben im Wasser und an Land. Alle haben ein festes Außenskelett und Gliedmaßen mit Gelenken, einige – die Insekten – Flügel. Die Insekten bilden die größte Klasse der Gliederfüßer, gefolgt von den Spinnen- und den Krebstieren.

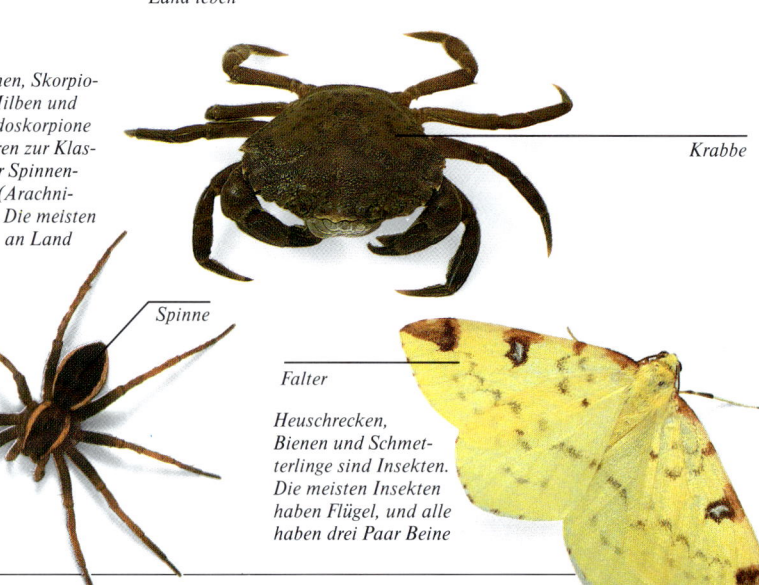

Gartenschnecke

Krebstiere (Crustaceen) wie Krabben oder Hummer haben ein steifes Außenskelett aus Kalk und Chitin. Die Asseln gehören zu den wenigen Krebstieren, die an Land leben

Krabbe

Spinnen, Skorpione, Milben und Pseudoskorpione gehören zur Klasse der Spinnentiere (Arachniden). Die meisten leben an Land

Spinne

Falter

Heuschrecken, Bienen und Schmetterlinge sind Insekten. Die meisten Insekten haben Flügel, und alle haben drei Paar Beine

EINZELLER UND TIERE

TIERREICH
2. Wirbeltiere

Es gibt etwa 45000 Arten von Wirbeltieren, zu denen auch wir Menschen zählen. Im Unterschied zu den Wirbellosen haben wir ein Rückgrat oder eine Wirbelsäule sowie ein Skelett im Körperinneren, während dies bei Insekten, Spinnen und Krebstieren den Körper umgibt. Wirbeltiere haben gut entwickelte Sinnesorgane und im allgemeinen ein großes Gehirn. Es gehört zum hochentwickelten Nervensystem, das die Informationen der Sinnesorgane weiterleitet und verarbeitet. Zu den Wirbeltieren gehören Fische, Amphibien, Kriechtiere, Vögel und Säugetiere.

Regenwurm

Fische
Man unterscheidet zwischen Knochen- und Knorpelfischen. Es gibt mehr Arten von Knochenfischen (S. 82 – 83) als von allen anderen Wirbeltieren zusammengenommen.

Gelber Buntbarsch

Hundshai

Knochenfische wie den Gelben Buntbarsch gibt es in einer Vielzahl von Formen und Größen. Sie haben stromlinienförmige Körper und ein Schuppenkleid

Haie, Rochen und Seekatzen gehören zu einer alten Gruppe von Wirbeltieren. Sie haben ein Skelett aus gummiartigen Knorpeln

Weichtiere
Die meisten Weichtiere (S. 90 – 91) leben im Wasser, aber einige, wie z.B. die Schnecken (S. 116 – 117), leben an Land. Viele der etwa 110 000 Arten kann man an der harten Schale erkennen, die ihren Körper schützt.

Lurche
Es gibt etwa 2500 Arten von Lurchen (Amphibien). Dazu gehören Frösche, Kröten (S. 80 – 81), Salamander und Molche (S. 78 – 79). Sie können an Land und im Wasser leben. Ihre Larven heißen Kaulquappen und verändern sich allmählich, wenn sie größer werden.

Kröte

Kriechtiere
Zu den Kriechtieren (Reptilien) (S. 142 – 151) gehören so unterschiedliche Tiere wie Schlangen, Eidechsen und Krokodile. Es gibt etwa 6000 Arten. Sie haben eine schuppige Haut, und die meisten legen Eier.

Ringelnatter

Säugetiere
Säugetiere (S. 152 – 179) haben ein Fell bzw. Haare und säugen ihre Jungen mit Milch. Die 4000 Arten bringen lebende Junge zur Welt – außer drei Arten, die Eier legen (S. 177).

Tiger

Eule

Stachelhäuter
Zu diesem Stamm gehören Seesterne (S. 87) und Seeigel. Diese Tiere haben ein Skelett oder Platten aus Kalk. Ihre Körper weisen meistens einen fünfstrahligen Bau auf.

Vögel
Alle Vögel (S. 126 – 141) haben Flügel, und die meisten können fliegen. Alle haben Federn und einen Schnabel, aber keine Zähne. Es gibt über 8500 Vogelarten.

Seestern

29

ÖKOLOGIE

Die Ökologie ist die Wissenschaft von den komplizierten Wechselbeziehungen, die das Leben auf unserem Planeten bestimmen. Sie ist einer der wichtigsten Zweige der Biologie, weil wir nur dann das Überleben von Pflanzen, Tieren und deren Umwelt in unserer sich verändernden Welt sichern können, wenn wir ihre wechselseitigen Abhängigkeiten verstehen.

Der tropische Regenwald ist ein herausragendes Beispiel einer gewachsenen ökologischen Gemeinschaft.

In den fünfziger Jahren wütete unter den Kaninchen von England eine Krankheit namens Myxomatose. Als die Zahl der Kaninchen stark zurückging, begann das Gras, an dem sie bisher geknabbert hatten, wieder üppig zu sprießen. Weil das hohe Gras weniger Sonnenlicht durchließ, sank die Bodentemperatur. Zwar nur wenig, aber für eine bestimmte Ameisenart, die die Wärme auf den von den Kaninchen abgenagten Wiesen zum Leben benötigte, war das schon zuviel. Allmählich verschwanden diese Ameisen – und mit ihnen eine besonders hübsche Schmetterlingsart: der Gemeine Bläuling. Seine Raupen ernähren sich nämlich nicht von Blättern, sondern von Larven dieser einen Ameisenart. Die Raupen sehen den Ameisenlarven so ähnlich, daß die Ameisen darauf hereinfallen und sie in ihre Nester bringen, wo sie die Ameisenlarven verzehren. Doch ohne die Ameisen konnten die Raupen nicht überleben, und Ende der siebziger Jahre war diese Schmetterlingsart in England ausgestorben. Dieses komplizierte Netz von Beziehungen zwischen verschiedenen Organismen ist ein wichtiges Thema der Ökologie. Der Begriff Ökologie stammt von dem deutschen Zoologen Ernst Haeckel (1834 – 1919) und geht auf das griechische Wort für Haus (*oikos*) zurück. Haeckel bezeichnete damit das Studium des »Hauses« oder der Position eines Organismus im komplizierten Netzwerk des Lebens.

Ernst Haeckel erkannte, wie wichtig das Studium der Verbindungen zwischen den Lebewesen ist.

Biosphäre, Ökosysteme und Habitate

Den von Lebewesen besiedelten Teil der Erde nennt man Biosphäre. Und fast jeder Teil der Biosphäre steht direkt oder indirekt mit allen anderen Teilen in Beziehung. Aber die ganze Biosphäre ist so riesig und komplex, daß man unmöglich diese Beziehungen in ihrer Gesamtheit studieren kann. Daher nehmen sich die Ökologen kleinere Einheiten mit einem bestimmten Bestand an Pflanzen und Tieren vor, wie zum Beispiel den tropischen Regenwald, die Trockenregionen der Eukalyptuswälder oder die nordischen Kiefern- und Fichtenwälder. Diese Einheiten nennen sie Ökosysteme. Aber auch sie sind noch sehr groß – in manchen Teilen der Welt zum Beispiel erstrecken sich Wälder der gleichen Art oft über Hunderte von Kilometern. Um ein Ökosystem zu untersuchen, beschränken sich die Ökologen auf einen kleinen Ausschnitt, in dem nur wenige Arten leben. Man nennt das ein Biotop.

Kaulquappen leben im Wasser, Frösche und Kröten meist an Land – ein Beispiel dafür, wie eine Art in zwei verschiedenen Habitaten leben kann.

Das Nahrungsnetz

Die Beziehungen zwischen Gras, Kaninchen und anderen Tieren oder Ansammlungen von Organismen in einem Ökosystem können in den Begriffen Nahrungsnetz und Nahrungskette zusammengefaßt werden (S. 34 – 35). Die Nahrungsnetze zeigen die durch die Ernährung bedingte Abhängigkeit eines Lebewesens von anderen. Darüber hinaus benötigen Pflanzen und Tiere auch Nährstoffe wie Stickstoffverbindungen, die ebenfalls von einem Organismus an den anderen weitergegeben werden. In der Atmosphäre ist zwar elementarer Stickstoff enthalten, doch Pflanzen und Tiere können in dieser Form damit nichts anfangen. Dafür nehmen Bakterien diesen Stickstoff auf und verwandeln ihn in Ammoniak und dann in Nitrate – in stickstoffhaltige Verbindungen also, die Pflanzen verwerten können.
Derartige Wechselbeziehungen sind viel wichtiger für uns, als allgemein angenommen wird. Die Bauern setzen Nitrate als Düngemittel für den Ackerbau ein, und darum ist es lebenswichtig für uns zu wissen, was mit diesen Nährstoffen geschieht.

Ökologie und Umweltverschmutzung

Durch das Studium von Nahrungsketten ist es den Ökologen

ÖKOLOGIE

gelungen, exakt nachzuweisen, wie sich die Umweltverschmutzung auf die Tierwelt auswirkt. So haben sie zum Beispiel einige der rätselhaften Auswirkungen der Umweltverschmutzung auf das Meer erklären können.

In den Körpern von Säugetieren wie Robben und Delphinen hat man sehr hohe Anteile von Quecksilber und anderen Giften gefunden – mehr als bei den anderen Meeresbewohnern. Dies ist darauf zurückzuführen, daß sie als letztes Glied (S. 35) am Ende der Nahrungskette stehen. Die Ökologen haben herausgefunden, daß ein Warmblüter bis zu 90 Prozent seiner Nahrung verbraucht, um am Leben bleiben und sich bewegen zu können. Nur zehn Prozent dienen seinem Wachstum. Wenn eine Robbe einen Fisch frißt, der ein Milligramm Quecksilber enthält, bleibt das Gift fast vollständig in ihrem Körper zurück. Ihre Gewichtszunahme hingegen beträgt nur ein Zehntel des Fischgewichts. Also ist das Quecksilber im Körper der Robbe dann viel konzentrierter, als es im Fisch war. Leider spielt sich dieser Vorgang in der gesamten Nahrungskette ab, so daß der Fisch, den die Robbe frißt, bereits einen hohen Anteil an Quecksilber enthält. Man spricht hier von Bioakkumulation, die es auch bei Pestiziden und anderen chlorhaltigen Verbindungen gibt.

Ökologische Sukzession

Das meiste Ackerland bestand ursprünglich aus Wäldern.

Mit Hilfe eines Quadrates kann man eine ökologischen Karte des Pflanzenlebens in einem bestimmten Gebiet anlegen.

Wenn es vernachlässigt wird, kann es sich wieder zu Wäldern zurück entwickeln. Erst bedecken krautige Pflanzen die Felder, dann wird das Gras sehr hoch, kleine Büsche und junge Bäume beginnen dazwischen zu wachsen, bis das Gras in ihrem Schatten abstirbt. Schließlich verdrängen die Bäume die Büsche und bilden Wälder. Dieser ganze Prozeß wird ökologische Sukzession genannt (S. 32), sein Endpunkt – bei unserem Beispiel der Wald – Endzustand der Vegetation oder Klimaxgemeinschaft. Die Ökologen studieren die Sukzession in verschiedenen Ökosystemen, und auch ihr könnt sie an einem Stückchen Boden oder in einem kleinen See oder Teich beobachten. Im Laufe der Jahre bilden Wasserpflanzen wie Rohrkolben in den seichteren Abschnitten viele Wurzeln unter Wasser. Erde und Schlick verfangen sich in diesen Wurzeln und füllen schließlich das Gewässer auf, aus dem ein Flachmoor oder ein Sumpf entsteht. Dann sterben die Wasserpflanzen ab, während junge Bäume heranwachsen, und aus dem Sumpf wird ein (Sumpf-)Wald.

Flechten auf einem Felsen – für viele das ideale Habitat, für andere Organismen ungeeignet.

Tiere in der Natur zu beobachten ist sehr aufschlußreich.

Ökologie in einer sich ständig verändernden Welt

Für uns Menschen ist es wichtig zu wissen, wie Pflanzen und Tiere mit den Veränderungen in ihrer Umwelt fertig werden. Durch Roden, Ackerbau und Bautätigkeit verändern wir immer mehr das Land. Durch Sukzession kann die gleiche Vegetation wie zuvor entstehen. Geschieht dies nicht, gehen Ökologen den Ursachen nach.

Wenn riesige Gebiete des tropischen Regenwaldes vernichtet werden, werden auch die komplizierten Beziehungen zwischen Pflanzen und Tieren ein für allemal zerstört. Sehr viele Bäume des Regenwalds leben von Pilzen, die auf oder um ihre Wurzeln wachsen und sie mit Nährstoffen versorgen. Ohne die Pilze können sich die Bäume an derselben Stelle nicht weitervermehren – durch Rodung der Wälder aber werden die Pilze getötet. Auch wenn der Wald nicht ganz vernichtet wird, leiden Tiere darunter. In Südostasien gibt es viele Vögel und Fledermäuse, die von Früchten leben. Besonders wichtig sind für sie zum Beispiel die Würgerfeigen, die in Astgabeln von Wirtsbäumen keimen. Ohne die Wirtsbäume gäbe es also keine Würgerfeigen. Werden diese Wirtsbäume gefällt, wird mit der Zahl der Feigenpflanzen auch die Zahl der Fruchtfresser verringert. Da diese Tiere wichtig für die Verbreitung der Samen von Regenwaldpflanzen sind, leidet darunter der ganze Wald.

An beringten Vögeln können Wissenschaftler verfolgen, wie diese Tiere in ihrer natürlichen Umgebung leben.

Ökologen können gemeinsam mit den Bewohnern der Regenwälder Bewirtschaftungsmethoden entwickeln, die am wenigsten Schaden anrichten, und versuchen, einzelne, bereits kahlgeschlagene kleine Gebiete wiederaufzuforsten. Ein einmal zerstörter Regenwald aber läßt sich nicht wieder herstellen.

Das Vermessen des Pflanzenreichs

Es gibt mehr als eine halbe Million Pflanzenarten auf der Welt, und jede Art ist an bestimmte Umweltbedingungen gebunden. Wenn ihr euch ein individuelles Biotop – eine Weide, Seemarschen oder Waldboden – anseht, entdeckt ihr, daß es sein eigenes charakteristisches Pflanzenleben hat. Diese Pflanzen bilden eine ökologische Gemeinschaft. Wie Tiere kämpfen auch Pflanzen miteinander ums Überleben. Wenn man ein Stück frisch umgearbeiteten Boden beobachtet, sieht man, wie die zuerst erschienenen Pflanzen allmählich von Arten überschattet und verdrängt werden, die zwar langsamer wachsen, aber größer werden. Diesen Prozeß nennt man Sukzession.

EXPERIMENT
Ein Meßquadrat bauen

Mit Hilfe eines Quadrats könnt ihr ein Stück Boden markieren und – eventuell anhand eines Bestimmungsbuches – eine sehr genaue Karte der darauf wachsenden Pflanzen anlegen. Botanische Quadrate haben gewöhnlich eine Seitenlänge von einem Meter. Kleinere Quadrate lassen sich leichter handhaben, schließen aber nicht so viele Pflanzen ein.

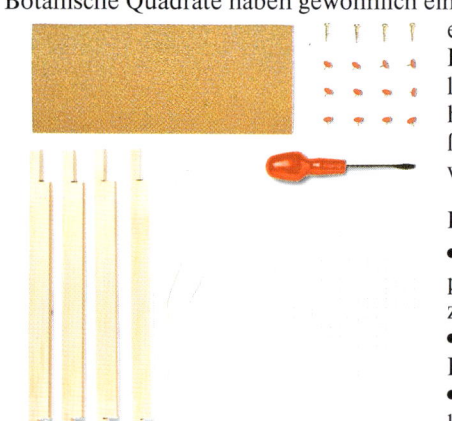

IHR BRAUCHT
• Reißnägel • Sandpapier • Schraubenzieher • Schrauben • Schnur • kariertes Papier • Lineal • Bleistift • 4 Holzleisten (Schnitt wie Abbildung)

EXPERIMENT
Einen Querschnitt messen

Mit Hilfe einer Querschnittsmessung könnt ihr die verschiedenen Pflanzen erfassen, die entlang einer über dem Boden gezogenen Linie wachsen. Während man mit einem Quadrat nur eine kleine Bodenfläche vermißt, kann man mit einer Querschnittsmessung verschiedene Bodenformen einbeziehen. Damit könnt ihr z.B. feststellen, wie sich die Vegetation verändert, wenn ihr euch vom feuchten Boden um einen See oder Teich in den Schatten eines daran angrenzenden Waldes begebt.

In den Boden gerammte Holzpfosten

Straff gespannte Schnur markiert die Meßlinie

IHR BRAUCHT
• 2 Pfosten • starke Schnur • kariertes Papier • Maßband

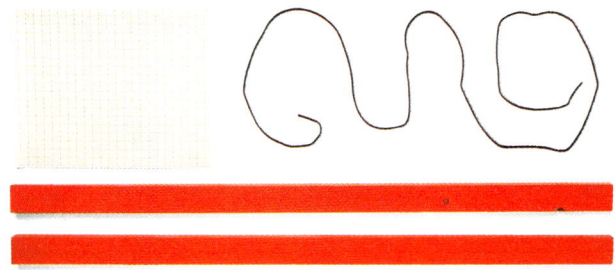

DAS VERMESSEN DES PFLANZENREICHS

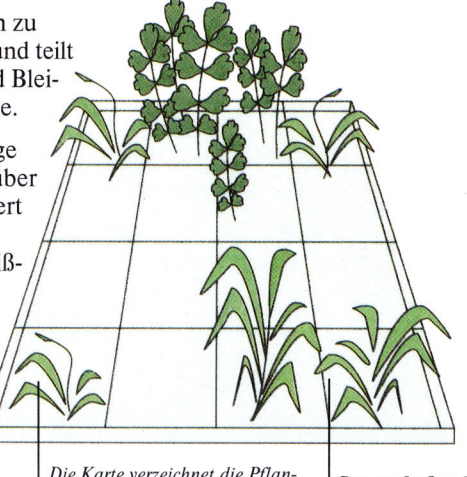

1   Schraubt die Holzleisten zu einem Quadrat zusammen und teilt jede Seite mit Lineal und Bleistift in vier Abschnitte.

2   Spannt 1 m lange Stücke Schnur straff über den Rahmen und fixiert sie an den Abschnittmarkierungen mit Reißnägeln.

3   Werft das Quadrat an dem von euch ausgesuchten Ort über die Schulter, so daß es an einer beliebigen Stelle landet. Notiert die Pflanzen in jedem kleinen Quadrat, wobei ihr auf dem karierten Papier eine quadratische Karte anlegt.

Die Karte verzeichnet die Pflanzen in jedem kleinen Quadrat

Das große Quadrat teilt die Pflanzen in Abschnitte ein

Quadratische Karte
Mit Hilfe einer Pflanzenkarte könnt ihr das vielfältige Pflanzenleben in einem bestimmten Biotop besser verstehen lernen. Legt Karten von verschiedenen Biotopen an und findet heraus, welches die meisten Pflanzenarten aufweist.

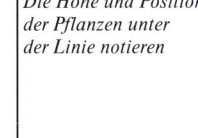

Die Höhe und Position der Pflanzen unter der Linie notieren

1   Die Pfosten fest in den Boden schlagen, die Schnur dazwischen spannen und festbinden. Achtet darauf, daß sie überall zugänglich ist.

2   Geht an der Schnur entlang und notiert die Position und Höhe der Pflanzen, die darunter wachsen. Tragt eure Messungen auf dem karierten Papier ein.

Querschnittskarte
Wenn ihr mit eurer Vermessung fertig seid, habt ihr eine Karte der nach Arten und Größe verschiedenen Pflanzen entlang der Meßlinie vor euch. Wenn ihr an derselben Stelle eine derartige Messung mehrmals im Jahr vornehmt, stellt ihr fest, wie weit die Pflanzen gewachsen sind, während sie mit den anderen ums Licht gekämpft haben. Dieser Kampf beginnt im Frühling, wenn das Laub austreibt und die kleineren Pflanzen weniger Licht bekommen.

Höhe der Meßschnur

Die Quadrate zeigen die Position entlang der Schnur

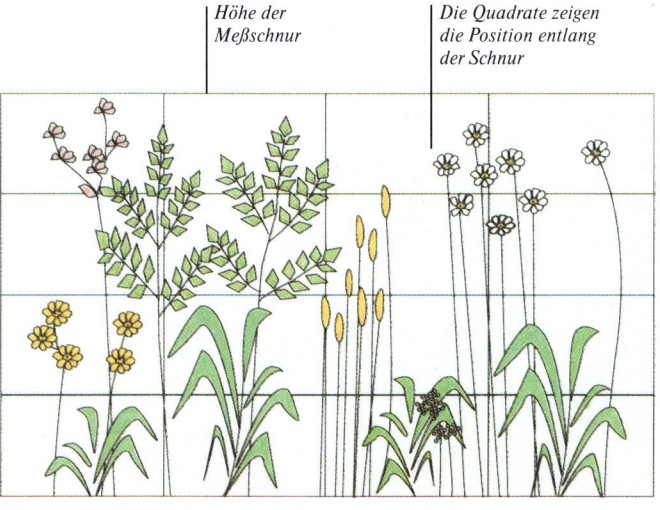

Nahrungsnetze

In jedem Ökosystem – von den Wüsten bis zu den Korallenriffen – zirkuliert ständig Energie zwischen den Organismen. Die Pflanzen nutzen die Energie der Sonne (S. 40), und diese Energie hält die Tiere am Leben, die die Pflanzen fressen, ebenso wie die Raubtiere, die sich wiederum von diesen Tieren ernähren. An einem Nahrungsnetz kann man erkennen, wer was in einem Biotop frißt und wohin die Energie fließt. Man kann sich ein Nahrungsnetz aus Schichten aufgebaut vorstellen. Am Anfang stehen die Primärproduzenten – Pflanzen, die ihre eigene Nahrung herstellen. Von diesen leben die Primärkonsumenten oder pflanzenfressenden Tiere, von denen wiederum die Raubtiere oder sogenannten Sekundärkonsumenten. Die toten Überreste von Pflanzen und Tieren stellen die Nahrung der Destruenten dar – Organismen wie Bakterien, Pilze und Regenwürmer.

Blätter liefern vielen kleinen Tieren Nahrung

Baumkronen-Gemeinschaft
Eine Eiche z. B. stellt ein komplexes Nahrungsnetz dar. Viele der Organismen in diesem Netz sind Insekten, wie ihr mit Hilfe eines Beobachtungstabletts feststellen könnt.

Geburt
Diese weibliche Blattlaus bringt eine kleine Blattlaus zur Welt – ein Vorgang, den ihr mit einer Lupe beobachten könnt. Im Frühsommer gebiert eine Blattlaus alle paar Stunden einen Nachkömmling, und bald ist sie von einem großen Nachwuchs umgeben. Blattläuse sind Primärkonsumenten, weil sie sich direkt von Pflanzen ernähren. Es gibt mehr Primärkonsumenten als Sekundärkonsumenten.

EXPERIMENT
Ein Beobachtungstablett

Die meisten kleinen Tiere, die auf Pflanzen leben, sind schwer auszumachen. Mit einem Beobachtungstablett – einem mit weißem Stoff bespannten Holzrahmen – könnt ihr sie ins Freie locken.

IHR BRAUCHT
- Holzrahmen (S. 32–33) • weißen Stoff
- Reißnägel • Stock

1 Für den Rahmen verwendet ihr das Quadrat, das ihr schon gebaut habt (S. 32–33). Spannt den Stoff straff darüber und befestigt ihn mit Reißnägeln.

2 Haltet das Tablett unter einen Zweig, auf den ihr dann mit einem Stock schlagt. Die Tierchen fallen aufs Tablett, wobei sie der Rahmen an der Flucht hindert.

NAHRUNGSNETZE

EXPERIMENT
Ein Sauger

IHR BRAUCHT
- Klebeband • 3 leere Röhrchen von Kugelschreiberminen • Gummiringe
- Knetgummi
- Musselin
- Gummischlauch • Schraubenzieher • Draht • Glas

Mit einem Sauger kann man kleine Tierchen aufnehmen, ohne sie zu verletzen. Wenn ihr an dem einen Röhrchen saugt, werden die Tiere durch das andere ins Glas gesogen. Der Musselin verhindert, daß sie in euren Mund geraten.

1 Mit dem Schraubenzieher zwei Löcher in den Schraubdeckel stoßen und in jedes ein Minenröhrchen stecken. Auf die Enden Gummischlauchstücke schieben und eines mit Musselin abdichten.

2 In das andere Schlauchstück das dritte Minenröhrchen stecken und alle Gelenke mit Knetgummi luftdicht verschließen.

Nahrungsnetz eines Waldes

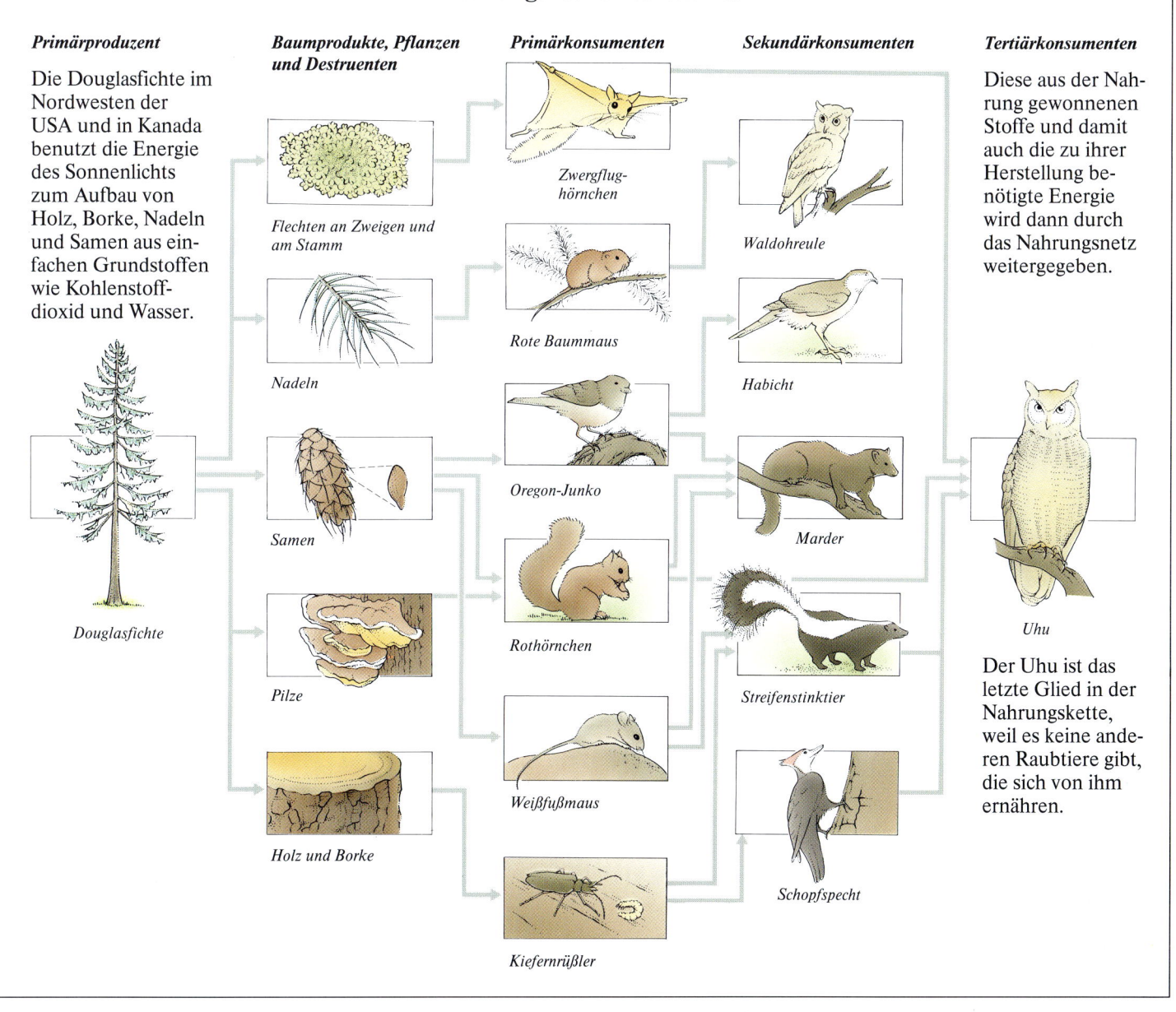

Primärproduzent

Die Douglasfichte im Nordwesten der USA und in Kanada benutzt die Energie des Sonnenlichts zum Aufbau von Holz, Borke, Nadeln und Samen aus einfachen Grundstoffen wie Kohlenstoffdioxid und Wasser.

Douglasfichte

Baumprodukte, Pflanzen und Destruenten

Flechten an Zweigen und am Stamm

Nadeln

Samen

Pilze

Holz und Borke

Primärkonsumenten

Zwergflughörnchen

Rote Baummaus

Oregon-Junko

Rothörnchen

Weißfußmaus

Kiefernrüßler

Sekundärkonsumenten

Waldohreule

Habicht

Marder

Streifenstinktier

Schopfspecht

Tertiärkonsumenten

Diese aus der Nahrung gewonnenen Stoffe und damit auch die zu ihrer Herstellung benötigte Energie wird dann durch das Nahrungsnetz weitergegeben.

Uhu

Der Uhu ist das letzte Glied in der Nahrungskette, weil es keine anderen Raubtiere gibt, die sich von ihm ernähren.

35

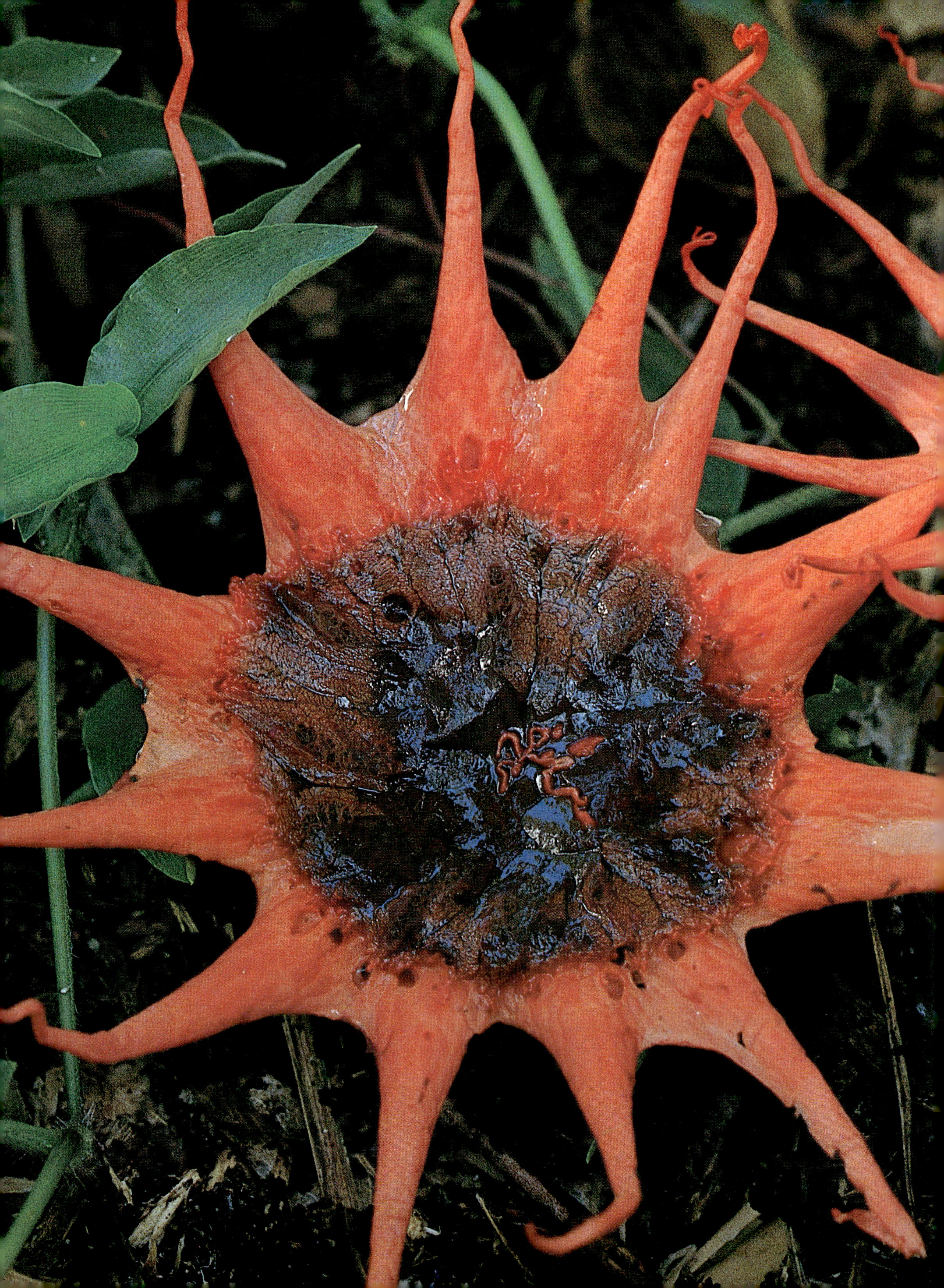

Die Welt der Pflanzen und Pilze

Die Schönheit von Pflanzen und Pilzen
Pflanzen und Pilze faszinieren uns vor allem durch ihren Farben- und Formenreichtum. Man begegnet ihm bei Herbstblättern (oben) ebenso wie bei selteneren Arten wie dem eindrucksvollen Fruchtkörper der Sternenförmigen Stinkmorchel (links), einem Pilz, der auf verrotteten Pflanzen in Mittelamerika wächst.

Pflanzen sind der Grundstein des Lebens auf Erden. Sie fangen Energie von unserem Zentralgestirn – der Sonne – ein und benutzen diese Energie zum Aufbau von Blättern, Stämmen und Wurzeln aus einfachen Substanzen: ein grüner Mantel, der große Teile unseres Planeten bedeckt. Pflanzen sind zwar nicht die einzigen Lebewesen, die das Sonnenlicht auf diese Weise nutzen, aber bei weitem die wichtigsten. Ohne Pflanzen könnten viele andere Lebewesen, auch wir, nicht existieren.

BLÜTENPFLANZEN

Die vorherrschenden Pflanzen auf unserer heutigen Erde sind die Blütenpflanzen. Sie traten zuerst vor über 100 Millionen Jahren auf und haben sich seither Hand in Hand mit den Insekten entwickelt, die ihre Pollen verbreiten. Inzwischen gibt es eine verwirrende Fülle von Blütenpflanzen, die – außer in extremer Kälte – fast in jedem Biotop an Land leben.

Menschen, die sich um unsere Umwelt sorgen, werden oft »Grüne« genannt. Wenn wir nämlich an die lebendige Natur denken, fällt uns automatisch das Wort »grün« ein – die Farbe fast aller Pflanzen. Die »Chlorophyllis« wäre sicher kein so eingängiger Name, aber er würde ebenso passen, denn der Farbstoff, der die Pflanzen grün macht, heißt Chlorophyll. Richtig wäre auch die »Nicht-Roten-nicht-Blauen«. Grün kommt uns das Chlorophyll vor, weil es das blaue und das rote Licht absorbiert und nur den Grünbereich des Farbenspektrums reflektiert. (Das Spektrum enthält alle Farben, die im Sonnenlicht vorkommen – denkt an den Regenbogen.) Wälder und Wiesen sind grün, weil die Pflanzen diese Sorte Licht am wenigsten nutzen können.

Spirituskocher

Vom Licht leben

Alle Pflanzen – ob mit oder ohne Blüten – benötigen den Rot- und Blaubereich des Spektrums, um Nährstoffe zu produzieren, und zwar durch einen Prozeß, den man Photosynthese (S. 40–43) nennt. Wenn ihr eine Pflanze wärt und Hunger hättet, bräuchtet ihr nur hinauszugehen und euch eine Weile in die Sonne zu stellen, und euer Hunger wäre gestillt. Die Photosynthese spielt sich vor allem in den Blättern ab. Hier werden Zuckerstoffe produziert, die als Zuckerlösung zu den anderen Teilen wie den Wurzeln, Stämmen und Blüten transportiert werden. Blattläuse und andere Insekten ernähren sich vom Saft, indem sie die Leitungsbahnen der Pflanze anzapfen. Sie müssen nicht einmal saugen, weil der Saft in der Pflanze unter Druck steht.

Storchschnäbel verstreuen ihre Samen durch winzige Schleudern.

Eine erfolgreiche Gruppe

Es gibt unglaublich viele Blütenpflanzen, weit mehr als allgemein bekannt, denn viele Pflanzen mit unauffälligen Blüten wie Gräser und Bäume mit breiten Blättern gehören auch zu dieser überaus erfolgreichen Gruppe. Die kleinste Blütenpflanze ist ein Wasserlinsengewächs namens *Wolffia arrhiza*. Sie schwimmt auf Teichen, und jede dieser runden, wurzellosen Pflänzchen hat nur einen Durchmesser von 0,3 mm – gerade groß genug, um mit bloßem Auge wahrgenommen zu werden. Ihre Blüten sind noch winziger und werden in Taschen auf der Oberfläche der Pflanze ausgebildet. Ganz anders dagegen die etwa 20 000 Orchideenarten, die eine der größten Familien unter den Blütenpflanzen darstellen. Orchideen gehören zu den am höchsten entwickelten Blütenpflanzen und weisen oft Blüten von phantastischer Gestalt auf. Einige sind klein, aber stark duftend, andere sind groß und haben bizarre Blütenblätter. Damit locken sie ihre Bestäuber an. Bei vielen ist das eine einzige Insektenart, und die Blüten sind so kunstvoll ausgebildete Köder, daß nur das richtige Insekt sie findet. Noch immer gelingt es Biologen, neue Arten dieser ungewöhnlichen Pflanzen zu entdecken – doch in vielen Fällen ist die Identität ihrer Insektenpartner bislang ein Geheimnis geblieben.

Fleischfressende Pflanzen fressen Tiere.

Am Aufbau einer Pflanze erkennt ihr, zu welcher Familie sie gehört.

Die allmähliche Entwicklung der Bestäubung

Die frühesten Blüten waren große, einfache Gebilde, die etwa denen des heutigen Tulpenbaums (S. 51) oder der Magnolie entsprachen. Die Tiere, die diese Blüten bestäubten, waren vermutlich Käfer. Sie krabbelten auf die Blüten, um ihre Pollen zu fressen, aber dabei trugen sie auch Pollen von einer Blüte zur anderen. Später produzierten Blüten süßen Nektar als Nahrung für ihre Bestäuber und entwickelten Partnerschaften mit anderen Insekten, die für die Bestäubung ihrer Blüten (auch Pollination genannt) zuverlässiger als Käfer waren.
Diese Insekten waren die Vorfahren der Bienen, Wespen, Schmetterlinge und Falter – Insekten also, deren Hauptnahrung Nektar ist. Einige, besonders die Bienen, fressen auch Pollen, lassen aber genügend für die Bestäubung übrig.

BLÜTENPFLANZEN

Bestäubung

Im Laufe der Evolution haben einige Blütenpflanzen auf ihre tierischen Bestäuber verzichtet und andere Bestäubungsverfahren entwickelt. Diese Blütenpflanzen lassen meist ihre Pollen vom Wind davontragen, während ein paar Teichpflanzen, zum Beispiel das Hornblatt, das Wasser dazu benützen. Windbestäubte Pflanzen haben oft unscheinbare Blüten, die keine vorbeifliegenden Insekten mehr anlocken müssen. Dazu gehören vor allem Gräser, aber auch viele Bäume. Einige dieser Blüten sind längliche Gebilde, sogenannte Kätzchen. Wenn sie vom Wind geschüttelt werden, verteilen sie ihre Pollen.
Die Windbestäubung ist eine ziemlich riskante Angelegenheit, deshalb müssen diese Pflanzen große Mengen Pollen produzieren, damit zumindest einige das richtige Ziel finden. Außerdem müssen die Pollen leicht und flugfähig sein. Während der Blütezeit ist die Luft voll solcher Pollen, die wir zum Teil einatmen. Leidet jemand an Heuschnupfen, liegt es an diesen windbestäubten Pflanzen, daß er niesen muß – eine Kreuzkrautpflanze zum Beispiel setzt mindestens eine Milliarde Pollenkörnchen pro Stunde frei.

Ein Samen keimt – so beginnt das Leben einer Blütenpflanze.

Welche Nährstoffe Pflanzen in ihren Blättern produzieren, könnt ihr mit einer Jodlösung nachweisen.

Vögel und Fledermäuse

Ein paar Blütenpflanzen werden von größeren Tieren bestäubt, vor allem von Vögeln und Fledermäusen. Derartige Pflanzen gibt es nur in den Tropen und Subtropen, weil sie während des ganzen Jahres große Mengen Nektar produzieren müssen, von denen sich diese Bestäuber ernähren. Eine Gruppe der von Vögeln bestäubten Pflanzen sind zum Beispiel die Fuchsien, die großenteils auch in kühleren Klimazonen gedeihen. Doch ihre Heimat ist Südamerika, wo sie von Kolibris bestäubt werden, die unter den Blüten schweben und ihre Schnäbel in die glockenförmigen Kelche der Fuchsie tauchen. Wo es keine Kolibris gibt, werden Fuchsien durch Hummeln bestäubt.
Die meisten von Vögeln bestäubten Blüten sind orangefarben, rot oder gelb, ein paar aber auch rosa und blau. Sie duften nicht, da nur wenige Vögel einen guten Geruchssinn haben. Ihre Blüten sind groß und oft sehr zäh, weil sie sonst von den Schnäbeln und Krallen der Vögel beschädigt würden. Auf einigen Blüten können Vögel sogar landen, während die winzigen, nur wenige Gramm wiegenden Kolibris nur vor ihnen schweben.

Mit Chromatogrammen kann man die Pigmente in Blättern und Blüten trennen.

Bestäubung durch andere Tiere

Von Fledermäusen bestäubte Blüten locken mit großen, blassen Blütenblättern und ihrem Duft ihre Bestäuber an. Aber das sind nicht gerade Düfte, die wir bei unseren Parfüms und Seifen bevorzugen. Diese Blüten verbreiten einen ziemlich starken und unangenehmen Geruch. Aasblumen zum Beispiel haben die Farben und den Fäulnisgeruch von verrottetem Fleisch, mit denen sie Schmeißfliegen anlocken, die sie bestäuben, und einige haben Haare, die wie Schimmel aussehen. Fliegen werden dadurch häufig so perfekt getäuscht, daß sie sogar ihre Eier in die Blüten legen. Fledermäuse bestäuben gern Blüten auf Bäumen und anderen hohen Pflanzen, deren Blüten frei stehen und so für die Fledermäuse leicht zugänglich sind. Bäume im tropischen Regenwald haben ihre Blüten oft direkt an den Stämmen. Daher können Fledermäuse durch den Wald unterhalb der Baumkronen fliegen. Eine Schlingpflanze des Regenwaldes, die sich um die Zweige der Bäume windet, hat Blüten an bis zu 20 Meter langen Stengeln, die zwischen den Baumstämmen bis etwa 1,5 Meter über dem Waldboden herunterhängen. Die Agave, eine stachlige Wüstenpflanze, stellt ihre Blüten auf langen Blütenständen etwa sechs Meter über dem Boden zur Schau, in sicherer Entfernung von den abweisenden Blättern.
Außer Fledermäusen dienen nur noch ein paar andere Säugetiere als regelmäßige Bestäuber. In Australien zum Beispiel ernährt sich das Honigopossum von den Pollen und vom Nektar der großblütigen Banksia-Arten. Dieses mausähnliche kleine, nur etwa 10 Zentimeter lange Beuteltier kann seine Zunge 2,5 Zentimeter über seine Nase hinaus ausstrecken, und die Spitze dieser langen, schmalen Zunge ist so borstig wie die des Kolibris.

Aus den Samen in den Erdklumpen an euren Schuhen könnt ihr Pflanzen aufziehen.

Eine Sammlung von Pflanzen könnt ihr aus den Samen aufziehen, die sich auf einem matschigen Weg befinden.

Wie Pflanzen Nährstoffe erzeugen 1

Die Sonne bestrahlt die Erde mit Energie. Etwa 99 Prozent wird von den Meeren oder vom Land aufgenommen oder in den Weltraum zurückgestrahlt. Nur ein Prozent wird von den Pflanzen absorbiert. Ihre Blätter sind wie Solarzellen. Mit Hilfe eines Farbstoffs, dem Chlorophyll, sammeln sie die Sonnenenergie und setzen sie bei einem Prozeß ein, den man Photosynthese nennt. Dabei werden mit Hilfe der Energie des Sonnenlichts aus Wasser und Kohlenstoffdioxid Substanzen erzeugt oder synthetisiert, die die Pflanze zum Leben braucht. Dieser Vorgang ist dem des Essens entgegengesetzt. Wenn wir essen, nehmen wir Nahrung auf und benutzen bei deren Abbau die freiwerdende Energie für unseren Körper. Bei der Photosynthese nimmt eine Pflanze Energie auf und benutzt sie zur Herstellung von Nährstoffen. Diese können gespeichert und für das Wachstum wieder umgesetzt werden.

Ein grüner Mantel
Das üppige Grün eines tropischen Regenwalds entsteht durch das Chlorophyll in den Blättern. Das starke Sonnenlicht, die Wärme und die feuchte Atmosphäre sind ideale Bedingungen für die Photosynthese und das Wachstum.

EXPERIMENT
Pflanzenpigmente

Bei diesem Experiment sollte ein Erwachsener dabeisein

Macht die vielfarbigen Pigmente in Pflanzen durch eine Reihe von Chromatogrammen sichtbar.

IHR BRAUCHT
- Pflanzen • Gläser • Aceton • Hefter
- Löschpapier • Mörser und Stößel

1 Sammelt ein paar Pflanzen. Gebt sie in einem gut belüfteten Raum in einen Mörser und fügt 20 ml (4 Teelöffel) Aceton hinzu. Verreibt alles mit einem Stößel zu einem Brei und gießt ihn in ein Glas. Befestigt mit dem Hefter einen Streifen Löschpapier um einen Bleistift und taucht das Papier 1 cm tief in die Mischung. Eine Stunde ruhen lassen.

2 Das Aceton ist mit den verschiedenen Pflanzenpigmenten vom Löschpapier hochgesaugt worden und bildet ein Chromatogramm. Nehmt das Papier aus dem Glas und laßt es trocknen. Jedes Pigment hat eine andere Entfernung zurückgelegt und stellt ein eigenes Farbband dar. Wiederholt das Experiment mit verschiedenen Pflanzen.

WIE PFLANZEN NÄHRSTOFFE ERZEUGEN 1

EXPERIMENT
Pflanzengas erzeugen

Bei diesem Experiment sollte ein Erwachsener dabeisein

Bei der Photosynthese sondern die Blätter ein Gas ab, das normalerweise unsichtbar in die Luft entweicht. Wenn Unterwasserpflanzen aber dem Licht ausgesetzt werden, steigt das Gas in Blasen aus ihren Blättern auf. Dieses Gas könnt ihr sammeln und identifizieren.

IHR BRAUCHT
- Reagenzglas
- Glas • Glastrichter
- Zahnstocher
- Wasserpest
- Natron

1 Füllt ein Spülbecken mit Wasser, fügt eine Messerspitze Natron hinzu, taucht das Glas unter und gebt die Wasserpeststengel hinein. Stellt den Trichter verkehrt herum in das Glas. Nun taucht ihr das Reagenzglas unter und schiebt es auf das Trichterrohr. Achtet darauf, daß keine Luft mehr im Reagenzglas ist.

2 Laßt das Wasser aus der Spüle ab. Gießt ein bißchen Wasser aus dem Glas und stellt den ganzen Apparat auf ein sonniges Fensterbrett. Die Photosynthese beginnt, und im Reagenzglas sammelt sich das aufsteigende Gas.

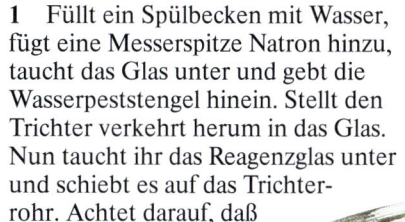

Pflanzengas sammelt sich im Röhrchen

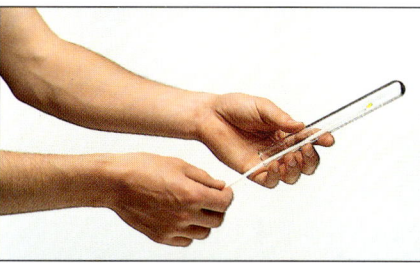

3 Wenn das Röhrchen zur Hälfte mit Gas gefüllt ist, zündet ihr einen Zahnstocher an und blast die Flamme wieder aus. Hebt das Röhrchen hoch und steckt das glühende Ende des Zahnstochers hinein. Es flammt sofort wieder auf, denn im Reagenzglas ist reiner Sauerstoff. Macht die Gegenprobe mit einem Röhrchen, in dem normale Luft ist, und vergleicht die Ergebnisse.

Wie Pflanzen Nährstoffe erzeugen 2

Während der Photosynthese holen sich die Pflanzen Kohlenstoff aus dem Kohlenstoffdioxid der Luft, das heißt, sie binden ihn in Form energiereicher Substanzen wie Traubenzucker und Stärke. Insgesamt bilden die lebenden Pflanzen der Erde einen riesigen Kohlenstoffvorrat, den die pflanzenfressenden Tiere als Nahrungsquelle nutzen. Kohlenstoffdioxid gelangt durch Spaltöffnungen in den Blättern, den sogenannten Stomata, in die Pflanze. Wasser – der andere für die Photosynthese benötigte Rohstoff – steigt durch den Stengel oder Stamm einer Pflanze nach oben und verteilt sich durch Leitungsbahnen in den Blättern. In den Zellen direkt unter der Blattoberfläche befinden sich zahlreiche winzige grüne Organellen, die Chloroplasten, die Chlorophyll enthalten. Und hier beginnt bereits die Photosynthese.

EXPERIMENT
Kartoffelstärke nachweisen

Mit Hilfe der Photosynthese produziert eine Kartoffelpflanze Glukose (Traubenzucker) und wandelt sie in Stärke um. Die meiste Stärke wird in den sogenannten Knollen unter der Erde gespeichert. Dieses Experiment veranschaulicht, daß eine Kartoffelknolle größtenteils aus Stärke besteht.

IHR BRAUCHT
- Jodtinktur • Pipette
- Kartoffel

Halbiert die Kartoffel und gebt ein paar Tropfen Jodtinktur auf die Schnittfläche. Das orangegelbe Jod wird blauschwarz und zeigt damit an, daß die Kartoffel Stärke enthält. Betrachtet ein dünnes Scheibchen der Kartoffel unter einem Mikroskop: Die Stärke wird in winzigen ovalen Körnchen sichtbar.

Die Photosynthese

Die Photosynthese bedient sich einfacher Rohstoffe: Kohlenstoffdioxid und Wasser. Sie werden zu Glukose verbunden, während Sauerstoff als Nebenprodukt entweicht. Dieser scheinbar so einfache Vorgang ist in Wirklichkeit eine komplizierte Kette vieler verschiedener chemischer Reaktionen. Die erste Phase, in der Chlorophyll benötigt wird, kann nur bei Tageslicht stattfinden. Die anderen Reaktionen, für die vom Chlorophyll eingefangene Energie zum Aufbau von Glukose benötigt wird, können im Dunkeln ablaufen.

● *Sauerstoffatom*

● *Kohlenstoffatom*

○ *Wasserstoffatom*

Sonnenlicht
Die Sonnenenergie setzt die Photosynthese in Gang.

Kohlenstoffdioxidmolekül
Von den Blättern wird Kohlenstoffdioxid aus der Luft aufgenommen.

Sauerstoffmolekül
Sauerstoff ist ein Nebenprodukt der Photosynthese. Er entweicht durch die Blätter in die Luft.

Blatt
Die Photosynthese findet in winzigen Zellorganellen im Blatt statt, den Chloroplasten.

Glukosemolekül
Bei der Photosynthese entstehen Glukosemoleküle, die sich in weiteren chemischen Reaktionen zu Stärke verbinden können.

Wassermolekül
Die Pflanze zieht Wasser mit ihren Wurzeln aus dem Boden.

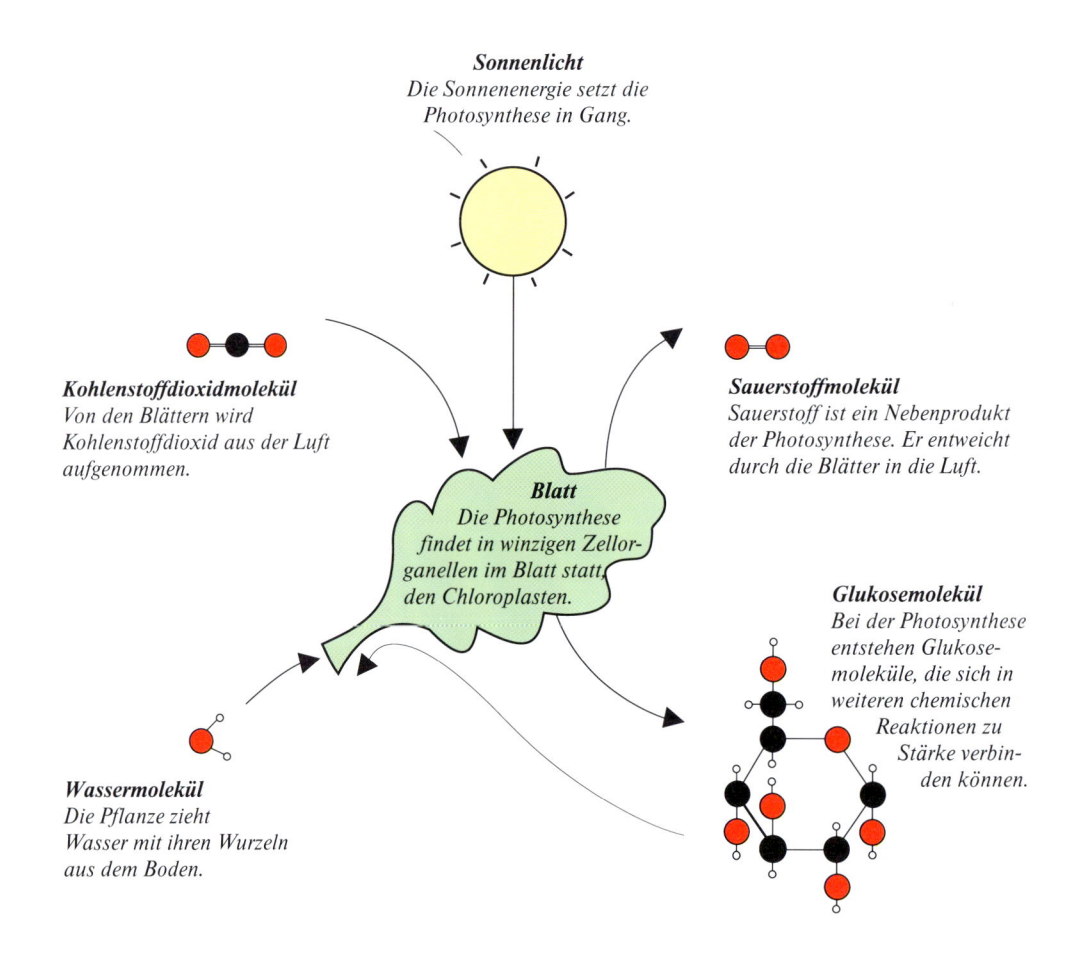

WIE PFLANZEN NÄHRSTOFFE ERZEUGEN 2

EXPERIMENT
Blätter bei Licht und Dunkelheit

ACHTUNG: *Brandgefahr (keine offenen Flammen)*
Bei diesem Experiment sollte ein Erwachsener dabeisein

Hier könnt ihr studieren, wie sich Sonnenlicht und Dunkelheit auf die Blätter einer lebenden Pflanze auswirken.

Blatt, das lichtgeschützt in schwarzen Kunststoff eingehüllt ist

IHR BRAUCHT
- Kasserolle
- Pipette • hitzefeste Becher
- schwarzer Kunststoff • Klebeband
- Spiritus • Schere
- Petri-Schale
- Pinzette • Jodtinktur

1 Hüllt ein paar Blätter einer Pflanze, wie oben auf der Abbildung gezeigt, in schwarzen Kunststoff, so daß kein Licht durchdringt. Stellt die Pflanze für zwei Tage auf ein Fensterbrett. Dann zupft ihr zwei Blätter ab – eines, das dem Licht ausgesetzt, und eines, das bedeckt war – und führt die Schritte 2 und 3 aus.

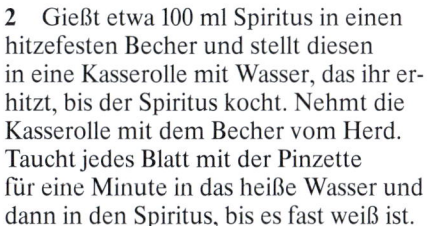

2 Gießt etwa 100 ml Spiritus in einen hitzefesten Becher und stellt diesen in eine Kasserolle mit Wasser, das ihr erhitzt, bis der Spiritus kocht. Nehmt die Kasserolle mit dem Becher vom Herd. Taucht jedes Blatt mit der Pinzette für eine Minute in das heiße Wasser und dann in den Spiritus, bis es fast weiß ist.

3 Gebt jedes Blatt in eine Petri-Schale oder Untertasse und fügt etwas Jodtinktur hinzu. Das verhüllte Blatt enthält keine Stärke – das Jod ändert seine Farbe nicht. Das Blatt, das dem Licht ausgesetzt war, wird blauschwarz – die Photosynthese (und damit die Stärkeproduktion) findet also nur bei Licht statt.

Normales Blatt
Die grüne Farbe wird durch Chlorophyll erzeugt.

Blatt aus der Dunkelheit
Jodtinktur färbt das Blatt orangegelb.

Blatt aus dem Licht
Jodtinktur färbt das Blatt blauschwarz.

Wachstum und Bewegung

Im Unterschied zu den meisten Tieren wachsen Pflanzen während ihres ganzen Lebens. Pflanzen können zwar nicht wie die Tiere ihren Standort wechseln, aber auf andere Weise auf ihre Umwelt reagieren. Ihre Stämme wachsen in die Höhe dem Licht entgegen, ihre Wurzeln nach unten in den Boden. Einige Pflanzen wachsen um andere herum oder halten sich an ihnen fest, wozu sie sich sogenannter Ranken bedienen. Diese besonderen Arten der Bewegung als Reaktion auf äußere Bedingungen nennt man Tropismen und Nastien. Sie entstehen, wenn Zellen unterschiedlich schnell wachsen, rasch anschwellen oder zusammenfallen. Bei einer Pflanze zum Beispiel, die im Freien wächst, empfangen die Spitzen sämtlicher Stämme und Stengel die gleiche Menge Licht und wachsen auch mit der gleichen Geschwindigkeit. Liegt aber eine Seite des Stammes im Schatten, wachsen die Zellen, die weniger Licht bekommen, schneller, und der Stamm neigt sich dem Licht entgegen. Das nennt man Phototropismus.

Halt suchen
Ihr könnt das Tastgefühl einer Pflanze testen, indem ihr ein Rankengewächs aufzieht. Gut eignen sich Erbsen, Gurken und Passionsblumen. Wenn die Pflanze wächst, breiten sich ihre Ranken aus, bis sie mit etwas Festem in Berührung kommen. Die Spitze der Ranke windet sich um den betreffenden Gegenstand, dann ringelt sich die Ranke zusammen und zieht die Pflanze in Richtung der Stütze. Wenn ihr mit einem Bleistift über die Spitze einer jungen Erbsenranke streicht, beginnt sie sich zu krümmen. Diese Reaktion nennt man Thigmonastie.

Eine Fallenstellerin

Die Venusfliegenfalle ist eine Pflanze, die sich schnell bewegen kann, um Insekten zu fangen. Die Enden ihrer Blätter sind zu einem Klappenpaar umgebildet, die durch Gelenke wie mit einem Scharnier zusammengehalten werden und normalerweise offenstehen. Jede Klappe besitzt eine Reihe von Fühlborsten. Wenn ein Insekt auf einer Klappe landet, streift es diese Borsten. Bei der Bewegung der Borsten verlieren die Vakuolen Wasser, der Druck läßt nach und die »Gelenk«-Zellen fallen zusammen. Dadurch schnappen die Klappen wie eine Falle zu, und das Insekt ist gefangen. Venusfliegenfallen wachsen im Südosten der USA, gewöhnlich auf sumpfigem, mineralarmem Boden, der keine Stickstoffverbindungen (Nährsalze) enthält. Indem sie Insekten fangen und ihre weicheren Körperteile verdauen, können sie auf diesen Böden überleben.

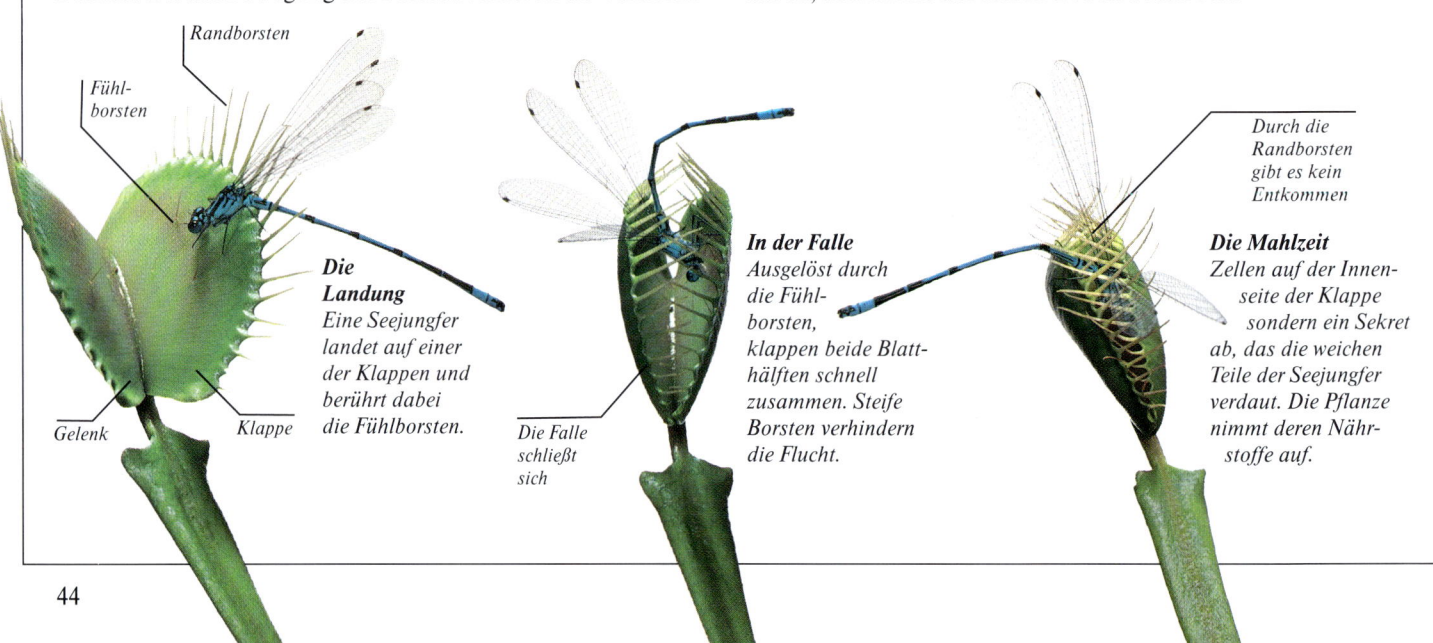

Die Landung
Eine Seejungfer landet auf einer der Klappen und berührt dabei die Fühlborsten.

In der Falle
Ausgelöst durch die Fühlborsten, klappen beide Blatthälften schnell zusammen. Steife Borsten verhindern die Flucht.

Die Falle schließt sich

Die Mahlzeit
Zellen auf der Innenseite der Klappe sondern ein Sekret ab, das die weichen Teile der Seejungfer verdaut. Die Pflanze nimmt deren Nährstoffe auf.

Durch die Randborsten gibt es kein Entkommen

Randborsten
Fühlborsten
Gelenk
Klappe

WACHSTUM UND BEWEGUNG

EXPERIMENT
Auf der Suche nach Licht

Pflanzen brauchen Licht zum Leben. Unermüdlich sind sie auf der Suche nach Licht wie Tiere auf der Suche nach Nahrung. Licht regt eine Pflanze an, ihm entgegenzuwachsen – man nennt das Phototropismus. Man kann das gut an einer Bohne verfolgen, die in einem Schuhkarton gehalten wird, in dem die Lichtquelle durch Pappblenden verdeckt ist. Wenn ihr das Ganze schwarz anstreicht, wird im Karton weniger Licht reflektiert.

IHR BRAUCHT
- Klebeband • Bohnen • mattschwarze Farbe • Pappe • Schuhkarton • Blumentopf mit Erde • Pinsel • Schere

1 Schneidet zwei gleichgroße Pappen zurecht: so tief wie der Karton und zwei Drittel breit.

2 Schneidet ein kleines Loch in eine der Schmalseiten des Kartons. Streicht die Innenseite und die Pappen schwarz an.

3 Befestigt die Blenden mit Klebeband im Karton. Stellt ihn mit dem Loch nach oben auf.

4 Steckt eine Bohne in den Blumentopf, wässert sie und stellt den Topf auf den Boden des Kartons.

5 Verschließt ihn mit dem Deckel und achtet darauf, daß an den Rändern kein Licht eindringt.

6 Entfernt den Deckel einmal am Tag, um die Pflanze zu beobachten. Wie findet sie ihren Weg zum Licht? Was passiert, wenn ihr eine andere Bohne einsetzt und das Loch verschließt?

EXPERIMENT
Mit der Schwerkraft wachsen

Die Wurzel reagiert auf die Schwerkraft und wächst nach unten

Der Stamm einer Pflanze wächst nach oben zum Licht hin, aber die Wurzeln wachsen nach unten. Sie reagieren nicht auf die Dunkelheit, sondern auf die Schwerkraft. Das könnt ihr beobachten, wenn ihr eine Bohne in einem Glas aufzieht.

IHR BRAUCHT
- Bohne • Korken • Watte • Kleber • Deckelglas • Draht

1 Wässert die Bohne 24 Stunden lang. Klebt den Korken an die Innenseite des Deckels. Steckt den Draht in den Korken und schiebt die Bohne bis zur Mitte auf den Draht. Gebt ein bißchen feuchte Watte ins Glas.

2 Schraubt den Deckel mit der Bohne auf und kippt das Glas auf die Seite. Laßt die Bohne keimen, bis der Sproß 1 cm lang ist, und dreht das Glas so, daß der Sproß nach oben zeigt. Was passiert?

Der Aufbau von Blüten

Bunte Blüten sind eine lebendige Reklame, die für eine Zuckerlösung, den Nektar, wirbt. Ihre »Kunden«, die Insekten, werden durch Farbe und Duft angelockt. Wenn ein Insekt zwischen den Blütenblättern nach Nektar sucht, bleiben winzige Pollenkörnchen an ihm hängen: die männlichen Vermehrungszellen der Blüte. Das Insekt transportiert die Pollen zu einer anderen Blüte, wo einige dieser männlichen Pollenkörnchen an den weiblichen Teilen der Blüte hängenbleiben. Aus jedem Pollenkorn wächst ein Pollenschlauch, und aus dem Pollenschlauch kommt die Spermazelle, die sich mit einer Eizelle vereinigt. Nach dieser Befruchtung entsteht ein Samenkorn.

Blütenblatt

Narbe, gerade sichtbar

Die vollständige Blüte
Wenn eine Blüte bunt ist oder/und stark riecht, wird sie von Tieren bestäubt.

Kelchblätter umhüllen die Knospe

Die Teile einer einfachen Blüte

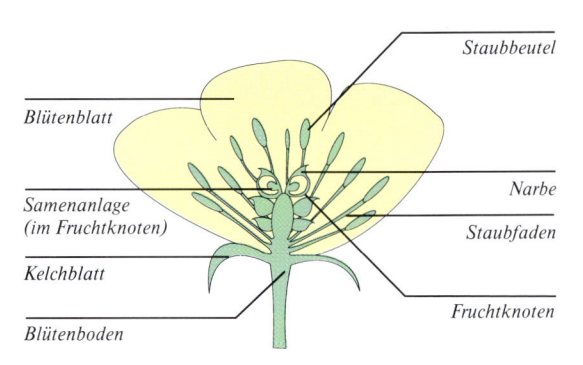

Staubbeutel
Blütenblatt
Narbe
Samenanlage (im Fruchtknoten)
Staubfaden
Kelchblatt
Fruchtknoten
Blütenboden

Die meisten Blüten enthalten männliche und weibliche Teile. Die Staubbeutel sind die männlichen Teile und produzieren Pollen. Zu den weiblichen Teilen gehören die Narbe, auf der sich die Pollen absetzen, und der Fruchtknoten, der die Samenanlage mit den Eizellen schützt. In vielen Blüten werden Pollen und Eizellen zu unterschiedlichen Zeiten reif, so daß sich die Blüte nicht selbst befruchten kann. Die oben dargestellte Butterblume hat einen einfachen Aufbau, ein paar Blütenblätter und wird durch Insekten bestäubt. Ihre männlichen und weiblichen Teile sind so entwickelt, daß Insekten sie auf der Suche nach Nektar streifen müssen. Blüten werden nicht nur durch Insekten, sondern auch durch Vögel und Fledermäuse, Wind und Wasser bestäubt.

EXPERIMENT
Eine Blüte sezieren

Bei diesem Experiment sollte ein Erwachsener dabeisein

Seziert mit einem Skalpell eine einfache Blüte, die nur ein paar Blütenblätter und eine symmetrische Form hat. Betrachtet die verschiedenen Teile der Blüte mit einer Lupe.

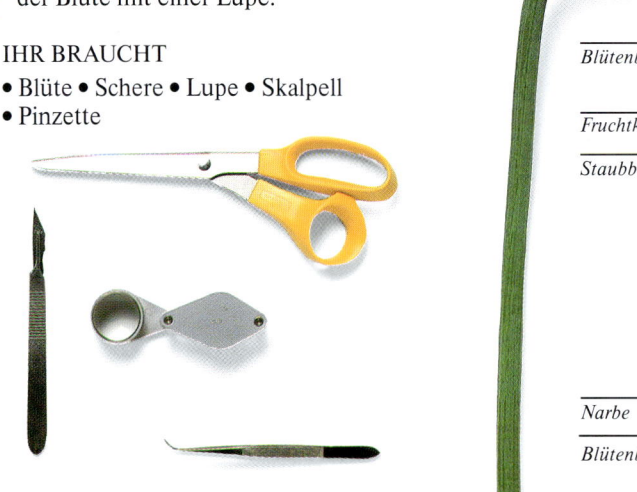

Das Innere einer Knospe
Die Knospe durchschneiden. Man sieht, wie darin alle Teile einer Blüte eng verpackt sind.

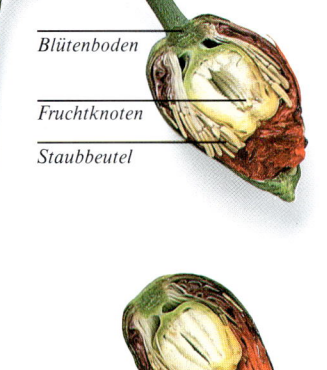

IHR BRAUCHT
- Blüte • Schere • Lupe • Skalpell
- Pinzette

Blütenboden
Fruchtknoten
Staubbeutel

Narbe
Blütenblätter

DER AUFBAU VON BLÜTEN

Blütenfamilien

Die Blüten verwandter Pflanzen haben ähnliche Grundformen. Zwei der größten Pflanzenfamilien der Welt, die Korbblütler (Kompositen) und die Hülsenfrüchtler (Leguminosen), haben sehr typische Blüten. Der Blütenstand der abgebildeten Margerite besteht aus einer Reihe von Einzelblüten: Die Strahlenblüten (am Rand) haben nur vergrößerte Blütenblätter, die Röhrenblüten (in der Mitte) haben nur kleine Blütenblätter, produzieren aber Pollen und Eizellen. Die Hülsenfrüchtler haben eine ungewöhnliche Form: Sie haben fünf Blütenblätter, von denen zwei miteinander zum Schiffchen verbunden sind. Das fünfte, Fahne genannt, bildet eine Haube über der Blüte. Die Samen dieser Familie werden oft in Hülsen produziert.

Röhrenblüten

Strahlenblüten

Einzelne Blüte

Samen in Hülsen

Blüte einer Margerite
(Familie Compositae)

Blüte der Vogelwicke
(Familie Leguminosae)

Blütenblätter
Schneidet die Blütenblätter ab, wo sie mit der Pflanze verbunden sind, und zählt sie. Jede Pflanzenfamilie hat eine bestimmte Anzahl. Diese Klatschmohnblüte der Familie Papaveraceae hat vier Blütenblätter.

Staubgefäße
Nach dem Entfernen der Blütenblätter seht ihr die Pollen produzierenden Teile der Pflanze. Schneidet die (männlichen) Staubgefäße sorgfältig ab und betrachtet sie durch die Lupe. An der Spitze jedes Staubgefäßes erkennt ihr die Pollen erzeugenden Staubbeutel.

Samen
Durchschneidet man eine reife Samenkapsel, entdeckt man die Samen.

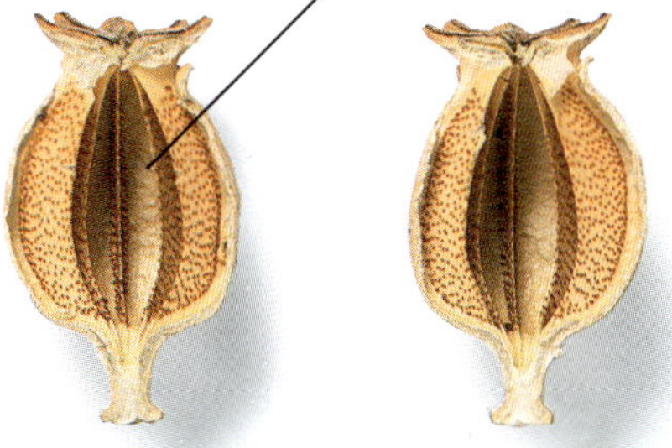

Narbe

Fruchtknoten

Fruchtknoten
Wenn Pollen auf die Narbe gelangt, bildet er Pollenschläuche aus, die bis zu den Eizellen wachsen und dort Spermazellen freisetzen. Schneidet senkrecht durch die Narbe und die Fruchtknoten, dann seht ihr die Samenanlage.

Trockene, leere Samenkapsel

47

DIE WELT DER PFLANZEN UND PILZE

Blüten untersuchen

Wenn man eine Blüte genauer untersucht, entdeckt man, wie sie bestäubt wird, wie ihre Samen geformt sind und verbreitet werden und mit welchen anderen Pflanzen sie verwandt ist. Im Laufe der Zeit haben die Botaniker Tausende von Pflanzenarten gesammelt und erforscht. In Museen gibt es spezielle Pflanzensammlungen, sogenannte Herbarien. Legt euch ein eigenes Herbarium an, indem ihr Blüten und Blätter konserviert, und führt genau Buch über die Merkmale eurer Lieblingspflanzen. Pressen und Trocknen sind zwei Konservierungsmethoden. Beide werden auf der gegenüberliegenden Seite beschrieben.

GROSSE ENTDECKER
Gregor Mendel

Gregor Mendel (1822-1884) war ein Pionier auf dem Gebiet der Genetik, der Wissenschaft der Vererbung von Merkmalen. Er beschäftigte sich bei seinen Forschungen mit verschiedenen Pflanzen, vor allem mit Erbsen. Mendel zog eine Reihe verschiedener Erbsensorten auf und bestäubte ihre Blüten gegenseitig. Dann sammelte er ihre Samen ein, zog sie auf und notierte die Merkmale der nächsten Pflanzengeneration. Dank seiner Forschungen wissen wir, daß die Merkmale beider Elternteile in Form von Genen vererbt werden.

EXPERIMENT
Transpiration

In vielen Pflanzen wird ständig über die Wurzeln Wasser aus dem Boden gesaugt und über Stamm bzw. Stengel in die Blätter geleitet. Dort verdunstet viel Wasser durch die Spaltöffnungen (Stomata), die winzigen Blattporen, durch die die Pflanze auch Gase aufnimmt und abgibt (S. 41). Diesen Vorgang nennt man Transpiration. Bei Blumen verdunstet Wasser durch die Blütenblätter. Dieses Experiment zeigt, daß im Wasser auch andere Substanzen befördert werden können und daß es in verschiedenen Abschnitten des Stengels getrennt nach oben geführt wird.

IHR BRAUCHT
- 2 Gläser • Lebensmittelfarbe • weiße Nelke • scharfes Messer • Klebeband

1 Füllt die Gläser mit Wasser. Gebt in eines etwas Lebensmittelfarbe und rührt gut um.

2 Schlitzt den Stengel der Nelke zur Hälfte auf.

3 Wickelt ein wenig Klebeband um das Schnittende, damit sich der Stengel nicht weiter spreizt.

4 Stellt jede Hälfte in ein Glas und lehnt die Blume zur Stützung an ein Fenster.

5 Die Farbe wird nach oben gesogen und beginnt innerhalb einer Stunde, einen Teil der Blütenblätter zu färben.

BLÜTEN UNTERSUCHEN

EXPERIMENT
Blumen durch Trocknen konservieren

Bei diesem Experiment sollte ein Erwachsener dabeisein

Durch Trocknen kann man Blüten konservieren und ihre Form bewahren. Trockenes Kieselgel ist blau und wird rosa, sobald es Feuchtigkeit adsorbiert hat. Wenn ihr es bei niedriger Temperatur im Herd trocknet, könnt ihr es wiederverwenden.

IHR BRAUCHT
• Blüten • Deckelglas • Kieselgel, in Drogerien erhältlich

1 Schüttet ein wenig feingemahlenes Kieselgel ins Glas und legt die Blüten mit den Köpfen nach unten darauf.

2 Bedeckt die Blüten mit Kieselgel, schraubt den Deckel aufs Glas und laßt alles mindestens eine Woche trocknen.

EXPERIMENT
Blumen durch Pressen konservieren

Auch durch Pressen kann man Pflanzen und Blüten konservieren, eine Methode, die von Botanikern oft angewendet wird. Pflanzenpressen gibt es zu kaufen, aber schwere Bücher oder Holzstücke tun es auch. Bei diesem Experiment müßt ihr die Pflanzen zwischen zwei Löschpapierblätter legen, bevor ihr sie preßt. Am besten gelingt es mit Pflanzen, die nur wenig Wasser enthalten.

IHR BRAUCHT
• Blüten • Löschpapierblätter • Bücher, schwere Holzbretter oder eine Pflanzenpresse

1 Legt die Blüten auf ein Blatt Löschpapier – nicht zu dicht aneinander – und ein zweites Blatt darüber.

2 Mit ein paar Büchern oder Brettern beschweren oder die Presse fest zusammenschrauben. Nach etwa zwei Wochen vorsichtig das Löschpapier anheben.

Früchte und Samenverbreitung

Für Botaniker hat das Wort »Frucht« eine eigene Bedeutung. Früchte sind für sie zum Beispiel auch Erbsenhülsen, Haselnüsse und Mohnkapseln, weil sie – genauso wie Orangen oder Kirschen – aus den Fruchtknoten einer Blüte entstehen. Sobald eine Blüte bestäubt ist, beginnt sie sich in eine Frucht zu verwandeln. Ihre Blütenblätter und Staubbeutel trocknen aus und fallen dann ab, während andere Teile um die sich bildenden Samen rasch wachsen, bis diese abgestoßen werden.

Eine schützende Schale
Die stachelige Hülle der Eßkastanie dient der Verbreitung sowie dem Schutz der Früchte während ihrer Entwicklung.

Früchte untersuchen

Bei allen Früchten entdeckt ihr Hinweise darauf, wie sie gebildet wurden und wie ihre Samen verbreitet werden. Wenn ihr sie aufschneidet, könnt ihr noch ein paar Blütenreste entdecken. Echte Früchte bestehen nur aus den weiblichen Teilen der Blüte (den Fruchtknoten, in denen Samen produziert werden), falsche Früchte (unten) enthalten auch andere Teile. Sind sie fleischig oder schmackhaft, deutet das gewöhnlich darauf hin, daß Tiere bei der Samenverbreitung mitwirken. Die Samen trockener Früchte werden auf verschiedene Weise verbreitet (S. 51).

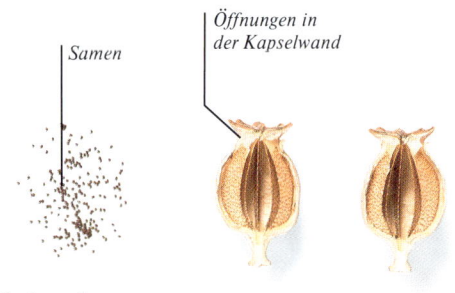

Samen
Öffnungen in der Kapselwand

Mohnkapsel
Die Porenkapsel des Mohns ist eine trockene Frucht, die viele Samen enthält. Während sie sich entwickeln, sind sie sicher darin verschlossen. Sind sie reif, trocknet die Kapsel aus, und unter ihrer Spitze gehen kleine Öffnungen wie Fenster auf. Wenn der Wind bläst, werden die reifen Samen durch diese Öffnungen verstreut.

Eine falsche Frucht

Äpfel und Birnen sind keine echten Früchte – für den Botaniker ist das nur das Kernhaus. Das saftige Fleisch des Apfels entwickelt sich aus dem Blütenboden (S. 46), der die eigentliche Frucht umwächst.

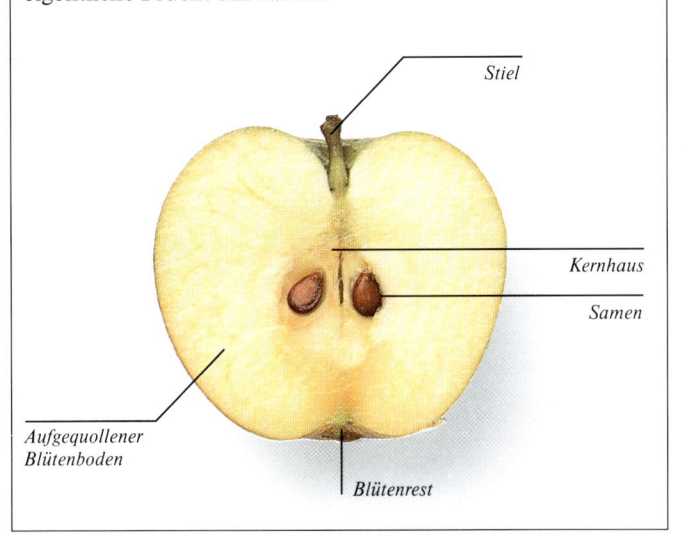

Stiel
Kernhaus
Samen
Aufgequollener Blütenboden
Blütenrest

Gepanzerte Samen
In einer Kirsche steckt ein einziger Samen, der sogenannte Kern, der durch eine sehr harte innere Schicht der Frucht geschützt ist. Die glänzend gefärbte Frucht lockt die Vögel an. Wenn sie eine Kirsche schlucken, wird das süße Fleisch verdaut, aber der harte Kern verläßt unversehrt den Vogelkörper und wird an anderer Stelle keimen.

Fruchtfleisch

Fruchtfleisch
Samen

Gemüsefrüchte
Auch Tomaten sind Früchte, ebenso Auberginen (Eierfrüchte), Pfeffer, grüne Bohnen und Avocados. Deutlich erkennt man die Samen, die wir meist mitessen.

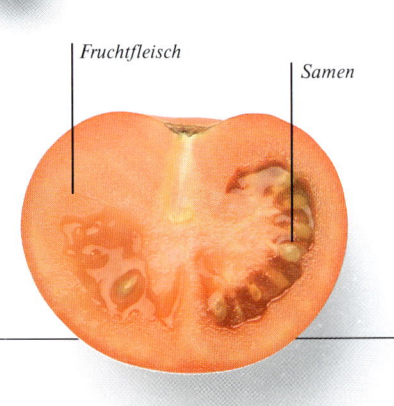

FRÜCHTE UND SAMENVERBREITUNG

Samenverbreitung

Geht eine junge Pflanze unweit von der Elternpflanze auf, wird eine von beiden den Kampf um Licht und Feuchtigkeit verlieren. Da sich Pflanzen nicht wie Tiere umherbewegen können, sobald sie zu wachsen beginnen, müssen sie ihre Samen so weit wie möglich verstreuen. Die meisten Pflanzen produzieren viele Samen, so daß zumindest ein paar fast immer auf dem passenden Boden landen. Einige nutzen zur Samenverbreitung Wind und Wasser, andere Tiere, und wieder andere haben spezielle Früchte, die die Samen weit von der Pflanze wegschleudern.

Flieger und Gleiter
Samen, die vom Wind verbreitet werden, entstehen oft in Früchten, die ihnen das Fliegen ermöglichen: durch Flaumhärchen wie bei der Distel, flügelartige Läppchen wie beim Ahorn oder winzigen Fallschirmchen wie beim Löwenzahn. Der Wind kann diese Samen kilometerweit tragen.

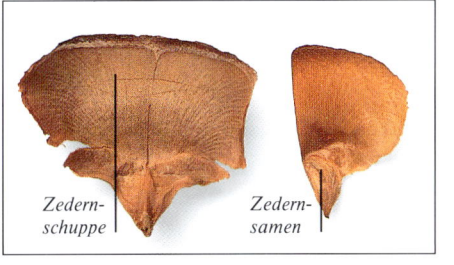

Zedernschuppe | *Zedernsamen*

Koniferensamen
Koniferen haben keine Früchte, sondern erzeugen ihre Samen in Zapfen, in denen sie durch harte, holzige Schuppen geschützt sind. Die Zapfen der Zeder zum Beispiel lösen sich langsam am Baum auf und geben die reifen Samen frei.

Tierische Helfer
Wenn ihr im Spätsommer auf einem zugewachsenen Weg geht, bleiben vielleicht Kletten mit ihren Haken und Dornen an eurer Kleidung hängen. Ihr zupft sie ab, und dabei fallen ihre Samen auf den Boden, wo sie unter den richtigen Bedingungen aufkeimen. Andere Pflanzen locken tierische Helfer durch schmackhafte Früchte oder nahrhafte Samen an. Eichhörnchen und andere Nagetiere fressen sie, vergraben aber einige für den Winter und vergessen davon ein paar, die dann keimen.

Eicheln werden von Eichhörnchen gesammelt und vergraben

Schwimmer
Ein paar Pflanzen verbreiten ihre Samen mit Hilfe des Wassers. Der nordamerikanische Tulpenbaum wächst oft an Flüssen, und seine kleinen, trockenen Früchte schwimmen flußabwärts. Auch die Kokospalme produziert schwimmende Früchte: Sie sind durch die »Kokosmatte« der Außenhaut schwimmfähig.

Große, einfache Blüte des Tulpenbaums

Storchschnabel

Schnabelartige Frucht

Samenschützen
Viele Pflanzen haben eigene Methoden zur Verbreitung ihrer Samen entwickelt. Bei manchen trocknen die Früchte aus und bilden Schleudern oder Katapulte, die schließlich die Samen ein Stück von der Pflanze wegbefördern. Der Storchschnabel entwickelt für jeden Samen eine winzige Schleuder. Viele dieser trickreichen Vorrichtungen gehen los, wenn man sie berührt. Bei einigen zur Familie der Gurken gehörenden Mitgliedern explodiert die reife Frucht und schleudert die Samen über den Boden.

DIE WELT DER PFLANZEN UND PILZE

Samen und Keime

In Samen ist lebende Materie verpackt. Jeder Samen enthält einen Keim, der sich zu einer Pflanze entwickelt, mit Keimblättern, die die junge Pflanze mit Nährstoffen versorgen. Diese Energie wird aus einem Nahrungsspeicher gewonnen. Einige Samen sind sehr hart und widerstandsfähig und können Monate, Jahre, ja sogar Jahrhunderte überdauern, bis sie plötzlich durch Faktoren wie Feuchtigkeit, Licht oder Wärme zum Leben erweckt werden. Beim Keimen teilen sich die Zellen des Samens, die Außenhaut platzt auf, und eine neue Pflanze wird geboren.

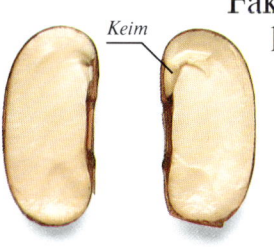

Keim

Das Innere eines Samens
Laßt eine Bohne 24 Std. in Wasser quellen, entfernt die Samenschale und öffnet die Keimblätter, um den Keim freizulegen.

EXPERIMENT
Verschiedene Arten des Wachstums

Warum wächst Gras immer nach, wenn es von einem Rasenmäher abgeschnitten wurde? Wenn ihr Gras und Kresse aus Samen aufzieht und dann mit einer Schere trimmt, könnt ihr den Wachstumspunkt dieser Pflanzen herausfinden.

IHR BRAUCHT
- 2 Behälter mit Blumenerde • Kressesamen • Grassamen • Schere

Gras nach einer Woche
Die Samen haben schnell Wurzeln entwickelt und bilden einen dichten Teppich aus schmalen Blättern.

Gras eine Woche nach dem Schnitt
Da der Vegetationspunkt von Gras dicht über dem Boden liegt, leben und wachsen die Pflanzen ständig weiter.

EXPERIMENT
Keimen und Wachstumsraten

Normalerweise keimen Samen auf oder unter der Erde, so daß man sie dabei nur schwer beobachten kann. Wenn ihr Samen in Trinkgläsern aufzieht, könnt ihr ihre Entwicklung deutlich sehen. Wir verwenden bei diesem Experiment Bohnen-, Mais- und Sonnenblumensamen. Legt einen Streifen Löschpapier in jedes Glas und füllt es mit Watte. Gebt den Samen zwischen Glas und Papier und fügt Wasser hinzu, ohne den Samen damit zu bedecken. Stellt das Glas an einen dunklen Ort und markiert täglich auf der Außenseite den Stand des Wachstums. Alle paar Tage Wasser nachfüllen, damit das Löschpapier feucht bleibt.

IHR BRAUCHT
- Bohnen-, Sonnenblumen- und Maissamen
- Gläser • Löschpapier • kariertes Papier • Schere
- Buntstift
- Watte • Wasser

Stangenbohne – 1. Tag
Noch scheint nichts zu passieren – doch der Samen nimmt bereits Wasser auf und beginnt unter der Haut zu wachsen.

Stangenbohne – 5. Tag
Die Wurzel wächst sehr schnell, und ein gebogener Stengel erscheint. Die Keimblätter befinden sich noch in der Samenhaut.

SAMEN UND KEIME

Kresse nach einer Woche
Jede Kressepflanze enthält zwei Keimblätter, die von einem dünnen Stengel hochgehalten werden.

Kresse eine Woche nach dem Schnitt Diese Pflanzen wachsen nicht weiter, da ihre Vegetationspunkte an der Spitze der Stengel abgeschnitten wurden.

Der Stengel wächst an der Spitze weiter

Laubblätter

Stengelabschnitt zwischen den Blättern (Internodium)

Blattstengel

Knospen bilden sich

Blätter hüllen den röhrenförmigen Stengel ein

Laubblätter breiten sich aus

Sonnenblume – 5. Tag
Der Sonnenblumensamen hat eine lange, dünne Wurzel entwickelt, und sein Stengel zieht die Keimblätter aus der Haut.

Mais – 5. Tag
Der Maiskeimling hat eine Reihe von Wurzeln entwickelt sowie einen langen, röhrenartigen Stengel. Das einzige Keimblatt bleibt im Samen.

Saubohne – 8. Tag
Die ersten echten Blätter sind da. Von nun an kann die Pflanze ihre eigene Nahrung mit Hilfe der Photosynthese erzeugen.

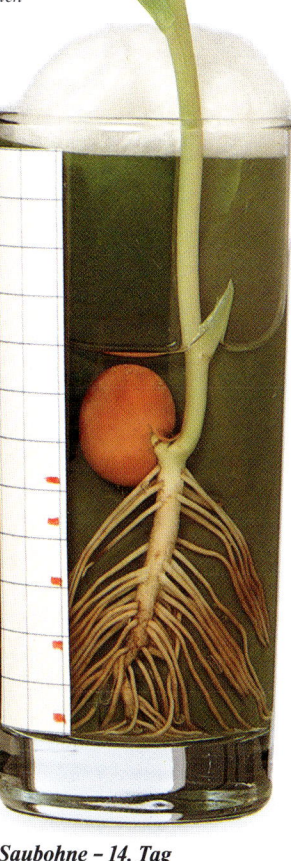

Saubohne – 14. Tag
Die Pflanze wächst schnell. Starke Wurzeln verankern sie im Glas, während sie sich weiter dem Licht entgegenreckt.

53

DIE WELT DER PFLANZEN UND PILZE

BÄUME

Bäume gehören vielen verschiedenen Pflanzenfamilien an. Eine Eiche und eine Kiefer sind so entfernte Verwandte wie eine Fledermaus und ein Vogel. Doch da sie beide große, hölzerne Stämme haben und ähnlich aussehen, erscheinen sie uns auch gleich. Für Botaniker sind Bäume Pflanzen, die durch Höhenwachstum um Licht kämpfen.

Ein Baum ist nichts weiter als eine sehr hohe Landpflanze, die einen besonders starken Stamm entwickelt hat, so daß sie die anderen Pflanzen bei diesem Kampf um Licht überragen kann. Es hat lange gedauert, bis sich kleine Pflanzen zu Bäumen entwickelt haben, denn die Evolution hat erst nach wiederholten Anläufen diese besondere Anpassungsmethode entwickelt.

Die Schuppen eines Zapfens öffnen sich bei Trockenheit und lassen die Samen herausfallen.

Immer höher

Im Laufe von Millionen Jahren hat die natürliche Auslese (S. 22) die Bäume so lange »gestreckt«, bis sie so groß wie möglich waren. Der größte heute noch stehende Baum ist ein kalifornischer Mammutbaum (Redwood) von 112 m Höhe – doch das ist noch längst nicht der größte Baum, von dem wir Kenntnis haben. Ein im 19. Jahrhundert im australischen Bundesland Victoria gefällter Eukalyptus war über 130 m hoch, wobei der Baum seine Spitze bereits verloren hatte und vielleicht sogar einmal über 150 m gemessen hatte. Fast so groß waren einst auch mehrere Douglasfichten in British Columbia, Kanada, und im US-Staat Washington, aber diese Giganten sind schon vor langer Zeit gefällt worden. Gleichzeitig mit der Entwicklung der Stämme bildeten sich auch starke Wurzeln heraus, damit die Bäume aufrecht stehenblieben. Stark heißt nicht immer tief: Die meisten Baumwurzeln treffen bereits weniger als einen Meter unter der Oberfläche auf einen undurchdringlichen felsigen Untergrund. Daher breiten sich diese Wurzeln fächerförmig aus, um die Basis möglichst zu vergrößern. Eine große Buche kann eine Basis von fünf Meter Durchmesser haben. Einige Regenwaldbäume haben Stelzwurzeln: kräftige Ausleger, die etwa 4 m über dem Boden aus dem Stamm wachsen und sich bis zur Oberfläche ausdehnen.

Viele Koniferen haben einen unverzweigten Stamm ohne Äste, nicht so die Zedern.

Bislang hatte man angenommen, daß die Stelzwurzeln diese Regenwaldriesen stützen würden. Vor kurzem aber haben Botaniker herausgefunden, daß Bäume mit solchen Stützwurzeln auch nicht größer als Bäume ohne diese wurden und bei Stürmen genauso häufig umfielen. In der Natur sind die Dinge eben nicht immer so einfach, wie es manchmal scheinen mag. Wo Wasser knapp ist, können Wurzeln auf der Suche danach sehr große

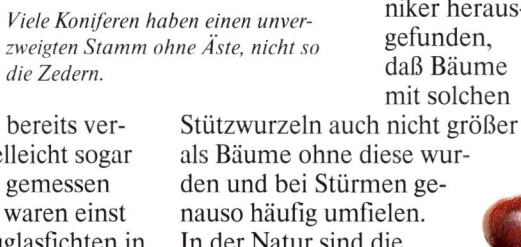

Die harten, öligen Blätter des Eukalyptus halten auch glühende Hitze aus.

Tiefen erreichen. Die längsten bekannten Wurzeln stammten von einer wilden Feige: Sie drangen über 100 m tief in eine Höhle unter einer Halbwüste im südlichen Afrika ein. Der Untergrund in diesem Wüstengebiet ist sehr weich und sandig.

Baumarten

Heute gibt es auf der Erde fünf systematische Gruppen von Bäumen. Die beiden bekanntesten sind die der Nadelbäume (wie Kiefer und Tanne) und die der Laubbäume (wie Eiche, Ahorn, Eukalyptus und Palme). Seltener sind die Gruppen der Baumfarne (S. 62 – 63), der Ginkgos und die Palmfarne.

Nadelbäume

Nadelbäume, die zum Schutz ihrer Samen Zapfen produzieren, nennt man Koniferen. Neben den typischen Koniferen wie Kiefern und Tannen gehören zu dieser Gruppe auch Zypressen, Mammutbäume, Wacholder, Steineiben und Eiben. Die meisten Nadelbäume besitzen Blätter, die spitz und dünn wie Nähnadeln oder flach und zäh wie kleine Lederstreifen sind. Von ein paar Ausnahmen abgesehen, sind sie immergrün und behalten ihre Blätter drei oder vier Jahre lang. Diese Blätter müssen also zäh genug

Viele Laubbäume haben große Samen oder Nüsse.

sein, um den Angriffen von Insekten zu widerstehen. Mit Hilfe chemischer Stoffe, den Harzen, die den Blättern ihren starken Geruch verleihen, wehren sie Insekten ab. Viele Nadelbäume kann man schon an ihrem Geruch erkennen. Die Blätter der großen Küstentanne riechen wie Grapefruitmarmelade, und der Virginische Wacholder erinnert an den Duft von Ananas.

Nicht alle Koniferen besitzen harte, holzige Zapfen. Beim Wacholder sind die Zapfen fleischige Scheinbeeren, die die Vögel wie die Beeren einer Blütenpflanze anziehen: ein gutes Beispiel für die »konvergente Evolution«, bei der die natürliche Auslese die gleichen Strukturen bei ganz unterschiedlichen Pflanzen (oder Tieren) entwickelt.

Laubbäume

Alle Laubbäume sind Blütenpflanzen. Kirschbäume zum Beispiel gehören zur Familie der Rosengewächse, Akazien hingegen zu den Hülsenfrüchtlern. Die Blätter der meisten dieser Bäume sind breit und dünn, und darum werden sie oft breitblättrige Bäume genannt, auch wenn damit nicht alle Blätter exakt beschrieben werden. Einige dieser Bäume werfen ihre Blätter einmal im Jahr ab. In den gemäßigten Regionen, vor allem in Europa und Nordamerika, verlieren sie ihre Blätter im Herbst, um sich auf die Winterruhe vorzubereiten. Ehe die Blätter fallen, entnehmen ihnen die Bäume alle brauchbaren Stoffe. Während dieser Zeit färben sich die Blätter gelb, orange und rot. In tropischen und subtropischen Regionen, wo es eine Trocken- und eine Regenzeit gibt (auch Monsunklima genannt), verlieren die Bäume ihre Blätter vor der Trockenzeit.

Die Gruppe, die sich am auffälligsten von den anderen unterscheidet, sind die Palmen, die zu einer eigenen Klasse der Blütenpflanzen gehören, den sogenannten Einkeimblättrigen (wie Gräser, Orchideen, Lilien und Irisgewächse). Wegen ihres speziellen Wachstums bilden diese Pflanzen keine gewöhnlichen Baumformen aus. Der Stamm einer Palme, der bereits an der Spitze seine endgültige Dicke erhält und dann nur noch in die Höhe wächst, unterscheidet sich erheblich von dem einer Kiefer, Eiche oder eines Ahorn, der von Jahr zu Jahr auch dicker wird. Wenn Palmblätter fallen, lassen sie ihre Stielenden zurück, aus denen sich der Stamm weiterentwickelt.

Der Ginkgobaum

Der Ginkgo ist eine einzigartige Spezies. Seine nächsten Verwandten sind zwar die Nadelbäume, aber er hat weder Nadeln noch Zapfen. Ginkgos wachsen häufig in Parks und Gärten und sehen aus der Entfernung eher wie Weiden oder Ulmen aus. Aus der Nähe aber erkennt man die seltsamen dreieckigen Blätter, deren Adern sich vom Stiel aus fächerförmig verzweigen. Derartige Blätter gibt es bei keinem anderen lebenden Baum – nur bei 150 Millionen

Kalifornische Mammutbäume sind die größten Lebewesen der Erde.

Die Jahresringe dieses Kiefernstamms zeigen ein gleichmäßiges und rasches Wachstum an.

Der Wasserverlust eines Blattes kann durch ein einfaches Experiment gemessen werden.

Jahre alten Fossilien, den Zeugen einer Zeit, als Ginkgos weit verbreitet waren. Zum erstenmal haben westliche Botaniker Ginkgos im 18. Jahrhundert erblickt: in buddhistischen Tempeln in China und Japan, wo Ginkgos als heilige Bäume kultiviert wurden. Man glaubte, daß sie in freier Natur seit Millionen Jahren ausgestorben seien, aber in diesem Jahrhundert hat man einige wildwachsende Exemplare in einem chinesischen Tal entdeckt.

Palmfarne

Zu den Cycadales zählen mehrere Familien. Diese seltenen Bäume sind entfernte Verwandte der Koniferen, die vor allem in den Tropen und Subtropen zu finden sind. Sie sehen wie ganz kurze, dicke Palmen aus, aber sie haben riesige Zapfen, die bis zu 36 kg wiegen können. Diese ungewöhnlichen Zapfen sind bei einigen Arten rot oder gelb. Wie der Ginkgo sind auch die Palmfarne primitiver als die Koniferen und die Laubbäume aufgebaut. Ihre Pollen stoßen Geschlechtszellen (Spermien) aus, die zu den weiblichen Eizellen schwimmen.

Sago, ein stärkeähnlicher Nährstoff, wird unter anderem aus Stämmen und Samen von Palmfarnen gewonnen. Es enthält Giftstoffe und muß abgekocht werden.

Ein Blattskelett enthüllt das verästelte Geäder, durch das Wasser und Nährstoffe transportiert werden.

Der Aufbau der Bäume

Bäume leben von allen Pflanzen am längsten. Dank ihrer Stämme können sie sich über die anderen Pflanzen erheben und damit genügend Licht bekommen. Schaut euch einmal Bäume im Wald und dann freistehende Bäume an – sie werden zum Teil von ihrer Umgebung geformt. Im Wald wird ein Baum oft von seinen Nachbarn behindert und muß darum groß werden, um ans Licht zu gelangen, und nur die höchsten Zweige tragen Blätter. Ganz anders ein freistehender Baum von der gleichen Art: Er muß sich nicht durch schlanken und hohen Wuchs ans Licht kämpfen und ist meist breit und rund.

Es gibt nicht nur verschiedene Arten von Bäumen, sondern auch von Holz. Balsaholz zum Beispiel wiegt nur ein Zehntel so viel wie Wasser, Eisenholz dagegen fünfzehnmal so viel wie Balsa – es versinkt im Wasser.

Von der Umgebung geformt
Dieser Weißdornbaum wächst auf einer windigen Klippe. Der Wind hat die Knospen auf einer Seite immer wieder ausgetrocknet und absterben lassen und auf diese Weise den Baum geformt.

Das Holz der Bäume

Das Ringmuster im Holz kommt durch die Art und Weise zustande, wie Bäume wachsen, nämlich nicht nur nach oben, sondern auch in die Breite. Dicht unter der Rinde oder Borke ist die sogenannte Kambiumschicht, in der sich die Zellen teilen.

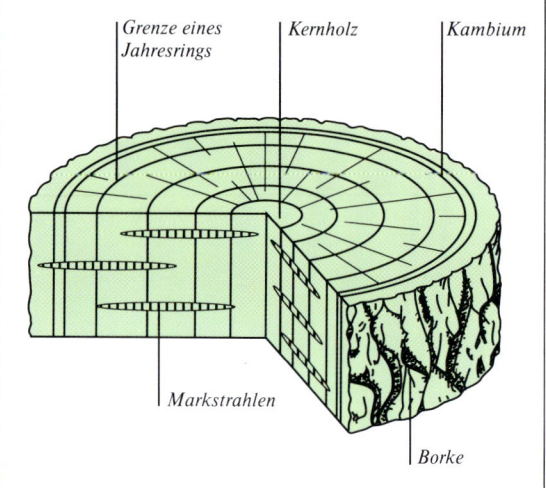

Grenze eines Jahresrings | *Kernholz* | *Kambium*
Markstrahlen
Borke

Infolge dieses Wachstums dehnt sich der Stamm jährlich durch eine neue Schicht Holz aus. Ältere Zellen in der Nähe des Zentrums werden allmählich mit einer Substanz, dem sogenannten Lignin, aufgefüllt und sterben schließlich ab. Durch das extrem zähe Lignin erhält das Holz seine Festigkeit. Das dunklere Holz in der Mitte nennt man Kernholz. Die äußeren und inneren Schichten eines Stamms sind durch Kanäle, den Markstrahlen, verbunden.

EXPERIMENT
Das Alter eines Baums messen

Das Alter eines Baums kann man oft schätzen, wenn man den Umfang seines Stamms mißt. Die meisten Bäume in gemäßigten Regionen erweitern ihren Umfang jährlich um etwa 2,5 cm. Teilt man den Gesamtumfang durch diese Zahl, erhält man das ungefähre Alter der Bäume.
Doch diese Regel gilt nicht für alle Bäume. Nordamerikanische Mammutbäume, Eukalyptus und einige Tannen legen in einem Jahr mehr zu, während Eiben, Linden und Roßkastanien oft langsamer wachsen. Palmen werden größer, ohne dicker zu werden.

IHR BRAUCHT
- Maßband

1. Meßt den Umfang des Stamms bei der Standardhöhe von 1,5 m über dem Boden.
2. Teilt den Umfang durch 2,5 cm, dann habt ihr das Alter.

DER AUFBAU DER BÄUME

Jahresringe

Fast überall auf der Welt haben Bäume im Frühjahr einen Wachstumsschub, während sie im Sommer langsamer wachsen. Das Sommerholz ist dichter als das Frühjahrsholz, und das wird in einem Jahresring sichtbar. Ein breiter Ring deutet an, daß der Baum in einem bestimmten Jahr gut gewachsen war, ein engerer Ring bedeutet gewöhnlich, daß das Wetter das Wachstum gebremst hat. Wächst ein freistehender Baum an einem windstillen Ort, sind die Jahresringe ringsum gleich dick. Steht er im Schatten oder wird er vom Wind geschüttelt, sind die Ringe zum Licht hin oder auf der windabgewandten Seite breiter.

Borke
Kernholz
Astknoten
Kambium

Ast
Splintholz

Ungleichmäßiges Wachstum
Die Ringe dieser Eiche liegen nicht um den Mittelpunkt und sind sehr dicht. Die linke Seite des Stamms ist schneller gewachsen als die rechte.

Gleichmäßiges Wachstum
Dieser Kiefernstamm ist zwar genauso dick wie der der Eiche, hat aber weniger Ringe, weil er schneller gewachsen ist.

EXPERIMENT
Die Höhe eines Baums messen

Mit der links unten gezeigten Methode könnt ihr die Höhe eines Baums messen, ohne hinaufzuklettern. Ihr braucht nur eine Größe – zum Beispiel die eines Freundes – mit der Höhe des Baums zu vergleichen.

IHR BRAUCHT
• Maßband • Papier • Bleistift • Stock

Ein Freund steht unter dem Baum

Stock auf Armeslänge halten

1 Meßt die Größe eures Freundes und schreibt sie auf.

2 Bittet ihn, sich neben den Baum zu stellen.

3 Haltet den Stock mit ausgestrecktem Arm in einiger Entfernung, so daß sich die Spitze mit dem Kopf eures Freundes deckt. Dann markiert ihr mit dem Bleistift die Stelle, die mit seinen Füßen übereinstimmt.

4 Bleibt an derselben Stelle stehen und hebt den Stock, bis sich seine Spitze mit der des Baums deckt.

5 Die Stelle, die sich mit dem unteren Ende des Baums deckt, markiert ihr mit dem Stift.

6 Jetzt könnt ihr die Höhe des Baums berechnen. Die beiden Markierungen auf dem Stock zeigen, um wieviel der Baum größer ist als euer Freund. Angenommen, er ist 20 mal größer, und euer Freund ist 1,5 m groß, dann ist der Baum 30 m hoch.

Blätter und Rinde

In den verschiedenen Klimazonen haben sich unterschiedliche Arten von Blättern entwickelt. Koniferen haben zähe Nadeln, die Winterkälte und strahlendem Sonnenschein ebenso gut widerstehen können wie den heftigen Winden im Gebirge. Laubbäume sind im allgemeinen empfindlicher, vor allem in gemäßigten Regionen. Da ihre Blätter jedes Jahr ersetzt werden, brauchen sie weniger Schutz vor Schnee, Sonne oder Wind. Die Blätter immergrüner Bäume wie dem Eukalyptus sind zäh und ledrig und halten sich jahrelang.

Die Rinde, also die Haut um einen Baumstamm oder Äste, kann dick und zerklüftet oder dünn und glatt sein. Wenn der Baum wächst, dehnt sich die Rinde nach außen aus, wobei in der äußersten Schicht ein Muster von Rissen oder Schuppen entsteht. Die Beschaffenheit der Rinde kann sich beim Altern des Baums ändern, und manchmal ist sie an der Spitze anders als nahe am Boden.

Rinde abreiben
Wenn man Rinden abreibt, kann man die verschiedenen Arten leicht miteinander vergleichen. Haltet ein Stück kräftiges Papier an einen Baumstamm und reibt mit einem Wachsstift darüber. Auf dem Papier zeichnen sich die Rippen und Risse der Rinde ab. Mit dieser Technik könnt ihr auch die verschiedenen Blattformen festhalten, achtet aber darauf, daß das Blatt gut fixiert ist.

EXPERIMENT
Blattskelette

Bei diesem Experiment sollte ein Erwachsener dabeisein

Entfernt die weichen Teile eines Blattes, um den Stiel, die Mittelrippe und die Adern freizulegen.

IHR BRAUCHT
- abgefallene Blätter • Waschsoda
- Kasserolle
- Wasser

1 Die Kasserolle mit Wasser füllen und etwa 40 g (2 Teelöffel) Soda auf einen Liter hinzufügen. Diese Lösung bis kurz vor dem Kochen erhitzen. Die Kasserolle vom Herd nehmen. Gebt die Blätter in die Lösung und laßt sie darin mindestens 30 Minuten ruhen.

2 Die Kasserolle unter dem Wasserhahn vorsichtig mit kaltem Wasser überlaufen lassen.
Achtung: Soda kann die Haut verätzen. Die weichen Teile der Blätter sind abgefallen. Trocknet die Skelette und hebt sie auf.

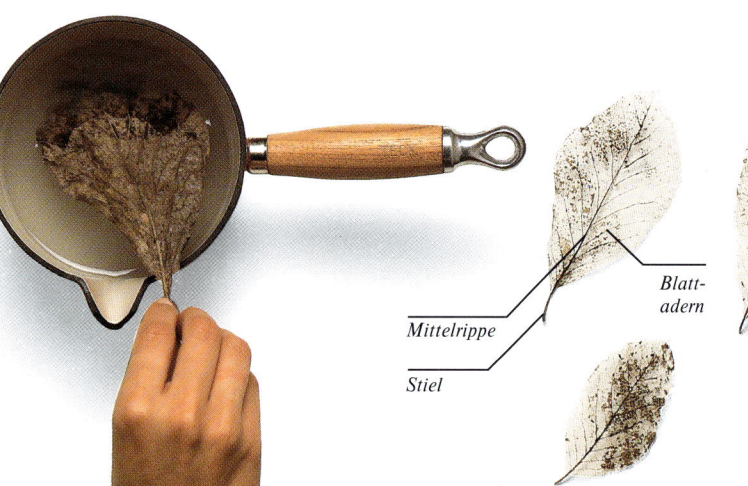

BLÄTTER UND RINDE

EXPERIMENT
Wie Blätter Wasser abgeben

Bei diesem Experiment könnt ihr durch Beobachtung und Berechnung herausfinden, wieviel Wasser durch die Blätter an einem Zweig läuft.

IHR BRAUCHT
• Zweig mit Blättern • 2 Becher • Speiseöl • Wasser
• kariertes Papier • Buntstift

Lebendiges Holz
Wasser und Nährstoffe fließen in einem Baum durch die äußeren Schichten des Stamms und der Äste dicht unter der Rinde. Das Holz in der Mitte des Baumstamms ist tot. Hohle Stämme zeigen, daß nur die äußeren Holzschichten für das Überleben wichtig sind. Wird die Rinde zerstört, stirbt das Kambium (S. 56) ab, die Nährstoffe können nicht mehr transportiert werden und der Baum »verhungert«.

Schätzen der Blattfläche durch Zusammenzählen der Kästchen

Wasser geht vor allem an der Unterseite des Blatts verloren

1 Zeichnet die Umrisse eines Blatts auf, zählt die Kästchen und errechnet die Gesamtfläche. Um die Menge des Wasserverlusts pro Blattkästchen zu erhalten, teilt man die Wasserverlustmenge durch die Gesamtfläche aller Blätter. Bringt an beiden Bechern eine Meßskala an. Füllt sie zur Hälfte mit Wasser und gebt eine Schicht Öl hinzu. Stellt den Zweig in einen der beiden Becher.

2 Die Wasserhöhe an beiden Bechern markieren und die Becher an einen hellen Ort stellen. Meßt nach acht Stunden die Wassermenge, die in beiden Bechern fehlt. Das Niveau von Wasser und Öl sollte in dem Becher mit dem Zweig gesunken sein. Da das Wasser nicht durch das Öl verdunsten kann, muß es durch die Blätter verlorengegangen sein.

EINFACHE PFLANZEN

Blütenpflanzen treten relativ spät in der Geschichte der Pflanzen auf. Die Koniferen (S. 27) sind eine etwas ältere Gruppe, aber die ältesten sind die nicht blühenden Pflanzen wie Laub- und Lebermoose. Zusammen mit den Farnen und ihren Verwandten spiegeln diese lebenden Zeugen der Vergangenheit die Entwicklungsgeschichte der Pflanzen wider.

Riesenschachtelhalme waren einst hohe Bäume; heute sind sie kaum noch einen Meter hoch.

Wenn ihr auf einen Baum geklettert seid oder einen alten Blumentopf angefaßt habt, klebt ein feiner grüner Staub an euren Händen. Dieser grüne Puder ist ein mikroskopisch kleiner Wald: unzählige Zellen eines Organismus namens Chlorella, eine der einfachsten Pflanzen der Erde. Jede Pflanze ist eine einzelne runde Zelle, die alle Anlagen hat, um die Sonnenenergie durch Photosynthese (S. 40–43) nutzen zu können. Chlorella ist eine Alge und gehört damit einer Gruppe einfacher, aber sehr verschiedenartiger Pflanzen mit über 25 000 Arten an. Sie kann fast überall leben, wo es hell und feucht ist – vom Torpfosten bis zur Steilküste. In den südamerikanischen Tropenwäldern leben ähnliche Algen im Pelz von Faultieren und verleihen ihm einen grünlichen Schimmer, der ihrer Tarnung dient. Algen sind ungeheuer wichtig für andere Lebensformen. Viele Arten treiben im Meer und bilden das Phytoplankton, von dem sich Tiere ernähren. Einige leben mit anderen Organismen zusammen, zum Beispiel mit Pilzen als Flechten (S. 62–63), im Gewebe von Korallen (S. 95) oder Riesenmuscheln, wobei sie ihre Wirte mit Nahrung versorgen.

Baumfarne im Regenwald von Nordaustralien.

Zusammenleben

Nicht alle Algen bestehen nur aus einer Zelle. Einige, wie Volvox, bestehen aus Einzelzellen, die in wunderschönen hohlkugelförmigen Kolonien zusammenleben. Andere Algen werden wie höhere Pflanzen aus vielen Zellen gebildet. Die Schraubenalge (Spirogyra) zum Beispiel besteht aus langen Zellfäden, die sich zu spiralförmigen grünen Bändern verknüpfen.
Die komplexesten Algen sind die Seetange (S. 96–97). Sie setzen sich aus vielen Arten von Zellen zusammen, und ihre gummiartigen, zähen Körper widerstehen der Wucht der Meereswogen.

Angepaßt an das Leben an Land

Chlorella lebt zwar an Felsen und Mauern, ist aber eigentlich keine Landpflanze, weil sie nur wachsen kann, wenn sie vom Regen durchnäßt ist. Sobald sie austrocknet, gerät sie in einen scheintoten Zustand. Auch wenn sie seit Jahrmillionen an Land überlebt hat, sind ihre Aussichten durch ihren Wasserbedarf begrenzt.
Die wichtigsten Voraussetzungen dafür, daß Pflanzen an Land überleben, sind ihre Wurzeln, mit denen sie Wasser aus dem Boden saugen können, sowie eine wasserdichte Schutzschicht, die die Verdunstung über die Blätter verzögert. Moose und Lebermoose (S. 62–63) sind zwei Gruppen einfacher Pflanzen, die erste Schritte in diese Richtung tun.

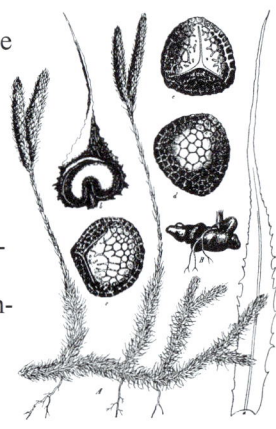

Lebermoose

Die primitivsten Landpflanzen sind die Lebermoose.

Eine Flechte ist eine Lebensgemeinschaft zwischen einem Pilz und einer Alge.

Die Bezeichnung Lebermoose ist vor mindestens 1000 Jahren in Europa entstanden und deutet darauf hin, daß diese Pflanzen als Heilkräuter galten. Man glaubte damals, daß jede Pflanze, die wie ein Körperteil geformt war, Krankheiten in diesem Bereich heilen könne. Die Lebermoose, die mit ihrer gelappten Form einer Leber gleichen, wurden in Wein eingeweicht und sollten bei Leberbeschwerden helfen.
Lebermoose haben wurmähnliche Gebilde, sogenannte Rhizoide, und benötigen viel Feuchtigkeit. Darum wachsen sie nur an Orten wie Quellen und Flußufern. Die Gattung Marchantia (Brunnenlebermoos) wächst in Gewächshäusern und bildet Sporen in Fruchtkörpern aus, die wie aufgespannte Schirmchen aussehen.

Laubmoose

Auch wenn Laubmoose vielleicht von einem lebermoosähnlichen Vorfahren abstammen, kommen sie doch viel besser mit der Trockenheit zurecht. Laubmoose trifft man häufig in Waldgebieten an, wo sie im Schatten oder auf Ästen gedeihen, die dem Regen ausgesetzt sind. Einige Moose leben sogar

Bärlappgewächse gehören zu den ersten Pflanzen, die dem Leben an Land angepaßt waren.

EINFACHE PFLANZEN

auf Dächern, wo sie in heißen Sommern ganz trocken werden. Trockenzeiten überstehen sie auf die gleiche Weise wie die Chlorella-Algen: Sie geraten in einen scheintoten Zustand, den man Kryptobiose nennt. Versucht einmal Stückchen von trockenem Moos in trockenen, luftdicht verschlossenen Gläsern aufzubewahren und fügt ein Jahr später Regenwasser hinzu, um zu sehen, ob es sich wieder belebt. Wiederholt das bei einer zweiten Probe erst nach zwei Jahren und so weiter. Wie lange, glaubt ihr, können Moose in diesem Stadium überleben? Die Gattung der Torfmoose (Sphagnum) saugt Wasser wie ein Schwamm auf. Wenn ihr ein Stück davon anfaßt, fühlt es sich schwer und naß an. Aber wenn ihr es ausdrückt, läuft das Wasser heraus, und ihr habt eine leichte und flaumige Moospflanze in der Hand. Getrocknetes Torfmoos ist sehr saugfähig, und in den achtziger Jahren des vorigen Jahrhunderts entdeckte man, daß es sich gut als Wundverbandsstoff eignet.

Farne

Die Farne mit ihren hübschen, filigranen Wedeln sind uns allen vertraut. Zwar leben viele an feuchten, schattigen Orten wie die Moose, aber einige gedeihen an viel trockeneren Stellen, sogar an Abhängen, die dem Wind ausgesetzt sind – allen voran der Adlerfarn. Sie sind in der Entwicklung zu Landpflanzen ein entscheidendes Stück weitergekommen, indem sie richtige Wurzeln sowie einen wirkungsvolleren Verdunstungsschutz für ihre Wedel aus-

Schraubenalgen können mit ihren Zellfäden Wasserkanäle verstopfen.

bilden. Außerdem sind ihre Stengel holzähnlich verstärkt und besitzen spezielle Kanäle, die das Wasser zu den Blättern leiten. Dadurch können Farne viel höher als Moose wachsen und mehr Licht bekommen, während Laubmoose und Lebermoose im Kampf der Pflanzen ums Licht nur überleben, weil sie mit weniger Licht auskommen. Die größten lebenden Farne sind die Baumfarne, die in einigen tropischen und subtropischen Wäldern wachsen. Diese anmutigen Riesen sehen wie schlanke Palmen aus, doch ihre Wedel teilen sich in viele Finger wie bei einem gewöhnlichen Farn. Verglichen mit anderen tropischen Regenwaldbäumen sind Baumfarne sehr klein – sie werden freistehend etwa 18 m, in engem Verbund mit anderen Bäumen etwa 25 m groß.

Riesen der Vergangenheit

Farne haben nur langsam »gelernt«, die Vorteile der Größe zu nutzen, während ihre Verwandten, die Bärlappgewächse und die Schachtelhalme, dies einst mit großem Erfolg getan haben. Vor etwa 350 Millionen Jahren war die Erde größtenteils mit dichten, sumpfigen Wäldern aus riesigen Bärlappbäumen und Schachtelhalmen bedeckt, die 40 m oder größer waren. Heute sind die Bärlappgewächse nur ein paar Zentimeter hoch und Schachtelhalme nur selten mehr als einen Meter. Wenn

Ein Farnwedel entrollt sich beim Heranwachsen wie eine Sprungfeder.

diese Riesen eine bestimmte Größe erreicht hatten, fanden sie im sumpfigen Grund keinen Halt mehr und stürzten um. Dann verfaulten sie, zumindest teilweise, denn unter Wasser schreitet die Zersetzung nur langsam fort. Im Laufe der Jahrtausende stürzten immer mehr Bäume um und bildeten eine dicke Schicht halbverfaulter Stämme, die durch den Druck nachfolgender Schichten immer dichter wurde und sich schwarz färbte. So entstand unsere Kohle.

Pflanzen und Umweltschäden

Merkwürdigerweise hängt unser heutiges Leben von diesen uralten einfachen Pflanzen ab. Bei der Photosynthese verwandeln Pflanzen ja Kohlenstoffdioxid in Zucker, und das haben auch die riesigen Bärlappgewächse und Schachtelhalme einst getan. Weil sich ihre Stämme in Kohle verwandelt haben, kann der in ihnen gebundene Kohlenstoff wieder erschlossen werden. Wenn wir Kohle oder andere fossile Brennstoffe wie Öl verbrennen, verwandeln wir diesen Kohlenstoff wieder in Kohlenstoffdioxidgas zurück. Dadurch erhitzt sich die Erdatmosphäre, denn das Kohlenstoffdioxid hält wie eine Decke die Wärme fest, die sonst in den Weltraum entweichen würde. Dieser sogenannte Treibhauseffekt kann zu einer Veränderung unseres Erdklimas führen. Die moderne Land- und Fischwirtschaft sowie viele andere Lebensbereiche sind von fossilen Brennstoffen wie von der Aufrechterhaltung bestimmter Wetterabläufe stark abhängig. Wenn wir die Überreste einfacher Pflanzen verbrennen, kann das für uns zugleich nützlich und schädlich sein.

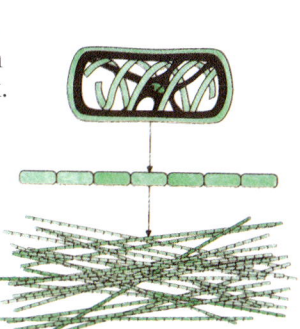

Moose bevorzugen feuchte Orte.

Flechten zeigen die Luftverschmutzung an.

Die Zellen der Schraubenalge verbinden sich zu langen Spiralfäden.

Pflanzen ohne Blüten

Die einfachsten Landpflanzen geben Sporen ab: mikroskopisch kleine Körnchen lebender Materie, die von einer zähen Schutzschicht umgeben ist. Wenn eine Farnspore auf eine geeignete Stelle fällt, kann daraus eine neue Pflanze wachsen. Zunächst entwickelt sich aus der Spore ein grünes, oft herzförmiges Scheibchen, das sogenannte Prothallium. Dieses kurzlebige organische Teilchen dient der geschlechtlichen Vermehrung und braucht feuchten Boden, um wachsen zu können. Auf ihm bilden sich Ei- und Spermazellen aus, wobei die Spermazellen die Eizellen befruchten, aus denen wiederum sogenannte Sporophyten oder neue Farnpflanzen entstehen.

Diese Aufteilung des Lebenszyklus in zwei Generationen ist bei einfachen Pflanzen üblich. Bei Moosen sind diese Generationen miteinander verbunden – die Moospflanze selbst ist das Prothallium, während die braunen oder roten Kapseln die Sporen produzierenden Sporophyten sind.

Der Lebenszyklus eines Farns

Die beiden Generationen haben spezielle Namen. Die eine heißt Sporophyt (die eigentliche Farnpflanze), weil sie Sporen produziert, die andere nennt man Prothallium oder Gametophyt, weil sie Eizellen und Spermien, die sogenannten Gameten, produziert.

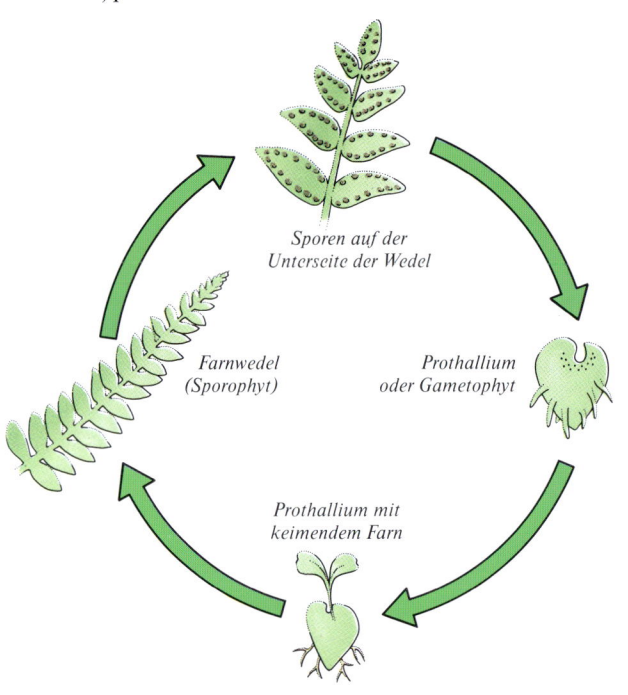

Sporen auf der Unterseite der Wedel

Farnwedel (Sporophyt)

Prothallium oder Gametophyt

Prothallium mit keimendem Farn

Farne und Wedel

Die meisten Farne haben geteilte Wedel, die sich in winzige fingerförmige Blättchen verzweigen, zum Beispiel der Wurmfarn und der Tüpfelfarn (links). Ein paar Farne wie der Hirschzungenfarn haben ungeteilte, riemenartige Wedel. Typisch für die Wedel ist, daß sie noch wie ein Schneckenhaus aufgerollt sind, wenn sie aus dem Boden kommen, und sich erst allmählich entfalten. Alle Farne produzieren ihre Sporen auf der Unterseite der Wedel in sogenannten Sporangien.

Wurmfarn   *Tüpfelfarn*   *Hirschzungenfarn*

Bärlapp
Selaginella *ist ein Bärlapp- oder Moosfarngewächs, ein Verwandter der Farne. Bärlappgewächse gedeihen heute meist in den Tropen und Subtropen und sind kleine Pflanzen – anders als ihre riesigen Vorfahren, deren Wälder vor Hunderten von Millionen Jahren die Kohleflöze der Erde gebildet haben (S. 61).*

PFLANZEN OHNE BLÜTEN

EXPERIMENT
Aus Sporen Farne ziehen

Wenn ihr eure eigenen Farnpflanzen aus Sporen aufzieht, könnt ihr die beiden verschiedenen Pflanzenarten gut erkennen, die den Lebenszyklus eines Farns bilden. Zu Beginn des Sommers läßt sich dieses Experiment am besten durchführen. Schaut euch in feuchten Wäldern und Hecken und an schattigen Mauern und Felsen nach Farnen um. Da die Sporen nur zu bestimmten Zeiten im Jahr reif sind, müßt ihr euch die Unterseite des Farns ansehen. Wenn ihr das Blatt schüttelt, sehen sie wie Kakaopulver aus. Gebt den Wedel in eine Plastiktüte, um ihn sicher nach Hause zu bringen.

IHR BRAUCHT
- 1 reifen Farnwedel • Petri-Schale
- Erde oder Sand-Torf-Mischung

1 Pflückt von irgendeiner Farnart einen reifen Wedel mit braunen Sporenkapseln an der Unterseite. Legt ihn ein paar Stunden an einen warmen, trockenen Ort, damit die Sporen bis zur Ausschüttung reifen.

2 Füllt eine Petri-Schale mit Erde oder Sand und Torf und feuchtet sie gut an. Haltet den Wedel mit der Unterseite nach unten darüber und klopft darauf. Bedeckt die Sporen nicht mit Erde.

3 Stellt die Schale an einen warmen, feuchten Ort und laßt die Sporen zu winzigen Prothallien auskeimen (oben). Sie verwelken, wenn die Farne kommen. Stellt die umgetopften Farne in stärkeres Licht.

Laubmoos
Die meisten Laubmoose brauchen zum Wachsen Feuchtigkeit, aber einige können auch bei Trockenheit weiterleben. Dieses Moos wächst auf einem Stein an einem Fluß.

Schachtelhalm
Diese sehr alte Pflanzengattung lebt hauptsächlich an feuchten Orten. Ihre Wurzeln dringen tief in den Untergrund ein und überdauern Jahre, so daß sie überall, wo der Boden frei ist, aufsprießen können.

Flechten
Pilze mit Algenzellen, die sie umhüllen (S. 65), nennt man Flechten. Die Algen ernähren die Pilze durch Photosynthese. Dieses Paar versteht sich prächtig und widersteht starker Kälte und Trockenheit.

Lebermoos
Laubmoose und Lebermoose sind enge Verwandte. Hier das Prothallium oder Gametophyt eines Lebermooses. Die Eizellen und Spermien werden in Becherchen produziert.

Flechten an Bäumen
Viele Flechtenarten sterben durch sauren Regen ab. An der Zahl der Flechten auf einem Baum erkennt man gut, wie weit die Luft verschmutzt ist.

Gelbe Flechte

Graue Flechte

PILZE

Millionen winziger Sporen bevölkern die Atemluft. Meist handelt es sich dabei um die »Samen« von Pilzen, einige der erfolgreichsten Lebewesen der Erde. Pilze ernähren sich von toter oder verfaulender Materie oder leben als Parasiten auf den Körpern anderer Lebewesen. Dank ihrer vielen Sporen können Pilze überall wachsen, wo sich ihnen eine Chance bietet.

Pilze sind am Werk, wenn ein Stück altes Brot oder Obst schimmelt. Pilze sind die Ursache, wenn ein Baum stirbt und sein toter Stamm verrottet. Und wenn eine kleine Nematode (Fadenwurm) plötzlich in eine winzige ringförmige Falle gerät, wird ein Pilz zum Mörder. Pilze ernähren sich auf verschiedene Weisen. Saprobien nennt man diejenigen Pilze, die Nahrung verschimmeln lassen und sich von toten pflanzlichen und tierischen Überresten ernähren. Auch wenn sie im Küchenbereich mitunter Ärger bereiten, spielen sie doch eine sehr wichtige Rolle für die Umwelt, weil sie die Überreste in der Natur beseitigen. Parasitische Pilze dagegen ernähren sich von Wesen, die noch am Leben sind. Zum Glück werden wir Menschen nur von relativ wenig Pilzen befallen – zum Beispiel vom Fußpilz oder einer Infektion, die man Soor nennt. Räuberische Pilze greifen lebendige Tiere an, die kleiner sind als sie selbst. Diese Pilze leben auf Kleinlebewesen wie Fadenwürmern, Rädertierchen und Einzellern wie den Amöben (S. 28).

Ein Pilz parasitiert einen Baumstamm – mit verheerenden Folgen.

Pilze und Zellfäden

Die kleinsten Pilze sind die Hefen, einzellige Saprobien, die an Fallobst zu finden sind und die wir bei der Herstellung von Wein, Bier und Brot nutzen. Pilze, die große Fruchtkörper ausbilden, stellen das andere Extrem dar. Was der Laie im allgemeinen unter »Pilzen« versteht, sind nur die Fruchtkörper der Pilze und für die Produktion und Verteilung der Sporen zuständig. Der eigentliche Pilz nämlich ist unsichtbar und lebt unter der Erde, in einem Kuhfladen oder im innersten Holz eines Baums. Von hier aus streckt der Pilz dünne Fäden, sogenannte Hyphen, aus – wie ein Brotschimmel in einer Kruste. Wenn er stark genug ist, tauchen zu bestimmten Zeiten seine Fruchtkörper auf und verstreuen Sporen in der Luft.

Sind Pilze Pflanzen?

Heute ordnen Biologen die verschiedenen Pilzformen einem eigenen Reich zu, dem Pilzreich. Pilze sind also weder Tiere noch Pflanzen, sondern eine ganz eigene Gruppe von Lebewesen. Üblicherweise werden Pilze in Pflanzenbücher aufgenommen, aber Pilze und Pflanzen haben nichts weiter miteinander gemeinsam, als daß auch Pilze an einer Stelle verwurzelt sind und sich nicht wie Tiere fortbewegen können.

Ein unreifer Bovist

Wenn ihr die Hyphen eines Pilzes unter dem Mikroskop betrachtet, sehen sie wie ein Fadenknäuel aus. Sie haben feste Wände, die aber nicht wie die der Pflanzenzellen aus Zellulose bestehen. Außerdem gibt es keinen zentralen Stamm und keine Wurzeln; Wasser und Nährstoffe werden durch die Hyphen aufgenommen.

Höhere Pilze – Arten also, die Fruchtkörper produzieren – sind ein wenig komplizierter, aber im Grunde genau wie die anderen aufgebaut. Auch wenn ein Fruchtkörper so fest wie eine Pflanze aussieht, besteht er aus einer Vielzahl von Hyphenfäden, die eng zusammengebündelt sind.

Die langen Myzelstränge eines Hallimaschs unter der Rinde.

Parasiten an lebenden Pflanzen

Pilze, die sich von lebenden Pflanzen ernähren, verursachen großen Schaden in der Landwirtschaft. Diese Pilzkrankheiten werden unter anderem durch Mehltau- und Rostpilze hervorgerufen, deren Namen von den winzigen Fruchtkörpern herrühren, die auf den Blättern aufbrechen und Sporen verteilen. Der echte Pilz ist oft im Blatt der Pflanze verborgen. Seine Hyphen zwängen sich zwischen die Pflanzenzellen oder dringen in sie ein und saugen die Nährstoffe auf. Eine bestimmte Pilzkrankheit befällt die Blüten von Gräsern und Getreiden und erzeugt anstelle der Pflanzensamen einen harten, schwarzen Fruchtkörper, den man Mutterkorn nennt und der Giftstoffe

Rübling

enthält, die beim Verzehr zu schweren Vergiftungen führen können. Im Mittelalter gab es in Deutschland und Frankreich mehrere Mutterkornepidemien. Andererseits sind die gereinigten Aktivstoffe des Mutterkorns in entsprechend geringen Dosen ein nützliches Heilmittel bei Migräne. Ein weiteres Pilzprodukt von medizinischem Nutzen ist das Penicillin (S. 67). Pilze, die Pflanzen befallen, können die Zellulose zerstören. Ein paar Pilze können sogar das Lignin zerstören, jene Substanz, die bei Bäumen die Verholzung bewirken und bei Pflanzenstengeln die Stabilität (S. 56). Im Laufe der Evolution hat sich das Lignin zu einer Art chemischem Sicherheitsschloß entwickelt. Ein Ligninmolekül ist so komplex, daß es nur wenige Enzyme (S. 18–19) aufschließen können. Einige Pilzarten jedoch können auch Baumstämme angreifen, und wenn aus dem Stamm eines lebenden Baums Fruchtkörper von Pilzen sprießen, ist das oft ein erstes Zeichen dafür, daß der Baum absterben wird.

Pilze, die auf Tieren leben

Tiere werden seltener von Pilzen befallen als Pflanzen, weil die meisten Tiere über ein Abwehrsystem, das sogenannte Immunsystem, verfügen, womit sie Pilze leicht abwehren können. Auch bei Menschen werden Pilzkrankheiten nur dann zu einem Problem, wenn das Immunsystem nicht richtig funktioniert. Das kann bei manchen Krankheiten wie zum Beispiel AIDS passieren, aber auch bei Organtransplantationen, wenn das Immunsystem des Patienten durch Arzneimittel lahmgelegt wird. Einige Pilze haben sich als Parasiten von Insekten und Fischen spezialisiert. Manchmal verändern sie das Verhalten ihrer Opfer auf bemerkenswerte Weise. So klettert eine bestimmte Ameisenart, die im tropischen Regenwald lebt, auf die Bäume hinauf, wenn sie von einem bestimmten Pilz befallen ist. Wenn die Ameise schließlich stirbt, sorgen die Hyphen des Pilzes dafür, daß der tote Körper an einem Blatt hängenbleibt. Dann stoßen die Pilze ihre Sporen aus, und da die Ameise sich hoch oben befindet, werden die Pilzsporen viel weiter ausgestreut als in der unbewegten Luft über dem Waldboden.

Sporenabdruck auf farbigem Karton.

Räuberische Pilze

Noch ungewöhnlicher sind Pilze, die sich auf räuberische Weise ernähren. Einige leben im Teichschlick, wo sie mit Hilfe klebriger Hyphen Amöben fangen. Sobald eine Amöbe einem Pilz auf den »Leim« gegangen ist, schickt er Hyphen in ihre Zelle, um den Inhalt aufzusaugen. Pilze, die Fadenwürmern Fallen stellen, leben im Boden. Ihre sich schnell bewegenden Opfer werden in engen Schlingen gefangen, die von Hyphen abzweigen. Sobald sich ein Wurm durch eine dieser Schlingen bewegt, schwillt diese auf und hält den Wurm fest.
Auf völlig andere, aber genauso erfolgreiche Weise macht ein Teichpilz Beute, der Rädertierchen fischt. Das sind

Hutpilze bilden ihre Sporen in Basidien.

Der Fliegenpilz gehört zu den giftigen Pilzen.

mikroskopisch kleine Wesen, die von Algen leben. Der zwischen den Algen wachsende Pilz erzeugt dünne Fäden mit klebrigen Auswüchsen an den Enden, wie Angelschnüre mit Ködern. Wenn ein Rädertierchen nach diesen algenartigen Auswüchsen schnappt, wird es festgehalten und ausgesaugt.

Pilze, die mit Pflanzen zusammenleben

Doch nicht alle Pilze sind so aggressiv und räuberisch. Viele gehen langfristige Partnerschaften mit Pflanzen ein, wachsen um ihre Wurzeln herum und versorgen sie mit Nährstoffen aus verfaulender Materie im Boden. Dafür geben die Pflanzenwurzeln den Pilzen ein wenig Zucker ab als Energiequelle. Diese Partnerschaft nennt man Mykorrhiza. Einige Pflanzen wie die Orchideen könnten ohne sie nicht überleben. Zwischen Pilzen und einzelligen Algen können noch engere Verbindungen bestehen, nämlich in Form von Flechten (S. 60–63). Die Algen wachsen in engem Kontakt zu den Hyphen, bekommen aber genügend Licht für

Viele Baumschwämme haben Jahresringe wie die Bäume.

die Photosynthese und liefern dem Pilz ein wenig Zucker. Die Algen wiederum werden vermutlich besser vor Austrocknung geschützt, können meistens aber auch ohne den Pilz wachsen. Vielleicht sind sie »Gefangene« der Pilzflechte, wobei ein Organismus einen kleineren als Parasit duldet. Bei Pilzen scheint vieles möglich zu sein, gehören sie doch zu den seltsamsten Lebewesen der Erde, die – ähnlich wie Bakterien – eine immens wichtige Rolle in den verschiedensten Lebensgemeinschaften spielen.

Die Fruchtkörper eines Hutpilzes brechen durch die Rinde eines Baums.

Der Aufbau der Pilze

In Mythen und Märchen ist immer wieder von Pilzen die Rede, weil ihre Fruchtkörper oft wie durch Zauberhand über Nacht sprießen und weil viele von ihnen giftig sind. Pilze gibt es in allen möglichen Formen und Größen. Der Fruchtkörper eines Riesenbovists kann einen Durchmesser von 1,5 m erreichen, während Hefepilze mikroskopisch klein sind. Aber nahezu alle Pilze bilden Sporen, und darum unterscheiden die Biologen Pilze nach der Art, wie sie Sporen produzieren. Hefepilze zum Beispiel gehören zur Familie der Schlauchpilze oder Askomyzeten. Hutpilze sind Ständerpilze oder Basidiomyzeten. Eine dritte Gruppe, oft »niedere« Pilze genannt, bildet ihre Sporen in einfacheren Fruchtkörpern, wie zum Beispiel der Pinselschimmel (rechts).

Morchel
Die schmackhafte Morchel bildet ihre Sporen in den Vertiefungen ihrer runzligen Oberfläche. Sie ist, wie der Becherling (unten rechts), ein Schlauchpilz.

Hallimasch
Dieser Pilz greift Holz an. Er gehört zu den Ständerpilzen oder Basidiomyzeten, der bekanntesten Familie, bei der die Sporen sich in kleinen Kolben oder Basidien auf der Unterseite des Hutes bilden.

Baumschwamm
Baumschwämme bilden Konsolen an den Seiten eines Baumstamms und können noch lange weiterbestehen, wenn die Sporen verstreut sind.

Holziger Baumschwamm, der sich nach außen ausdehnt und konzentrische Schichten wie Jahresringe bildet

Entstehung von Schimmelpilzen

Wenn Brot – oder ein anderes Lebensmittel – einige Tage liegenbleibt, entwickeln sich darin häufig aus den mit

Fruchtkörper des Brotschimmels

der Luft verbreiteten Sporen giftige Schimmelpilze. Man sollte die Berührung mit ihnen grundsätzlich vermeiden.

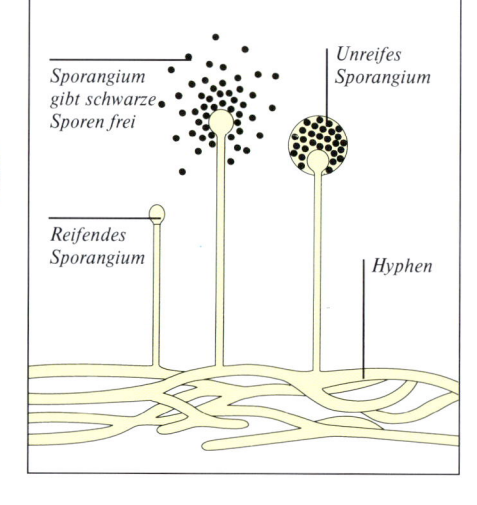

Sporangium gibt schwarze Sporen frei
Unreifes Sporangium
Reifendes Sporangium
Hyphen

Becherling
Dies ist ein Schlauchpilz, dessen Sporen im allgemeinen in mikroskopisch kleinen Schläuchen an der Innenseite des Bechers gebildet werden.

DER AUFBAU DER PILZE

Rübling
Das ist eine der vielen Pilzarten, die auf totem Holz wachsen. Sobald sie ihre Sporen verstreut haben, lösen sie sich auf.

Schleimpilz
Diese geleeartige Masse ist der Fruchtkörper eines Schleimpilzes, der einer Gruppe sehr ungewöhnlicher Organismen angehört. Die meiste Zeit kriechen sie am Boden entlang und verschlingen Bakterien. Einige bilden große, dünne Flächen, die ständig ihre Form ändern, andere leben als Einzeller. Bei der Vermehrung entwickeln die großflächigen Pilze Fruchtkörper wie den oben abgebildeten. Einzellige Schleimpilze vereinigen sich mit anderen zu einer kriechenden, schneckenartigen Masse, die schließlich Sporen hervorbringt.

EXPERIMENT
Die Produkte der Fermentierung

Gebt einen Teelöffel Zucker in ein Glas Wasser und fügt etwas Hefe hinzu. Umrühren und zudecken. Wartet einen Tag, bis Blasen aufsteigen. Hebt den Deckel und haltet rasch einen brennenden Zahnstocher darüber. Er geht sofort aus, da das Glas voller Kohlenstoffdioxid ist, das die Hefe erzeugt hat, als sie sich vom Zucker ernährte.

IHR BRAUCHT
- Hefe
- Pappe
- Glas
- Zahnstocher
- Zucker

Kohlenstoffdioxidblasen an der Oberfläche
Brennender Zahnstocher
Glas mit Wasser, Zucker und Hefe

GROSSE ENTDECKER
Alexander Fleming

Der schottische Bakteriologe Sir Alexander Fleming (1881–1955) machte 1928 bei einem Pilz eine zufällige Entdeckung, die die Behandlung von Infektionen revolutionierte. Er kultivierte gerade Bakterien in einer Petri-Schale, als er bemerkte, daß ein Schimmel die Schale verunreinigt hatte. Wichtiger noch: Dieser Schimmel hatte die Bakterien in seiner Umgebung getötet. Die von dem Schimmel produzierte chemische Substanz, das Penicillin, wurde ab 1942 in der Medizin eingesetzt. 1945 erhielt Fleming den Nobelpreis für Medizin, zusammen mit Howard Florey und Ernst Chain, die das Mittel gereinigt und erprobt hatten.

Penicillin
Dieses wichtige Heilmittel wird aus dem Pilz Penicillium notatum und seinen Verwandten gewonnen. Auch aus anderen Pilzen wurden Antibiotika isoliert und medizinisch eingesetzt.

Penicillintablette
Bakterienkolonien
Zone, in der Bakterien vom Penicillin getötet wurden

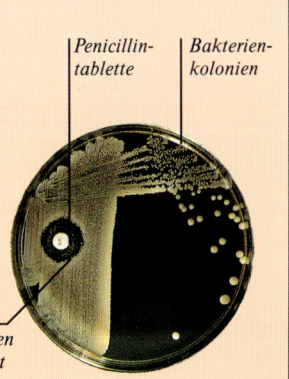

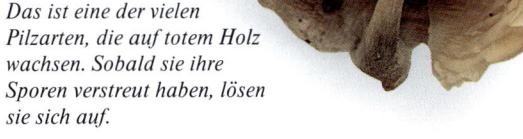

Die Rolle der Hefe

Gärung ist der Abbau einer Nährsubstanz ohne Sauerstoff. Hier ernähren sich die einzelnen Hefezellen von Zucker und verwandeln ihn in Kohlenstoffdioxid und Alkohol. Bei dem Gährungsprozeß wachsen und teilen sich die Zellen.

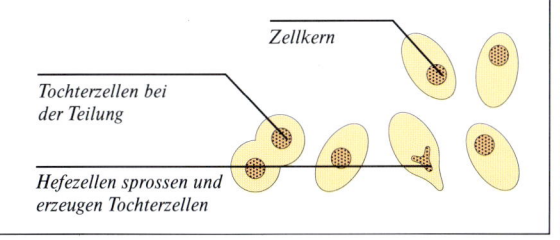

Zellkern
Tochterzellen bei der Teilung
Hefezellen sprossen und erzeugen Tochterzellen

DIE WELT DER PFLANZEN UND PILZE

Wie sich Ständerpilze vermehren

Die Fruchtkörper der Ständerpilze haben nur eine Aufgabe: so viel Sporen wie möglich zu produzieren. In einer Stunde kann ein Fruchtkörper 30 Millionen von diesen winzigen Körnchen freisetzen und im Wind verstreuen.

Wenn ihr einen Ständerpilz pflückt und umdreht, seht ihr die Teile, die die Sporen produzieren und verstreuen. Bei einigen Arten, zum Beispiel dem Champignon, entstehen die Sporen auf den nach unten gerichteten Lamellen, die sich unter dem Hut befinden, so daß die Sporen leicht herausfallen können. Andere Pilze haben keine Lamellen, sondern senkrechte Röhren.

Myzelstränge
Zu Strängen zusammengefaßte Bündel von Hyphen.

Die Entwicklung eines Ständerpilzes

Alle Ständerpilze bestehen aus zahlreichen Zellfäden, den Hyphen, die in der Erde oder auf Holz leben. Daraus wächst der Fruchtkörper. Erst bilden viele Fäden einen Fruchtkörper, ein knospenartiges Gebilde, das oft im Boden verborgen ist. Es wächst nach oben, wobei die äußere Haut platzt und einen Stiel mit einem Hut freigibt. Wenn der Hut größer wird, reißt seine Haut, so daß sich die Lamellen öffnen und die Sporen verstreuen. Bei einigen Arten dauert dieses Wachstum nur ein paar Stunden, weil die verborgenen Hyphen bloß Wasser aufnehmen müssen, um sich zur vollen Größe zu entfalten.

Junger Fruchtkörper — *Fruchtkörper wächst* — *Außenhaut platzt* — *Haut reißt und gibt Lamellen frei* — *Hut und Stil wachsen*

Wie ein Hexenring entsteht

Hexenringe sind Ringe von Pilzen, wie ihr sie zuweilen auf Wiesen seht. Mehrere Arten können Ringe bilden.

1 Eine Pilzspore fällt auf den Boden und entwickelt ein unterirdisches Netz von Hyphen. Auf der Oberfläche können Pilze auftauchen und wieder sterben, aber die Hyphen wachsen unterirdisch weiter.

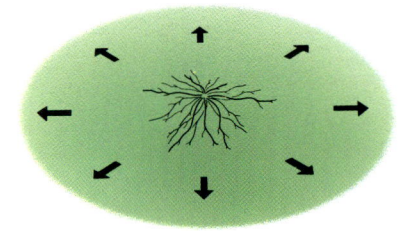

2 Allmählich verbrauchen die Hyphen die Nährstoffe im Boden und müssen sich weiter ausdehnen, um Nachschub zu bekommen. Die ältesten Hyphen sterben ab.

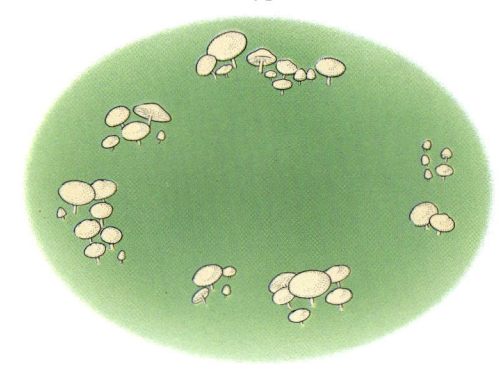

3 Die jungen Hyphen wachsen weiter nach außen. Wenn sie Fruchtkörper erzeugen, bildet sich ein Ring.

Wenn sich Pilze auflösen
Schopftintlingen begegnet man in Gärten und auf Feldern. Sobald sie reifen, werden die Sporen vom Wind verbreitet, und die Lamellen lösen sich in einer schwarzen Flüssigkeit auf.

Lamellen beginnen sich aufzulösen

Der Hut schrumpft, wenn die Lamellen flüssig werden

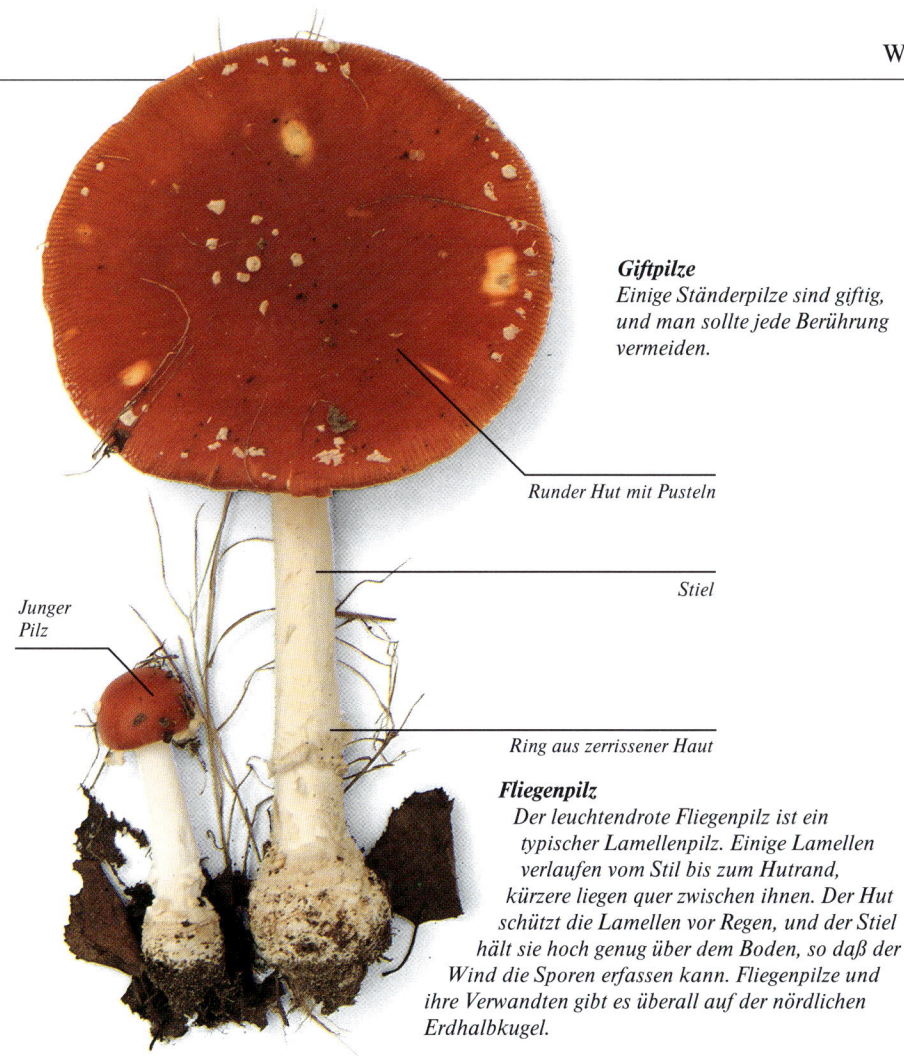

WIE SICH STÄNDERPILZE VERMEHREN

Giftpilze
Einige Ständerpilze sind giftig, und man sollte jede Berührung vermeiden.

Runder Hut mit Pusteln

Junger Pilz

Stiel

Ring aus zerrissener Haut

Fliegenpilz
Der leuchtendrote Fliegenpilz ist ein typischer Lamellenpilz. Einige Lamellen verlaufen vom Stil bis zum Hutrand, kürzere liegen quer zwischen ihnen. Der Hut schützt die Lamellen vor Regen, und der Stiel hält sie hoch genug über dem Boden, so daß der Wind die Sporen erfassen kann. Fliegenpilze und ihre Verwandten gibt es überall auf der nördlichen Erdhalbkugel.

Bovist
Diese Pilze haben keine Lamellen. Sie entwickeln ihre Sporen in einem beutelähnlichen Gebilde, das dann austrocknet. Wird der Bovist z. B. von einem Tier berührt, werden Sporen aus dem Mittelloch ausgeschüttet. Einige Boviste lassen sich vom Wind rollen, um die Sporen zu verbreiten.

EXPERIMENT
Einen Sporenabdruck machen

Pilzsporen sind verschieden gefärbt – von weiß oder gelb bis tiefschwarz. Ihr könnt das durch einen Abdruck feststellen.

IHR BRAUCHT
- Pilzhüte
- farbige Pappe
- Plastikschüssel
- Fixativspray

3 Sprüht den Abdruck in einem gut belüfteten Zimmer mit Fixativ ein, damit die Sporen befestigt werden.

1 Legt einen Pilzhut auf die Pappe und stülpt die Schüssel als Schutz darüber.

2 Hebt am nächsten Tag vorsichtig den Hut vom Karton. Nun sollten die Sporen einen Abdruck bilden. Seid vorsichtig, daß er nicht verwischt wird.

4 Sammelt weitere Abdrücke auf verschiedenfarbigem Karton.

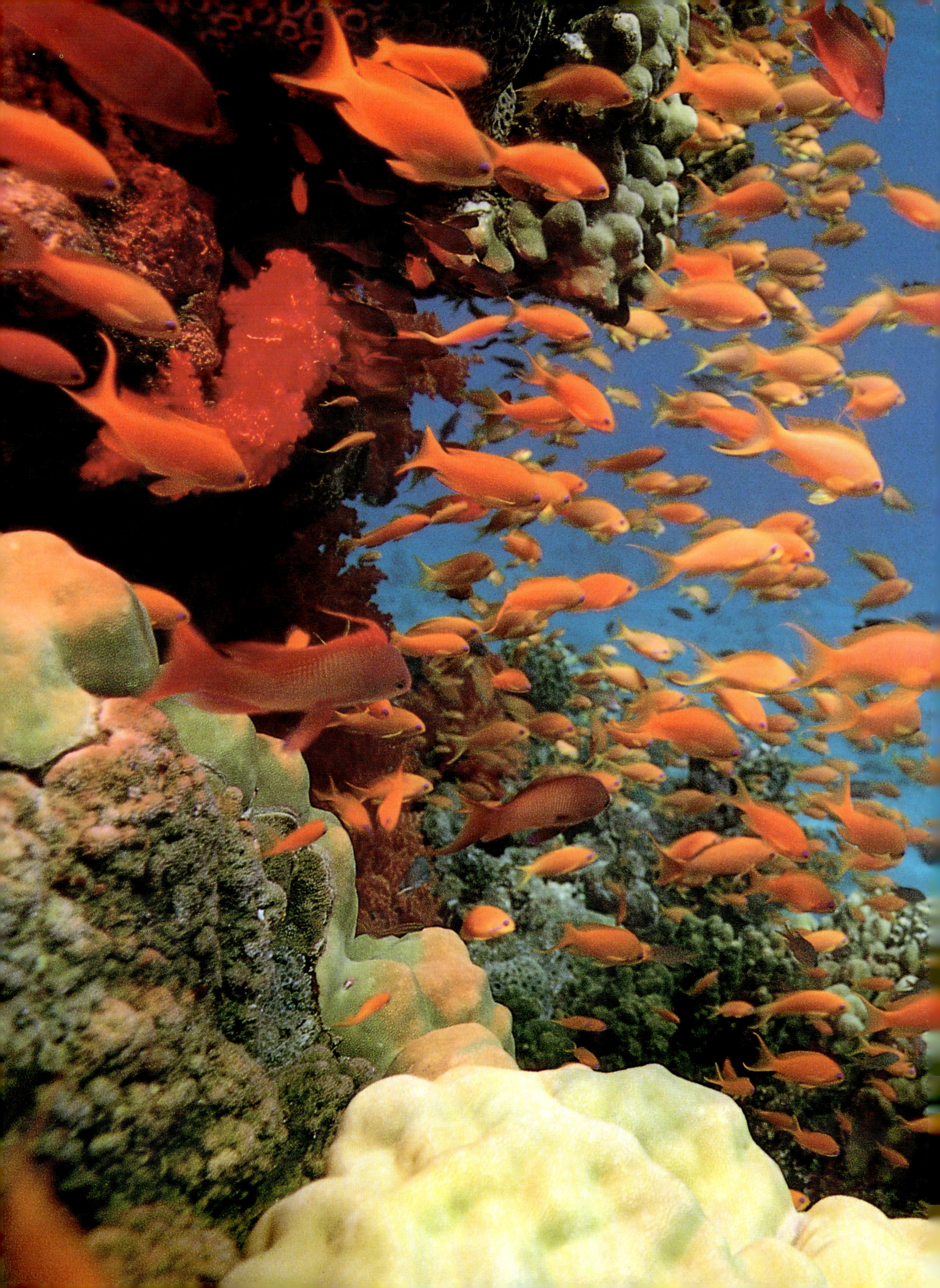

LEBEN IM WASSER

Faszinierende Exemplare
Die Tiere und Pflanzen, die im Wasser leben, besonders die der Meere, gehören zu den exotischsten Geschöpfen der Natur. Nautilus scrobiculatus mit seinem auffälligen Gehäuse (oben) lebt ebenso im Meer wie dieser prachtvolle Fischschwarm (links), der an einem Korallenriff (am Großen Barriereriff vor Australien) vorbeischwimmt.

Das Leben auf der Erde begann im Wasser und eroberte nur langsam von dort das Land. Noch heute ist im Wasser – ob in Flüssen, Bächen, Seen, Teichen oder Pfützen – eine erstaunliche Vielfalt von Lebewesen zu Hause. Und in den schwärzesten Tiefen des Meeres wie an seiner sonnenbeschienenen Oberfläche kämpfen verschiedene Arten seit Milliarden von Jahren ums Überleben.

SÜSSWASSERREVIERE

Ohne Wasser gäbe es kein Leben auf der Erde. Es bedeckt fast drei Viertel der Oberfläche unseres Planeten. Die Meere und Ozeane enthalten insgesamt 1,35 Milliarden km^3 Wasser. Nur eine bescheidene Menge entfällt auf Teiche, Seen und Flüsse, aber ihr Süßwasser stellt ein wichtiges natürliches Biotop dar, das man leicht erforschen kann.

Bei dem Experiment mit der Kartoffel auf Seite 17 habt ihr gesehen, wie eine konzentrierte Zuckerlösung mit Hilfe der Osmose Wasser durch Zellmembranen ziehen kann. Aufgelöste Substanzen wie Zucker und Salze – oder ihr Fehlen – spielen eine wichtige Rolle in der Biologie aller Lebewesen, die sich im Wasser aufhalten.

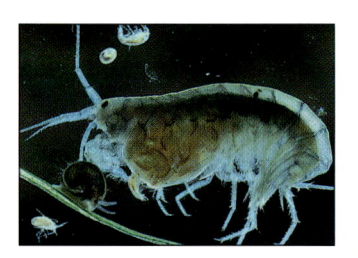

Süßwassergarnelen gehören zu den Tieren, die sich in eine Lichtfalle locken lassen.

Der Rückenschwimmer lebt an der Wasseroberfläche.

Wasserhaushalt

Die Körperflüssigkeit, die die Zellen vieler wirbelloser Meerestiere umgibt, ist so salzig wie das Meerwasser: eine Erinnerung daran, daß das Leben im Meer begann. Selbst die relativen Mengen der einzelnen Salze in diesem Gemisch entsprechen denen im Meerwasser. Ein Tier, das im Meer lebt, ist so »salzig« wie seine Umgebung. Ganz anders ist es bei Tieren, die in einem Teich oder See leben. Ihre Körperflüssigkeit ist viel salziger als ihre Umgebung, und darum würde durch die Osmose Wasser in die Zellen gezogen werden. Ohne spezielle Schutzmaßnahmen würden diese Tiere anschwellen und platzen. Viele Einzeller werden das Wasser auf die gleiche Weise wieder los wie jemand, der mit einem Eimer ein leckes Boot ausschöpft. Sobald Wasser eindringt, wird es von bestimmten Organen, den sogenannten kontraktilen Vakuolen, wieder hinausgepumpt. Größere Tiere sind unter anderem auch durch eine wasserdichte Haut geschützt, wie beispielsweise die Süßwasserfische, die oft von einer Schicht wasserdichtem Schleim bedeckt sind. Insekten (S. 74) ist dagegen mit einem undurchlässigen Außenskelett geholfen, da sie Luft atmen. Einige Tiere wie Aale (S. 82) und die Bewohner von Felstümpeln (S. 92) sind an wechselnde Salzkonzentrationen angepaßt. Aber die meisten Wassertiere können nicht zwischen Salz- und Süßwasser hin und her wechseln, weil sie dabei umkommen würden.

Der Wasserkreislauf

Flüsse und Seen werden ständig durch den Wasserkreislauf wieder aufgefüllt. Die Sonne läßt Wasser aus dem Meer verdunsten, der Dampf bildet Wolken, wenn er aufsteigt, und fällt schließlich als Regen auf die Erde. Dieser fließt in die Flüsse und Seen, die das meiste Wasser wieder ins Meer zurückführen. Meerwasser enthält Salze, die aber beim Verdunsten zurückbleiben. Darum besteht Regen aus salzlosem Wasser beziehungsweise aus Süßwasser. Wenn der Regen fällt und wieder zum Meer zurückkehrt, wird dieser Kreislauf damit geschlossen. Wie lange Regenwasser braucht, um wieder zum Meer zu kommen, hängt davon ab, wo es fällt, was sich wiederum auf das Leben auswirkt, das darin gedeiht.

Süßwasserfische brauchen in Gefangenschaft spezielles Fischfutter.

Schlammröhrenwürmer leben in sauerstoffarmem Wasser.

Die Biologie des fließenden Wassers

Wenn Regenwasser auf steile Berghänge fällt, tritt es seine Reise zum Meer sehr schnell an – es gelangt in einen Bach, der rasch bergab springt und in einen Fluß mündet. Kaltes, schnellfließendes Wasser hat für Lebewesen Vor- und Nachteile. Wenn es gegen Felsen plätschert, löst es Sauerstoff aus der umgebenden Luft. Sauerstoffreiches Wasser ist ideal für Fische wie die Forelle, aber eine starke Strömung macht das Leben schwer. Sie reißt alles mit, was sich nicht festhält oder nicht stark genug ist, um – wie die Forelle – gegen die Strömung anzuschwimmen. Die meisten kleineren Tiere in schnellfließenden Bächen können sich an Felsen und Steinen festhalten. Sobald der Bach oder Fluß flacheres Gelände erreicht, hat er viel von seinem ersten Schwung verloren. Das Wasser fließt dann träger dahin und bietet viele Lebensmöglichkeiten. Hier gedeihen Pflanzen wie Algen, Schilf und Binsen, von denen

Die Kröte schlägt schnell und überraschend zu.

sich Tiere wie Wasserschnecken, Enten und Fische ernähren, die wiederum die Beute von Räubern wie größeren Fischen, Sumpfschildkröten und Ottern werden. Das Wasser benötigt nun Tage oder Wochen im Flachland, bis es endlich das offene Meer erreicht.

Zuweilen kann diese Reise zum Meer erheblich länger sein. Der Regen fällt ja nicht nur in Bäche und Flüsse, sondern versickert auch im Boden und sammelt sich als Grundwasser an, das zum Netz natürlicher Flüsse und Reservoire im porösen Fels gehört. Viele Teile der Welt, selbst so trockene Regionen wie die Sahara, enthalten riesige Lagerstätten mit diesem Grundwasser. Es fließt sehr langsam, manchmal nur einen Meter im Jahr, und kann darum Jahrtausende alt werden. Abgeschlossen vom Licht der Sonne gibt es darin gewöhnlich kein Leben.

Teiche und Seen

Ein hoher Anteil am Süßwasser der Erde befindet sich in Teichen und Seen, die einen der faszinierendsten Lebensräume darstellen, den ihr untersuchen könnt. Teiche und Seen haben viele Dauerbewohner, sind aber auch die Geburtsstätte vieler Tiere, die nur so lange sie sehr jung sind im Wasser leben. Dazu gehören die Kaulquappen der Lurche (S. 78 – 81) und die Larven von Insekten (S. 74). Da sie ein anpassungsfähiges Leben führen, können sie sich in mehr als einem Habitat aufhalten und verschiedene Nahrungsquellen nutzen.

In jedem Teich oder See ist das Wasser anders, und kleine Unterschiede in der chemischen Zusammensetzung des Wassers können sich für die Lebewesen stark auswirken. Flachlandgewässer enthalten oft sehr viele Arten winziger Pflanzen und Tiere – ihr könnt sie unter einem Mikroskop erkennen, wenn ihr ein paar Tropfen darunter gebt. Ist das Wasser reich an Nährstoffen, dann ist es bald voller kleiner Algen (S. 27) und sieht wie eine grüne Suppe aus. Das kann für andere Organismen problematisch werden, besonders wenn die Algen sterben und zerfallen.

Ganz anders dagegen das Wasser eines Sees im Hochgebirge: Es ist glasklar, bietet aber nur wenigen Organismen eine Heimstatt.

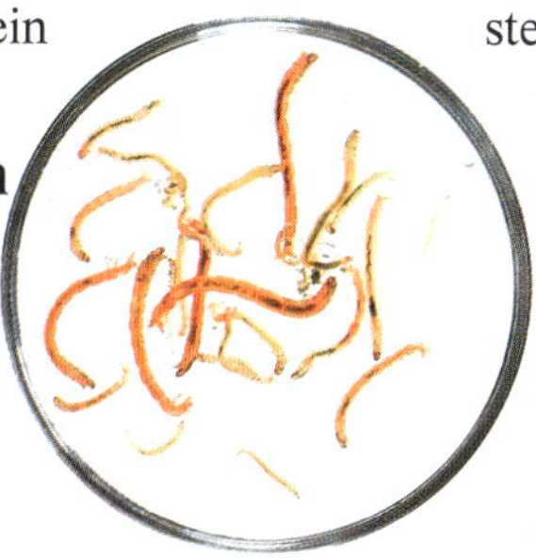

Verborgene Grenzen unter Wasser

Wenn ihr im Sommer in einem See schwimmt, stellt ihr fest, daß sich das Wasser viel kühler anfühlt, wenn ihr die Beine nach unten baumeln laßt. Im Sommer liegt eine warme Wasserschicht über einer kalten, so daß der See in zwei Schichten geteilt ist. Die Biologen haben herausgefunden, daß jahreszeitliche Schwankungen der Wassertemperatur sehr wichtig für das Leben in Seen sind. Nahe an der Oberfläche wachsen Algen rapide und erleben zuweilen eine Bevölkerungsexplosion, die man Blüte nennt. Sie halten sich an der Oberfläche, indem sie entweder winzige peitschenähnliche Geißeln schlagen oder sich gasgefüllter Luftblasen in ihren Zellen als Schwimmkörper bedienen. Im Laufe des Jahres beherrschen verschiedene Algenarten nacheinander das Oberflächenwasser. Da jede die Nährstoffe des Wassers verbraucht, sterben sie ab und zerfallen.

Im Herbst gibt die obere Wasserschicht ihre Wärme ab und wird schließlich so kalt wie das Wasser darunter. Nun können sich die verschiedenen Schichten vermischen. Dieser Vorgang ist sehr wichtig, weil dadurch wieder Nährstoffe an die Oberfläche gelangen, wo sie erneut genutzt werden können.

Es gibt noch eine andere unsichtbare Grenze, die für das Leben im Wasser von großer Bedeutung ist. Wasserpflanzen können nur dort leben, wo sie genügend Licht für die Photosynthese bekommen. Unterhalb einer gewissen Tiefe aber ist die Lichtenergie, die sie empfangen, geringer als die, die sie zum Leben brauchen. Daher können Pflanzen nur bis zu einer bestimmten Tiefe wachsen, und sie befinden sich in trübem Wasser viel näher an der Oberfläche als in klarem.

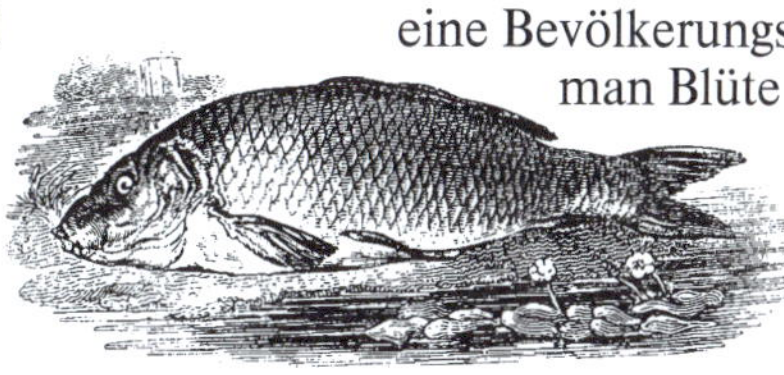

Fische sind mit ihren Körperformen und Steuerflossen an das Leben im Wasser gut angepaßt.

Rote Mückenlarven werden als Goldfischfutter verwendet.

Winzige Krebstierchen wie dieser Cyclops leben in Salz- und in Süßwasser. Diese Arten gehören zu den auf der Welt am häufigsten vorkommenden Tieren.

Diese Salamander legen wie viele Lurche ihre Eier ins Wasser.

Eine junge Kröte wechselt vom Leben im Wasser zu dem an Land über.

Leben in Teichen und Bächen

Süßwasserbiotope gibt es überall auf der Welt, und zwar in Trockengebieten wie in Feuchtgebieten. Wo Regen nur gelegentlich fällt, führen Süßwassertiere ein Leben gegen die Uhr – manchmal bleiben ihnen nur ein paar Tage zur Vermehrung, ehe das Wasser versiegt. Wo es öfter regnet, sind Teiche und Bäche Dauerheimstätten. Zu den Teichlebewesen gehören fast immer winzige Einzeller, wie die Amöben, sowie Plattwürmer, Schnecken und Insekten. Für viele dieser Tiere sind Teiche Kinderzimmer. Ihre Larven entwickeln sich unter Wasser, während sie ausgewachsen an Land leben.

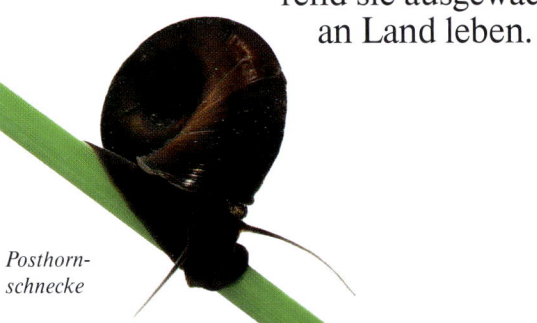

Posthornschnecke

Süßwasserbewohner

Wir zeigen hier nur ein paar Tiere, die man in Teichen und Bächen findet. Ihr könnt sie alle mit bloßem Auge sehen, doch wenn ihr Daphnia und Cyclops betrachten wollt, nehmt eine Lupe. Im Süßwasser wimmelt es nur so von noch viel kleineren Tierchen und Pflänzchen, doch dafür braucht ihr ein Mikroskop.

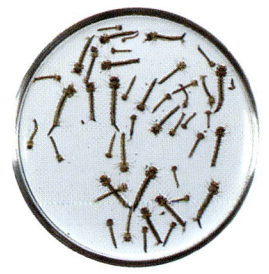

Mückenlarve
Sie hängen an der Wasseroberfläche und verschwinden blitzschnell bei Gefahr.

Daphnia
Diese 4 einheimische Arten umfassende Gattung der Wasserflöhe vermehrt sich in unglaublicher Zahl.

Süßwasserkrebse
Sie leben zwischen Steinen und Schotter und ernähren sich von abgestorbenen Organismen.

Cyclops
Diese Ruderfußkrebschen passen in einen Wassertropfen und fressen noch kleinere Tiere.

Ruderwanze
Dieser Räuber, ein Rückenschwimmer, ersticht seine Beute.

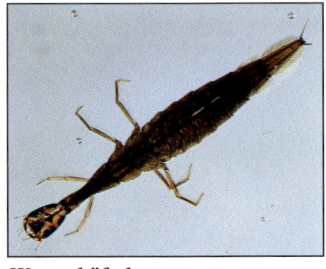

Wasserkäferlarve
Ein wilder Jäger, der kleine Fische und Kaulquappen verzehrt.

Libellenlarve
Diese Insektenlarve oder Nymphe hält sich in Schlickpflanzen auf.

Große Schlammschnecke
Schnecken kratzen die Nahrung mit ihrer rauhen Zunge ab.

GROSSE ENTDECKER
Gilbert White

Der englische Naturforscher Gilbert White (1720–1793) schrieb das Buch *Die Naturgeschichte und Altertümer von Selborne* (1789). Er war einer von jenen Menschen, die durch geduldiges Beobachten wichtige Entdeckungen über Pflanzen und Tiere gemacht haben. So fand er heraus, daß Fische, anders als man damals glaubte, ihre Augen bewegen können und auf Bewegungen reagieren, die sie über dem Wasser wahrnehmen. Außerdem fand er heraus, daß Wassermolche Lungen haben und daß Mauersegler Libellen fangen, wenn diese gerade aus dem Wasser kommen, wo sie ihre Kindheit verbracht haben.

LEBEN IN TEICHEN UND BÄCHEN

EXPERIMENT
Nachtleben unter Wasser

IHR BRAUCHT
• wasserfestes Klebeband • schwarze Plastikfolie • Gummiringe • Trichter • Glasdose oder -flasche mit Deckel • Schnur • kleine Taschenlampe • breites Plastikrohr, ca. 30 cm lang

Wenn ihr nachts eine Lampe auf einen Teich oder See richtet, könnt ihr eine Menge kleiner Tiere nahe der Oberfläche sehen. Das können winzige Krebstierchen wie Wasserflöhe sein oder junge Fische. Wenn sie nachts auf Nahrungssuche gehen, werden sie nicht so leicht die Beute von Räubern. Um einen genaueren Blick auf dieses Nachtleben werfen zu können, solltet ihr diese Spezialfalle bauen, die wie ein Hummerkorb funktioniert. Kleine Tiere werden nachts mit einer Taschenlampe angelockt. Sie schwimmen durch die Tülle eines Trichters in die Falle, aus der sie nicht mehr herausfinden. Vergeßt nicht, die Tiere wieder ins Wasser zurückzubringen, nachdem ihr sie beobachtet habt.

1 Klebt den Trichter mit der Spitze nach innen an ein Ende des Rohrs.

2 Bindet die Schnur um beide Enden des Rohrs und laßt sie in der Mitte etwas locker durchhängen, damit ihr einen Griff habt.

3 Schaltet die Taschenlampe ein und stellt sie in das Glas, so daß das Licht durch den Boden scheint, und schraubt den Deckel fest zu.

4 Legt das Glas ins Rohr, so daß das Licht durch den Trichter scheint. Verschließt dieses Ende des Rohrs mit der Plastikfolie.

5 Versenkt die Falle im Wasser, wobei ihr den Boden nicht zu sehr aufrühren solltet, und laßt sie dort über Nacht.

6 Hebt die Falle, entfernt die Folie und schüttet das Wasser in eine Schüssel. Jetzt könnt ihr euren Fang begutachten.

LEBEN IM WASSER

Einen Teich bauen

Ein Gartenteich ist eine große Attraktion für Tiere und Pflanzen. Man kann einen Teich auf verschiedene Weise bauen: aus Beton, mit einem fertigen Plastikbecken oder mit einer flexiblen Plastikfolie. Plastikbecken schauen oft sehr künstlich aus, Betonbecken können platzen, während man mit einer Plastikfolie natürlich wirkende, dauerhafte Teiche gestalten kann. Am besten gräbt man – wie auf der Zeichnung unten – ein abgestuftes Loch aus, bedeckt spitze Steine mit Sand oder Zeitungspapier und kleidet die Vertiefung mit einer schweren Teichfolie aus. Wenn ihr den Teich mit Leitungswasser füllt, solltet ihr es mindestens eine Woche stehenlassen, bevor ihr Pflanzen und Tiere hineingebt. Tiere kommen auch von selbst.

Wasserräuber
Räuber wie diese Gelbrandkäferlarve sollten nicht in ein Süßwasseraquarium getan werden, weil sie schnell andere Tiere auffressen.

Querschnitt durch einen Teich

Ein Naturteich sollte mindestens zwei Ebenen besitzen: einen Absatz in etwa 20 cm Tiefe, wo Sumpfpflanzen wachsen können, und einen Bereich, der mindestens 45 cm tief ist. Bei dieser Wassertiefe haben Tiere genügend Platz, ihren Jägern zu entkommen, und der Teich kann – außer in sehr strengen Wintern – nicht völlig zu Eis erstarren.

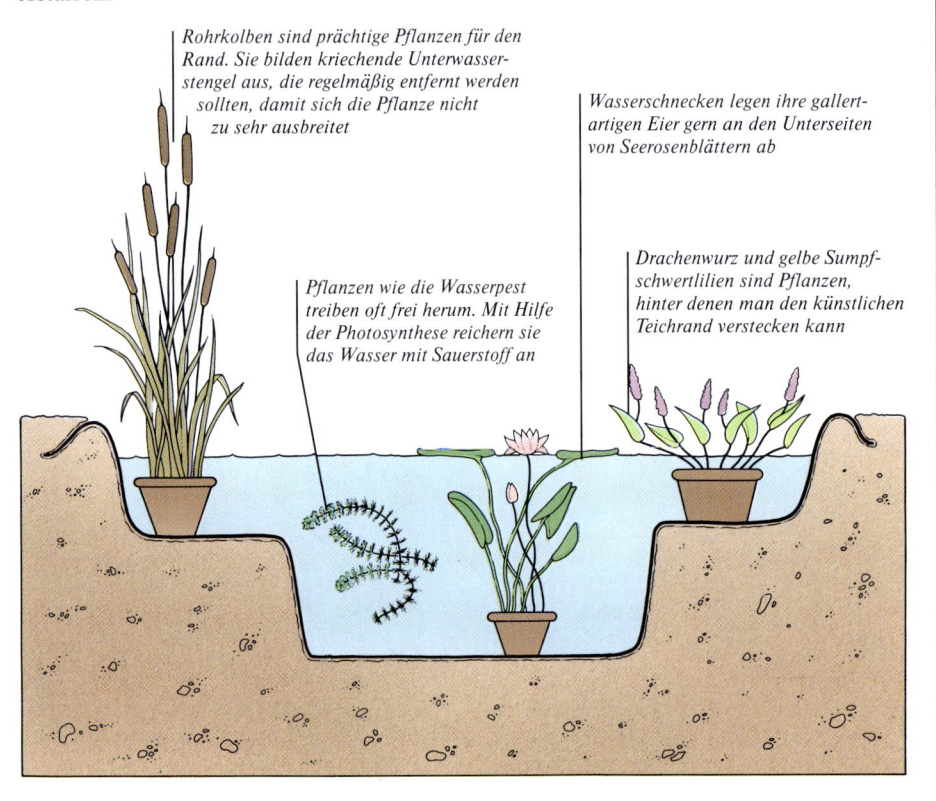

Rohrkolben sind prächtige Pflanzen für den Rand. Sie bilden kriechende Unterwasserstengel aus, die regelmäßig entfernt werden sollten, damit sich die Pflanze nicht zu sehr ausbreitet

Wasserschnecken legen ihre gallertartigen Eier gern an den Unterseiten von Seerosenblättern ab

Pflanzen wie die Wasserpest treiben oft frei herum. Mit Hilfe der Photosynthese reichern sie das Wasser mit Sauerstoff an

Drachenwurz und gelbe Sumpfschwertlilien sind Pflanzen, hinter denen man den künstlichen Teichrand verstecken kann

---

EXPERIMENT
Ein Aquarium anlegen

In einem Zimmeraquarium könnt ihr Unterwassertiere beobachten, ohne sie zu stören.
Ein Süßwasseraquarium ist ein geschlossenes Ökosystem, das nur die Energie des Sonnenlichts braucht. Damit ihr lange eure Freude daran habt, müßt ihr auf die richtige Balance von Nährstoffen, Pflanzen und Tieren achten. Bei einem hohen Mineralstoffgehalt entwickeln sich kleine Algen, die den Sauerstoff verbrauchen und das Wasser trüben. Nehmt daher sauberen Kies und schrubbt Steinbrocken sorgfältig ab. Verwendet keinen Kalkstein.

IHR BRAUCHT
- Glasbehälter • Kies • Wasserpflanzen
- Wassertiere • Steinbrocken oder totes Holz (letzteres nur aus der Zoohandlung) • Teich- oder Regenwasser

1 Gebt auf den Boden des Behälters Aquarienkies. Er muß zuvor gut gespült werden, damit sich keine Algen bilden.

2 Gestaltet aus Steinbrocken und Holzstücken (aus der Zoohandlung) eine Unterwasserlandschaft. An diesen Flächen siedeln sich auch Schnecken an.

EINEN TEICH BAUEN

3 Füllt den Behälter etwa zur Hälfte mit Wasser. Zuviel Wasser kann die Sauerstoffmenge verringern, die im Wasser gelöst ist.

4 Stellt kleine Topfpflanzen hinein oder pflanzt sie in den Kies. Wichtige Sauerstoffspender wie Wasserpest könnt ihr frei schwimmen lassen.

5 Nun könnt ihr den Behälter mit Tieren besetzen und ein bißchen Teichwasser dazugeben, das kleine Tiere wie die Daphnia (S. 74) enthält.

6 Stellt den Behälter an einen hellen Ort, aber nicht direkt ins Sonnenlicht. Die Pflanzen werden wachsen und die Tiere mit Nahrung versorgen.

Wasseroberfläche

In diesem Aquarium breiten sich winzige Wasserlinsenpflanzen auf der Oberfläche aus. Sie müssen öfter kontrolliert werden, damit sie nicht den Pflanzen unter ihnen Licht wegnehmen.

Ablagerungen toter Materie auf dem Kies sollten entfernt werden, damit das Wasser sauber bleibt. Ihr braucht dazu nicht den Behälter zu leeren, sondern könnt Ablagerungen mit einem Rohr absaugen

Wasserschnecken ernähren sich von Algenkrusten, die sie mit ihrer rauhen Zunge abraspeln

Fein verzweigte Blätter geben Sauerstoff ab, der sich im Wasser löst

77

LEBEN IM WASSER

Lurche

Frösche, Kröten und Wassermolche leben im Wasser. Der griechische Name dieser Klasse – Amphibien – bedeutet soviel wie »zwei Leben haben«, denn diese Tiere können an Land oder im Wasser leben. Viele Arten halten sich meist an Land auf, in Bäumen, Büschen oder im hohen Gras, und legen im Wasser ihre Eier ab. Mit den kräftigen Hinterbeinen können sie an Land hüpfen und im Wasser schwimmen. Frösche und Kröten haben keinen Schwanz, Wassermolche und andere Salamandertiere dagegen einen ausgesprochen langen.

Axolotl
Der Axolotl ist ein Molch, der – wie Peter Pan – nie erwachsen wird: eine riesige Kaulquappe mit rosafarbenen Kiemen. Wenn Jod ins Wasser gelangt, reifen Axolotls und verlieren die Kiemen, da sie wie Menschen Jod benötigen, um ein Hormon zu entwickeln. Anders als normale Kaulquappen können sich Axolotls paaren und Eier legen. Diese Fähigkeit, die auch bei anderen Lurchen auftritt, nennt man Neotenie.

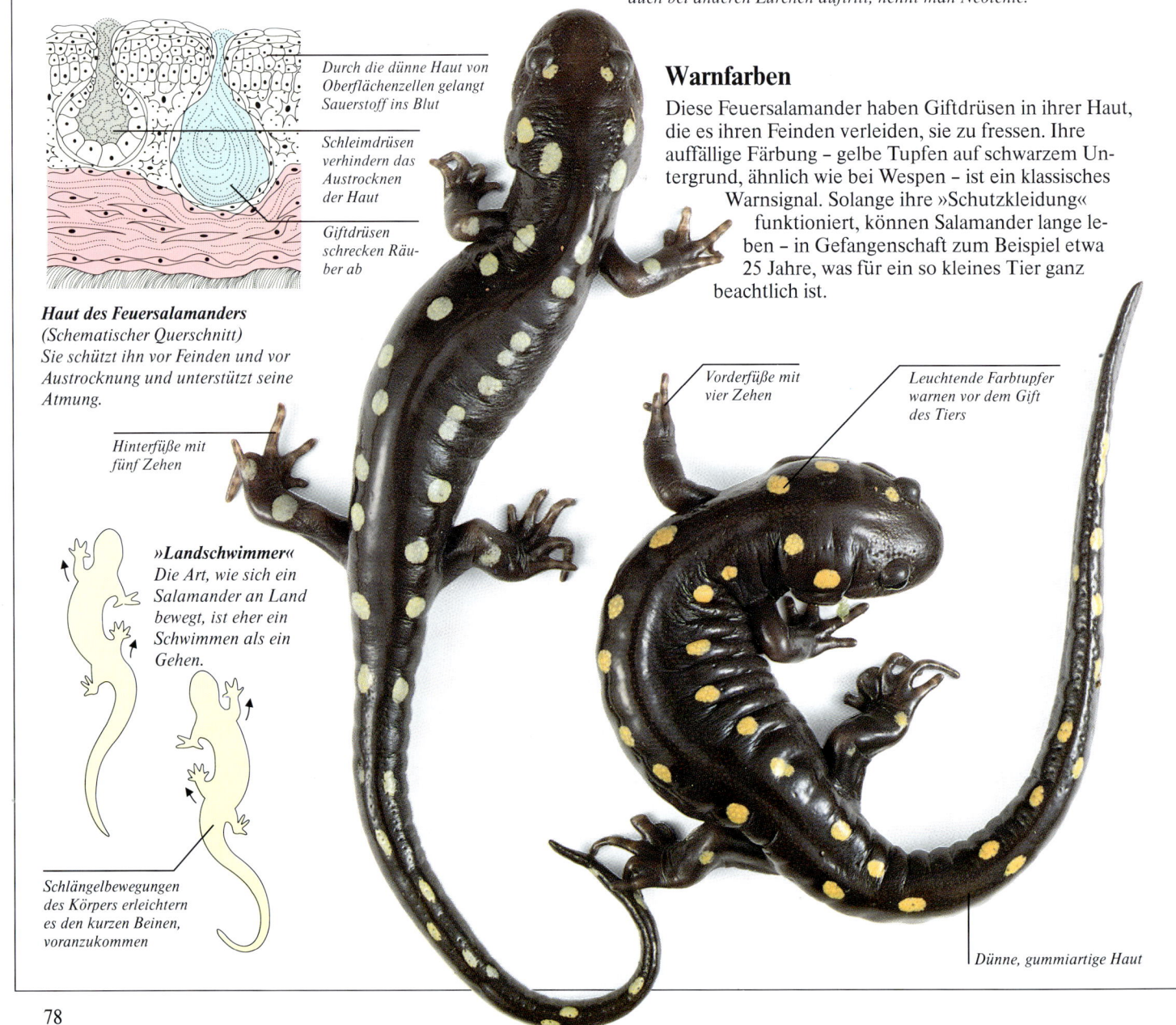

Durch die dünne Haut von Oberflächenzellen gelangt Sauerstoff ins Blut

Schleimdrüsen verhindern das Austrocknen der Haut

Giftdrüsen schrecken Räuber ab

Haut des Feuersalamanders
(Schematischer Querschnitt)
Sie schützt ihn vor Feinden und vor Austrocknung und unterstützt seine Atmung.

Warnfarben

Diese Feuersalamander haben Giftdrüsen in ihrer Haut, die es ihren Feinden verleiden, sie zu fressen. Ihre auffällige Färbung – gelbe Tupfen auf schwarzem Untergrund, ähnlich wie bei Wespen – ist ein klassisches Warnsignal. Solange ihre »Schutzkleidung« funktioniert, können Salamander lange leben – in Gefangenschaft zum Beispiel etwa 25 Jahre, was für ein so kleines Tier ganz beachtlich ist.

Vorderfüße mit vier Zehen

Leuchtende Farbtupfer warnen vor dem Gift des Tiers

Hinterfüße mit fünf Zehen

»Landschwimmer«
Die Art, wie sich ein Salamander an Land bewegt, ist eher ein Schwimmen als ein Gehen.

Schlängelbewegungen des Körpers erleichtern es den kurzen Beinen, voranzukommen

Dünne, gummiartige Haut

LURCHE

Molche

Etwa die Hälfte des Jahres leben Molche in Teichen und langsam fließenden Bächen. Die übrige Zeit trifft man sie an Land an, wo sie sich meistens in feuchtem Gebüsch verbergen. Das Männchen wirbt tänzelnd und schwänzelnd um das Weibchen, aus dessen befruchteten Eiern schließlich Kaulquappen mit äußeren Kiemen schlüpfen, die sie aber später verlieren.

Äußere Kiemen

Solange eine Kaulquappe heranwächst, behält sie den Schwanz

Frösche und Kröten

Es gibt etwa 3500 Arten von Fröschen und Kröten, aber nur etwa 360 Arten von Salamandern und Molchen. Ihren kräftigen Hinterbeinen verdanken es diese Lurche vermutlich, daß sie so erfolgreich sind. Einige Arten springen drei Meter weit – 60 mal so lang wie der Körper des Rekordhalters, des südamerikanischen Nasenfrosches. Wenn Känguruhs zu einer derartigen Leistung imstande wären, würden sie mit einem einzigen Sprung einen Fußballplatz längs überqueren.

Mit ihren kräftigen Sprüngen kommen Frösche und Kröten rasch voran. Einige Froscharten hüpfen über die Oberfläche eines Teiches, ohne zu versinken.

EXPERIMENT
Eine Kröte füttern

Erwachsene Frösche und Kröten ernähren sich von Tieren. Kröten bewegen sich oft sehr schwerfällig, aber mit ihrer Zunge können sie kleine Tiere blitzschnell fangen. Wenn ihr Nahrung vor eine Kröte legt – zum Beispiel Käferlarven wie Mehlwürmer –, könnt ihr diese Technik in Aktion erleben. Friert einige Larven im Kühlschrank ein, um herauszufinden, ob die Kröte nur auf Bewegungsreize reagiert. Bis zu welcher Entfernung kann sie sich ihre Beute schnappen?

IHR BRAUCHT
- Kröte • Käferlarven

Ohr

Vorderfüße mit vier Fingern

Mehlwurm

Hinterfüße mit Schwimmhäuten

Die Entdeckung der Beute
Auf Nahrungssuche bewegen sich die meisten Kröten langsam und kriechend voran. Sobald sie eine geeignete Mahlzeit entdecken, beobachten sie sie genau und schätzen die Entfernung ab.

Kräftige Hinterbeine

Der Angriff
Bei den meisten Kröten befindet sich die Zunge ganz vorn im Maul. Die Kröte lehnt sich vor, die klebrige Zunge schnellt heraus und fängt in einem Überraschungsmoment die Beute.

Ein gelungener Fang
Die Zunge rollt sich mit der Beute ein. Frösche und Kröten fressen fast alles, was klein genug zum Verschlingen ist, und schieben es manchmal mit den Vorderfüßen ins Maul.

LEBEN IM WASSER

Von der Kaulquappe zur Kröte

Wenn Lurche heranwachsen, machen sie eine Metamorphose durch: eine faszinierende Veränderung ihrer Körperform. Aus der nur im Wasser lebenden Kaulquappe wird ein Tier, das auch an Land leben kann. Außer in den Tropen und in trockenen Lebensräumen pflanzt sich jede Frosch- und Krötenart zu einer bestimmten Zeit fort. Bei Kröten ist es normalerweise Anfang Frühling soweit. Gewöhnlich sind die Männchen zuerst am Teich und verkünden, besonders am Abend, durch lautes Quaken ihre Anwesenheit. Dadurch werden die Weibchen an den Teich gelockt, deren Körper von den Eiern ganz aufgeschwollen sind. Die Männchen umfassen die Weibchen mit einem festen Griff, den man Amplexus nennt. Nach ein, zwei Tagen legen die Weibchen die Eier, während die Männchen sie wie Geburtshelfer fest umklammert halten und zugleich mit ihrem Samen die Eier befruchten.

Ein Ei entwickelt sich

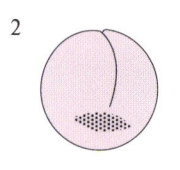

Zunächst ist das Ei eines Frosches oder einer Kröte eine einzelne Zelle (1). Auf einer Seite befindet sich ein halbmondförmiger grauer Fleck, der die Entwicklung steuert, wie Experimente zeigen. Wenn man ein Ei teilt und beide Hälften enthalten etwas von dem grauen Fleck, entstehen zwei normale Kaulquappen. Sonst entsteht aus der Hälfte ohne grauen Fleck eine Riesenmenge ungeordneter Zellen. Dreißig Minuten nach der Ablage teilt sich die befruchtete Eizelle (2). Nach weiteren dreißig Minuten teilt sie sich erneut in vier (3), dann noch einmal in acht Zellen (4). Zunächst teilen sich die Zellen gleichzeitig mit den anderen (5 und 6), aber nach sechs Stunden beschleunigt sich die Teilung (7), wobei jede Zelle ihr eigenes Tempo hat.

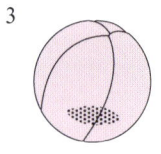

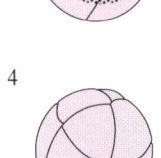

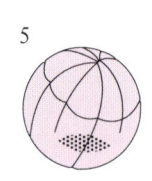

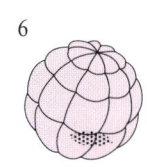

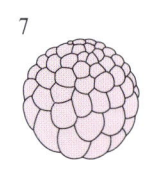

Krötenlaich
Die Kröten legen ihre Eier reihenweise. Diese Reihen verbinden sich zu langen, verschlungenen Schnüren, die sich um die Stengel von Wasserpflanzen wickeln. Ein einziges Weibchen kann Tausende von Eiern legen, die in einer dicken Gallertschicht aneinanderkleben. Betrachtet einmal Krötenlaich mit einer Lupe, dann seht ihr, wie sich die Zellen teilen und einen Embryo bilden.

Junge Krötenkaulquappen
Ein oder zwei Tage nach dem Ausschlüpfen hängen die Kaulquappen noch am Gallert, das die Eier umgab. Sie fressen es bzw. die Algen, die darauf wachsen. Nur wenn sie gestört werden, bewegen sie sich. In diesem Stadium sind die Kiemen sehr klein, man erkennt sie gerade noch als winzige Läppchen.

Von Gallert umgebene Eier

Sobald die Eier mit Wasser in Kontakt kommen, bildet sich das Gallert und hüllt sie ein

Kleine Kaulquappen bewegen sich selten

Eierschnüre aus den Eierstöcken der Kröte

Jedes Ei hat sich in eine Reihe von Zellen geteilt

VON DER KAULQUAPPE ZUR KRÖTE

Frühe Entwicklung
Es hängt von der Wassertemperatur ab, wie schnell sich Kaulquappen entwickeln. Schon früh bekommen sie große Kiemen, mit denen sie Sauerstoff aus dem Wasser aufnehmen. Diese Kiemen der Lurche sind ein Überbleibsel ihrer Vorfahren, fischähnlichen Tieren, die vor etwa 380 Millionen Jahren Seen und Flüsse bevölkerten und ebenfalls Kiemen hatten.

Kiemen nehmen Sauerstoff aus dem Wasser auf

Verborgene Veränderungen
Im Inneren der Kaulquappe haben sich Lungen entwickelt. Sobald die Kaulquappen damit atmen können, verlieren sie ihre Kiemen. Diese fallen nicht ab, sondern werden vom Körper aufgenommen. Aus den darin enthaltenen Nährstoffen entstehen neue Körperteile.

Kaulquappen gehen allmählich von pflanzlicher zu tierischer Nahrung über

Eine unsichtbare Seitenlinie mit Sinnesorganen verläuft auf beiden Seiten des Kaulquappenkörpers

Vorbereitungen für das Leben an Land
Allmählich bilden sich neben dem Schwanz die Hinterbeine aus. Im Inneren des dicken, runden Körpers nehmen auch die Vorderbeine Gestalt an, aber sie sind zunächst unter Hautläppchen verborgen, bis sie plötzlich fertig herausplatzen. Oft ist eines früher da als das andere, so daß die Kaulquappe vorübergehend drei Beine hat. Aber das ist kein Problem für sie – noch immer ist sie ein reines Wasserlebewesen.

Die junge Kröte
Sobald alle vier Beine entwickelt sind, beginnt der Schwanz zu schrumpfen. Wie die Kiemen wird auch er vom Körper aufgenommen und wiederverwertet. Nun ist die Kaulquappe fast schon eine Kröte und taucht für immer längere Zeitabschnitte aus dem Wasser auf. Sobald der Schwanz völlig verschwunden ist, verläßt die junge Kröte den Teich. Erst viele Jahre später wird sie zu demselben Teich zurückkehren, um zu laichen. Daher ist es sehr schlimm, wenn dieser inzwischen vernichtet worden ist.

LEBEN IM WASSER

Fische

In den meisten Gewässern sind Fische die erfolgreichsten und am häufigsten vorkommenden größeren Tiere. Dank ihrer Flossen und Schuppen sind sie für das Leben im Wasser bestens ausgestattet. Mit seitlichen Ausschlägen ihrer Schwanzflosse bewegen sie sich vorwärts, die anderen Flossen halten sie sicher auf Kurs, und das glatte Schuppenkleid bietet dem Wasser mit seiner festen, aber biegsamen Oberfläche nur wenig Widerstand. Manche Arten gehen auch an Land. Aale schlüpfen nachts durch feuchtes Gras von einem Bach zum andern, während die Schlammspringer der Mangrovensümpfe bei Ebbe auf Jagd gehen. Wie die meisten Fische können auch Aale und Schlammspringer keine Luft atmen, sondern beziehen ihren Sauerstoff an Land aus dem Wasservorrat um ihre Kiemen.

Die Wanderung der Aale

Fische leben entweder in Salzwasser oder in Süßwasser – ein paar wechseln von einem Lebensraum zum andern. Die europäischen und nordamerikanischen Aale leben in Bächen und Flüssen, kehren aber offenbar zum Laichen in das Sargassomeer zurück. Sie legen ihre Eier ab und sterben, während die Larven wieder die Reise zum Süßwasser antreten.

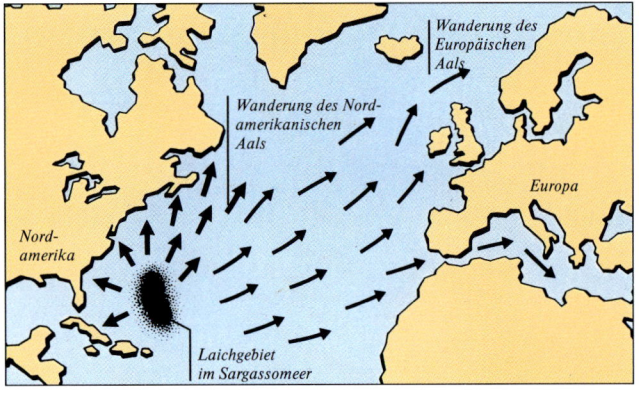

Aallarve
Von der Strömung getrieben, dann vom Instinkt gelenkt, kehren diese blattförmigen Larven zum Land zurück.

Ausgewachsene Aale
Niemand hat zwar bisher gesehen, wie ein Aal diese Reise unternimmt, doch die Wissenschaftler nehmen an, daß alle ausgewachsenen Aale zum laichen in das Sargassomeer zurückkehren.

EXPERIMENT
Fische durch Töne dressieren

Mit einem Goldfischaquarium könnt ihr ein klassisches Experiment über tierisches Verhalten durchführen. Wenn ihr eine elektrische Klingel drückt und dann die Fische füttert, werden sie künftig diesen Ton mit der Fütterung verbinden. Man nennt dies einen »bedingten Reflex«.

IHR BRAUCHT
- Goldfische
- Aquarium
- elektrische Klingel

Die beiden Fischklassen

Es gibt Knorpelfische und Knochenfische; letztere sind die viel artenreichere Gruppe. Ihr Skelett ist hart wie unseres, und wenn ihr Kabeljau eßt, könnt ihr die typischen Knochen erkennen. Bei den Knorpelfischen – Haien, Rochen und Seekatzen – sind nur die Zähne verknöchert. Das übrige Skelett besteht aus Knorpel (S. 158–159). An eurer Nasenspitze könnt ihr fühlen, wie Knorpel beschaffen ist.

Hundshai
Das ist einer der kleinsten Knorpelfische.

Ringelkaiserfisch
Dieser Knochenfisch vermag sich dank seiner ungewöhnlichen Körperform von den Polypen an Korallenriffen zu ernähren.

FISCHE

1   Füttert die Fische immer auf die gleiche Weise. Haltet das Futter bereit (abseits vom Aquarium), drückt die Klingel und füttert sie schnell. Füttert sie zu verschiedenen Tageszeiten, so daß sie nicht wissen, wann sie das Futter bekommen.

2   Nach zwei Wochen bittet ihr jemand, euch bei einem Reaktionstest zu helfen. Beobachtet aus einem Versteck, wie euer Helfer die Klingel drückt. Wie reagieren die Fische?

Innenleben eines Knochenfischs

Alle Knochenfische haben ein ballonförmiges Organ, die sogenannte Schwimmblase. Das darin enthaltene Gas gibt den Fischen zusätzlichen Auftrieb. Wenn sich der Fisch in verschiedenen Tiefen aufhält, kann er die Gasmenge regulieren. Bei den frühesten Vorfahren des Knochenfischs war dieses Organ zunächst eine Lunge. Diese Fische hatten auch Kiemen und konnten vermutlich zwischen beiden Systemen wählen, zum Beispiel wenn das Wasser verbraucht war und wenig Sauerstoff enthielt. Lungenfische, die in Sümpfen im tropischen Afrika und in Südamerika leben, besitzen diese Fähigkeit noch heute.

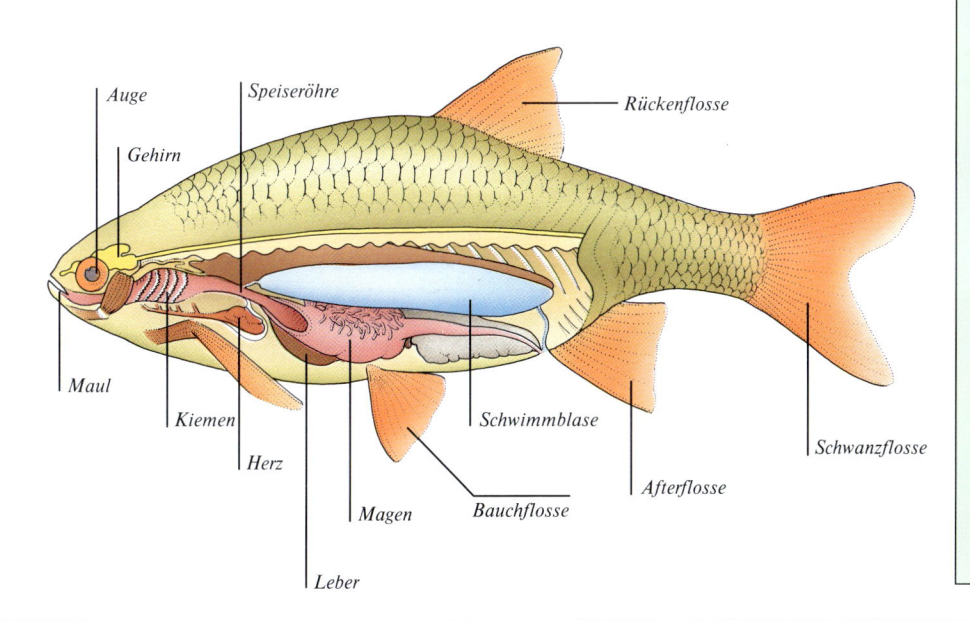

GROSSE ENTDECKER
Iwan Pawlow

Bedingte Reflexe wurden zum erstenmal von dem russischen Wissenschaftler Iwan Pawlow (1849–1936) vorgeführt. Pawlow läutete eine Glocke, bevor er einen Hund fütterte. Damit brachte er ihm bei, den Glockenton mit dem Futter zu verbinden. Sobald der Hund völlig darauf dressiert war, sammelte sich Speichel in seinem Maul, wenn er die Glocke hörte. Auch uns »läuft das Wasser im Mund zusammen«, wenn wir aufs Essen warten. Karl von Frisch (S. 115) entdeckte auf ähnliche Weise, daß Fische hören können.

LEBEN AM STRAND

Der Strand ist ein Ort der ständigen Veränderung, ein Lebensraum, den sich Land und Meer gegenseitig streitig machen und wo das Leben dem täglichen Wechsel von Ebbe und Flut ausgesetzt ist. Und doch sind die unterschiedlichsten Pflanzen und Tiere diesen sich immer wieder ändernden Bedingungen mit beachtlichem Erfolg angepaßt.

Seesterne bewegen sich mit winzigen Saugfüßchen fort. Einige können damit die Schalen von Weichtieren aufbrechen.

Der Strand ist immer in Bewegung. Die Wellen schlagen auf das Land, brechen etwas davon ab, was die Strömung schließlich davonträgt. In Südkalifornien zum Beispiel gewinnt das Meer jährlich etwa 10 m Land, wenn es sich in die zerbröckelnden Klippen hineinfrißt. Häuser, die einst sicher im Landesinneren standen, thronen bald auf diesen Klippen, wo sie vom Absturz bedroht sind.

Aber das ist kein einseitiger Kampf: Wenn das Meer einen Teil der Küste mitnimmt, verbreitert es den Strand an einer anderen Stelle. Die alte englische Stadt Winchelsea zum Beispiel war einst eine blühende Hafenstadt. Heute liegt sie weit im Landesinneren, und jedes Jahr zieht sich der ehemalige Strand noch weiter hinter eine immer größer werdende Kiesbank zurück.

Gezeiten und innere Uhren

Die Wucht der Brandung ist nicht das einzige Problem für das Leben am Strand. Zweimal am Tag überschwemmt die Flut Pflanzen und Tiere, die dann oben am Strand austrocknen, wenn das Wasser wieder fällt. Vor Jahrtausenden schon haben die Menschen entdeckt, daß die Gezeiten (oder Tiden) mit den Stellungen von Sonne und Mond zusammenhängen. Heute wissen wir, daß Ebbe und Flut durch die Anziehungskraft von Sonne und Mond entstehen. Wenn Sonne und Mond sich etwa auf einer Linie mit der Erde befinden, was alle vierzehn Tage der Fall ist, summiert sich die Wirkung ihrer Anziehungskräfte. Das führt zu einer sogenannten Springflut. Wenn Sonne und Mond im rechten Winkel zur Erde stehen, gibt es eine sehr viel schwächere Nippflut. Dieser Gezeitenwechsel folgt einem ausgesprochen regelmäßigen Muster, und viele Strandtiere haben ihre eigene biologische Uhr, mit der sie ihr Verhalten danach ausrichten. Winkerkrabben zum Beispiel graben sich in Mangrovensümpfen tiefe Löcher und suchen sich bei Ebbe ihre Nahrung. Wenn man eine Winkerkrabbe in einem Aquarium bei gleichmäßigem Licht und ohne Gezeiten hält, wird sie dennoch pünktlich bei Ebbe auftauchen und sich bei der nicht stattfindenden Flut wieder einbuddeln.

Ein Flohkrebs mit seinen Jungen. Arten dieser Krebstiere gibt es in Salz- und Süßwasser.

Das harte Skelett eines freilebenden Korallentiers.

Strandzonen

Das Strandleben wird stark durch die Gezeiten beeinflußt. Pflanzen oder Tiere, die außerhalb des Wassers nicht überleben können, halten sich nur unterhalb der Ebbemarke von Springtiden auf. Andere, die nur an Land leben, siedeln sich oberhalb der Flutmarke von Springtiden an. Und zwischen diesen Ebenen gibt es Pflanzen und Tiere, die mit wechselnden Bedingungen zurecht kommen: mal sind sie überflutet, mal der Luft ausgesetzt. Jedes Lebewesen aber ist den besonderen und bei Ebbe deutlich zu erkennenden Bedingungen angepaßt, die in den jeweiligen Strandzonen (S. 88) herrschen. Die Pflanzen- und Tierarten sind immer wieder andere, je näher man dem Wasser kommt.

Doch sie sind keine Konkurrenten bei der Nahrungssuche, sondern bleiben innerhalb ihrer Zone.

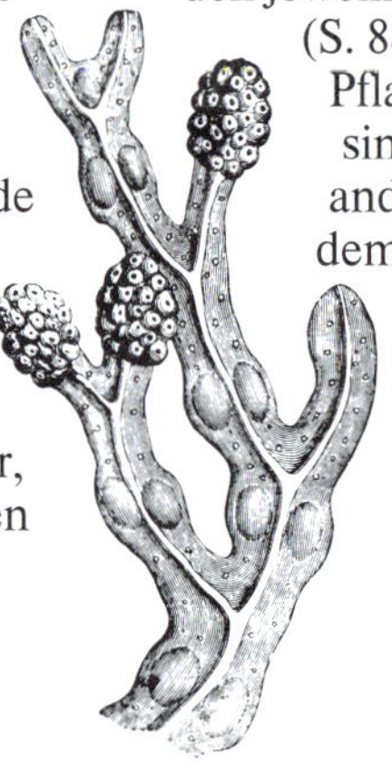

Ein Seetangwedel mit gasgefüllten Schwimmblasen.

Wie breit diese Zonen sind, hängt vom durchschnittlichen Tidenhub ab, und der wiederum ist von Region zu Region verschieden hoch. Am höchsten sind die Gezeitenunterschiede in engen Buchten am offenen Meer. Hier wirkt die Küste wie ein Trichter, und das Wasser türmt sich auf, wenn die Flut gegen das Land brandet. Den höchsten Tidenhub gibt es in der Bay of Fundy an der kanadischen Ostküste: Der Unterschied zwischen Ebbe und Flut kann hier 14,5 m betragen. Im Mittelmeer hingegen ist der Tidenhub gering. Wo er groß ist, sind auch die Zonen des Strandlebens breit, und umgekehrt.

Fest im Griff

An Felsküsten wimmelt es von Lebewesen, weil sie etwas bieten, was es an anderen Stränden nicht gibt: einen festen Halt. Hier finden sich Napfschnecken und Seepocken, zwei Tiere, die der

Eine Wurmschnecke bildet eine beliebig geformte Spirale.

LEBEN AM STRAND

Wucht der Wellen perfekt angepaßt sind. Napfschnecken sind Weichtiere, die über den Fels kriechen und dabei kleine Pflanzen mit ihrer rauhen Zunge abraspeln. Jede von ihnen haust in einer kleinen Vertiefung im Fels, zu der sie nach der Nahrungssuche zurückkehrt. Ihre Schale sitzt so fest am Gestein, daß sie weder von der Brandung noch von hungrigen Seevögeln entfernt werden kann. Früher glaubten die Biologen, Seepocken seien Weichtiere. Bei genauerer Betrachtung der Larven stellte sich jedoch heraus, daß diese kleinen gepanzerten Tiere Krebse sind. Zunächst treiben ihre Larven im Wasser, dann heften sie sich am Fels fest und sondern eine Schale ab, die sie nicht nur vor den Wellen schützt, sondern auch vor Sonne und Wind bei Ebbe. Bei Flut öffnen sie oben ihre Schale. Durch diese Öffnung fischen sie mit ihren Beinchen winzige Stückchen Nahrung aus dem Wasser. Zuweilen bedecken Seepocken einen ganzen Felsen, wobei auf einem Quadratmeter etwa 100 000 Exemplare sitzen.

Überleben in einem sich ändernden Lebensraum

Wenn Teile des Landes, etwa eine Felsklippe, nach einem Sturm ins Meer stürzen, fängt das Meer an, sie zu kleineren Teilchen zu zermahlen. Im Laufe von Hunderttausenden von Jahren werden aus den Felsen einzelne Blöcke, daraus wiederum Steine und Kies, die schließlich zu Sandkörnchen zermahlen werden. Für Pflanzen und Tiere ist es schwer, an einem Kiesstrand zu überleben. Ständig wirbelt das Meer die Kieselsteine durcheinander, und jede Tierlarve oder Pflanze, die darauf siedelt, wird zermalmt. Darum können Pflanzen und Tiere nur weit über der Hochwassermarke leben, wobei hier das Fehlen von Feuchtigkeit ein Problem ist. Gelegentlich findet man Kleinlebewesen im Strandgut, das die Flut zurückgelassen hat, ansonsten aber gibt es hier kaum Leben. Der Sand ist ein insgesamt angenehmerer Lebensraum. Auch wenn die oberen Schichten bei Flut durcheinandergewirbelt werden, können sich die Tiere darunter sicher eingraben. Hier laufen sie nicht Gefahr, auszutrocknen, nur die Futtersuche kann ein Problem sein. Einige Sandbewohner fressen den Sand, an dessen Körnchen geheftet kleinste Tiere und Pflanzen leben, aber die meisten holen sich ihre Nahrung aus dem Wasser. Einige pumpen es in ihre Höhle, sieben es durch winzige Filter und pumpen es wieder hinaus. Man erkennt sie an den kleinen Löchern im Sand. Andere fangen ihr Futter mit langen Tentakeln oder holen es von der Oberfläche. Größere Tiere wie Krabben können in diesen verschiedenen Lebensräumen leben und sie nach Nahrung durchstöbern. Es gibt zum Beispiel Krebse, die sich sowohl in Korallenriffen, an Felsstränden wie in sandigen Gebieten aufhalten können.

Leben im Watt

Wenn Flüsse Schlick ins Meer tragen, entsteht das Watt. Je näher ein Fluß dem Meer kommt, desto langsamer fließt er, und dann setzt sich Schlick ab, den er mit sich führt. Die Gezeiten bilden daraus weiche Flächen, die für den Wanderer nicht ungefährlich sind. Im Wattenmeer gibt es kaum Pflanzen, da nicht genügend Licht in das trübe Wasser eindringt, um die Photosynthese (S. 40 – 43) zu ermöglichen. Auf den ersten Blick scheint das kein sehr vielversprechender Siedlungsraum für Tiere zu sein, aber hier gibt es doch jede Menge Nährstoffe. An diesen salzigen Lebensraum sind nicht viele Arten angepaßt, doch dafür sind sie sehr zahlreich vertreten. Wenn ihr einmal den Schlick durchsucht, werdet ihr zahllose Organismen darin entdecken. Einige dieser Tiere, zu denen kleine Krebse, zarte Sandwürmer und Weichtiere mit wunderschön gebildeten Schalen gehören, sammeln eßbare Teilchen aus dem Meerwasser, andere graben sich durch den Schlick und essen Überreste und andere Tiere. Sobald ihr aber eure Funde betrachtet habt, bringt sie wieder dahin zurück, wo ihr sie gefunden habt, in ihren ursprünglichen Lebensraum. Dänische Biologen haben einmal einen Quadratmeter Wattenmeer genau untersucht und dabei ungefähr 60 000 winzige Schnecken gezählt, die sich an der Oberfläche ernährten. Mit seiner reichhaltigen Fauna ist das Wattenmeer das bevorzugte Jagdgebiet von Watvögeln wie dem Austernfischer und dem Brachvogel.

Seeigel haben eine wunderschöne Schale aus Kalk.

Mit einem speziellen Guckkasten (S. 92) könnt ihr das Leben in Felstümpeln beobachten.

Harte Schalen schützen den Körper von Strandschnecken und anderen Weichtieren vor der Wucht der Wellen.

Krebslarven gehören zu den vielen winzigen Organismen, die im Meer treiben.

Eine Strandkrabbe hat sich in eine Kammmuschel zurückgezogen.

85

LEBEN IM WASSER

Verschiedene Strände

Für einen Naturforscher sind alle Arten von Stränden überaus lohnende Schauplätze. An einer Küste mit Gezeiten könnt ihr das Strandleben am besten kurz vor der Ebbe beobachten. Während der Springflutphase (S. 84), und zwar kurz vor dem Niedrigwasserstand, könnt ihr viele Pflanzen und Tiere entdecken, die normalerweise überflutet sind. Am besten richtet ihr euch für eure Expedition ans Meer nach den Gezeitenangaben, die in der örtlichen Presse stehen.

Wälder am Rand des Meers
An tropischen Schlickstränden wachsen Mangrovenbäume bis in das flache Wasser hinein und bilden Sümpfe, die man kaum durchwaten kann. Im dichten Wurzelsystem dieser Bäume verfängt sich Schlick, aus dem schließlich trockenes Land entsteht. Im Unterschied zu anderen Bäumen können Mangroven in sehr salzigem Milieu überleben. Sie haben spezielle Atemwurzeln, die sogenannten Pneumatophoren, die senkrecht in die Luft ragen.

Kiesstrand

Zwischen den von den Wellen bewegten Steinchen eines Kiesstrands können Pflanzen und Tiere nur mühsam überleben. Markiert einmal einige Steine mit Farbe und seht, wie sie bei steigender Flut vom Meer durcheinandergewirbelt werden. Da sie nicht dicht zusammenliegen, gibt es oft große Lücken, durch die das Wasser schnell strömt und alle Tiere mitreißt. Erst oberhalb der Flutmarke ist das Leben sicherer. Hier wachsen Pflanzen und Flechten außerhalb der Reichweite der Wellen, und Vögel wie der zur Familie der Regenpfeifer gehörende Kiebitz legen ihre Eier auf den Kiesbänken ab.

Austernschale

Eikapsel eines Hundshais

Skelett eines Herzigels, der sich in den Schlick wühlt

Teil einer Herzmuschel

Die Messermuschel, ein langes zweischaliges Weichtier

Dunkler Schlick wird von einem Fluß abgelagert

Muschelstückchen werden allmählich zu Sand zermahlen

Sand und Schlick

Es macht viel Spaß, die Lebewesen im Sand und im Schlick zu beobachten, wenn man Gummistiefel trägt und einen Spaten dabei hat. Die meisten Tiere an diesen Stränden leben unter der Oberfläche, aber viele haben Gänge, die ihr bei Ebbe an kleinen Löchern an der Oberfläche erkennt. Diese Tiere verspüren die geringste Erschütterung und ziehen sich tief in ihre Höhlen zurück, wenn ihr nicht ganz leise auftretet. Wenn ihr schnell genug neben einer Höhle grabt, könnt ihr Ringelwürmer und räuberische oder sich durch Filtern ernährende Weichtiere entdecken. (Denkt daran, sie anschließend wieder zurückzutun.) Bei Ebbe ziehen Wattstrände sogenannte Watvögel an, die mit ihren langen Schnäbeln nach diesen Tieren suchen.

Steinstrand

Unbewegliche Steine sind die sichersten Plätze für Pflanzen und Tiere. Wenn das Meer einen Felsen zerbrochen hat, können die dabei entstandenen Brocken immer noch groß genug sein, daß sie von der Brandung nicht wegbewegt werden und damit einen sicheren Lebensraum für Tiere wie Seepocken bieten. Sobald sie zu kleineren Steinen zerbrechen, wird alles Leben auf ihnen sofort zerstört, wenn die Steine aneinandermahlen und vom Meer fortgetragen werden.

Von den Wellen glatt geschliffene Kiesel

Große, vom Meer abgeschliffene Brocken

Seepocken auf einer Miesmuschelschale

Krabbenschere

Schulp eines Tintenfischs

Nachwachsende Arme

Seesterne sind wirbellose Wassertiere, die meist in der Nähe des Strandes leben. Viele Arten, wie die Dornenkrone, sind giftig. Die meisten haben fünf Arme, und wenn ihr einen Seestern umdreht, seht ihr, daß sich an jedem Arm winzige saugnapfähnliche Füßchen befinden. Sie dienen der Fortbewegung, aber auch zum Öffnen der Schalen von Weichtieren. Wenn ein Seestern einen Arm verliert, wächst er langsam nach oder regeneriert sich.

1 Seesterne verlieren oft Arme, wenn sie im bewegten Meer unter einen Felsen geraten. Einige Arten werfen sie auch ab und entkommen so ihren Verfolgern.

2 Der Arm verschließt sich an der Bruchstelle, und im Stumpf beginnen sich sofort Zellen zu teilen.

3 Nach ein paar Wochen hat sich der Arm regeneriert. Die anderen übernehmen solange die Ernährung und Fortbewegung.

4 Solange die zentrale flache Körperscheibe nicht beschädigt ist, können manche Seesterne auch den Verlust von vier Armen überleben.

LEBEN IM WASSER

Leben am Felsstrand

Felsstrände sind als Lebensraum problematisch. Die auf ihnen lebenden Tiere und Pflanzen müssen Brandung, Flut und Ebbe (S. 84) widerstehen. An Felsstränden sind die Lebewesen zwischen den höchsten und den niedrigsten Wasserständen in einzelnen Zonen angeordnet. Oft leben engverwandte Arten in verschiedenen Zonen, so daß sie nicht um Nahrung oder Lebensraum miteinander kämpfen müssen.

Im offenen Meer leben

Viele Tiere des Felsstrands legen ihre Eier oder Jungen im Wasser ab. Weibliche Strandkrabben zum Beispiel tragen ihre Eier in Trauben unter ihrem Leib. Aus den Eiern schlüpfen winzige Larven, Zoëa genannt, die im Wasser schweben und zum Plankton gehören, den freischwebenden Pflanzen und Tieren im offenen Meer. Später werden aus den Zoëa-Larven Krabben. Bei dieser Art der Vermehrung verbreiten Krebse, Weichtiere und viele andere Tiere ihren Nachwuchs über ein großes Gebiet.

Eine schützende Schale
Krabben flüchten sich vor der Wucht der Wellen in leere Muschelschalen oder Felsspalten.

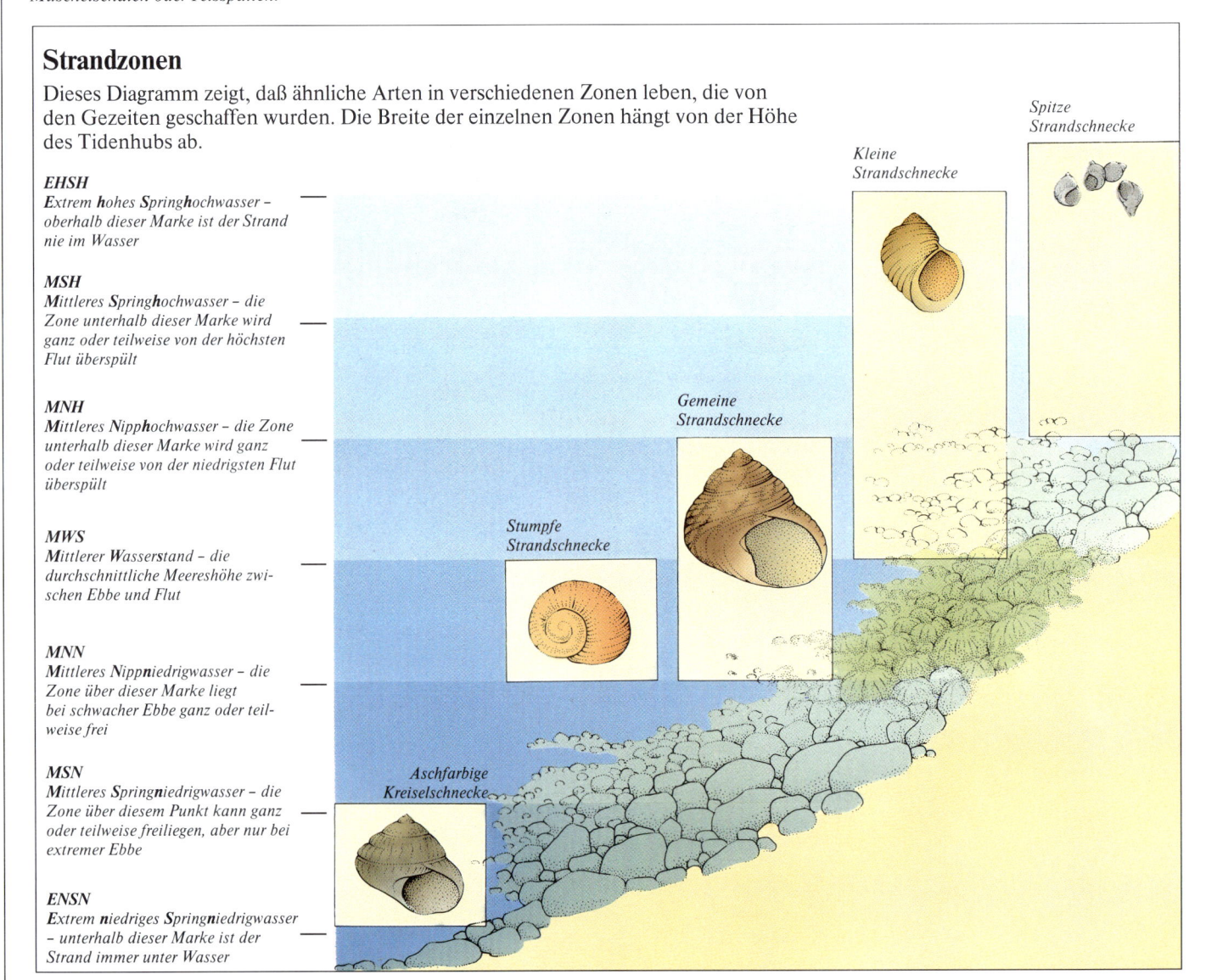

Strandzonen

Dieses Diagramm zeigt, daß ähnliche Arten in verschiedenen Zonen leben, die von den Gezeiten geschaffen wurden. Die Breite der einzelnen Zonen hängt von der Höhe des Tidenhubs ab.

EHSH
*E*xtrem *h*ohes *S*pring*h*ochwasser – oberhalb dieser Marke ist der Strand nie im Wasser

MSH
*M*ittleres *S*pring*h*ochwasser – die Zone unterhalb dieser Marke wird ganz oder teilweise von der höchsten Flut überspült

MNH
*M*ittleres *N*ipp*h*ochwasser – die Zone unterhalb dieser Marke wird ganz oder teilweise von der niedrigsten Flut überspült

MWS
*M*ittlerer *W*asser*s*tand – die durchschnittliche Meereshöhe zwischen Ebbe und Flut

MNN
*M*ittleres *N*ipp*n*iedrigwasser – die Zone über dieser Marke liegt bei schwacher Ebbe ganz oder teilweise frei

MSN
*M*ittleres *S*pring*n*iedrigwasser – die Zone über diesem Punkt kann ganz oder teilweise freiliegen, aber nur bei extremer Ebbe

ENSN
*E*xtrem *n*iedriges *S*pring*n*iedrigwasser – unterhalb dieser Marke ist der Strand immer unter Wasser

Spitze Strandschnecke

Kleine Strandschnecke

Gemeine Strandschnecke

Stumpfe Strandschnecke

Aschfarbige Kreiselschnecke

LEBEN AM FELSSTRAND

Eiertrauben
Eine weibliche Strandkrabbe hat viele Eier unter ihrem Körper. Mit ihrem Unterleib wedelt sie ihnen frisches, sauerstoffhaltiges Wasser zu.

Kurz vor dem Schlüpfen
Die Eier sind in Form eines Traubenbündels miteinander verknüpft. Hier sieht man in jedem Ei das schwarze Auge der Larven.

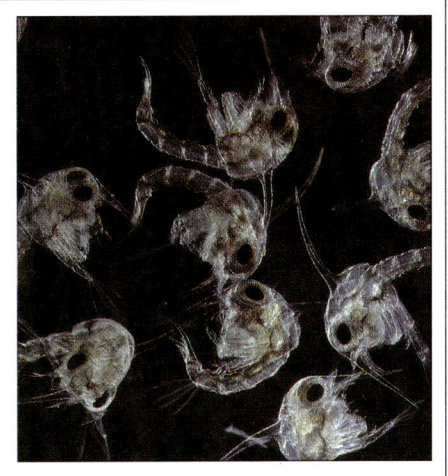

Schwimmend leben
Die Zoëa-Larven leben im offenen Meer, verwandeln sich zunächst in Megalopa-Larven und dann in Krabben.

EXPERIMENT
Ein Felsstrand-Aquarium bauen

In einem Aquarium, das einem Felsstrand gleicht, könnt ihr das Verhalten von Tieren wie Krabben und Garnelen beobachten. Auf einem Filter mit Keramikröhrchen können Algen und Bakterien wachsen. Bakterien halten das Wasser rein, indem sie tierischen Abfall beseitigen.

IHR BRAUCHT
• Felsbrocken • Muschelsand • Meerwasser • Strandtiere wie Muscheln, Garnelen, Seeanemonen und Strandkrabben • Behälter • Filtereinheit mit Keramikröhrchen

1 Gebt den Muschelsand auf den Boden des Behälters. Aus seinem Kalk bilden die Krabben und Weichtiere starke, gesunde Schalen.

2 Verteilt darin kleine Felsbrocken und Steine. Sie bieten Krabben einen Unterschlupf und Weichtieren und Seeanemonen Halt. Fügt das Meerwasser hinzu.

3 Setzt die Strandtiere behutsam in den Behälter. Füttert Krabben, Garnelen und Seeanemonen mit Fleischbröckchen. Muscheln brauchen feingemahlenes Fischfutter, das es in Zoohandlungen zu kaufen gibt.

LEBEN IM WASSER

Muscheln und Schnecken

Die Schale eines Weichtiers ist ein bewegliches Haus und zugleich eine Rüstung. Alle hier gezeigten Schalen gehören Weichtieren, die sich damit schützen. Sie bestehen hauptsächlich aus Kalziumkarbonat, also aus Kalk, und werden von einer Schicht lebenden Gewebes, dem sogenannten Mantel, ausgeschieden. Mit den Weichtieren wachsen auch ihre Schalen.

Das innere Gehäuse eines Nautilus
Dieser Schnitt durch eine Nautilusschale zeigt das spiralige Wachstum, das für viele Weichtierschalen typisch ist. Das Tier lebt nur in der zum Meer hin offenen größten Kammer. Wenn das »Perlboot« wächst, verschließt es die Schale hinter sich und bildet so eine Reihe von Luftkammern.

Gewebeband, das die Kammern verbindet

Gemeine Wendeltreppe
Wie der Name schon sagt, ist diese Schale spiralig gewachsen.

Schalenpaare
Die Schalen von Platt- und Kammuscheln hängen paarweise zusammen, solange die Weichtiere leben. Sind sie tot, findet man die Schalen oft einzeln.

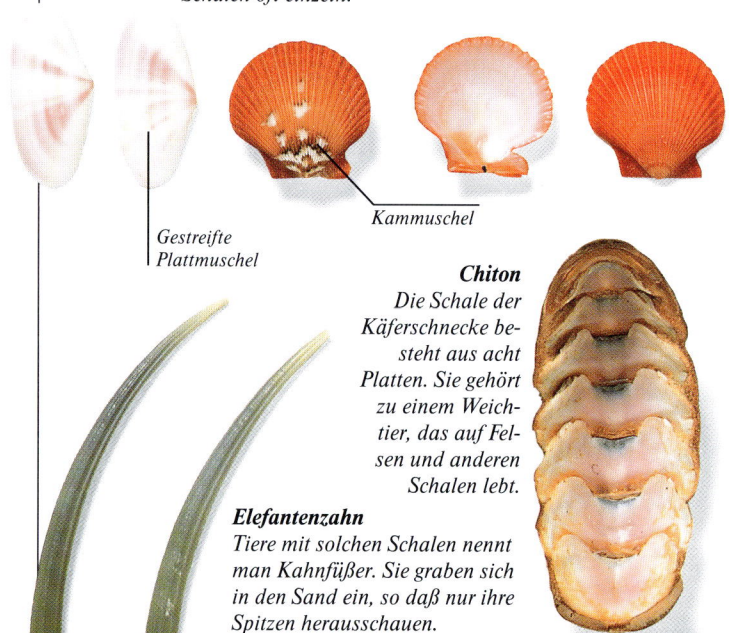

Kammuschel

Gestreifte Plattmuschel

Chiton
Die Schale der Käferschnecke besteht aus acht Platten. Sie gehört zu einem Weichtier, das auf Felsen und anderen Schalen lebt.

Elefantenzahn
Tiere mit solchen Schalen nennt man Kahnfüßer. Sie graben sich in den Sand ein, so daß nur ihre Spitzen herausschauen.

EXPERIMENT
In ein Schneckenhaus sehen

Die spiralförmig gebaute Schale einer Schnecke gehört zu den faszinierendsten Gebilden, die lebende Organismen hervorbringen. Wenn ihr euch ein Schneckenhaus genauer anseht, entdeckt ihr Linien, die – wie Jahresringe bei einem Baum – beim Wachsen entstehen.

IHR BRAUCHT
- Schneckenhaus • grobes Sandpapier

1 Faßt das Schneckenhaus fest an und reibt es auf dem Sandpapier – ohne euch die Hände zu zerkratzen!

2 Seht euch die Wachstumslinien genau an, wenn das Schneckenhaus durchgeschliffen ist.

MUSCHELN UND SCHNECKEN

Schalenformen
Sie spiralförmigen Schalen von Schnecken gehören zu den faszinierendsten Gebilden lebender Organismen.

Konusschnecke

🌳 *Schützt die Natur!*
Sammler gefährden Wasserweichtiere, denn viele Muscheln und Schnecken werden lebendig gesammelt, wobei die Weichtiere in den Schalen getötet werden. Sammelt also nur leere Schalen, die ihr selbst gefunden habt.

Wellhornschnecke
Mit jeder Windung wird der Innendurchmesser der Schale größer. So entsteht eine ziemlich dicke Schnecke mit kurzer Spitze.

Kaurischnecke

Konusschnecke

Kreiselschnecke
Die Höhlung dieses Schneckenhauses ist eher flach als rund, ebenso die Außenseite.

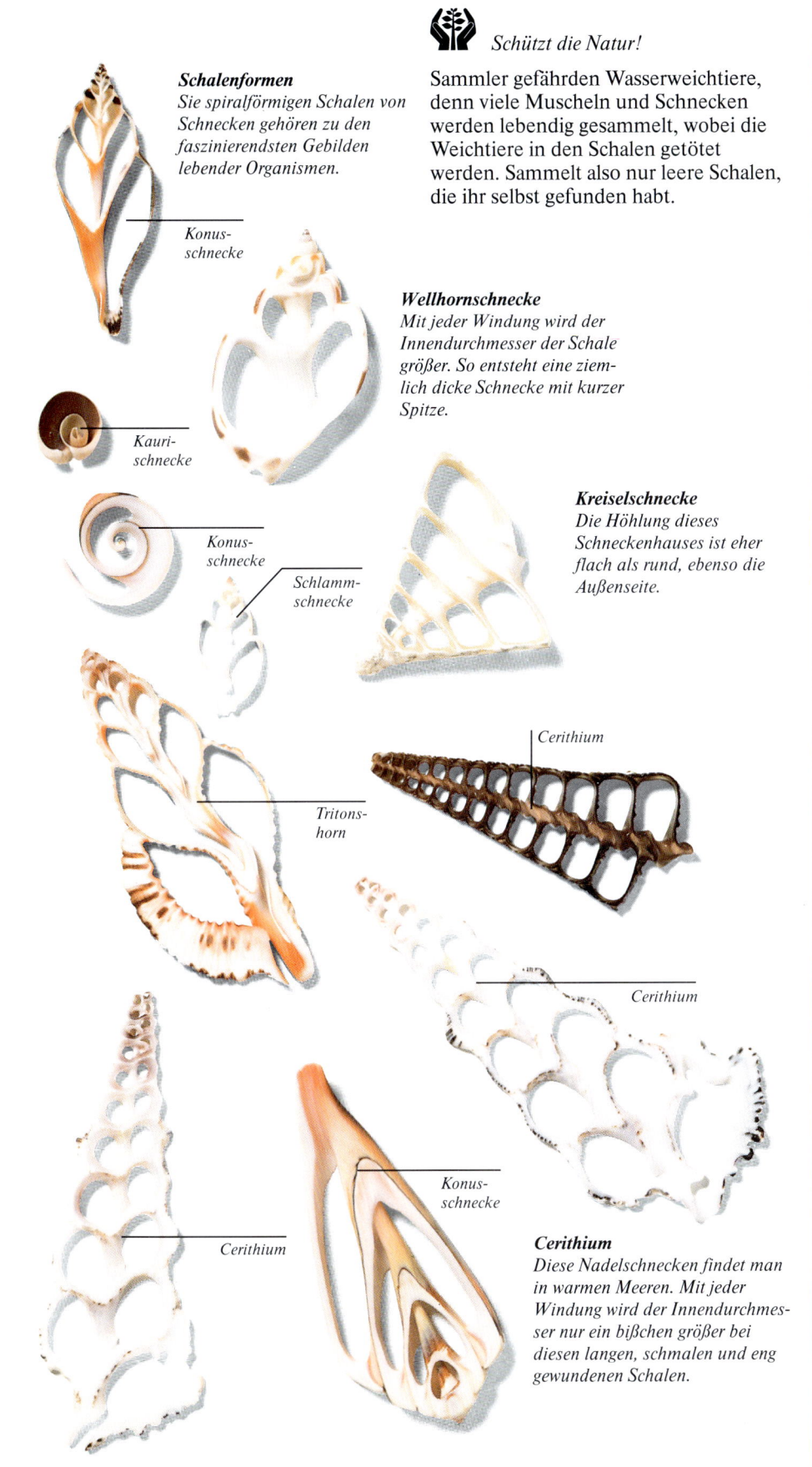

Schlammschnecke

Cerithium

Tritonshorn

Cerithium

Cerithium

Konusschnecke

Cerithium
Diese Nadelschnecken findet man in warmen Meeren. Mit jeder Windung wird der Innendurchmesser nur ein bißchen größer bei diesen langen, schmalen und eng gewundenen Schalen.

Weichtiere

Die Cephalopoden, die Lamellibranchier und die Gastropoden sind die wichtigsten Klassen der Weichtiere. Die Schnecken und Nacktschnecken können als einzige an Land leben und gehören zu den Gastropoden.

Cephalopode mit Außenschale
Alle Kopffüßer haben Tentakel, große Augen und Gehirne, aber nur Nautilus hat eine echte Außenschale

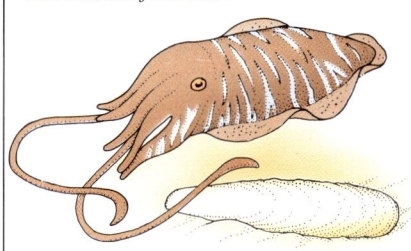

Cephalopode mit Innenschale
Einige Kopffüßer wie die Sepia oder der Tintenfisch haben eine Innenschale. Sie schwimmen, indem sie Wasser nach hinten ausstoßen.

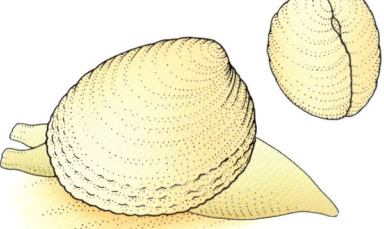

Lamellibranchier
Die Muschelschale der Mantelkiemer besteht aus zwei mit einem Scharnier verbundenen Hälften.

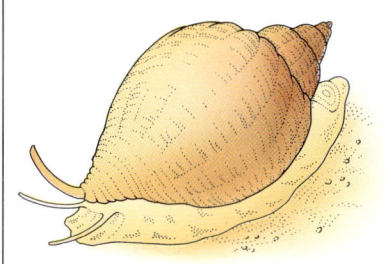

Gastropode
Die meisten Schnecken besitzen ein rechtsgewundenes Haus. Wellhornschnecken gibt es in allen Meeren; man findet sie bei Ebbe.

LEBEN IM WASSER

Felstümpel

Im Unterschied zu Pfützen, die nach einem Unwetter zurückbleiben, sind die meisten Felstümpel an der Küste dauerhafte Lebensräume. Zu ihrem eigenen Pflanzen- und Tierleben gehören Seetange und andere Algen ebenso wie Wirbellose: Napfschnecken, Seeanemonen und Garnelen. All diese Arten sind Bedingungen angepaßt, die sich sehr von denen im offenen Meer unterscheiden. An einem sonnigen Tag bei Ebbe erwärmt sich das Wasser in einem Felstümpel und verdunstet. Dabei wird es immer salziger, bis der Tümpel ein warmes Salzbad ist. Ein paar Stunden später dringt wieder Meerwasser ein, so daß sich Temperatur und Salzgehalt unvermittelt verändern.

Seestern
Die meisten Seesterne und Seeigel sind fünfseitig symmetrisch gebaut – etwas Einzigartiges im Tierreich.

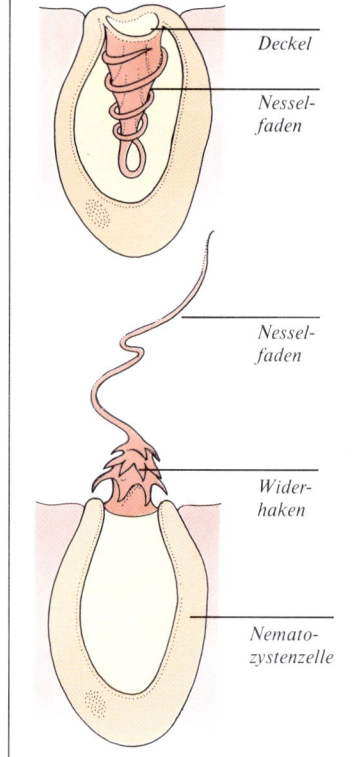

Nesselzelle einer Seeanemone

»Geladene« Nematozyste
Der in der Zelle aufgerollte Nesselfaden wird durch einen Deckel festgehalten.

Deckel
Nesselfaden

Tiere wie Seeanemonen, Quallen und Korallen nennt man Nesseltiere. Sie alle haben spezielle Nesselzellen, die man Nematozysten nennt. Bei großen Seeanemonen sind sie so giftig, daß sie einen Fisch töten können.

Nesselfaden
Widerhaken
Nematozystenzelle

»Entladene« Nematozyste
Die Nesselzelle reagiert auf Berührung. Wenn ein Räuber die Anemone streift, springt der Deckel auf, der Nesselfaden schnellt heraus und verspritzt das Gift.

EXPERIMENT
Einen Guckkasten bauen

Bei diesem Experiment sollte ein Erwachsener dabeisein

Es ist gar nicht so leicht, das Leben in einem Felstümpel zu beobachten, da die Wasseroberfläche das von oben kommende Licht reflektiert. Leichter geht es mit einer Sonnenbrille mit polarisierten Gläsern, doch dieses leicht zu bauende Gerät bietet garantiert klare Sicht.

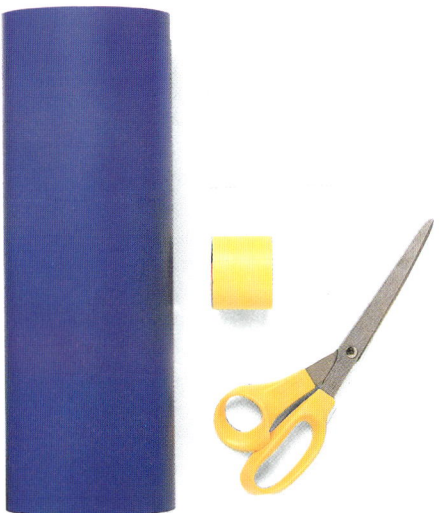

IHR BRAUCHT
• breites Plastikrohr, etwa 30 cm lang
• Plexiglasscheibe • wasserfestes Klebeband • Schere • Säge • Filzschreiber

Stellt das Rohr auf die Plexiglasscheibe und zieht darauf den Umriß mit einem Filzschreiber nach. Bittet einen Erwachsenen, die runde Scheibe auszusägen, und klebt sie ans Rohr. Achtet darauf, daß kein Wasser eindringen kann.

Felsen-Warzenrose
Tangrose

92

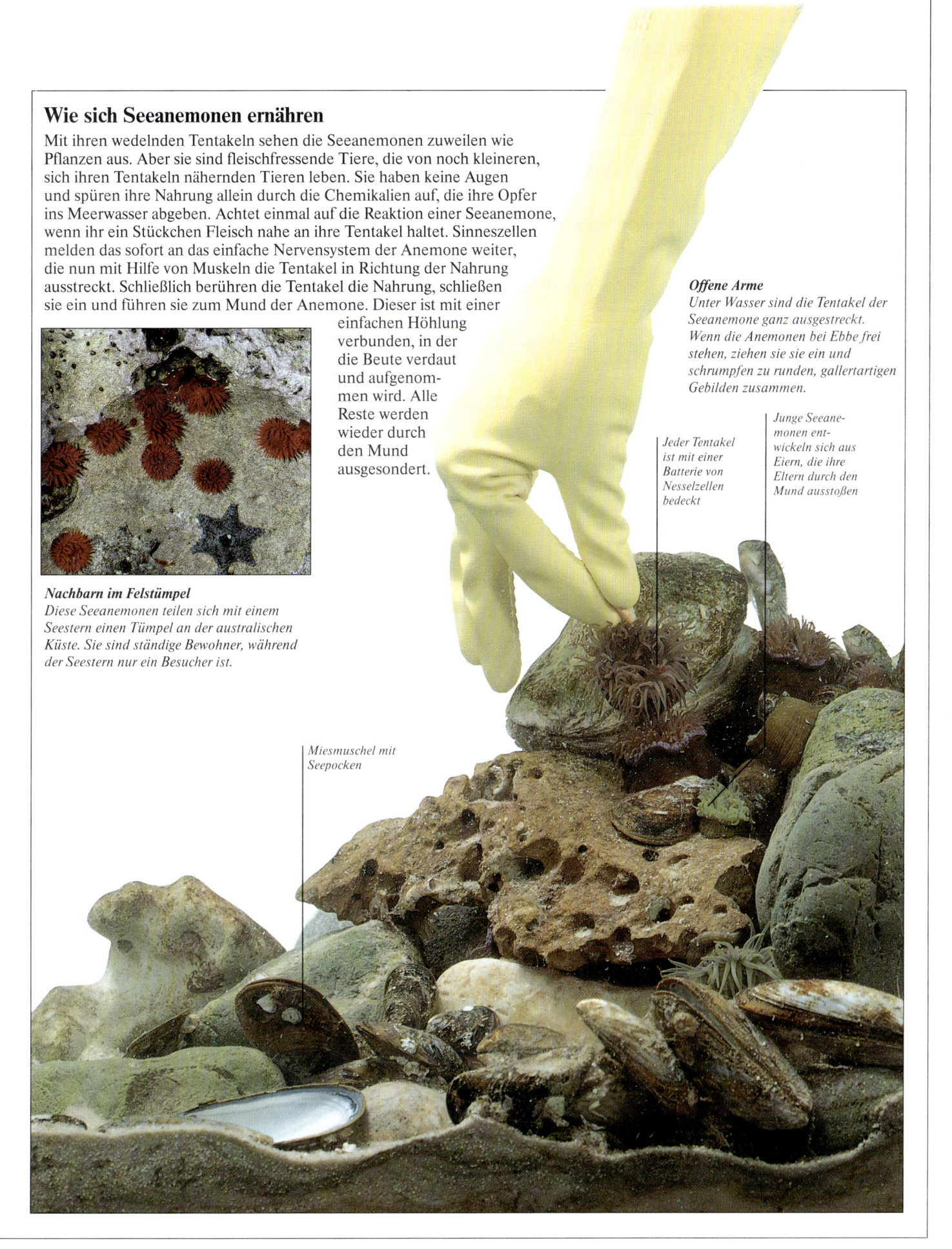

FELSTÜMPEL

Wie sich Seeanemonen ernähren

Mit ihren wedelnden Tentakeln sehen die Seeanemonen zuweilen wie Pflanzen aus. Aber sie sind fleischfressende Tiere, die von noch kleineren, sich ihren Tentakeln nähernden Tieren leben. Sie haben keine Augen und spüren ihre Nahrung allein durch die Chemikalien auf, die ihre Opfer ins Meerwasser abgeben. Achtet einmal auf die Reaktion einer Seeanemone, wenn ihr ein Stückchen Fleisch nahe an ihre Tentakel haltet. Sinneszellen melden das sofort an das einfache Nervensystem der Anemone weiter, die nun mit Hilfe von Muskeln die Tentakel in Richtung der Nahrung ausstreckt. Schließlich berühren die Tentakel die Nahrung, schließen sie ein und führen sie zum Mund der Anemone. Dieser ist mit einer einfachen Höhlung verbunden, in der die Beute verdaut und aufgenommen wird. Alle Reste werden wieder durch den Mund ausgesondert.

Nachbarn im Felstümpel
Diese Seeanemonen teilen sich mit einem Seestern einen Tümpel an der australischen Küste. Sie sind ständige Bewohner, während der Seestern nur ein Besucher ist.

Offene Arme
Unter Wasser sind die Tentakel der Seeanemone ganz ausgestreckt. Wenn die Anemonen bei Ebbe frei stehen, ziehen sie sie ein und schrumpfen zu runden, gallertartigen Gebilden zusammen.

Jeder Tentakel ist mit einer Batterie von Nesselzellen bedeckt

Junge Seeanemonen entwickeln sich aus Eiern, die ihre Eltern durch den Mund ausstoßen

Miesmuschel mit Seepocken

Korallenriffe

Auch wenn sie wie Pflanzen aussehen – Korallen sind Tiere. Sie sind nahe Verwandte der Seeanemonen (S. 93) und fangen ihre Beute ebenso mit Tentakeln. Alle Korallentiere bestehen aus einem weichen Körper, dem sogenannten Polyp, der beim Heranreifen ein Kalksteingehäuse absondert. Dann vermehrt sich der Polyp durch Teilung, und der neue Polyp entwickelt ein eigenes Gehäuse. Ein Korallenriff setzt sich also aus Millionen von Korallenpolypen zusammen, die in Kolonien leben und Jahr für Jahr langsam das Riff aufbauen.

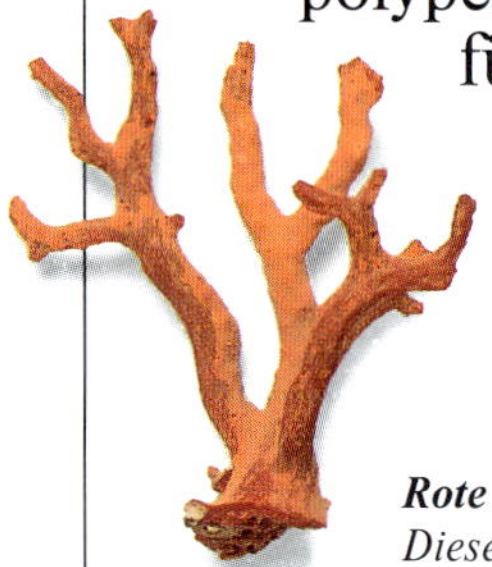

Schützt die Natur!
Korallen sehen wunderschön aus, und am besten sieht man sie sich dort an, wo sie leben – im Meer. Kauft keine Korallen, denn das Sammeln von Korallen verursacht große Schäden an Korallenriffen. Alle hier gezeigten Korallen stammen aus Museen.

Rote Koralle
Diese farbenprächtige Koralle hat schlanke Äste, die bis zu zwei Meter hoch werden können. Die Polypen bilden sich um einen Stock aus kalkhaltigem Material, das ein leuchtendrotes Pigment enthält.

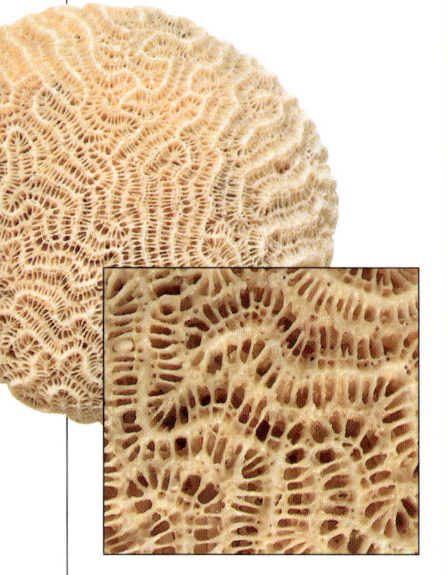

Hirnkoralle
Diese Koralle, die man leicht an ihrer kettenartigen Struktur erkennt, besteht aus vielen Polypen, die sich vermehrt, aber nicht vollständig abgetrennt haben.

Pilzkoralle
Ein einziger großer Polyp hat dieses Skelett der Korallenart Fungia gebildet, die sich im Unterschied zu den meisten anderen Korallen frei bewegen kann. Wenn ein anderes Tier eine Pilzkoralle umdreht, kann sie sich wieder in die richtige Position bringen.

Vergrößerter Ausschnitt einer Hirnkoralle
Die Polypen sind in langen Linien angeordnet und deutlich mit ihren Nachbarn verbunden, mit denen sie oft eine große Ansammlung von Tentakeln teilen. Mit ihrer runden Form hält diese Koralle der Wucht der Wellen stand.

Korallenriffe

Es gibt drei Haupttypen von Korallenriffen: Barriere- oder Wallriffe, Saumriffe und Atolle. Atolle sind ringförmige Barriereriffe, die eine Lagune umgeben. Charles Darwin (S. 20–21) untersuchte sie auf seiner Fahrt durch den Pazifik. Seiner Ansicht nach bildeten sie sich um kleine Vulkaninseln herum, die allmählich unter dem Gewicht des Riffs unterhalb der Meereshöhe absanken. Diese Theorie ist heute weithin anerkannt. Korallenriffe entstehen vor allem in den warmen tropischen Gewässern, und die meisten Riffe bildenden Korallenarten findet man vor den Küsten von Australien und Südostasien.

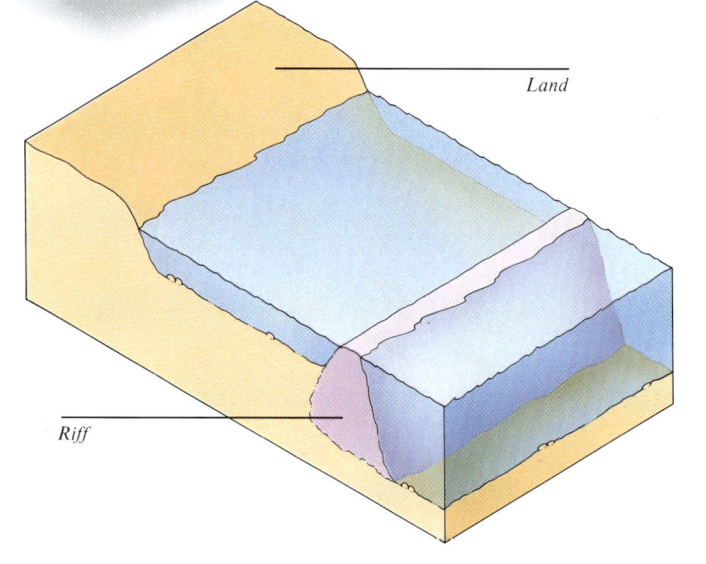

Land

Riff

Barriereriff
Diese Form verläuft parallel zur Küste und ist von ihr durch einen Kanal getrennt. Auf der Seeseite des Riffs erhebt sich eine Klippe vom Meeresboden, deren Bildung die Wellen mit ihrem Sauerstoff- und Nahrungsreichtum fördern. Auf der Landseite zerstören Sedimentablagerungen die Korallen.

Das Große Barriereriff
Mit einer Länge von über 2000 Kilometern und einer Tiefe von bis zu 100 Metern ist dieses Riff vor der australischen Küste das größte existierende Einzelgebilde, das jemals von Lebewesen hergestellt wurde. Zur Zeit werden Teile des Riffs von einer giftigen Seesternart, der Dornenkrone, zerstört.

KORALLENRIFFE

Ein Korallenskelett
Dieses verzweigte Skelett wurde von Tausenden von Polypen gebildet. Es wächst nur ganz langsam heran; jedes Jahr kommen nur ein paar Zentimeter dazu.

Korallenpolypen

Ein Korallenpolyp ernährt sich von kleinen Tieren, die er mit seinen Tentakeln fängt und zum Mund führt. In den Zellen einiger Korallen leben einzellige Algen, die dadurch geschützt sind und dafür den Korallen Nährstoffe zukommen lassen. Wenn ein Korallenpolyp wächst, baut er unter sich ein Kalksteingehäuse auf, aus dem ein Riff entsteht. Korallenpolypen sind aber nicht die einzigen Riff-Baumeister – an manchen Stellen lagern gewisse Schwammarten noch mehr Kalkstein ab als die Korallenpolypen.

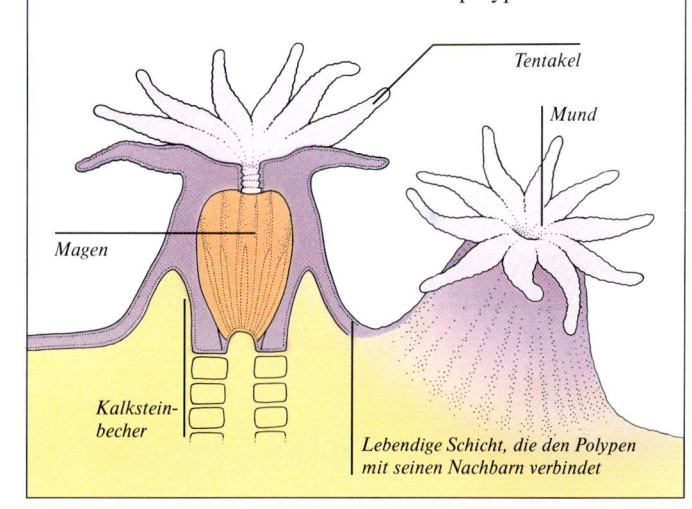

Tentakel
Mund
Magen
Kalksteinbecher
Lebendige Schicht, die den Polypen mit seinen Nachbarn verbindet

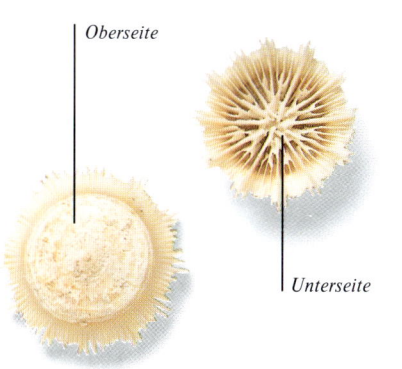

Oberseite
Unterseite

Solitärkoralle
Nicht alle Korallen leben in Kolonien. Dieses Kalksteinskelett stammt von einem freilebenden Polypen.

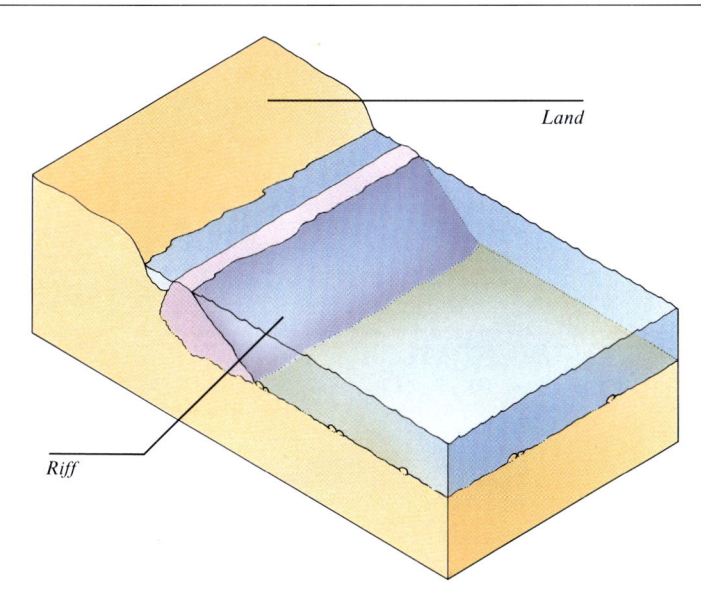

Land
Riff
Versunkene Insel
Riff

Saumriff
Dies ist ein frühes Stadium in der Entwicklung eines Riffs. Es liegt unmittelbar an der Küste und bildet sich nicht in der Nähe von Flußmündungen, da deren Schwemmsand das Wasser trübt und es damit für die Riffe bildenden Korallen unbrauchbar macht. Die längsten Saumriffe finden sich an der Ostseite größerer Landmassen, zum Beispiel Florida und Japan, an deren Küsten entlang Strömungen warmes Tropenwasser nach Norden leiten.

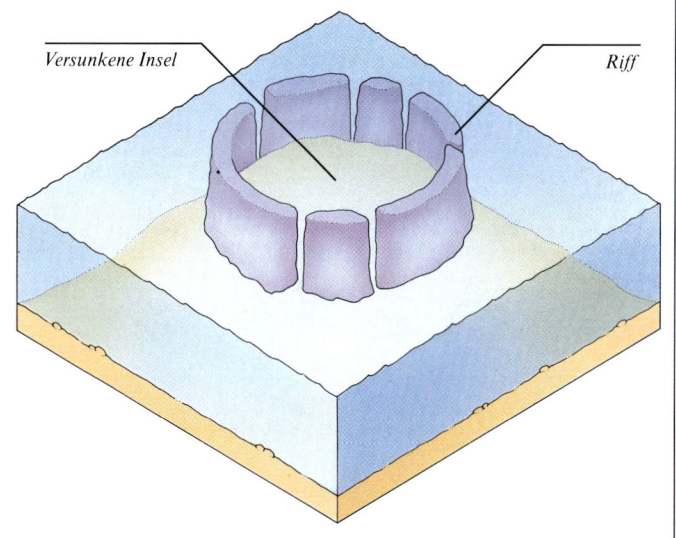

Atoll
Ein im allgemeinen ringförmiges Atoll sieht wie die klassische »einsame Insel« aus. Atolle gibt es vor allem im Pazifik, und viele haben eine sandige Oberfläche, auf der Pflanzen wie die Kokospalme wurzeln können. Das Gewässer in der Mitte des Atolls nennt man Lagune, die sehr seicht ist. Die Außenseite des Riffs fällt oft mehrere tausend Meter tief ab.

Meeresalgen

Stellt euch eine Pflanze vor, die 30 cm am Tag wächst und im ersten Lebensjahr eine Länge von über 50 m erreicht. Das ist der kalifornische Riesenseetang, die größte Meeresalge und die am schnellsten wachsende Pflanze der Erde. Sie hat keine Blüten und vermehrt sich durch Sporen, hat einen gummiartigen Stiel und statt echter Blätter gepunktete Wedel, die oft mit Hilfe einer gasgefüllten Schwimmblase auf dem Wasser treiben. Wenn ihr bei Ebbe an einem tangbedeckten Strand entlanggeht, entdeckt ihr vielleicht viele Braunalgen mit Stielen und Wedeln wie beim Riesenseetang. In Felstümpeln und am Wasserrand hingegen könnt ihr zarte Grünalgen finden, die viel einfacher gebaut sind, oder Rotalgen, die zum Teil harte Kalkschalen besitzen.

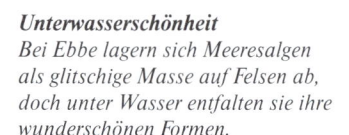

Unterwasserschönheit
Bei Ebbe lagern sich Meeresalgen als glitschige Masse auf Felsen ab, doch unter Wasser entfalten sie ihre wunderschönen Formen.

Meeralgen-Doppelgänger

Nicht alle »Meeralgen« sind, was sie scheinen. Diese Kleinlebewesen nennt man Bryozoen oder Moostierchen. Sie rühren sich nicht von der Stelle, sondern leben in Kolonien zusammen.

Dünne Fäden

Kolonie auf einem Stein

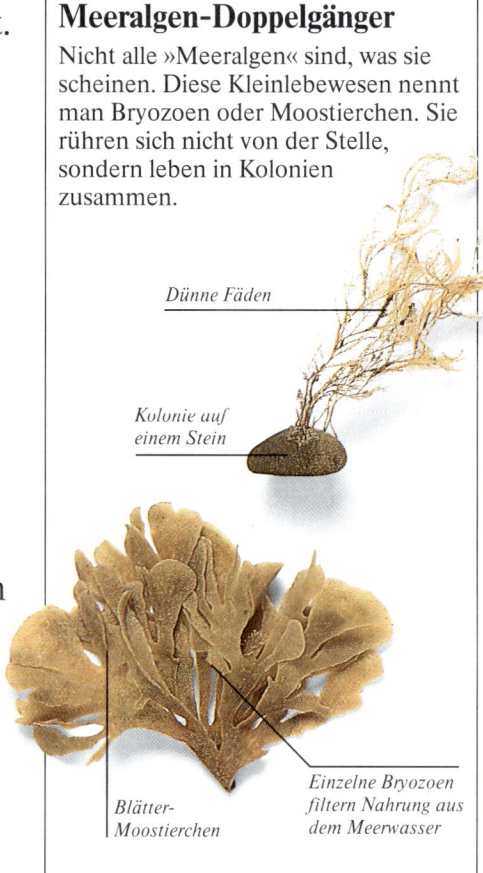

Blätter-Moostierchen

Einzelne Bryozoen filtern Nahrung aus dem Meerwasser

Gasgefüllte Blase

Wedel mit Schwimmblasen
Tange sind Braunalgen, deren Wedel mit Hilfe gasgefüllter Blasen häufig aufrecht im Meer schwimmen. Der Auftrieb kann so stark sein, daß die Alge den Stein oder Felsen, auf dem sie wächst, anhebt.

Rotalgen
Rotalgen enthalten zwar grünes Chlorophyll (S. 40), das aber von roten Pigmenten, den sogenannten Phykobilinen, verdeckt wird. Mit diesen Pigmenten machen sich die Rotalgen das schwache Licht im tiefen Wasser zunutze, so daß sie in größeren Tiefen wachsen können als Grün- oder Braunalgen.

MEERESALGEN

Die Spitzen der Wedel werden von den Wellen ausgefranst und abgerissen

Leben im Tang
In den riesigen Tangwäldern vor der kalifornischen Küste sind die Seeotter zu Hause. Dieser Meeressäuger jagt und lebt zwischen den Tangwedeln und sucht kaum die Küste auf.

Braunalgen
Die Farbe von Braunalgen oder Tangen wird von dem Pigment Fucoxanthin erzeugt, das die Farbe des Chlorophylls verdeckt und wie die Phykobiline der Rotalgen Lichtenergie aufnimmt und ans Chlorophyll weitergibt.

Grünalgen
Weil Grünalgen Chlorophyll enthalten, haben sie die gleiche Farbe wie Landpflanzen. Sie gedeihen in seichtem Wasser und sind bis zur Hochwassermarke, ja oft noch in Brackwassertümpeln an Land zu finden. Andere Grünalgen wie die Schraubenalge Spirogyra (S. 60–61) leben in Süßwasserteichen und -seen.

Breiter Wedel, der sich in einzelne Lappen aufspleißt

Tang an einem Napfschneckenhaus

Haftorgane
Sie verankern den Tang an Felsbrocken, sind aber keine echten Wurzeln, weil sie weder Wasser noch Mineralien aufnehmen.

Der Stiel eines Tangs ist gummiartig und überaus zäh. Versuch einmal einen Stiel so lange zu dehnen, bis er reißt

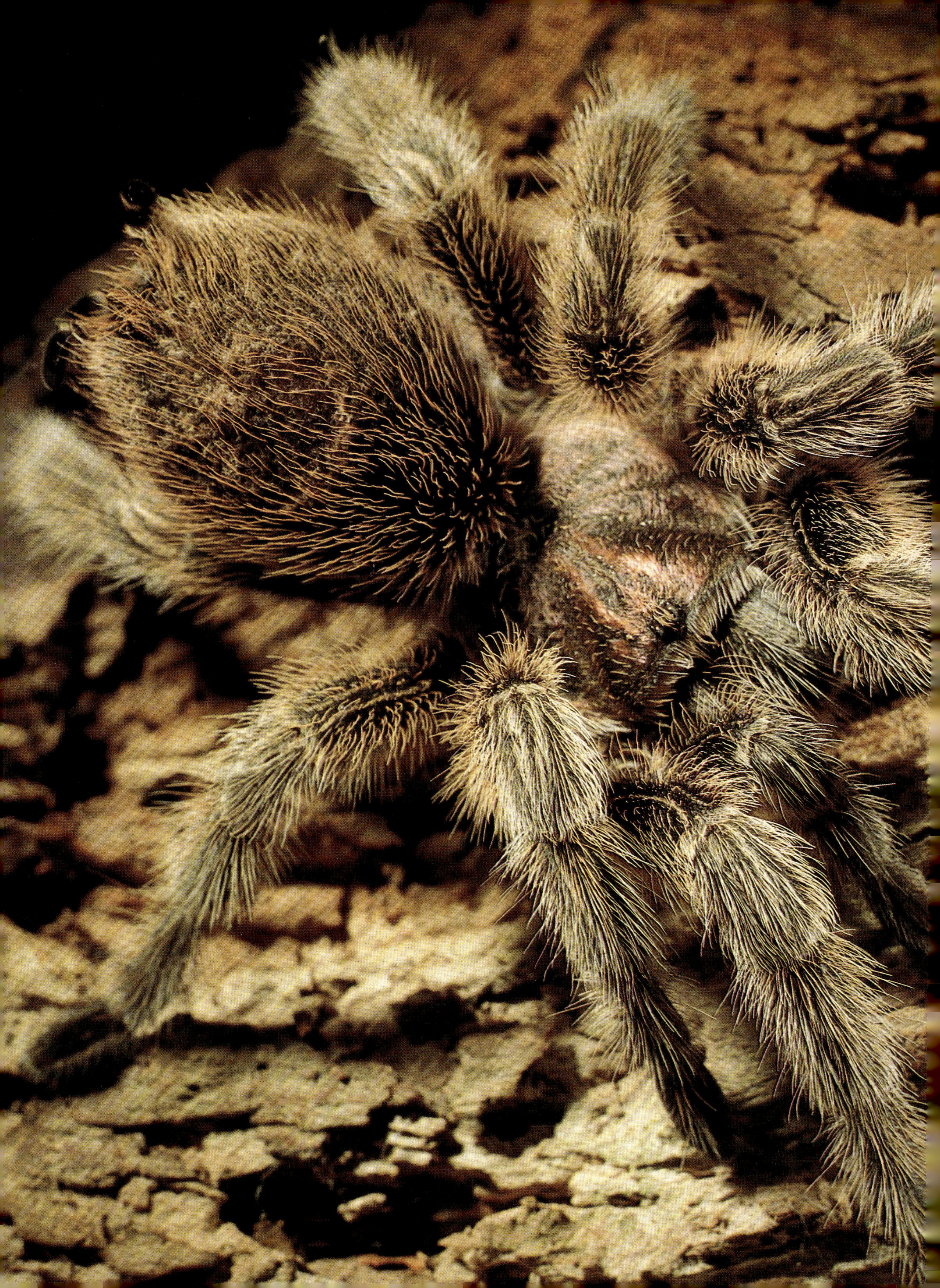

INSEKTEN UND ANDERE WIRBELLOSE

Kleine Wunder
Die wirbellosen Tiere kommen mit ihrem Leben sehr gut zurecht, auch wenn sich einige sehr kleine Wesen unter ihnen befinden. Diese Gartenschnecke (oben) trägt ihr Haus auf dem Rücken; die südamerikanische Vogelspinne (links) tastet sich vorsichtig über einen verrottenden Baumstamm vorwärts.

Es gibt so viele Insektenarten auf der Erde, daß man ihre Gesamtzahl nur schätzen kann. Bis heute haben die Wissenschaftler etwa eine Million Arten beschrieben und benannt, aber vielleicht warten noch immer zehnmal so viele auf ihre Entdeckung. Zusammen mit so unterschiedlichen Wesen wie Spinnen und Regenwürmern gehören die Insekten zu einem riesigen und faszinierenden Kosmos tierischen Lebens: den Wirbellosen.

DIE WELT DER WIRBELLOSEN

Für viele Menschen sind Insekten und alle sonstigen Krabbeltiere »Ungeziefer«. Für den Biologen aber ist ein »Ungeziefer«, zum Beispiel eine Wanze, ein besonderes Tier: ein Insekt mit flachem Körper und rüsselartigem Mund. Diese Tiere stellen nur eine Reihe von Arten in der unermeßlich reichen und faszinierenden Welt der Wirbellosen dar.

Die Biologen teilen das Tierreich in zwei große Gruppen ein: in Wirbeltiere oder Vertebraten und Wirbellose oder Invertebraten. Weil wir Menschen Wirbel haben, kann man sich leicht vorstellen, daß die Vertebraten die wichtigsten oder erfolgreichsten Lebewesen sind. So sagen wir bezeichnenderweise von einem schwachen oder feigen Menschen, er habe »kein Rückgrat«. Im Tierreich hingegen ist es nichts Besonderes, eine Wirbelsäule zu haben, und viele Tiere kommen ganz gut ohne eine aus – die Wirbeltiere stellen ja ohnehin nur eine Minderheit dar: nur drei Prozent aller heute bekannten Arten.

Libellen sind fliegende Räuber, die ihre Beute im Flug schnappen.

Mit einem Schmetterlingsnetz könnt ihr Insekten fangen und untersuchen, ohne sie zu verletzen.

Kleine Wirbellose

Die kleinsten Wirbellosen kann man nur unter einem Mikroskop erkennen. Sie gehören zu Dutzenden verschiedener Tiergruppen, die man oft nur schwer auseinanderhalten kann und für die wir bloß wissenschaftliche Namen haben wie zum Beispiel die Gastrotricha oder Kinorhyncha. Viele von diesen kleinen Wirbellosen haben alle Veränderungen über Hunderte von Jahrmillionen überlebt, weil sie gut angepaßt sind und kein Selektionsdruck bestand. Sie alle müssen im Wasser leben, denn bis auf die Insekten haben diese einfachen Tiere große Schwierigkeiten mit dem Leben an Land. Viele dieser Kleinlebewesen sind im Meer oder in Teichen und Seen zu Hause. Andere halten sich in der dünnen Wasserschicht auf, die die Erdkrumen überzieht (S. 122). Ein paar bevorzugen Orte, die nur hin und wieder feucht sind: Gräben, Pfützen, Rinnsteine und die Blätter von feuchtigkeitsliebenden Pflanzen wie den Moosen. Am bekanntesten sind die Rädertierchen mit ihrem vasenförmigen Körper und dem großen »Federbusch« auf dem Kopf. Diese sogenannte Korona besteht aus winzigen Härchen oder Wimpern, mit denen sich das Rädertierchen durch rhythmisches Schlagen Wasser zuführt, aus dem es sich Nahrungspartikel herausfiltert. Wenn ihr Graben oder ihre Pfütze austrocknet, können diese Tierchen schrumpfen und in eine totenähnliche Starre fallen, aus der sie erst wieder erwachen, wenn sie feucht werden. Immer feucht ist es im Inneren eines lebendigen Tierkörpers, und darum sind einige der kleinsten Wirbellosen Parasiten. Sie ernähren sich einfach von der Körperflüssigkeit ihres Wirtstiers. Für die meisten Menschen sind Tiere Lebewesen, die sich fortbewegen können, aber viele Wirbellose sind festgewachsen und seßhaft. Einige, wie die Seeanemonen, können sich nach Bedarf bewegen, andere, wie die Schwämme, können sich nicht von der Stelle rühren. Viele von diesen Seßhaften filtern ihre Nahrung – unter anderem auch Pflanzen und kleinere Tiere – aus dem Wasser, das sie umgibt. Unbeweglich, wie sie sind, brauchen sie auch keine scharfen Sinne, und die meisten scheinen weder Kopf noch Augen zu haben. Erst bei näherer Betrachtung und Beobachtung stellt sich heraus, daß sie keine Pflanzen sind.

Das Verhalten von Tieren kann man erforschen, indem man sie markiert.

Blüten bieten Bienen Nahrung, und die Bienen verbreiten die Blütenpollen.

Das Glühwürmchenweibchen zieht mit Licht ein Männchen an.

Große Wirbellose

Das größte wirbellose Tier der Welt, der Riesenkrake, ist etwa 500 000 mal größer als das kleinste Rädertierchen. Es lebt ebenfalls im Wasser, aber bisher hat kein Wissenschaftler es in seinem natürlichen Lebensraum beobachten können. Gelegentlich sind Riesenkraken an den Strand gespült worden, aber da waren sie gewöhnlich verletzt, krank oder schon tot. Ein großes Exemplar mißt etwa 18 m. Der Riesenkrake ist ein gigantischer Verwandter der Sepien und Tintenfische. Sein schnabelartiges Maul ist von einem Armring mit Saugnäpfen umgeben. Zwei dieser Arme

Leuchtende Farben warnen vor der Gefährlichkeit.

DIE WELT DER WIRBELLOSEN

sind sehr viel länger als die anderen – bis zu 13 m –, und damit umklammert der Krake seine Beute und führt sie zum Maul. Er kann rückwärts durchs Wasser schießen, indem er das Wasser durch eine Düse hinter dem Kopf preßt.

Zwischen diesen beiden so extrem unterschiedlich großen Tieren wie den Rädertierchen und dem Riesenkraken gibt es ein Tierleben von erstaunlicher Vielfalt. Und doch sehen wir meist nur ein paar größere Gruppen davon wie die Insekten, die Spinnen, die Regenwürmer und die Krebstiere (wie Krabben und Garnelen). Am vertrautesten ist uns die Gruppe der Wirbellosen, die überaus erfolgreich am Land lebt: die Insekten.

Insektenarten

Wenn ihr eine Wespe anschaut, erkennt ihr einen schmalen Hals hinter dem Kopf und eine schlanke Taille unter den Flügeln. Der Wespenkörper besteht also aus drei Teilen: dem Kopf, der Brust (Thorax) und dem Hinterleib (Abdomen). Dieser Körperbau ist typisch für die Insekten, aber noch charakteristischer sind die Flügel der Wespe. Die Insekten sind die einzigen Wirbellosen, die fliegen können. Nur die primitivsten Insekten wie die Silberfischchen und die Springschwänzchen haben keine Flügel, alle anderen Insekten besitzen welche oder haben sich aus Insekten entwickelt, die einst Flügel hatten. Wie andere Gliederfüßer (S. 28) haben auch Insekten ein äußeres Skelett, das sie abwerfen müssen, wenn sie wachsen. Es gibt mehr Insekten auf der Erde als alle anderen Tierarten zusammengenommen. Eine einzige Ordnung, die Käfer, enthält fast 400 000 Arten, und einige Experten schätzen, daß es heute vielleicht über 10 Millionen Insektenarten auf der Welt gibt. Als Biologen vor kurzem ein Regenwaldgebiet in Peru erforschten, waren vier Fünftel der dabei entdeckten Insekten für die Wissenschaft neu. Außer dem Polareis gibt es nur noch einen Lebensraum, den die Insekten nicht erobern konnten: das Meer – das haben die Krebstiere erfolgreich zur Kolonie gemacht, bevor die Insekten darin einfallen konnten.

Schmetterlinge machen eine vollständige Metamorphose durch, wenn sie sich entwickeln.

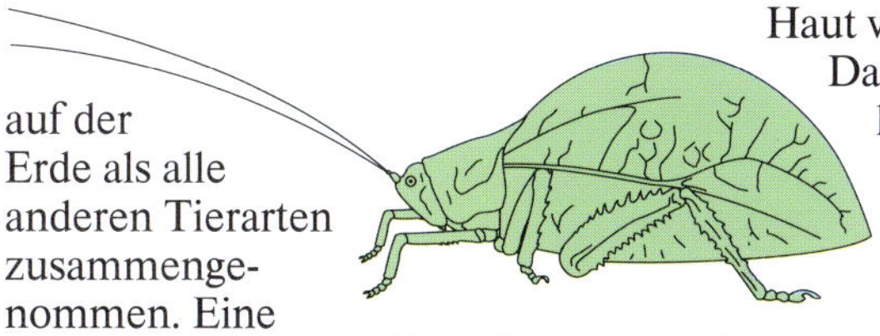

Dieses Insekt tarnt sich wie ein Blatt zum Schutz vor seinen Feinden.

Durch Fliegen zum Erfolg

Das schwerste Insekt ist nur 15 cm lang, und die meisten sind viel kleiner. Dank ihrer geringen Größe kommen die Insekten mit wenig Nahrung aus. Sie leben von und in allem, was eßbar ist – von lebenden und toten Tieren bis zu verfaulendem Holz, Seife und sogar Rohöl. Einige Insekten haben mächtige Kiefer, mit denen sie sich durch Rinde beißen können, andere besitzen scharfe Rüssel, mit denen sie in Pflanzenstengel oder in die Haut von Tieren stechen.

Dank ihrer Flügel können Insekten große Entfernungen überwinden. Die Flügel einer Biene oder Wespe schwingen etwa 200 mal in einer einzigen Sekunde, wodurch das deutlich zu hörende Summen entsteht, wenn sie in unserer Nähe sind. Noch schneller schwingen die Flügel eines Moskitos, nämlich bis zu 500 mal pro Sekunde. Da Insektenkörper normalerweise sehr klein sind, beziehen ihre Muskeln den benötigten Sauerstoff direkt aus der Luft und müssen ihn nicht durchs Blut transportieren. Die Atmung geschieht durch sogenannte Stigmen, bullaugenähnliche Öffnungen auf beiden Seiten des Körpers. Die Luft fließt durch winzige Röhrchen, die sogenannten Tracheen, und gelangt schließlich zu den Muskeln. Einige dieser extrem kleinen Tracheen reichen bis an Muskelzellen heran, so daß der Sauerstoff dorthin gelangt, wo er benötigt wird, während das verbrauchte Kohlendioxid auf dem gleichen Weg abgegeben wird.

Viele Insektenarten haben darüber hinaus erstaunliche Fähigkeiten entwickelt, wie beispielsweise die staatenbildenden Bienen (S. 114 – 115), die sich gegenseitig durch komplizierte Flugbahnen und – wie Biologen neuerdings vermuten – durch Körperwärme über Futterquellen informieren, oder aber die von Pheromonen gesteuerten Verhaltensweisen verschiedener Schmetterlingsarten (S. 106 – 108).

Heuschrecken durchlaufen nur eine unvollständige Metamorphose.

Jean-Henri Fabre (1823 – 1915), einer der berühmtesten Entomologen (Insektenforscher).

Wärme und Licht locken Kleinlebewesen aus dem Boden.

Viele Raupen wehren mit ihren Borsten angriffslustige Vögel ab.

Insekten aufziehen

Es ist faszinierend, Insekten zu halten und zu studieren. Auf den folgenden sechs Seiten erfahrt ihr, wie man einen Käfig baut und zur Aufzucht von zwei sehr unterschiedlichen Arten von Insekten verwendet – von Heuschrecken und Schmetterlingen. Junge Heuschrecken sehen ihren Eltern sehr ähnlich, und ihr könnt sie dabei beobachten, wie sie sich beim Heranwachsen entwickeln. Raupen gleichen ihren Schmetterlingseltern überhaupt nicht, und wenn ihr Glück habt, könnt ihr sie bei ihrem plötzlichen und dramatischen Gestaltwechsel beobachten. Denkt daran, daß junge Heuschrecken besonders aktive Tiere sind und flüchten, wenn sie können. Achtet also darauf, daß die Teile des Käfigs gut zusammenpassen, und wenn die Insekten einmal darin sind, solltet ihr täglich nachsehen, ob sie gesund sind und genügend zu fressen haben.

EXPERIMENT
Brutkäfig für Insekten

Bei diesem Experiment sollte ein Erwachsener dabeisein

Der Käfig besteht aus leichtem und kräftigem Sperrholz. Durch die Plexiglasscheibe könnt ihr die Insekten ganz aus der Nähe beobachten, während der feine Maschendraht an den Seiten für gute Belüftung sorgt. Durch den mit Scharnieren befestigten Deckel ist der Brutraum zugänglich, durch das Hintertürchen erreicht ihr die Gläser. Stellt den Käfig an einem hellen und gut belüfteten Ort auf, vermeidet aber Zugluft.

IHR BRAUCHT
- 15 mm Weichsperrholz: A Hintertür (14,5 x 30 cm), B Deckel (30,5 x 33 cm), C 2 Seitenteile (60 x 30 cm), D Rückwand (45 x 30 cm), E 3 Glasträger (6 x 6 cm), F Boden (29 x 30 cm), G Zwischenboden (29 x 30 cm), H Plexiglasscheibe (60 x 33 cm)
- 4 Scharniere • 2 Haken mit Ösen • Türriegel • 3 Gläser, die in Löcher von etwa 6 cm Durchmesser passen • 2 Stück feinen Maschendraht, 60 x 30 cm • Schrauben • Leim • elektrische Bohrmaschine mit Bohreinsätzen und Versenker • elektrische Stichsäge • Maßband • Bleistift • Winkellineal • Feinsäge • Schraubenzieher • Sandpapier

1 Sägt das Sperrholz wie abgebildet zurecht. Die Seitenrahmen (C) sollten 4 cm breit sein, die runden Löcher im Zwischenboden (G) den gleichen Durchmesser wie die Gläser haben. Schleift alle Schnittkanten rund.

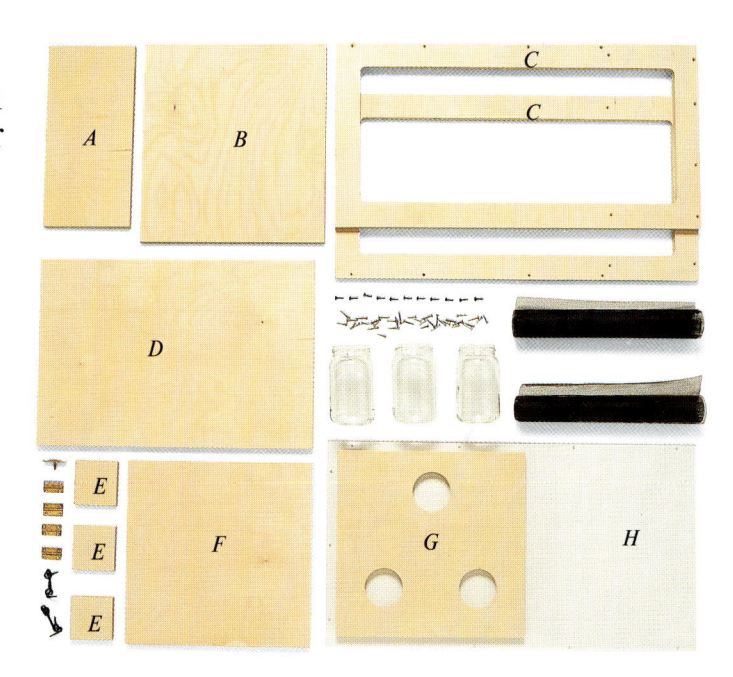

2 Bohrt Löcher in die Ränder der Seitenteile (C) und der Plexiglasscheibe (H).

3 Klebt den Maschendraht auf die Seitenteile (C).

4 Schraubt die Rückwand (D), den Boden (F) und den Zwischenboden (G) an ein Seitenteil (C) und schraubt dann das andere Seitenteil (C) darauf.

5 Schraubt die Plexiglasscheibe (H) an die Seitenteile (C) und den Boden (F).

6 Befestigt je zwei Scharniere an der Hintertür (A) und am Deckel (B) und diese beiden Teile an der Rückwand (D). Schraubt die Ösen durch die Plexiglasscheibe (H) in die Seitenteile (C) und befestigt den Riegel an einem Seitenteil (C), so daß die Hintertür (A) verriegelt werden kann.

7 Steckt die Gläser von unten in die Löcher des Zwischenbodens und stellt sie auf die Glasträger (E).

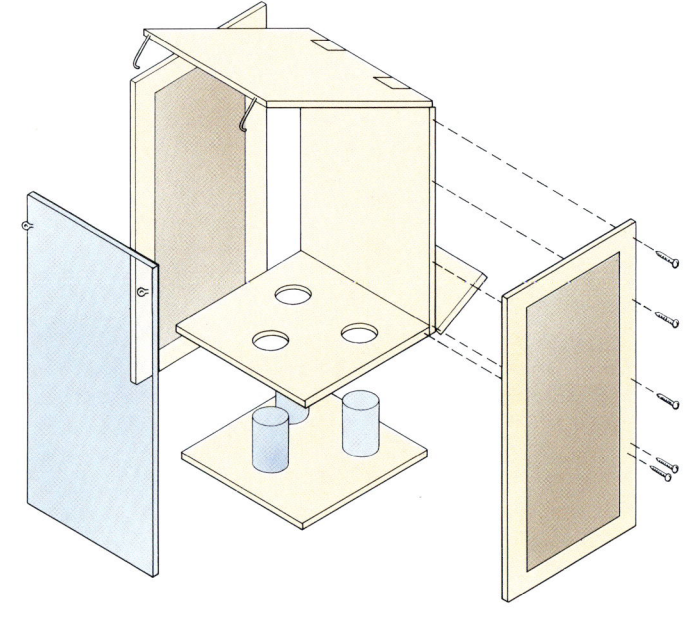

INSEKTEN AUFZIEHEN

Schmetterlingszucht
Wenn ihr Schmetterlinge aufzieht (S. 106 – 107), werden die Gläser als Vasen für die Blätter benutzt, die die Raupen fressen. Füllt die Gläser mit Wasser und stellt sie unter die Löcher des Zwischenbodens. Nun schneidet ihr noch drei Ringe aus Pappe aus, mit jeweils einem Loch in der Mitte, das gerade so groß ist, daß ein Pflanzenstengel hineinpaßt, und legt sie über die Gläser. Damit wird verhindert, daß die Raupen an den Stengeln entlang ins Wasser kriechen.

Pappring

Nach hinten geklappter Deckel

Gläser für die Futterpflanzen der Raupen

Einbau der Gläser
Wenn der Käfig in Gebrauch ist, darf zwischen der Öffnung der Gläser und den Löchern im Zwischenboden keine Lücke sein. So können die Insekten nicht auf den Boden des Käfigs gelangen.

Maschendraht für die Belüftung

Mit Sand gefüllte Gläser

Heuschreckenzucht
Heuschrecken brauchen Sand, in den sie ihre Eier legen können. Haltet ihn in den Gläsern bereit. Heuschrecken halten zwar recht kühle Temperaturen aus, brauchen aber dennoch ein gewisses Maß an Wärme, um sich zu vermehren. Wenn die Temperatur im Käfig nicht hoch genug ist, könnt ihr für künstliche Wärme sorgen (S. 105).

Heuschrecken und Grashüpfer

Grashüpfer springen mit ihren kräftigen Hinterbeinen von Ort zu Ort, aber die meisten können wie die Heuschrecken bei Gefahr wegfliegen. Grashüpfer und Heuschrecken gibt es an allen warmen, trockenen Orten. Sie gehören zu einer Überordnung der Insekten, die man Orthopteroidea oder Geradflügler nennt. Die meisten Grashüpfer leben allein, Heuschrecken dagegen können Schwärme bilden, wenn sie keine Nahrung mehr finden. So ein Schwarm besteht aus Milliarden von Insekten, die ein Feld in wenigen Minuten kahlfressen können.

Von Angesicht zu Angesicht
Zwei farbenprächtige Grashüpfer sitzen sich auf einem Blatt gegenüber. Viele Arten können mit ihren Beinen Töne erzeugen, indem sie sie an ihren harten Vorderflügeln reiben. Dieses Zirpen nennt man Stridulation.

Lebenszyklus einer Heuschrecke

Heuschrecken legen ihre Eier in Sand. Daraus schlüpfen nach etwa zehn Tagen die jungen Heuschrecken oder Nymphen aus und krabbeln an die Oberfläche. Sie haben einen großen Kopf und keine Flügel, sehen ansonsten aber wie die ausgewachsenen Tiere aus. Dann häuten sie sich. Nach der fünften Häutung sind sie geschlechtsreif und haben voll ausgebildete Flügel und Sexualorgane. Diese allmähliche Entwicklung ohne plötzliche Veränderungen der Körperform bezeichnet man als »unvollständige Metamorphose«.

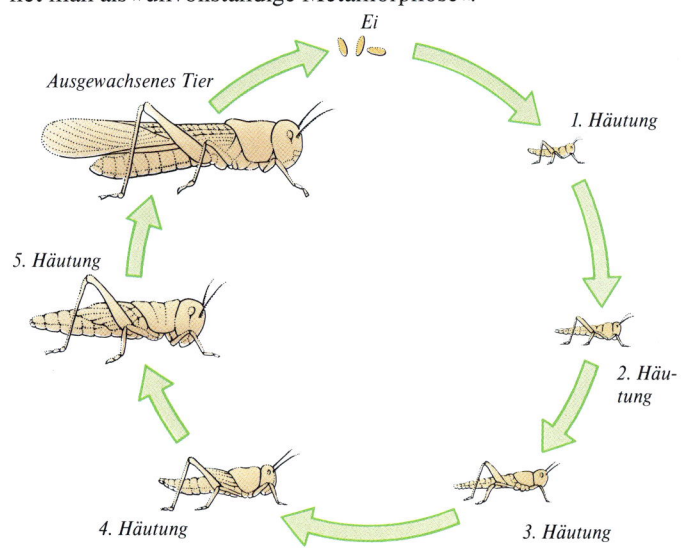

Ei — 1. Häutung — 2. Häutung — 3. Häutung — 4. Häutung — 5. Häutung — Ausgewachsenes Tier

Wie sich eine Heuschrecke häutet

Wie alle Insekten muß eine Heuschrecke beim Heranwachsen ihr hartes Außenskelett bzw. ihre Haut abwerfen. Hier seht ihr, wie eine Heuschrecke sich zum fünften und letzten Mal häutet. Der Körper der erwachsenen Heuschrecke ist unter der Haut des sich entwickelnden Tiers bereits völlig ausgebildet. Sobald die Haut abgeworfen ist, können sich die Flügel voll entfalten.

1 Die Heuschrecke hängt an einem Grashalm und ist dabei, die Haut zu teilen. Durch den Blutandrang schwillt der Kopf an.

2 Die Außenhaut reißt entlang der schwächsten Stelle, und der Kopf taucht auf.

3 Das ausgewachsene Tier befreit sich. Die Haut der Hinterbeine hängt am Halm.

4 Die alte Haut ist fast ganz abgeworfen, auch die innere Oberfläche des Mundes.

5 Die Heuschrecke stößt sich mit den Beinen ab, sobald die alte Haut sich löst.

HEUSCHRECKEN UND GRASHÜPFER

EXPERIMENT
Heuschrecken beobachten

IHR BRAUCHT
• Brutkäfig, für Heuschrecken eingerichtet (S. 103) • Glühbirne mit Fassung • Elektrokabel

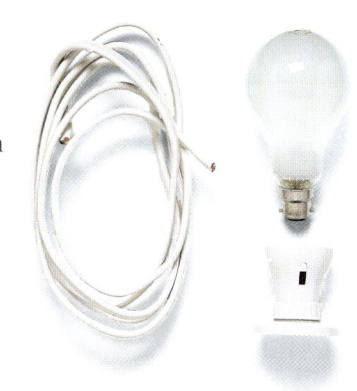

6 Schwungvoll biegt sich die Heuschrecke zum Halm hin und packt ihn.

7 Dann befreit sie sich gänzlich von ihrer alten Haut.

Heuschrecken lassen sich leicht in Gefangenschaft aufziehen. Ihr natürlicher Lebensraum liegt in den Tropen und Subtropen, und darum benötigen sie zum Brüten eine hohe Temperatur, etwa 35°. Bei niedrigeren Außentemperaturen versorgt sie eine Glühbirne mit ausreichender Wärme. Wenn ihr den Heuschrecken Futter, Wärme und Sand gebt, in den sie ihre Eier legen, könnt ihr sie in jedem Stadium ihres faszinierenden Lebenszyklus beobachten.

8 Jetzt können sich die Flügel entfalten. Sie zeigen nach unten, so daß die Schwerkraft ein wenig nachhilft.

9 Wenn die Flügel länger werden, wird Blut hineingepumpt. Sie brauchen Platz, sonst werden sie irreparabel beschädigt.

Gebt frische grüne Blätter als Heuschreckennahrung in die Gläser

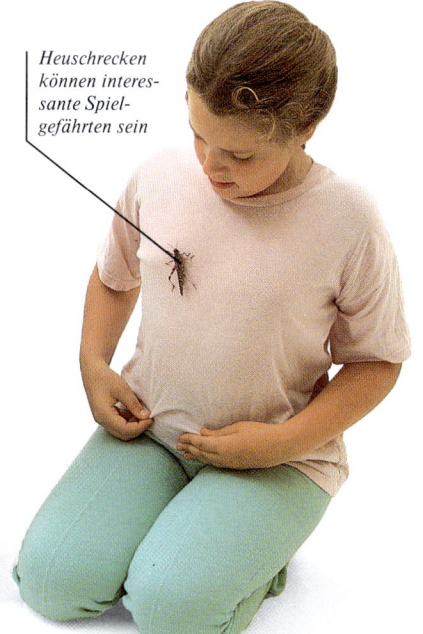

Heuschrecken können interessante Spielgefährten sein

10 Die in der alten Haut vorgebildete neue Haut ist weich und schmiegsam. Sie ist dehnbar, damit die Heuschrecke wachsen kann, dann verhärtet sie sich.

Schmetterlinge züchten

Es gibt nur wenige Vorgänge in der Natur, die so dramatisch sind wie der Augenblick, in dem ein Schmetterling aus seiner Puppe schlüpft (rechts). Die Haut der Puppe reißt, und langsam enthüllt sich der erwachsene Schmetterling. Zunächst sind seine Flügel weich und zerknittert, aber sobald Blut in sie gelangt, dehnen sie sich aus und versteifen sich. Innerhalb von ein oder zwei Stunden erhebt sich der Schmetterling in die Luft. Schmetterlinge und Falter gehören zur Insektenordnung Lepidoptera, der Schuppenflügler. Sie durchlaufen bis zum Erwachsenenstadium eine vollständige Metamorphose, bei der sie ihre Körperform wie ihre Lebensweise ändern. Diesen Prozeß könnt ihr genau beobachten, wenn ihr Eier von gewöhnlichen Schmetterlingen sammelt und in Gefangenschaft aufzieht.

Schmetterlingseier
Einige Schmetterlinge legen ihre Eier in großen Mengen. Die ausschlüpfenden Raupen leben häufig zusammen, solange sie jung sind.

Lebenszyklus eines Schmetterlings

Aus den meisten Schmetterlingseiern schlüpfen Raupen (Larven), die beim Heranwachsen mehrmals ihre Haut abwerfen. Die reife Raupe wird zur Puppe, in der sich der Körper des erwachsenen Tiers heranbildet. Die erwachsenen Tiere schlüpfen aus und paaren sich, und dann legen die Weibchen wieder Eier.

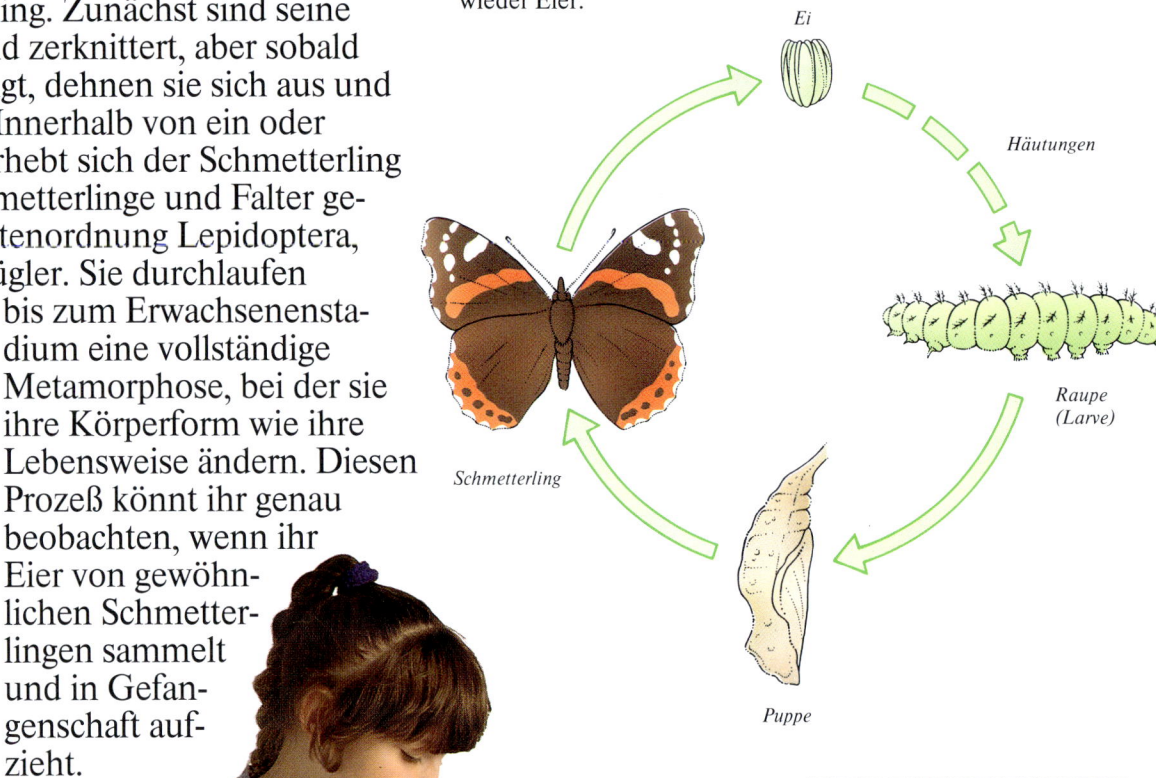

Ei — *Häutungen* — *Raupe (Larve)* — *Puppe* — *Schmetterling*

EXPERIMENT
Schmetterlingszucht

IHR BRAUCHT
- Brutkäfig, für Schmetterlinge eingerichtet (S. 103)

Mit Hilfe des Brutkäfigs könnt ihr Raupen aufziehen und zusehen, wie sie sich in Schmetterlinge verwandeln. Raupen haben großen Appetit, so daß ihr sie stets mit genügend frischen Blättern versorgen müßt. Nehmt nur Blätter von Pflanzen, auf denen ihr die Raupen oder Eier gefunden habt – andere Pflanzen könnten unbrauchbar sein.

1 Der Admiral, den wir in diesem Experiment zeigen, legt seine Eier einzeln auf die Blätter von Nesselpflanzen. Seine Raupen leben für sich.

Wasserversorgung
Gießt Wasser in die Gläser, um die Blätter für die Raupen frisch zu halten, und stellt sie genau unter die Öffnungen des Zwischenbodens.

SCHMETTERLINGE ZÜCHTEN

2 Sobald sie geschlüpft sind, werden Raupen zu Vielfraßen. Für einige Arten ist die Schale ihres Eis die erste Mahlzeit. Viele Raupen haben Borsten auf ihrem Körper, die sie vor Räubern schützen.

3 Aus reifen Raupen werden Puppen – je nach Art entweder auf ihrer Futterpflanze, auf dem Boden oder unter der Erde. Der Admiral bildet seine Puppe unter einem Nesselblatt. Die Zeit in der Puppe wird auch als Ruhestadium bezeichnet.

4 In der Puppe löst sich das meiste Körpergewebe der Raupe auf. Dafür wiederum entwickeln sich die Organe und Gewebe des künftigen prächtigen Schmetterlings.

5 Nach etwa zwei Wochen ist die Verwandlung einer Admiralsraupe in der Puppe fast abgeschlossen. Durch die durchsichtige Haut der Puppe erkennt man die Flügel.

Puppenhaut

6 Der Schmetterling zwängt sich aus der Haut der Puppe, schlüpft und klammert sich an ein Blatt. Blut fließt in die Adern der Flügel und macht sie steif und fest für den ersten Flug.

Fühler zum Duftaufspüren

Flügel dehnen und versteifen sich

7 Einige Schmetterlinge können zwar jahrelang leben, aber viele überleben nur ein paar Tage oder Wochen – gerade so lange, daß sie sich paaren und Eier legen können. Erwachsene Schmetterlinge haben lange, aufgerollte Mundwerkzeuge und ernähren sich vor allem von Blütennektar.

INSEKTEN UND ANDERE WIRBELLOSE

Falter

Es gibt viel mehr Nachtfalter als Schmetterlinge auf der Welt, aber da sie Nachttiere sind, bemerkt man sie oft nicht. Atlasspinner sind die größten Falter – mit einer Flügelspannweite von bis zu 25 cm –, die kleinsten sind die Pygmäenfalter (5 mm). Ihre Raupen sind so winzig, daß sie zwischen der Ober- und Unterseite von Blättern leben, in denen sie gewundene Freßgänge anlegen. Am einfachsten unterscheidet man Falter von Schmetterlingen nach ihrer Körperform: Falter haben einen schweren, pelzigen Körper und legen ihre Flügel eng an, wenn sie sich niederlassen.

Achateule
Es gibt über 25 000 Arten von Nachtfaltern. Viele betreiben Mimese (S. 118), wie diese Achateule, die toten Blättern oder Holz ähnelt.

Kartoffelschwärmer
Mit ihren langen Vorderflügeln können diese Schwärmer ausgezeichnet fliegen. Die Raupen dieser Art ernähren sich von Süßkartoffeln.

Salweidenspinner
Dieser Falter ist nach seiner Nahrungspflanze benannt. Seine Körperbehaarung hält ihn warm, indem sie die von den Muskeln erzeugte Wärme hält.

Rosa Nachtpfauenauge
Nachtpfauenaugen sind Falter, die Augenflecken auf ihren Flügeln haben. Diese Art ist im südlichen Afrika heimisch.

Immer der Nase nach

Viele Falterweibchen ziehen die Männchen durch Duftstoffe, sogenannte Pheromone, an. Sie lösen, wie die Pheromone der sozialen Insekten (S. 110), ein bestimmtes Verhaltensmuster aus. Sobald das Männchen diesen Soff riecht, fliegt es in einem Zickzackkurs gegen den Wind dorthin, wo der Duft am stärksten ist. So gelangt es schließlich zum Weibchen.

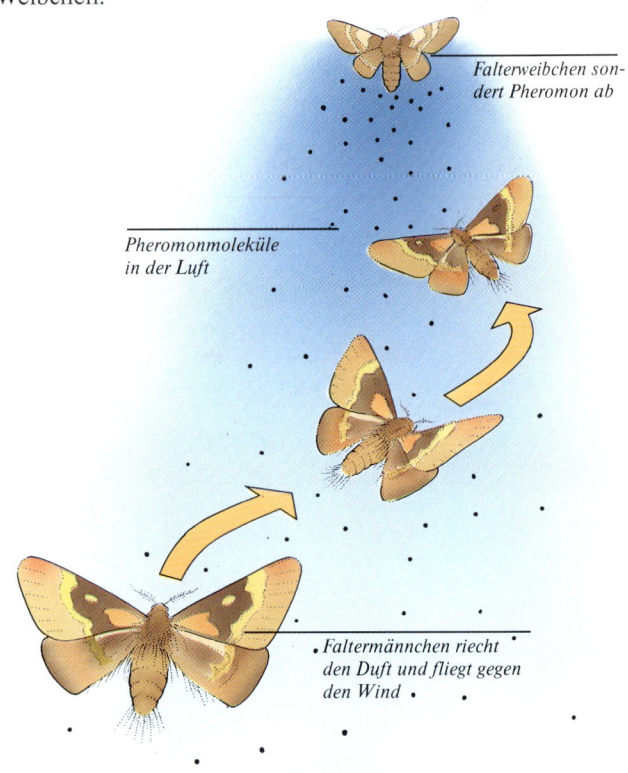

Falterweibchen sondert Pheromon ab

Pheromonmoleküle in der Luft

Faltermännchen riecht den Duft und fliegt gegen den Wind

Wie Pheromone aufgespürt werden

Viele Falter haben große, gefiederte Fühler, und die der Männchen sind besonders gut entwickelt, so daß sie die Pheromone der Weibchen aufspüren können: Ein einziges Molekül dieses weiblichen Duftstoffs genügt ihnen bereits.

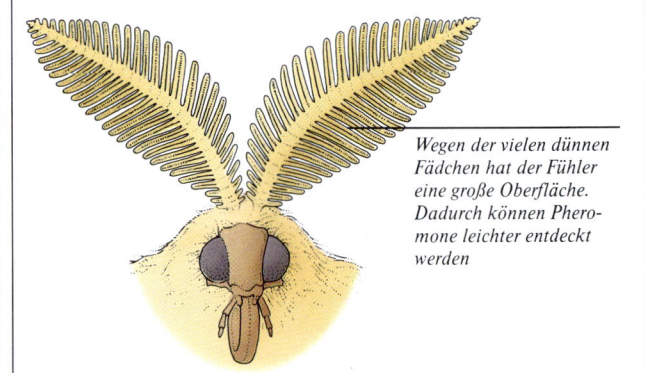

Wegen der vielen dünnen Fächchen hat der Fühler eine große Oberfläche. Dadurch können Pheromone leichter entdeckt werden

FALTER

EXPERIMENT
Eine Falterfalle bauen

Bei diesem Experiment sollte ein Erwachsener dabeisein

Licht zieht Falter an. Wenn sie gegen die Lampe fliegen, fallen sie durch einen Trichter und gelangen in den Eierkarton.

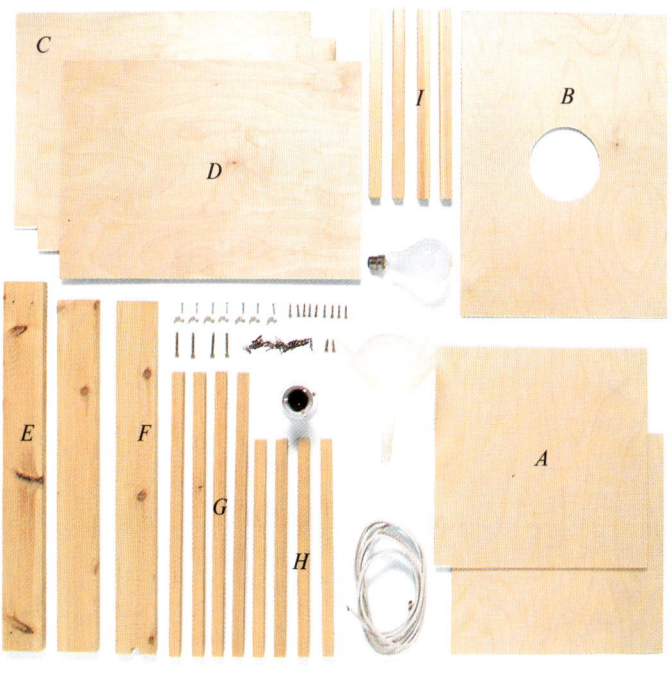

Grüngefleckter Halbmondfalter
Dank seiner gedeckten Farben hebt sich dieser Falter kaum von einem Untergrund mit Flechten ab.

Zitronenspanner
Wie bei allen Spannern bewegen sich auch die Raupen des Zitronenspanners auf eigenartige Weise vorwärts, indem sie sich nach oben krümmen und wieder strecken. Sie sehen wie dünne Zweige aus.

IHR BRAUCHT
- 4 mm Sperrholz: A 2 Seitenteile 36 x 36 cm, B Dach 50,75 x 35,25 cm mit Mittelloch 12 cm ⌀, C Vorder- und Rückseite je 50,75 x 36 cm, D Boden 50,75 x 35,25 cm • Holzleisten 2 x 6 cm: E Dachholm 60 cm lang, F 2 Seitenholme 57 cm lang
- Vierkanthölzer 2 x 2 cm: G 4 Querleisten 46 cm lang, H 4 waagrechte Seitenleisten 35,25 cm lang, I 4 senkrechte Seitenleisten 31,25 cm lang • Kabelklemmen • Eierkarton
- Elektrokabel • großer Plastiktrichter • Glühbirne mit Fassung
- Stifte • Schrauben

1 Schließt die Birnenfassung ans Kabel an und schraubt sie an die Mitte des Dachholms (E). Befestigt das Kabel mit Klemmen am Holm. Schneidet in einen der Seitenholme (F) eine kleine Nut, durch die das Kabel geführt werden kann.

2 Schraubt die Seitenleisten (H und I) an die Seitenteile (A). Befestigt die Querleisten (G) an der Vorder- und Rückseite (C). Die Leisten sollten 5 mm vom Plattenrand entfernt sein.

3 Baut die einzelnen Teile (A, C, D) zusammen, so daß sie eine feste Kiste bilden. Stellt die Eierschachtel hinein. Schraubt die Seitenholme an und befestigt den Dachholm darauf.

4 Schneidet ein Loch von 12 cm Durchmesser ins Dach und legt die Dachplatte lose auf die Kiste.

5 Schneidet die Trichterspitze so ab, daß eine mindestens 4 cm weite Öffnung entsteht. Steckt den Trichter in das Dachloch und schraubt die Birne ein. Damit ist die Falle fertig. Stellt sie an einen trockenen und dunklen Ort, schaltet das Licht an und wartet auf die Falter.

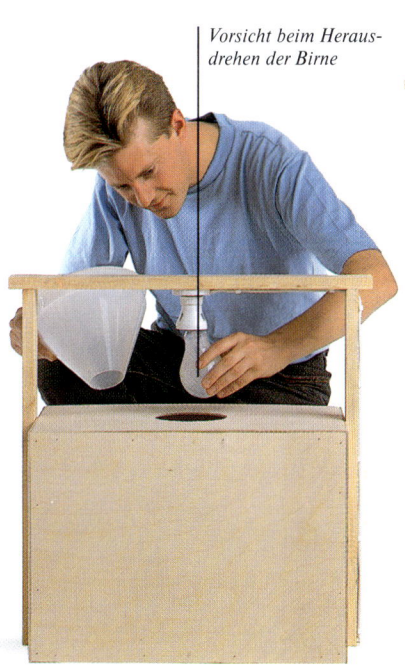

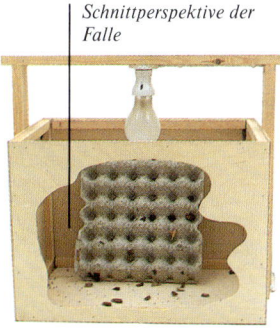

Vorsicht beim Herausdrehen der Birne

Schnittperspektive der Falle

Untersucht euren Fang
Schaltet das Licht aus und wartet, bis sich die Glühbirne abgekühlt hat. Entfernt sie und den Trichter und hebt vorsichtig den Eierkarton heraus. Wenn ihr schnell seid, könnt ihr die Falter zählen und einige der größeren identifizieren, ehe sie wegfliegen.

INSEKTEN UND ANDERE WIRBELLOSE

Ameisen und Termiten

Viele Tiere bilden Gruppen, um sich die Nahrungssuche zu erleichtern oder sich besser verteidigen zu können. Bei einigen Tieren hat sich daraus eine hochspezialisierte Lebensweise entwickelt, vor allem bei den »sozialen Insekten«: Ameisen, Wespen und Bienen (die zur Ordnung der Hymenoptera oder Hautflügler gehören) sowie Termiten. Ameisen und Termiten sind keine nahen Verwandten, haben aber eine ähnliche Lebensweise. Sie bauen unterirdische Nester, ähneln einander oft und verhalten sich gleich – ein Beispiel für eine konvergente Evolution (S. 20 – 21).

Soziale Insekten teilen sich die Arbeit auf, die ihre Gemeinschaft am Leben erhält. Gewöhnlich legt nur ein Individuum – die Königin – Eier. Andere kümmern sich um die Nahrungssuche, die Aufzucht der Jungen und die Bewachung des Nests, wobei sie instinktiv auf Pheromone reagieren, das sind chemische Botschaften, die von der jeweiligen Königin einer Kolonie gesendet werden.

Dieses aufgeblasene, madenähnliche Wesen ist eine Termitenkönigin. Sie ist in eine Zelle unterhalb des Termitenhügels gebettet und produziert ständig Eier. Termiten sind vermutlich die ersten Insekten, die eine gesellschaftliche Lebensweise entwickelt haben.

EXPERIMENT
Ein Formicarium bauen

Bei diesem Experiment sollte ein Erwachsener dabeisein

Mit einem Formicarium könnt ihr das Verhalten einer Ameisenkolonie studieren.

IHR BRAUCHT
• schwarzes Tuch • Erde • Glas • Becherglas • Modelliermasse • Modellgips • Schraubenzieher • Löffel • Schrauben • Samen • breites Plastikrohr • Ameisen mit Königin • Plexiglasscheibe • Isolierband

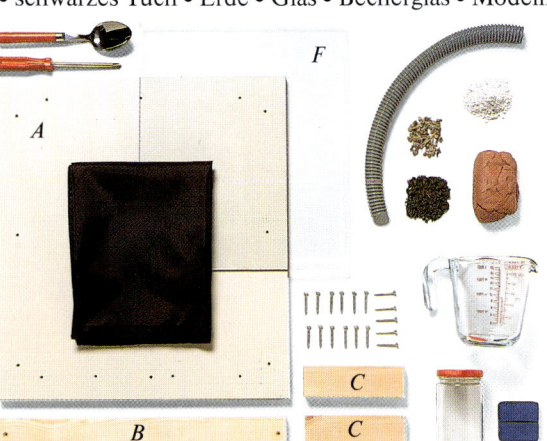

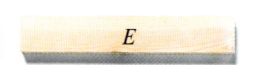

A Nestboden aus Sperrholz 44 x 41 cm, Holzleisten 4 x 2 cm:
B 2 Seitenteile 41 cm lang,
C 2 Seitenteile 15 cm lang,
D Seitenteil 34 cm lang,
E Eingangsstück 25 cm lang,
F Plexiglasscheibe 35 x 30 cm.

1 Schraubt die Seiten auf den Boden. Legt die Plexiglasscheibe und das Eingangsstück hinein. Formt die Modelliermasse.

2 Paßt das Rohr mit Hilfe der Modelliermasse ein. Rührt den Gips an, gießt damit die Modelliermasse aus und glättet die Oberfläche.

3 Laßt alles einen Tag ruhen, ehe ihr die Modelliermasse sorgfältig auskratzt. Füllt das Formicarium mit Erde.

AMEISEN UND TERMITEN

Vorsicht vor Ameisen!
Wenn ihr Ameisen sammelt, zieht euch dicke Handschuhe an, denn einige können unangenehm beißen oder Gift verspritzen. Und bitte keine artgeschützten Waldameisen nehmen.

Nestbauer
Viele Ameisen nisten unter flachen Steinen, wo man sie gut finden kann.

Formicarium mit Plexiglasdeckel

Glas mit Nahrung

4 Schneidet ein Loch in den Deckel des Glases und befestigt mit Hilfe der Modelliermasse darin das Rohr. Gebt einige gemischte Samen ins Glas und schraubt es an den Deckel. Nun vorsichtig die Ameisen ins Formicarium geben und den Plexiglasdeckel auflegen. Lücken mit Isolierband verschließen. Nun bedeckt ihr das Ganze mit dem schwarzen Tuch und wartet ab, bis sich die Ameisen in ihrem neuen Nest wohl fühlen.

Entwicklung und Körperformen

Ameisen entwickeln sich aus Eiern, die die Königin gelegt hat. Aus den Eiern werden madenähnliche Larven, daraus Puppen und schließlich ausgewachsene Tiere. Diese sind in vielen Ameisenkolonien unterschiedlich gestaltet – je nach der Arbeit, die sie auszuführen haben. Bei manchen Arten können die Soldaten, die die Kolonie bewachen, 50 mal schwerer sein als die Arbeiterinnen.

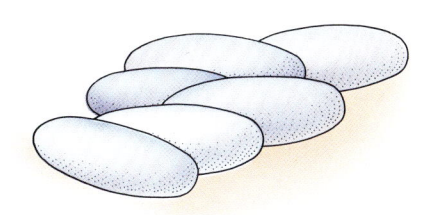

Eier
Nachdem die Königin die Eier gelegt hat, werden sie von Arbeiterinnen fortgeschafft und in Kammern gemeinsam ausgebrütet.

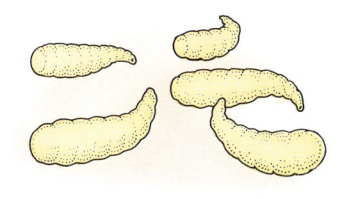

Larven
Aus den Eiern schlüpfen flügellose Larven. Sie bilden ovale Puppen, die oft fälschlicherweise »Ameiseneier« genannt werden.

Soldat
Mit ihren Kiefern greifen sie Eindringlinge an – z. B. andere Ameisen, die Nester plündern und Arbeiterinnen zur Futtersuche zwingen.

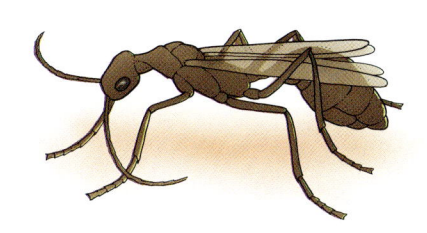

Geflügelte Ameisen
Männchen und Weibchen verlassen das Nest und paaren sich. Die Männchen sterben bald danach, die Weibchen gründen neue Kolonien.

Arbeiterin
In einer Ameisenkolonie leben zwischen ein paar hundert – bei einigen tropischen Arten – bis über 20 Millionen Arbeiterinnen.

INSEKTEN UND ANDERE WIRBELLOSE

Bienen und Wespen

Während Ameisen und Termiten (S. 110 – 111) gesellig leben und Kolonien bilden, haben viele Arten von Bienen und Wespen ganz unterschiedliche Lebensformen entwickelt. Einige leben ganz allein: Das Weibchen legt eine Reihe von Eiern, die sich zu ausgewachsenen Tieren entwickeln und davonfliegen, ohne Kolonien zu bilden. Am anderen Ende der sozialen Skala ist die Honigbiene, die Kolonien aus bis zu 80 000 Individuen bilden kann. Zwischen diesen beiden Extremen gibt es zahllose Arten mit Kolonien von unterschiedlicher Größe. Die meisten Bienen leben von Pflanzen, während viele Wespen auch Insekten und andere kleine Tiere fressen.

Blütennahrung
Eine Hummel sammelt Nektar und Pollen an einer Löwenzahnblüte.

EXPERIMENT
Einen Hummelnistkasten bauen

Hummeln bilden kleine Kolonien, im allgemeinen unter der Erde. Statt ihre eigene Höhle zu graben, benutzt die Königin oft ein Mauseloch, zu dem sie durch dessen Geruch gelockt wird. Es gibt gar nicht so viele Nistgelegenheiten, und darum könnt ihr – zu Frühjahrsbeginn – ganz einfach ein künstliches Nest bauen, das einer Hummel gefällt.

IHR BRAUCHT
- kleiner Blumentopf mit Abflußloch • 4 Korken
- Holzabdeckung, 12 x 12 cm
- Sägemehl oder Hobelspäne

Das Leben in einer Honigbienenkolonie

In vieler Hinsicht läßt sich eine Honigbienenkolonie mit einem einzelnen Lebewesen vergleichen. Jede Biene wäre dann eine Zelle in einem Körper, und chemische Botschaften der Königin sorgen wie Nerven und Hormone dafür, daß die Arbeit in der Kolonie koordiniert abläuft. In sechseckigen Zellen aus Wachs speichern Bienen Nahrung und ziehen ihre Jungen auf.

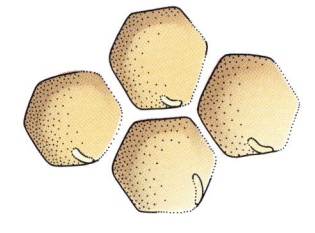

Eier
Die Königin kann kontrollieren, welche Eier befruchtet sind. Daraus entwickeln sich Arbeiterinnen oder Königinnen, aus unbefruchteten Eiern werden Drohnen, das sind männliche Bienen.

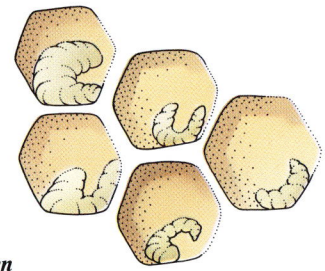

Larven
Nach etwa drei Wochen hat sich aus einer Larve eine erwachsene Biene entwickelt. Nur die Larven, die mit »Geleé royale« gefüttert wurden, entwickeln sich zu Königinnen.

Königin
Eine Königin paart sich nur einmal, nachdem sie die Kolonie, in der sie geboren wurde, verlassen hat, um eine neue zu gründen. Fortan legt sie nur noch Eier.

Arbeiterin
Arbeiterbienen sind weiblich. Jede hat immer wieder andere Aufgaben, wenn sie älter wird: zuerst in der Kolonie, später geht sie außerhalb des Stocks auf Nahrungssuche.

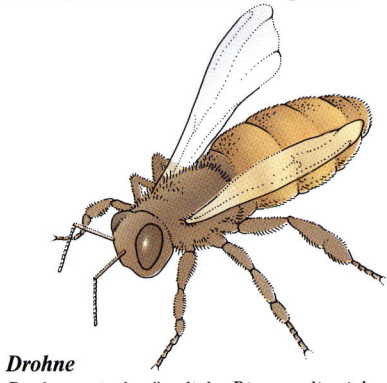

Drohne
Drohnen sind männliche Bienen, die sich mit Königinnen paaren. In jeder Kolonie gibt es nur ein paar, die ihren Zweck nach der Paarung erfüllt haben und bald danach sterben.

BIENEN UND WESPEN

Grabt ein Loch in den Boden, das tief genug ist, um den Blumentopf hineinzustellen. Gebt ein Häufchen Sägemehl oder Hobelspäne auf den Boden des Lochs, stellt den Blumentopf verkehrt herum hinein und setzt den Deckel auf Korkenstützen darüber. Vielleicht krabbelt eine Hummel durchs Loch und baut ihr Nest.

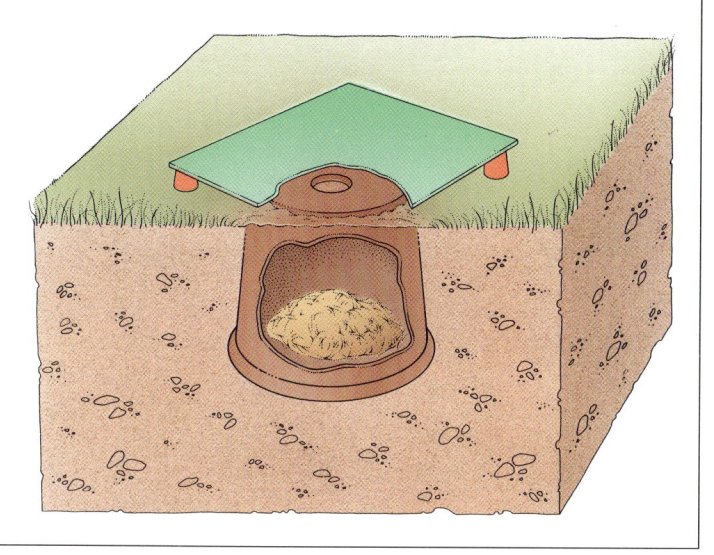

Wespennester

Die meisten geselligen Wespen bauen ihre Nester, indem sie Stückchen von totem Holz zerkauen und sie mit Speichel zu einer Paste vermischen. Daraus formt die Wespenkönigin die erste Zelle eines Nests, in die sie ein paar Eier legt. Daraus schlüpfen Arbeiterinnen, die nun das Nest ausbauen.

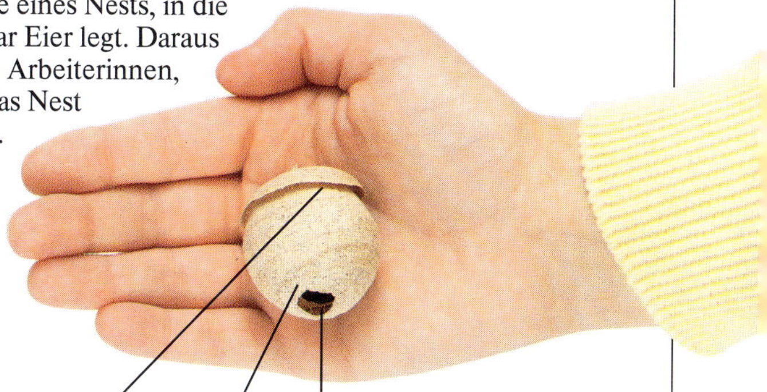

Das Nest besteht aus konzentrischen Schalen

Die Zellen sind in einzelnen Schalenschichten verborgen

Der Eingang eines bewohnten Nests wird schwer bewacht

Vorsicht vor Bienen!
Nur im äußersten Notfall benutzen Bienen und Wespen ihren Stachel. Bewegt euch langsam, wenn ihr sie beobachtet, und haltet euch vom Eingang eines Stocks oder Nests fern.

Schnellreparaturen
Wespennester sind sehr dünn. Dieses Nest wurde beschädigt, so daß man die Innenzellen sehen kann. Schon beginnen die Wespen es mit Holzbrei zu reparieren.

Wespen im Winter

Wo es kalte Winter gibt, werden die meisten Wespen von den ersten Frösten getötet. Wespenköniginnen überwintern an geschützten, trockenen Orten wie Vorhangfalten, die Flügel unter die Beine gezogen. Im Frühling erwachen sie und suchen nach einer Nistgelegenheit.

Wespen fressen tierische und pflanzliche Nahrung und lieben süße Früchte

Wie Bienen ihre Nahrung finden

Honigbienen brauchen Nahrung, um am Leben zu bleiben und ihren Nachwuchs zu füttern. Von morgens bis abends sind Arbeitsbienen unterwegs und sammeln zuckerhaltigen Nektar und Pollen. Während der letzten beiden Wochen ihres zwei Monate dauernden Lebens unternehmen Arbeitsbienen Tausende solcher Flüge. Sie schlürfen Nektar mit ihrer röhrenartigen Zunge, und an ihrem behaarten Körper bleiben Pollen kleben, die sie in sogenannte Pollenkörbchen an ihren Hinterbeinen abstreifen. Sobald sie wieder im Stock sind, wandeln sie Nektar und Pollen in Honig um, von dem sie sich bei kaltem Wetter ernähren können. Arbeiterinnen suchen nicht wahllos nach Nahrung, sie haben vielmehr ein wunderbares Kommunikationssystem, mit dessen Hilfe eine Biene vielen anderen mitteilen kann, wo Futter zu finden ist.

Nachdem die erste Biene Futter gefunden hat, kehrt sie zum Stock zurück und vollführt einen besonderen Tanz. Die anderen Bienen verstehen die verborgene Botschaft dieses Tanzes und fliegen genau in die richtige Richtung. Innerhalb weniger Minuten drängeln sich die Bienen um die Nahrungsquelle.

Geheime Sinne
Anders als wir können Bienen ultraviolettes Licht wahrnehmen. Diese Blume wurde mit einem Spezialfilm unter ultraviolettem Licht fotografiert. Man erkennt die Honigmale – Markierungen, die Bienen zeigen, wo sich der Nektar befindet.

EXPERIMENT
Bienen dressieren

Bei diesem ersten Experiment könnt ihr Bienen darauf dressieren, eine künstliche Blüte aus Pappe anzufliegen. In ihrem Zentrum befindet sich ein bißchen Zuckerwasser, von dem sich die Bienen ernähren können. Sobald eure Bienen dressiert sind, könnt ihr durch weitere Experimente herausfinden, wie sie es anderen mitteilen, wo die Blüte ist.

IHR BRAUCHT
• farbige Pappe • Uhrgläser oder gleiche Flaschenverschlüsse • Zucker • Wasser

Süße Entdeckung
Löst den Zucker in Wasser auf. Schneidet aus der Pappe farbige Blüten und legt sie auf einen Tisch im Freien. Stellt ein Uhrglas in den Mittelpunkt jeder Blüte und gebt in eines etwas Zuckerwasser hinein. Irgendwann entdeckt es eine Biene, die andere darüber informiert.

EXPERIMENT
Stellung und Farbe testen

Wenn ihr eure Bienen darauf dressiert habt, zu einer bestimmten Farbe zu kommen, könnt ihr testen, wie sie Nahrung finden. Entfernt die Uhrgläser von allen Blumen. Stellt dann das Zuckerwasser auf eine Blüte von der gewählten Farbe, die ein wenig weiter weg ist. Fliegen die Bienen zu dieser Blüte? Stellt das Zuckerwasser zu einer daneben liegenden Blüte mit anderer Farbe. Verwirrt der Farbunterschied die Bienen?

Diese Blüte enthält keine Nahrung, und die Bienen lassen sie links liegen

Eine Biene sieht nach, ob die gelbe Blume Nahrung enthält

WIE BIENEN IHRE NAHRUNG FINDEN

Knietief im Nektar
Wenn ihr euch langsam den Bienen nähert, könnt ihr sie beim Trinken beobachten. Fressende Bienen sind sehr konzentriert und fliegen nur weg, wenn eine plötzliche Bewegung sie erschreckt. Im Uhrglas können sie die Zuckerlösung leicht erreichen und schlecken sie mit der Zunge auf. Bei manchen Blüten befindet sich der Nektar in langen Röhren, so daß die Biene ihre Zunge ganz ausstrecken muß.

Röhrenzunge

Körperhaare zum Pollensammeln

Futtersuche
Sobald eine Biene die Futterquelle gefunden hat, verständigt sie die anderen Bienen ihres Stocks, die sich nach einer Weile um die Blüte drängen.

GROSSE ENTDECKER
Karl von Frisch

Der österreichische Wissenschaftler Karl von Frisch (1886–1982) hat über viele Jahre das Verhalten von Tieren studiert. Er fand heraus, daß Honigbienen durch Duftstoffe und einen besonderen Tanz auf den Honigwaben im Stock Informationen über die Position nektarhaltiger Blüten übermitteln können. Mit dem Rundtanz gibt die Arbeiterin zu verstehen, daß die Blüten irgendwo in der Nähe des Stocks sind. Der Schwänzeltanz besagt, daß sie weiter weg sind und zeigt die Richtung und Entfernung an. Dabei dreht sich die Biene im Kreis, den sie plötzlich durchquert, wobei sie mit dem Hinterleib wackelt. Von Frisch entdeckte, daß die anderen Bienen an dem Winkel, in dem die Kundschafterin den Kreis (gegen die Schwerkraft) durchquert, die Richtung der Blüten in Beziehung zum Sonnenstand erkennen können. Je schneller der Tanz, desto weiter weg die Nahrung. Als von Frisch diese komplizierte Form der Kommunikaton zum erstenmal beschrieb, wollte man ihm nicht glauben.

Rundtanz
Eine Arbeiterin teilt den anderen mit, daß es in der Nähe des Stocks Futter gibt. Anders als der Schwänzeltanz gibt der Rundtanz keine genaue Position an, so daß die Bienen auf der Futtersuche in alle Richtungen ausschwärmen.

Grüne Blüten ziehen Bienen kaum an

Eine Biene untersucht eine rosa Blüte, findet aber nichts

Bienen drängen sich um die blaue Blüte, aber die Nahrung ist weg

INSEKTEN UND ANDERE WIRBELLOSE

Umweltverhalten

Im Vergleich zu Vögeln oder Säugetieren haben die meisten Wirbellosen ein sehr einfaches Nervensystem. Das heißt aber nicht, daß sie nicht auf ihre Umwelt reagieren. Genauso wie Wirbeltiere müssen sie sich vermehren, Nahrung finden und es vermeiden, gefressen zu werden. Für ihr Überleben ist ihr Verhalten genauso wichtig wie ihre Größe und Form.

Im Leben jedes Tiers müssen ständig Entscheidungen getroffen werden, zum Beispiel in welche Richtung es sich bewegen, ob es um einen Gefährten werben oder ihn verjagen oder ob es seine Jungen oder sich selbst ernähren soll. Das Studium tierischen Verhaltens in der Natur – Verhaltensforschung genannt – beruht auf der Beobachtung der vielen Entscheidungen, die ein Tier trifft. Selbst so einfache Tiere wie Schnecken und Asseln können sehr komplexe Verhaltensweisen zeigen.

EXPERIMENT
Schnecken nachspüren

Eine wichtige Methode, tierisches Verhalten über einen bestimmten Zeitraum zu beobachten, besteht darin, daß man sie markiert und ihre Wege verfolgt. Ein bißchen Lack kann eine Menge über das Privatleben von Schnecken verraten.

IHR BRAUCHT
- Lackfarbe • Pinsel
- Gartenschnecken • Blumentopf

Eine Schnecke markieren
Faßt das Schneckenhaus vorsichtig an und malt darauf eine Zahl. Achtet darauf, daß der Körper der Schnecke keine Farbe abbekommt.

Herr im Haus
Schnecken lieben feuchte Orte. Stellt einen großen Blumentopf verkehrt herum in den Garten und hebt den Rand an einer Stelle etwas an, eventuell mit einem Stein. Am nächsten Morgen könnt ihr die Schnecken markieren.

Kommen und Gehen
Nun könnt ihr sehen, wie viele Schnecken in der kommenden Nacht in den Blumentopf zurückkehren. Sind es immer dieselben? Markiert die Neulinge und achtet darauf, wie häufig neue dazu kommen.

UMWELTVERHALTEN

EXPERIMENT
Auswahlverhalten

In einer Kammer entscheiden Asseln zwischen zwei Bedingungen, zum Beispiel verschiedenen Licht- oder Feuchtigkeitswerten. Die Kammer enthält zwei Abteile, und die Asseln können sich von einem Abteil ins andere durch kleine Öffnungen bewegen.

1 Schraubt die Seitenleisten an den Boden. Schneidet drei Türchen in die Trennwand, die groß genug sind, daß Asseln hindurchkriechen können. Befestigt die Wand am Boden, so daß die Kammer halbiert ist.

2 Gebt ein paar Asseln in die Kammer und deckt sie zu. Seht nach einem Tag nach, ob die Asseln sich gleichmäßig auf die Abteile verteilt haben. Wenn nicht, solltet ihr herausfinden, ob etwas mit eurer Kammer oder mit ihrer Position nicht stimmt, was die Asseln beeinflussen könnte.

IHR BRAUCHT
• Schrauben • Stifte • kleine Handsäge • A Sperrholzboden und -deckel 24 x 24 cm, B 2 Plexiglasdeckel 24 x 24 cm und 24 x 12 cm groß, C 2 Seitenleisten 24 x 3 x 2 cm, D 2 Seitenleisten 20 x 3 x 2 cm, E Zwischenwand 20 x 3 x 2 cm

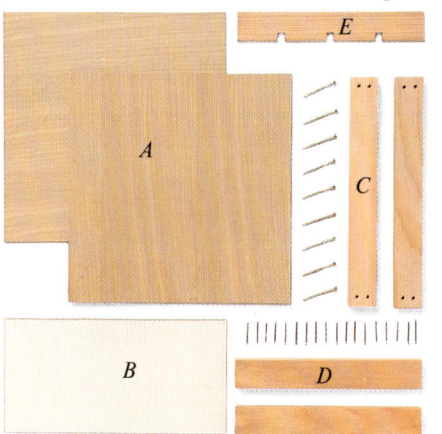

Asseln sammeln
Asseln findet man oft unter Steinen und Holzstücken. Sie sind ganz harmlos und können in eine Petrischale gesetzt und dann in die Wahlkammer gebracht werden.

Trocken oder feucht?
Um herauszufinden, ob Asseln auf Feuchtigkeit reagieren, gebt ihr ein Stück feuchte Watte in ein Abteil. Setzt die Asseln hinein und deckt die ganze Kammer zu. Am nächsten Tag seht ihr nach, wie die Asseln zwischen den beiden Abteilen verteilt sind.

Hell oder dunkel?
Deckt ein Abteil mit Plexiglas, das andere mit Holz ab. Laßt die Asseln einen Tag stehen und seht dann nach, wo sie sich befinden. Nun könnt ihr testen, ob Dunkelheit oder Feuchtigkeit für sie wichtiger ist, indem ihr ein Abteil feucht, aber hell haltet (feuchte Baumwolle unter Glasdeckel), das andere dunkel, aber trocken (nur Holzdeckel).
Und vergeßt nicht, die Tiere nach dem Experiment – am besten am Fundort – wieder freizulassen.

Maß nehmen
Wie schnell wächst eine Schnecke im Freien? Wiegt einzeln numerierte Schnecken zwei Monate lang einmal in der Woche und zeichnet die Werte in Rasterquadrate, wobei die waagrechten und senkrechten Linien Gewicht und Zeit darstellen. Zeichnet für jede Schnecke eine Kurve.

Lieblingsfutter
Füttert zwei Gruppen von markierten Schnecken mit verschiedenen Pflanzen. Nach ein paar Tagen laßt ihr die Schnecken draußen genau zwischen den beiden Pflanzen frei. Welche Pflanzen bevorzugen sie?

INSEKTEN UND ANDERE WIRBELLOSE

Tarnung und Mimikry

Die Welt der Insekten ist voller Tricks und Täuschungen. Für viele Insekten kann es tödliche Folgen haben, wenn sie gesehen und erkannt werden. Sie entkommen ihren Verfolgern dadurch, daß sie wie etwas anderes aussehen. Gibt es etwas weniger Appetitanregendes als einen Kieselstein? Oder ein totes Blatt? Diese Tarnung, Mimese genannt, funktioniert natürlich nur, wenn sich das Insekt ruhig hält. Sobald sich ein »Kiesel« oder ein »Blatt« rührt, ist das Spiel aus. Aber es gibt auch noch andere Möglichkeiten, Feinde abzuwehren, zum Beispiel die Warnfärbung oder Mimikry. Einige Insekten sind so verwegen gefärbt, daß sie kaum zu übersehen sind. Doch damit geben sie nur zu erkennen, daß sie giftig sind, und darum werden sie von Räubern gemieden. Das machen sich einige harmlose Insekten zunutze, indem sie sie nachahmen: Schutz durch Täuschung.

Pflanze oder Tier?
Bei dieser farblichen Ähnlichkeit kann man den Falter kaum von der stachligen Distel unterscheiden.

Durch Bluffen überleben

Schon früh lernen die meisten Vögel, Bienen und Wespen zu meiden, weil sie damit die Gefahr eines schmerzhaften Stichs verbinden. In Jahrmillionen haben sich ganz harmlose Insekten entwickelt, die wie Bienen und Wespen aussehen. Diese Art der sogenannten Mimikry von Wespen und Bienen kommt fast überall vor – zum Beispiel auch in eurem Garten.

Hummelschweber
Diese pelzige, plumpe Fliege sieht aus und brummt wie eine Hummel, hat aber keinen Stachel.

Täuschende Farben
Die leuchtende Warnfärbung der wespenähnlichen Schwebfliege ist nichts als ein Trick.

An ihren Flügeln könnt ihr sie erkennen
Schwebfliegen haben keinen Stachel, und bei näherer Betrachtung erkennt man, daß sie nur ein Flügelpaar haben; echte Wespen aber haben zwei.

EXPERIMENT

Wir tarnen uns

Viele Tiere gehen sofort in Deckung, wenn sie einen sich bewegenden Menschen erblicken. Wenn ihr euch tarnt oder einen unauffälligen Beobachtungsstand baut (S. 141) und euch dann ruhig verhaltet, könnt ihr Tiere beobachten, ohne daß sie euch bemerken. Tarnfarbe oder Schminke sowie ein Schleier machen die Umrisse eures Gesichts unkenntlich.

IHR BRAUCHT
• Tarnfarbe oder Schminke • Schleier

Sich dem Hintergrund anpassen
Wenn ihr euch hinter dichter Vegetation verkriecht, könnt ihr euren Körper fast ganz verstecken. Euer geschminktes Gesicht macht es den Tieren schwer, euch als Menschen zu erkennen.

TARNUNG UND MIMIKRY

Maskenspiele

Schmetterlinge haben eine ganze Reihe von Tarnungen entwickelt, mit denen sie sich vor ihren Verfolgern verbergen. Viele Raupen sehen wie tote Zweige aus, einige wie Vogelkot. Die erwachsenen Tiere haben zur Tarnung oft Flügel, die im geschlossenen Zustand wie ein gewöhnliches Blatt aussehen.

Warnfärbung
Für einen hungrigen Vogel ist ein Schmetterling eine große Versuchung – auf den nordamerikanischen Monarchfalter aber wird er lieber verzichten. Seine leuchtenden Farben zeigen an, daß er giftig ist, und jeder Vogel, der ihn frißt, wird schwerkrank. Vögel haben daraus gelernt und rühren diese Falter nicht an. Das Gift der Pflanzen nämlich, das seine Raupen fressen, findet sich auch in ihm wieder. Dieses Phänomen macht sich ein anderer Falter zunutze: Limenitis archippus. *Er ist völlig harmlos, aber dadurch geschützt, daß er wie sein giftiges Gegenstück aussieht.*

Ein belebtes Blatt
Der indische Blattschmetterling sieht tatsächlich wie ein totes Blatt aus – bis hin zur Mittelader auf den Flügeln.

Im Schilf versteckt
Die Rohrdommel ist ein faszinierendes Beispiel für Mimese bei Vögeln. Sie lebt in ausgedehnten Schilfflächen, wo sie mit ihrem braunschwarzen Federkleid kaum zu erkennen ist. Bei Gefahr erstarrt sie in einer »Pfahlstellung«: den Schnabel nach oben, die Augen aber fest auf den Eindringling gerichtet. Sobald er sich bewegt, dreht sich die Rohrdommel lautlos zu ihm um. Wenn der Wind weht, schwankt sie wie die Schilfrohre um sie herum – eine fast perfekte Tarnung.

Still und bewegungslos
Sucht euch ein angenehmes, abgelegenes und vor allem trockenes Versteck. Genauso wichtig wie Farbe und Form für eine gute Tarnung ist es, sich ruhig und lautlos zu verhalten.

Sich klein machen
Menschen fallen vor allem durch ihre Größe auf. Wenn ihr euch so flach wie möglich hinter einer Erhebung versteckt, können Tiere noch weniger von euch erkennen.

INSEKTEN UND ANDERE WIRBELLOSE

Das Leben im Boden

Der Boden unter euren Füßen steckt voller Leben. Selbst an so trockenen, unwirtlichen Orten wie Wüsten gibt es auf und unter der Oberfläche mikroskopisch kleine Lebewesen. In fruchtbaren Gegenden enthält schon eine Streichholzschachtel voll Erde Millionen von Organismen: Bakterien und Pilze (S. 68 – 69) sowie ganz verschiedene Arten von Tieren. Einige wie die Regenwürmer (S. 124 – 125) und flügellose Insekten kann man mit bloßem Auge sehen, die meisten aber, wie Fadenwürmer und Milben, sind dafür zu klein. Bodenorganismen sind die »Wiederaufbereiter« der Natur und für andere Formen des Lebens wichtig. Sie zersetzen tote Pflanzen und Tiere und erschließen damit deren Nährstoffe. Die meisten Bodenorganismen brauchen Sauerstoff zum Leben.

EXPERIMENT
Den Säure- oder Laugengehalt des Bodens messen

Das Leben im Boden hängt von seiner chemischen Beschaffenheit ab. Feuchter, saurer Boden zum Beispiel beherbergt relativ wenige Organismen, alkalischer Boden hingegen ist reich an Mineralien, die viele Arten von Lebewesen brauchen. Ihr könnt den Säuregehalt des Bodens bzw. seine Basizität (seinen »pH-Wert«) mit Hilfe von farbigem Lackmuspapier testen, das es in Apotheken gibt.

IHR BRAUCHT
- Plastiklöffel
- destilliertes Wasser • Erde
- Deckelglas
- rotes und blaues Lackmuspapier

1 Holt euch eine Bodenprobe, die ihr testen wollt. Gebt einen Löffel davon ins Glas und rührt um, damit es keine Klumpen mehr gibt.

2 Nun füllt ihr das Glas zur Hälfte mit destilliertem Wasser und schraubt den Deckel fest zu.

3 Schüttelt das Glas etwa eine Minute lang, damit sich Erde und Wasser vermischen. Stellt es ab, bis sich die Erde wieder abzusetzen beginnt.

DAS LEBEN IM BODEN

EXPERIMENT
Tullgren-Trichter

Um Bodenlebewesen sehen zu können, müßt ihr sie zuerst aus ihrer Umwelt herausholen. Die meisten leben bei Kälte und Dunkelheit und verziehen sich vor Wärme und Licht. Der Tullgren-Apparat vertreibt mit Hilfe einer starken Lichtquelle Kleinlebewesen aus einer Bodenprobe. Sie fallen in ein Glas, wo man sie leicht sammeln und untersuchen kann.

IHR BRAUCHT
- Erde • Schwenklampe • Haarsieb
- Plastiktrichter • Zahnstocher • Glas
- Lupe
- Petri-Schale oder Untertasse

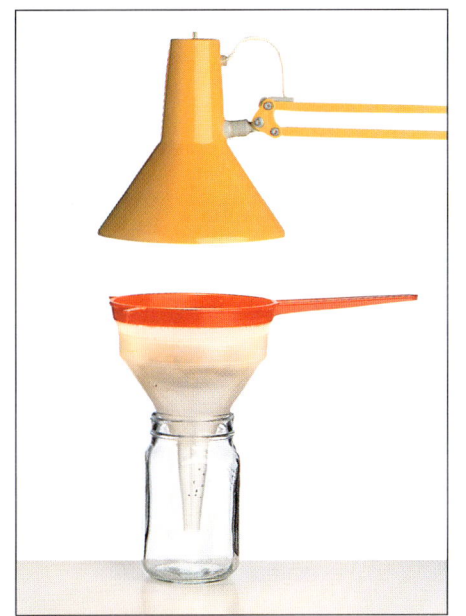

1 Stellt den Trichter ins Glas, legt das Sieb darauf und gebt ein bißchen Erde hinein. Richtet die Lampe ganz nah auf das Sieb, ohne es zu berühren. Schaltet das Licht ein. Nach etwa einer Stunde sind die Kleinlebewesen in der Erde vor dem Licht geflüchtet und durch Sieb und Trichter ins Glas gefallen.

2 Schaltet die Lampe aus und entfernt Sieb und Trichter. Befördert die Tiere in die Schale, trennt sie vorsichtig voneinander mit einem Zahnstocher und untersucht sie mit der Lupe. Wiederholt das Experiment mit Erde aus verschiedenen Lebensräumen. In welcher Erde befinden sich die meisten tierischen Organismen?

4 Schraubt den Deckel vorsichtig ab und taucht den Plastiklöffelstiel ins Wasser über der Erde. Nehmt ihn langsam wieder heraus.

5 Tupft jetzt mit dem Löffelstiel auf das blaue und rote Lackmuspapier, so daß beide Streifen ein wenig von dem Wasser aufsaugen.

Rotes Lackmuspapier wird bei alkalischem Boden blau

Blaues Lackmuspapier wird bei saurem Boden rötlich

6 Einer der beiden Lackmuspapierstreifen wird nun die Farbe ändern, so daß ihr erkennt, ob eure Bodenprobe sauer oder alkalisch war.

Das Prüfen von Bodenproben

Beim genauen Betrachten von Bodenproben kann man häufig erkennen, daß sie eine Mischung kleiner Teilchen sind: von winzigen Steinchen sowie von organischen Stoffen, dem sogenannten Humus, der aus den Überresten toter Pflanzen und Tiere entstand. Sie sind in Teile und Fasern zerfallen, haben sich aber nicht vollständig zersetzt. In fruchtbaren Böden gibt es genügend Humus an der Oberfläche. Tiefere Schichten enthalten weniger organische Stoffe und mehr mineralische Bestandteile. Diese entstehen bei der Verwitterung von Felsbrocken und versorgen Pflanzen mit wichtigen Mineralien wie Phosphor- und Magnesiumverbindungen.

Außer an sehr trockenen Orten sind die feinen Erdpartikel von einem dünnen Wasserfilm überzogen. Die Gesamtfläche aller Partikel in einer Bodenprobe ist riesengroß – in einem einzigen Kubikzentimeter fruchtbarer Erde etwa 5 Quadratmeter! Damit haben Bakterien und andere Mikroorganismen genügend Platz zum Leben.

EXPERIMENT
Baermann-Trichter

Dieser Apparat arbeitet nach dem gleichen Prinzip wie der Tullgren-Trichter (S. 121), doch damit sammelt man die Kleinlebewesen, die im Bodenwasser leben. Die in ein Musselinsäckchen gefüllte Erde wird mit Wasser durch einen Trichter ausgeschwemmt. Die Tierchen flüchten vor dem Licht und sammeln sich am Ende des Trichters, von wo aus sie ins Glas gelangen.

IHR BRAUCHT
- Erde • Schwenklampe • Plastiktrichter
- Bleistift • Schnur • Musselin • Glas
- Tropfpipette • Lupe • Modelliermasse
- Petri-Schale oder Untertasse • Wasser

Trichter mit Wasser
Erde in Musselinsäckchen
Stopfen aus Modelliermasse

1 Verschließt die Tülle des Trichters mit der Modelliermasse und stellt ihn ins Glas. Gebt etwas Erde auf den Musselin und bindet ihn zu einem Säckchen zusammen. Befestigt es an dem Bleistift und laßt es in den Trichter hängen. Füllt ihn mit Wasser und schaltet die Lampe ein.

2 Schaltet die Lampe nach einer Stunde wieder aus. Licht und Wärme haben die Tierchen aus dem Bodenwasser durchs Säckchen in die Trichtertülle getrieben. Den Stopfen rasch entfernen und wieder aufstecken, wenn das Wasser mit den Tierchen ins Glas gelaufen ist.

3 Mit der Tropfpipette könnt ihr die Tierchen in die Schale geben und dort mit der Lupe betrachten. Einige Tiere, die im Bodenwasser leben, sind sehr klein. Gebt einen Tropfen des aufgefangenen Wassers auf einen Objektträger und betrachtet ihn unter einem Mikroskop.

DAS PRÜFEN VON BODENPROBEN

Unterirdische Jäger

Dieses gefährlich aussehende Tier ist tatsächlich nur ein paar Millimeter lang. Es ist ein Pseudoskorpion, ein winziger Verwandter der Spinnen, Skorpione, Zecken und Weberknechte. Pseudoskorpione leben auf dem Boden, vor allem im herabgefallenen Laub. Sie jagen bei Nacht und ernähren sich von kleineren Tieren wie Milben und jungen Spinnen. Sie fangen ihre Beute mit ihren Zangen und töten sie mit einem giftigen Biß. Wie die meisten Arachniden können sie keine feste Nahrung fressen. Statt dessen pumpen sie Verdauungsenzyme in ihre Beute, wodurch sich deren Körperteile verflüssigen, so daß das Tier diesen Nahrungsbrei aufsaugen kann. Von diesen Pseudoskorpionen gibt es über 2000 Arten, die fast überall – außer in den Polarregionen – vorkommen.

EXPERIMENT
Bodenstruktur

Die Zusammensetzung des Bodens ist von Ort zu Ort verschieden. Die tiefsten Böden gibt es auf flachen Ebenen, die an Flüsse angrenzen: das Nildelta oder das Land am Unterlauf des Mississippi. Derartige Ströme führen eine Menge Schwemmsand, und wenn sie über die Ufer treten, setzt er sich ab und wird zu Erdboden. Im tropischen Regenwald ist der Boden durchaus nicht so tief und fruchtbar, wie man erwarten würde, sondern besteht nur aus einer dünnen Bodenschicht über dem Grundgestein. Sammelt einmal Bodenproben aus verschiedenen Gebieten in eurer Umgebung. Man kann die Bestandteile einer Bodenprobe untersuchen, indem man sie mit Hilfe von Wasser trennt.

Der Humus im Boden besitzt meist nur eine geringe Dichte, weshalb er zunächst schwimmt, wenn er mit Wasser vermischt wird, während die steinigen Partikel absinken. Zuweilen bilden diese Partikel getrennte Schichten, je nach Größe und Dichte. Lehm zum Beispiel besteht aus winzigen Partikeln, die bis zu tausendmal kleiner sind als die Partikel in sandigem Boden.

IHR BRAUCHT
- Gläser • Bodenproben • Wasser

1 Nehmt verschiedene Bodenproben und gebt jede in ein Glas.

2 Füllt das Glas fast ganz mit Wasser und schraubt es fest zu.

3 Schüttelt das gut verschlossene Glas heftig und laßt es so lange stehen, bis sich die Erde gesetzt hat.

4 Die meisten organischen Stoffe schwimmen, während die mineralischen Partikel absinken.

INSEKTEN UND ANDERE WIRBELLOSE

Regenwürmer

Der Stamm der Anneliden oder Ringelwürmer, zu dem auch die Regenwürmer gehören, besitzt kein hartes Skelett. Die Körper der Anneliden sind in einzelne Abschnitte eingeteilt, die sich zur Fortbewegung strecken und zusammenziehen. Ihre Muskeln drücken und ziehen an einer mit Flüssigkeit gefüllten Höhle, die man Coelom nennt. Regenwürmer ernähren sich von zerfallenden organischen Stoffen, indem sie Erde fressen und die darin enthaltenen Nährstoffe verdauen. Die übrige Erde verläßt den Körper wieder und füllt entweder ihre Tunnel oder gelangt an die Oberfläche, wo sie kleine Häufchen oder Würfe bildet. Auf diese Weise wird Erde aus tieferen Bodenschichten an die Oberfläche gebracht.
In vielen Teilen der Erde spielen Regenwürmer eine lebenswichtige Rolle für den Boden. Sie durchmengen ihn, schaffen Mineralien nach oben und bringen Teile abgestorbener Pflanzen nach unten. Durch ihre Tunnel »atmet« der Boden, außerdem kann Regenwasser abfließen. Ohne Regenwürmer wäre der Boden dicht und sauerstoffarm.

EXPERIMENT
Eine Wurmkiste bauen

Regenwürmer kann man in einer Wurmkiste halten, einem Spezialkäfig, der mit Erde gefüllt ist und durchsichtige Seitenwände hat. So könnt ihr sehen, wie die Regenwürmer ihre Tunnel graben und die Erde vermischen. Würmer findet ihr, indem ihr etwas feuchte Erde mit dem Spaten umgrabt. Gebt die Würmer in ein Glas, bis die Wurmkiste fertig ist.

IHR BRAUCHT
• 2 Scheiben Plexiglas 25 x 25 cm • eine Leiste 2 x 3,5 cm, davon 2 Abschnitte von je 25 cm, 1 von 21 cm und 2 von je 6 cm Länge • Blätter • Säge • Bohrer • Schraubenzieher • 18 Schrauben • verschiedene Bodenproben aus eurer Umgebung

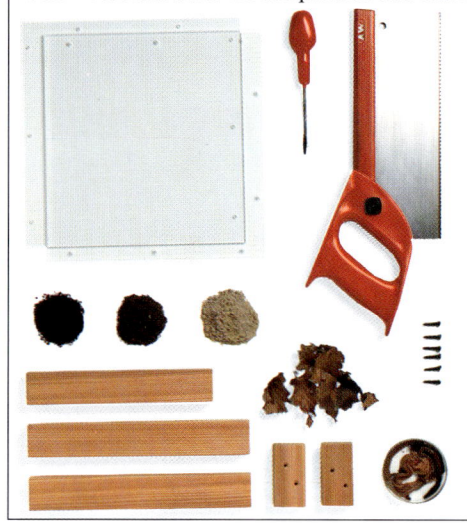

Sich paarende Regenwürmer

Regenwürmer haben männliche und weibliche Fortpflanzungsorgane, können sich aber nicht mit sich selbst paaren, sondern brauchen dazu einen Partner. Einer liegt verkehrt herum am anderen, und beide produzieren Eier und Samen. Die meisten Regenwürmer paaren sich in der Erde, einige Arten jedoch paaren sich in warmen, feuchten Nächten an der Oberfläche. Manchmal könnt ihr sie nachts im Garten sehen. Benutzt dazu eine Taschenlampe mit einem roten Filterglas und tretet behutsam auf, denn Würmer spüren Erschütterungen des Bodens.

Wie groß sind Regenwürmer?
Die meisten Regenwürmer haben eine Länge zwischen 2 und 30 cm. In Australien und im südlichen Afrika gibt es Riesenwürmer, die über 2 m lang sein können.

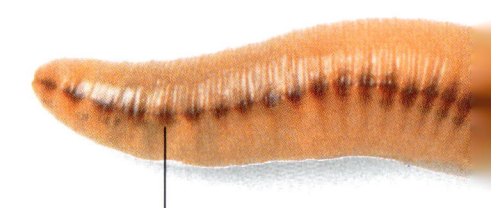

Der Wurmschwanz ist sehr empfindlich. Wenn ihr ihn daran in seinem Bau leicht berührt, zieht sich der Wurm sofort zusammen und entfernt sich von euch. Mit diesem schnellen Reflex kann er Vögeln entkommen

REGENWÜRMER

4 Gebt die verschiedenen Bodenproben in den Behälter, so daß sie unterschiedliche Schichten bilden. Der Behälter sollte etwa zu drei Viertel voll sein. Legt ein paar Blätter obenauf und gießt ein wenig Wasser dazu, so daß der Boden feucht ist, aber nicht naß. Nun gebt ihr vorsichtig die Würmer hinein. Bedeckt die Wurmkiste mit einem dunklen Tuch und laßt sie an einem kühlen und dunklen Ort stehen. Seht jeden Tag nach, ob die Erde feucht ist.

5 Nach ein paar Tagen könnt ihr schon die Tunnel sehen, die die Regenwürmer durch die Erde gefressen haben. Allmählich vermischen sich die Erdschichten. Wenn eure Würmer keine Tunnel graben, prüft nach, ob der Boden ausgetrocknet ist und die Würmer es nicht zu warm oder zu kalt haben. Nach Versuchsende die Würmer wieder dahin zurückbringen, wo ihr sie gefunden habt.

1 Schneidet die Leiste nach den angegebenen Maßen zurecht.

2 Bohrt in jede Plexiglasscheibe je drei Löcher in gleichem Abstand an zwei gegenüberliegenden Seiten und zwei Löcher an der dritten Seite sowie jeweils zwei Löcher in der Mitte der beiden kleinen Holzstücke.

3 Schraubt die Plexiglasscheiben an die Leistenabschnitte, die den Rahmen bilden, und daran die beiden Holzfüße.

Das Clitellum sondert ein klebriges Sekret ab, wenn sich die Würmer paaren. In diesen Gürtel kommen auch die Eier, und dann schlüpft der Wurm heraus. Das Clitellum verhärtet und bildet einen Kokon für die Eier

An den meisten Abschnitten befinden sich vier winzige, fast unsichtbare Borstenpaare, die man Chaeten nennt. Damit hält sich der Wurm beim Kriechen an den Wänden des Tunnels fest. Ihr könnt die Chaeten spüren, wenn ihr einen Wurm von hinten nach vorn streichelt, oder sie hören, wenn er über ein Stück Pappe kriecht

Der Wurm besitzt zwei Arten von Muskeln, mit denen er sich fortbewegt: Ringförmige Muskeln in jedem Abschnitt strecken den Körper, Längsmuskeln am Körper ziehen ihn zusammen

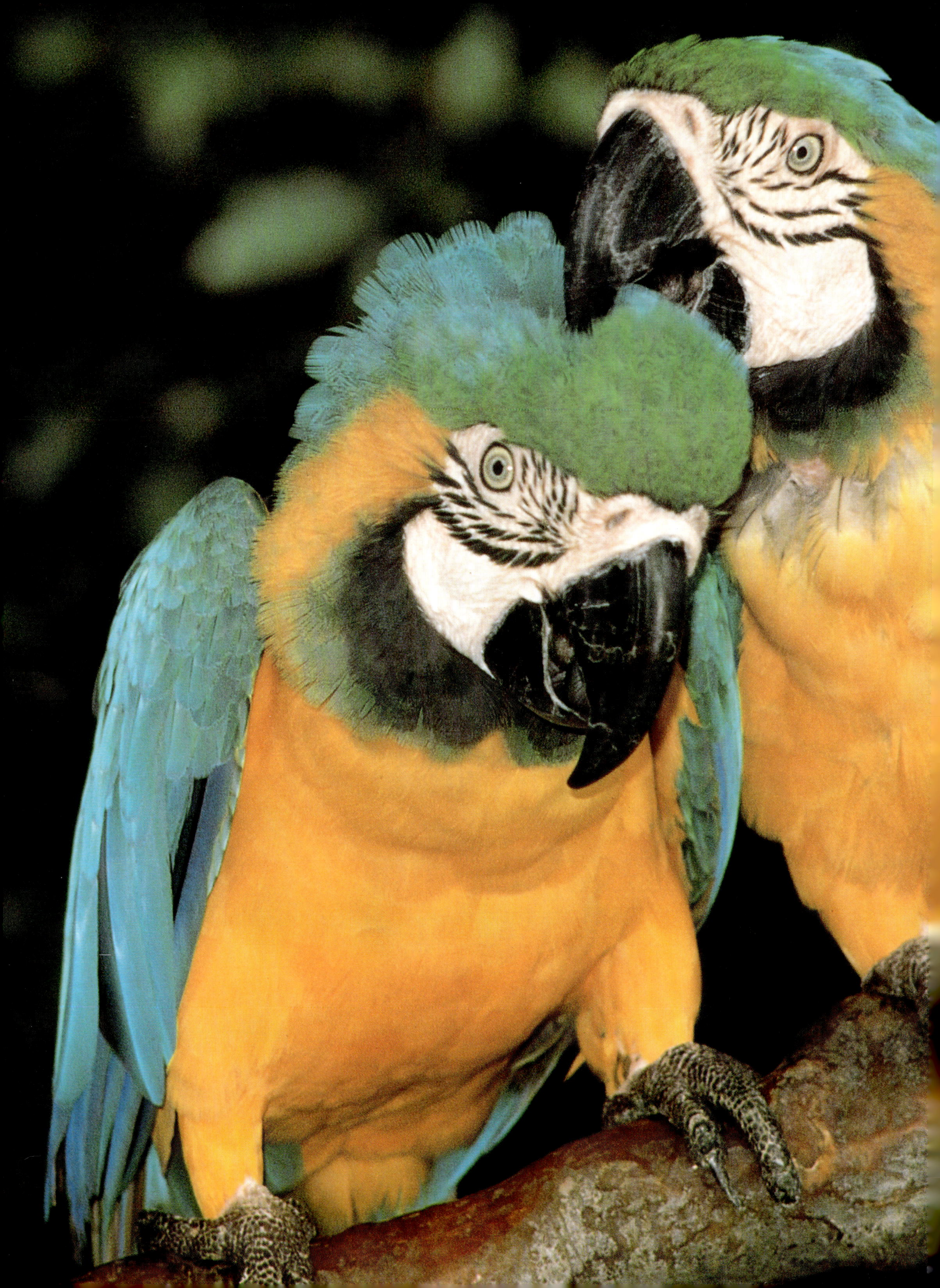

VÖGEL

Federn zum Fliegen
Federn (oben) sind nicht nur dekorative Teile des Vogelgefieders – ohne sie gäbe es das Wunder des Fliegens nicht. In ihrem heimischen Regenwald können sich die prächtig gefärbten Gold- und Blauaras auf der Suche nach Samen und Früchten weit über die Bäume erheben.

Insekten, Vögel und Fledermäuse haben es als einzige unter allen Tieren geschafft, den Luftraum aus eigener Kraft im Fluge zu erobern. Die besten Flieger aber sind die Vögel. Sie sind mit dem perfekten Rüstzeug ausgestattet: den Federn, und sie können hoch in den Himmel hinaufsteigen, pfeilschnell über die Wipfel dahinschießen oder über dem Boden schweben. Einige Vögel kommen niemals weit herum, andere hingegen können im Laufe ihres Lebens den Erdball umrunden.

WAS WIR VOM FLIEGEN WISSEN

Es gibt mehr als 8500 Vogelarten auf der Erde. Der schwerste Vogel, der flugunfähige afrikanische Strauß, kann bis zu 125 kg wiegen – etwa so viel wie zwei erwachsene Menschen. Die leichtesten (winzige Kolibris in Mittelamerika) wiegen weniger als 2 Gramm, also etwa so viel wie ein Stück Würfelzucker.

Vögel haben die Menschen schon immer fasziniert, und sie gehören zu den ersten Tierarten, die von frühen Naturforschern genau untersucht wurden. Eine der bedeutendsten Naturschutzbewegungen der Welt, die »Audubon Society«, ist nach dem amerikanischen Künstler John James Audubon (1785–1851) benannt. Seine berühmte Sammlung *Birds of America* enthielt über 1000 Vögel, die hier zum erstenmal exakt dargestellt wurden – und zwar fast alle in Lebensgröße. Heutzutage könnt ihr mit Hilfe von Naturführern im Taschenformat Vögel in ihrem natürlichen Lebensraum bestimmen.

Archaeopteryx, teils Vogel, teils Reptil, wurde als Fossil bei Solnhofen entdeckt.

Ein Nistkasten lockt Vögel zum Brüten an, was man dann beobachten kann.

Die Herkunft der Vögel

Unser Wissen von der Entstehung der Vögel unserer Erde nahm durch eine aufregende Entdeckung in einem Solnhofener Steinbruch im Jahre 1861 eine dramatische Wende. Heute ist die Landschaft des Fränkischen Jura hügelig, von Wäldern bedeckt und von Flüssen durchzogen, die in die Donau münden. Vor Jahrmillionen sah es hier ganz anders aus: An Stelle der Hügel erstreckte sich ein riesiges, flaches Meer. Aus den kalkhaltigen Skeletten winziger Tiere, die darin lebten, baute sich allmählich eine dicke Sedimentschicht auf dem Meeresboden auf. Als eine Schicht von der nächsten zusammengedrückt wurde, entstand aus dem Sediment ein Felsgestein, der sogenannte Kalkstein.

Dieses Gestein ist in der Gegend von Solnhofen so weich, daß es seit dem 19. Jahrhundert zu Platten verarbeitet und beim Kunstdruck verwendet wird, der sogenannten Lithographie (Steindruck). Dabei wird ein auf die Kalksteinplatte gezeichnetes Bild auf Papier abgedruckt. Bei der Teilung der Platten kamen oft die versteinerten Überreste von Tieren zum Vorschein, die nach ihrem Tod vom Meeresbodensediment bedeckt worden waren. Man hatte sich längst an die Fossilienfunde von Solnhofen gewöhnt, als man eines Tages einen sensationellen Fund machte: das vollständige versteinerte Skelett eines kleinen Vogels, vor allem aber etwas, was man nie zuvor an einem Fossil gesehen hatte – die unverwechselbaren Abdrücke von Federn.

Das Gewölle einer Eule verrät, wovon sie lebt.

Das Federkleid eines Kükens bewahrt seine Körperwärme.

Rätsel der Vergangenheit

Dieser Fossilienfund wurde *Archaeopteryx lithographica* genannt (Archaeopteryx bedeutet: alte Flügel). Als er zum erstenmal detailliert beschrieben wurde, war das eine wissenschaftliche Sensation. Gerade zwei Jahre zuvor hatte Charles Darwin (S. 20–21) in seinem Buch *Über den Ursprung der Arten* seine Evolutionstheorie dargestellt. Hier hatte man ein klassisches »fehlendes Glied« – halb Vogel, halb Reptil –, das Darwins Anschauungen von der Veränderung oder »Entwicklung« der Arten im Laufe der Zeit bestätigte.

Wie die heutigen Reptilien (S. 144–145) hat *Archaeopteryx* Zähne, Klauen an den Vorderbeinen und einen langen Schwanz – zugleich aber auch Federn wie ein Vogel. Wenn ihr das Fossil betrachtet, glaubt ihr wahrscheinlich, daß dieses Tier auch wie ein Vogel fliegen konnte, aber darüber sind sich die Wissenschaftler noch immer nicht sicher. Zum Fliegen braucht man starke Muskeln. Bei Vögeln sind diese Muskeln mit einem vorspringenden Brustbein verbunden. Das Skelett von *Archaeopteryx* aber weist diesen Brustbeinkamm nicht auf, und darum kann man sich nur schwer vorstellen, woher er die Kraft genommen haben könnte, um lange genug in der Luft zu bleiben. Daher glauben manche Wissenschaftler, *Archaeopteryx* habe sich zumeist auf Bäumen aufgehalten und seine Flügel nur dazu

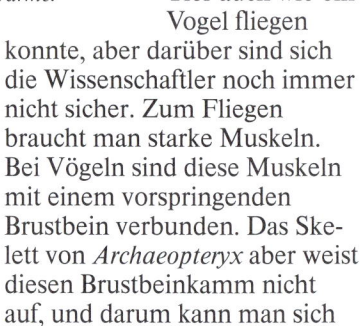

Federn haben viele Formen und Farben entwickelt.

benutzt, um von einem zum andern zu gleiten. Andere halten ihn für einen Bodenbewohner, und möglicherweise konnte er mit seinen Flügeln nur Insekten nachhüpfen oder seine Beute damit zusammenraffen.

Flug und Federn

Niemand weiß zwar genau, wie die ersten Vögel ihre Federn benutzt haben, aber zweifellos verdanken sie es ihren Federn, daß sie die Herrscher der Luft wurden. Federn sind stabil und leicht, aber auch biegsam. Da ein Vogel so viele hat, spielt es keine große Rolle, wenn ein paar beschädigt werden. Alle Vögel werfen die meisten Federn wenigstens einmal im Jahr ab, viele sogar zwei- oder dreimal. Immer wieder könnt ihr alte und abgenutzte Federn finden, die bei der Mauser abgestoßen und durch neue ersetzt wurden. Bei einem Insekt oder einer Fledermaus hingegen müssen die Flügel ein Leben lang halten.
Federn sind nicht nur eine Flughilfe. Sie gestalten den Körper auch windschlüpfrig und halten ihn warm. Seit den Tagen von *Archaeopteryx*, also seit über 150 Millionen Jahren, haben die Federn die unterschiedlichsten Formen und Größen entwickelt. Die Federn am Rad eines männlichen Pfaus können über 1,5 m lang sein, die an den Augenlidern eines Vogels hingegen sind selten größer als 1 mm.

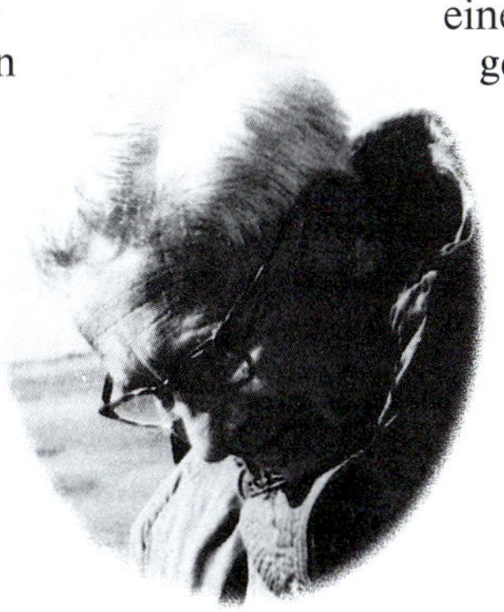

Flugtaugliche Formen

Im Laufe von Jahrmillionen hat sich durch natürliche Auslese der Körper der Vögel zum perfekten Flugapparat entwickelt. Die wichtigste Rolle beim Fliegen spielen natürlich die Flügel und die Federn, aber wenn ihr in den Körper eines Vogels schauen könntet, würdet ihr noch weitere Dinge entdecken, die einen Vogel in der Luft halten. Zum Fliegen braucht man viel Kraft. Wie die Motoren eines Flugzeugs verbrennt auch das »Triebwerk« eines Vogels – die großen Muskeln, mit denen er die Flügel bewegt – seinen »Kraftstoff« unglaublich schnell, nämlich etwa 20 mal schneller als die Muskeln eines Säugetiers. Dabei wird viel Sauerstoff verbraucht, und darum hat die Lunge eines Vogels zusätzlich sogenannte Luftsäcke, die sich weit in den Körper hinein ausdehnen. Auf diese Weise können sie auch viel wirkungsvoller als wir den Sauerstoff aus der Luft aufnehmen.
Die Flügelform hängt ganz von den verschiedenen Ansprüchen ab. Im allgemeinen haben schnell fliegende Vögel spitzwinklige Flügel, die dem Auftrieb wenig Widerstand entgegensetzen. Breite, abgerundete Flügel sind für kurze Entfernungen bestens geeignet, denn damit kann ein Vogel schnell abheben, um eine Beute zu verfolgen oder selbst Verfolgern zu entkommen. Beim Fliegen müssen die Muskeln eines Vogels dem Eigengewicht genügend Auftrieb entgegensetzen. Vogelkörper haben jeden »Ballast« abgeworfen. Verglichen mit ihren Reptilienahnen haben sie weniger Knochen, wobei viele hohl sind. Statt schwerer Zähne besitzen sie einen leichtgewichtigen Schnabel. Bei den meisten Vögeln sind auch die Beine und Füße schlank und leicht geworden. Selbst bei der Harnproduktion sparen sie Gewicht – die meisten Vögel haben keine Blase.

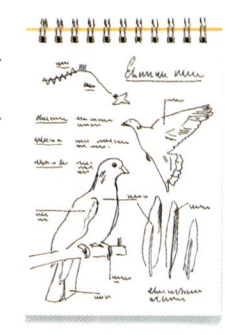

Scharfe Augen

Wie der Pilot eines Hochgeschwindigkeitsflugzeugs braucht auch ein Vogel eine sehr gute Navigation. Wenn ein kleiner Vogel durchs Dickicht fliegt, verändert er die Positionen von Flügeln und Schwanz im Bruchteil einer Sekunde, damit er nicht gegen Äste und Zweige stößt, die in seiner Bahn liegen. Und dabei verläßt er sich auf seinen wichtigsten Sinn: seine scharfen Augen. Bei vielen Vogelarten sind die Augen so schwer wie das Gehirn, bei manchen so groß, daß sie sich im Schädelinneren fast berühren.
In den letzten Jahren haben Wissenschaftler herausgefunden, daß Vögel nicht nur das sichtbare Licht wahrnehmen, sondern darüber hinaus auch erkennen, ob das Licht polarisiert ist, das heißt, daß seine Wellen nur in bestimmten Ebenen schwingen. Auch wenn wir es nicht sehen können, ist das Sonnenlicht, das von einigen Teilen des Himmels reflektiert wird, teilweise polarisiert. Experimente haben gezeigt, daß Vögel dieses Licht zur Orientierung benutzen, wenn sie nach Sonnenuntergang losfliegen, noch ehe die Sterne am Himmel leuchten.

Tarnmuster verbergen Eier, die auf dem Boden abgelegt werden.

Konrad Lorenz (1903 – 1989) hat die Prägung bei Vögeln erforscht.

Tragt eure Vogelbeobachtungen in ein Notizheft ein.

Mit einem Feldstecher könnt ihr Vögel beobachten, ohne sie zu stören.

Durch reißverschlußähnlich verhakte Strahlen sind Federn stabil, aber biegsam.

VÖGEL

Flügel

Wenn ihr einen Papierflieger in die Luft werft, wird er früher oder später meist unsanft wieder landen. Aber wenn sich ein Adler oder Geier in die Lüfte erhebt, kann er mit ein paar Flügelschlägen stundenlang oben bleiben. Und dann wird er, absolut kontrolliert, genau dort landen, wo er will.

Vogelflügel sind speziell fürs Fliegen gestaltet – sie sind gewölbt und haben ein Profil. In der Luft erzeugt dieses Profil eine nach oben gerichtete Kraft, die man Auftrieb nennt. Ist der Auftrieb größer als die Schwerkraft, dann erhebt sich der Vogel in die Luft.

Taubenflügel
Die Federn an einem Flügel überlappen sich und bilden eine glatte Oberfläche, die durch die Luft schneidet.

Eine Marathon-Wanderung
Der kurzschwänzige Sturmtaucher legt einen der längsten Vogelzüge zurück – etwa 32 000 km auf seinem achterförmigen Weg um den Pazifik. Er brütet auf Inseln in der Bass-Straße zwischen Australien und Tasmanien, ehe er zu seiner unglaublichen Reise um den Ozean aufbricht – und Monate später kehrt er zur selben Insel zurück, von der er aufbrach. Auch andere Vögel legen jedes Jahr lange Strecken zurück. Die arktische Seeschwalbe zieht von der Arktis zur Antarktis und zurück, wobei sie ihre Nahrung in den langen Sommertagen im hohen Norden und Süden sucht.

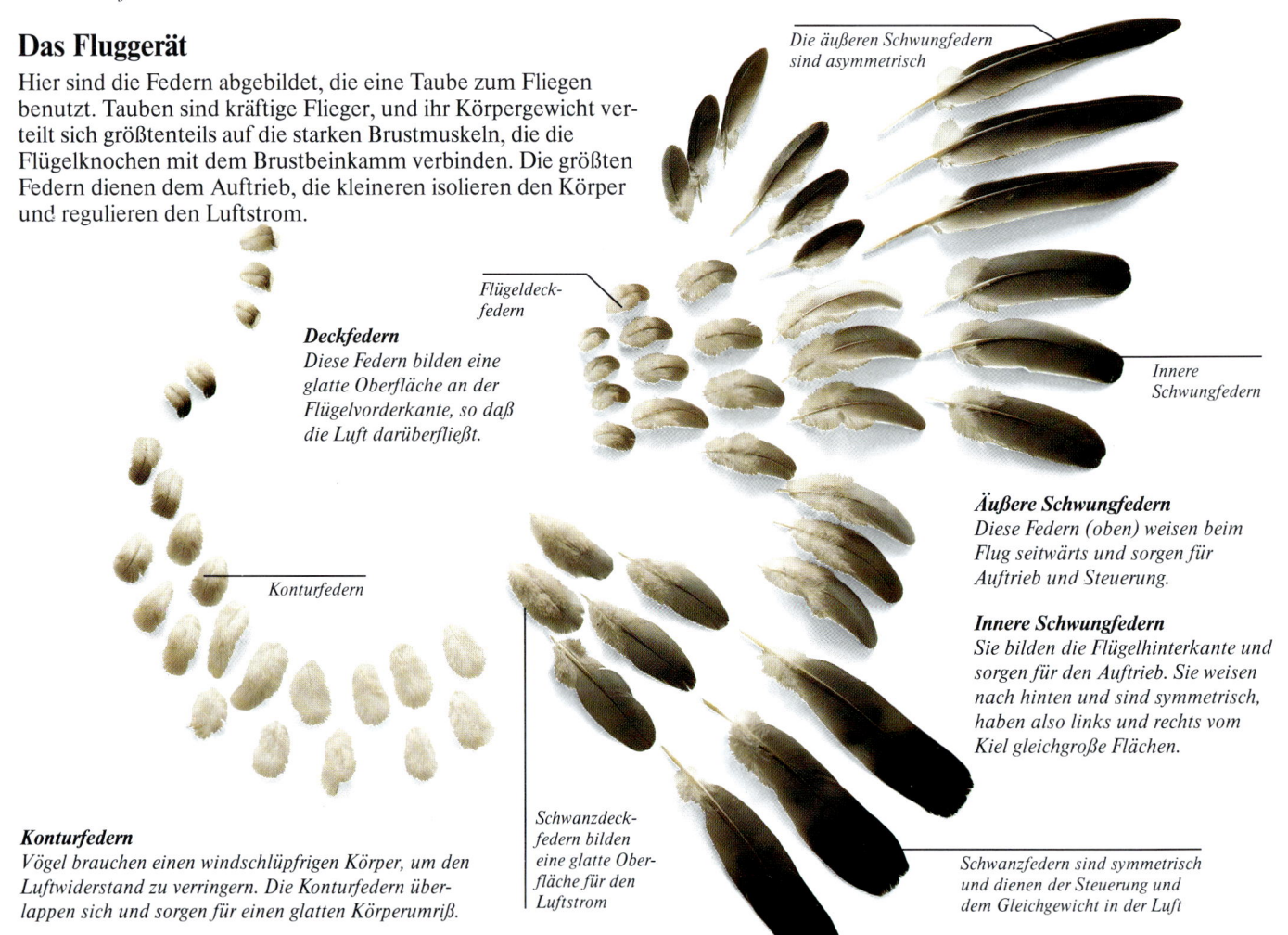

Das Fluggerät

Hier sind die Federn abgebildet, die eine Taube zum Fliegen benutzt. Tauben sind kräftige Flieger, und ihr Körpergewicht verteilt sich größtenteils auf die starken Brustmuskeln, die die Flügelknochen mit dem Brustbeinkamm verbinden. Die größten Federn dienen dem Auftrieb, die kleineren isolieren den Körper und regulieren den Luftstrom.

Die äußeren Schwungfedern sind asymmetrisch

Flügeldeckfedern

Deckfedern
Diese Federn bilden eine glatte Oberfläche an der Flügelvorderkante, so daß die Luft darüberfließt.

Innere Schwungfedern

Konturfedern

Äußere Schwungfedern
Diese Federn (oben) weisen beim Flug seitwärts und sorgen für Auftrieb und Steuerung.

Innere Schwungfedern
Sie bilden die Flügelhinterkante und sorgen für den Auftrieb. Sie weisen nach hinten und sind symmetrisch, haben also links und rechts vom Kiel gleichgroße Flächen.

Konturfedern
Vögel brauchen einen windschlüpfrigen Körper, um den Luftwiderstand zu verringern. Die Konturfedern überlappen sich und sorgen für einen glatten Körperumriß.

Schwanzdeckfedern bilden eine glatte Oberfläche für den Luftstrom

Schwanzfedern sind symmetrisch und dienen der Steuerung und dem Gleichgewicht in der Luft

FLÜGEL

Flugmuster

Ein erfahrener Vogelbeobachter kann eine Vogelart oft nur nach der winzigen Silhouette bestimmen, die sie im Flug beschreibt. Vögel fliegen nämlich auf sehr charakteristische Weise, was mit der Form ihrer Flügel zusammenhängt. Vögel, die stundenlang in der Luft bleiben, wie Adler und Albatrosse, können mit ihren langen Flügeln steigen und gleiten. Nur Richtungsänderungen fallen ihnen schwer, aber das spielt im freien Luftraum keine Rolle. Kurzstreckenflieger müssen Hindernissen und Feinden ausweichen. Ihre kürzeren, runderen Flügel sind für plötzliche Richtungsänderungen ideal.

Geier
Geier und viele andere Großvögel fliegen mühelos. Sie breiten ihre Flügel aus und steigen hoch in den Himmel hinauf, indem sie auf Säulen aufsteigender Warmluft (sog. Thermik) nach oben kreisen. Von der Spitze einer Thermik gleiten sie sanft zur nächsten weiter.

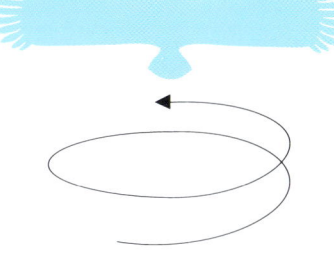

Mauersegler
Mit seinen schmalen, flachen, nach hinten gekrümmten Flügeln ist der Mauersegler ein Hochgeschwindigkeitsflieger, da sie mit ihrer kleinen Fläche wenig Luftwiderstand bieten. Der Flug des Mauerseglers ist eine Kombination aus raschen Flatterbewegungen und kurzen, flachen Gleitflügen.

Pinguin
Die Pinguine mit ihren plumpen Körpern haben die Gabe des Fliegens verloren, »fliegen« dafür aber unter Wasser. Ihre Flügel sind kurz und steif und funktionieren wie Schwimmflossen, womit sie eine Geschwindigkeit von über 40 km/h erreichen – mehr als die meisten Schiffe. Zwischen den Federn befindet sich eine Luftschicht, die die Körperwärme zurückhält. Die kurzen Flügel sind sehr kräftig, und ein Pinguin kann damit jedem, der ihm an Land zu nahe kommt, einen gezielten Schlag verpassen.

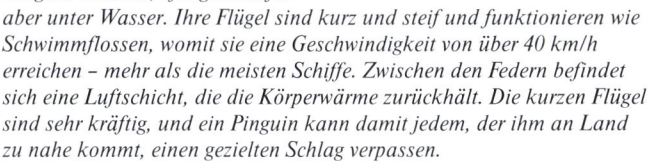

Möwe
Wenn ihr eine Möwe beobachtet, seht ihr, daß sie abwechselnd gleitet und flattert, um in der Luft zu bleiben. Sie hat die schmalen, spitzen Flügel eines Gleitvogels, die für genügend Auftrieb sorgen, so daß die Möwe bewegungslos in einer starken Seebrise stehen kann. Wenn sie ihre Position ändern will, braucht sie nur kurz und rasch zu flattern.

Fink
Die meisten Finken leben in Wäldern oder Gärten, und ihre Flügel sind für kurze Flüge ausgebildet, zwischen denen sie absitzen. Ihre leicht ovale Flügelform sorgt für Auftrieb und Manövrierfähigkeit, erfordert aber viel Energie zur Überwindung des Luftwiderstands. Finken kann man oft an ihrem wippenden Flug erkennen, bei dem die Flügel kurz flattern und sich wieder schließen.

Kolibris
Bei ruhiger Luft können sich diese Schwebeartisten an einer Stelle halten. Ihre winzigen Flügel schlagen fast 100 mal in der Sekunde – zu schnell für das menschliche Auge zu folgen. Bei dieser Flugweise wird Energie sehr rasch verbrannt. Kolibris können nur deshalb so lange schweben, weil sie immer wieder Nektar »tanken«, der aus energiereichen Zuckerstoffen besteht.

Vögel, die nicht fliegen können
Bei diesem Kiwi, einem flugunfähigen Vogel auf Neuseeland, sind die Flügel nur 5 cm lang. Anders als die meisten Vögel, hat er einen gut entwickelten Geruchssinn, mit dessen Hilfe er Würmer und Insekten aufspüren kann. Der unberechenbare Prozeß der Evolution ist oft »rückläufig«: Vögel wie der Kiwi haben die Fähigkeit zu fliegen zwar entwickelt, sie aber wieder verloren – sie hatte keine Bedeutung mehr für sie, weder bei der Nahrungssuche noch bei der Flucht vor Feinden. Darum haben sich ihre Flügel zurückgebildet, bis sie zu klein und zu schwach fürs Fliegen waren. Flugunfähige Vögel wie der Emu und der Strauß überstehen Gefahren dank ihrer Größe und Stärke, kleinere wie der Kiwi und der Kakapo leben auf Inseln, wo es nur wenige große Feinde gibt.

VÖGEL

Federn

Was den Säugetieren ihr Fell ist, sind den Vögeln ihre Federn: ein lebenswichtiger Mantel, der die Körperwärme zurückhält. Federn spielen aber auch beim Fliegen eine entscheidende Rolle. Sie haben sich aus den Schuppen der Dinosaurier entwickelt, der unmittelbaren Vorfahren der Vögel. Federn bestehen aus Keratin, diesem zähen, elastischen Protein, das auch Haut, Haar und Nägel des Menschen bildet. Statt der fürs Fliegen viel zu schweren massiven Keratinschuppen der Reptilien ist eine Feder aus vielen dünnen Keratinstrahlen aufgebaut, die mit dem Federschaft oder -kiel verbunden sind. Dennoch kann dieses leichtgewichtige Federkleid eines Vogels immer noch doppelt so schwer sein wie sein Skelett: Bei einem Weißköpfigen Seeadler mit einem Gesamtgewicht von 9 kg wiegen die Federn 670 g, die Knochen aber nur 270 g.

Reine Schau
In der Balz schlägt der männliche Pfau sein Rad, um Weibchen mit seinen »Augen« anzulocken und andere Männchen abzuschrecken.

Der Aufbau der Federn

Die Federfahne einer Schwungfeder besteht aus Federästen, die nach unten wie nach oben gerichtete und miteinander verhakte Federstrahlen tragen. Das Ganze funktioniert wie ein Reißverschluß: Wenn ihr mit den Fingern an einer Feder von oben nach unten entlangfahrt, sieht sie zerfleddert aus. In der Gegenrichtung könnt ihr sie wieder glätten und die Häkchen der Strahlen »einrasten« lassen. Genau das geschieht auch, wenn sich Vögel putzen: Immer wieder fahren sie mit dem Schnabel durch die Federn, um sie wieder glatt und glänzend zu machen.

Die Feder »auseinander ziehen«
Haltet die Schwungfeder waagrecht, mit der Spitze von euch weg. Wenn ihr am Federkiel zu euch hin entlangfahrt, gehen die Häkchen der Federstrahlen auf.

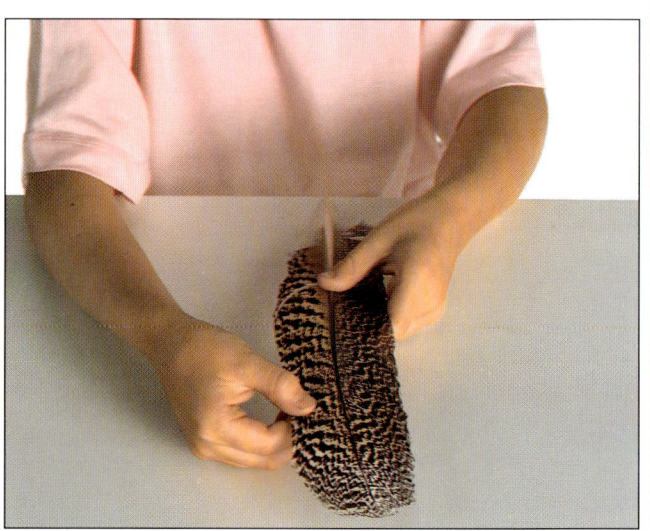

Die Feder wieder »zuziehen«
Haltet die Feder wie oben und streicht von unten bis zur Spitze darüber. Dabei verhaken sich die Strahlen wieder ineinander und schließen sämtliche »Risse«.

Federarten

Federn haben verschiedene Funktionen und dafür auch unterschiedliche Formen entwickelt. Jungvögel sind mit flaumigen, fellartigen Federn, den sogenannten Daunen, bedeckt, die sie warmhalten. Bei erwachsenen Vögeln sind viele Federn unten flaumig, an den oberen Enden aber fest und breit. Diese Enden bedecken dachziegelartig den flaumigen Teil der darunterliegenden nächsten Federn.

Körperfedern
Diese Federn dienen der Isolierung des Körpers, aber auch der Zurschaustellung und sind oft sehr bunt und markant gezeichnet.

Flaumige Körperfeder des Fasans

Schwanzfedern
Sie sorgen für die richtige Steuerung beim Flug und für das Gleichgewicht beim Absitzen. Bei einigen Vogelarten spielen sie auch eine Rolle beim Balzverhalten.

Schwanzfeder eines Papageis

Schwungfedern
Schwungfedern werden beim Fliegen eingesetzt, haben wenig oder keine Daunen und sind fest, aber biegsam und wasserdicht. Die zur Flügelvorderkante gelegene Seite ist schmäler, und die nach hinten ausgerichtete breitere Federseite biegt sich leichter, damit beim Flügelschlagen die Luft durchströmen kann.

Schwungfedern eines Aras

Vergrößerter Ausschnitt einer Feder
Wenn ihr eine Schwungfeder durch eine Lupe betrachtet, könnt ihr die Häkchen erkennen, die die Strahlen miteinander verbinden. Sie ähneln den Zähnen eines Reißverschlusses, sind aber viel komplizierter. Jeder Strahl besitzt drei oder vier winzige Haken, die in die untere Höhlung der Häkchen am nächsten Strahl greifen.

EXPERIMENT
Wie Federn Auftrieb erzeugen

Wenn ihr eine Feder von der Flügelspitze eines Vogels betrachtet, seht ihr, daß sie gekrümmt ist. Diese Form, die auch der ganze Flügel aufweist, erzeugt den Auftrieb. Wenn sich eine Schwungfeder durch die Luft bewegt, fließt der Luftstrom über die gekrümmte Oberseite schneller als an der Unterseite entlang. Dieser Unterschied der Strömungsgeschwindigkeiten drückt die Feder nach oben. Wenn ihr mit einem Fön Luft gegen eine Feder blast, könnt ihr das gut erkennen.

IHR BRAUCHT
• Schwungfeder • Holzstab • Reißnagel
• Fön

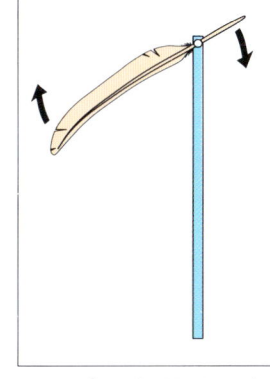

1 Heftet die Feder locker so an den Stab, daß die Kielspitze zu euch zeigt.

2 Blast mit dem Haarfön vorsichtig Luft über die Feder und seht, was passiert. Dreht die Feder um und wiederholt das Experiment.

VÖGEL

Gewölle

Vögel können picken, aber nicht kauen und müssen darum hinunterschlucken, was sie im Schnabel haben. Wenn eine Eule eine Maus frißt, verschlingt sie alles – sogar die Knochen und das Fell. Im Magen der Eule werden dann die weichen Teile der Maus verdaut, während die unbrauchbaren Überreste das sogenannte Gewölle bilden. Dieses dichte Knäuel würgt der Vogel wieder hinaus. Manchmal könnt ihr ganze Haufen solcher Gewölle unter Bäumen finden, auf denen ein entsprechender Vogel, zum Beispiel eine Eule, gesessen hat. Gewölle trocknen rasch aus und riechen nicht. Ihr könnt sie ohne weiteres aufheben, wenn ihr euch danach die Hände wascht. Habt ihr Gewölle gefunden, beginnt eine faszinierende Detektivarbeit, bei der ihr herausfinden könnt, was der Vogel gefressen hat.

Jäger der Nacht
Die Schleiereule ist ein nächtlicher Jäger und kommt auf allen Erdteilen vor, außer in der Antarktis. Ihre Gewölle enthalten die Überreste kleiner Säugetiere und Vögel.

EXPERIMENT

Eulengewölle untersuchen

Zupft man das Gewölle trocken auseinander, zerbricht man leicht die Knochen. Besser ist es, das Gewölle in etwas Wasser mit Spülmittel einzuweichen und dann die Knöchelchen vorsichtig aus der weichen Masse herauszuklauben.

IHR BRAUCHT
• Pappe • Kleber • Lupe
• Pinzette • Sieb
• Glas mit Schraubdeckel • Spülmittel • Gewölle

1 Füllt das Glas zur Hälfte mit Wasser und fügt einen Tropfen Spülmittel hinzu. Gebt das Gewölle hinein, schraubt den Deckel fest zu und schüttelt das Ganze heftig etwa 30 Sekunden lang.

2 Laßt das Glas etwa 5 Minuten stehen und schüttelt es dann noch einmal kurz. Das Spülmittel läßt das Wasser leichter in die Fellteile im Gewölle eindringen, so daß dieses auseinanderfällt. Wenn das Gewölle völlig zerfallen ist, schüttet ihr den Inhalt des Glases ins Sieb. Jetzt könnt ihr die Knöchelchen mit einer Pinzette herauslesen. Sie stammen von verschiedenen kleinen Tieren, und am leichtesten könnt ihr Schädel-, Kiefer-, Bein- und Rippenknochen aussortieren. Haltet aber auch nach Zähnen Ausschau. Die Zähne verschiedener Mausarten haben typische Merkmale, die ihr unter einer Lupe erkennt.

GEWÖLLE

Verschiedene Gewöllearten

Alle Vögel entledigen sich mit dem Gewölle der Teile ihres Futters, die sie nicht verdauen können. Die Gewölle von Raubvögeln und Eulen bestehen fast nur aus den Überresten von Tieren. Anders als die Eulen reißen die meisten Adler und Habichte das Fleisch von den Knochen, bevor sie es verschlingen, so daß ihre Gewölle keine Knochen oder nur kleine Stücke enthalten. Die Gewölle von Krähen und Möwen bestehen aus einer Mischung von Pflanzenresten, zum Beispiel harten Samenschalen, und Schalen von Tieren wie Krabben.

Spitzmausschädel
Spitzmäuse haben sehr kleine Schädel mit schmalen Kiefern und vorstehenden Schneidezähnen. Vorsicht – sie zerbrechen sehr leicht!

Watvogelgewölle
Sie enthalten oft Teile zerbrochener Muscheln.

Krähengewölle
Häufig findet man Überreste von Insekten darin, denn Krähen fressen Pflanzen wie Tiere, vor allem Insekten.

Schleiereulengewölle
Sie sind groß und rund, grau oder schwarz. Manchmal liegen kleine Knochen obenauf.

Feldmausschädel
Dieser Schädel ist leicht zu erkennen, nämlich an der großen Lücke zwischen den Schneide- und Backenzähnen.

Singvogelgewölle
Die Gewölle kleiner Vögel enthalten manchmal harte, unverdauliche Samenkörner.

Wühlmausschädel
Hier haben die Backenzähne glatte Oberflächen, so daß pflanzliche Nahrung zerkaut werden kann.

Wühlmausschädel

Wühlmauszähne   *Wühlmauskiefer*

Beinknochen

Spitzmauskiefer

3 Spült die Knochen ab und laßt sie trocknen. Untersucht sie mit einer Lupe und ordnet sie nach verschiedenen Arten. Nun könnt ihr sie auf einen Karton für eine Sammlung aufkleben.

Eier

Ein Vogelei ist wie ein Raumschiff: Darin befindet sich ein Lebewesen – ein Küken –, das in einer feindseligen Umwelt außerhalb des Körpers seiner Mutter überleben muß. Die Schale seiner »Raumkapsel« bietet ihm Schutz, und im Innern befindet sich die Nahrung und das Wasser, das der Insasse benötigt. Im Ei befindet sich auch ein spezieller Sack, in dem die »Abfälle« aufbewahrt werden. Ein Ei unterscheidet sich von einem Raumschiff vor allem dadurch, daß es für Gase durchlässig ist. So kann von außen Sauerstoff durch winzige Poren eindringen. Im richtigen Entwicklungsstadium bricht das Küken die Schale auf und strampelt sich nach draußen.

Getarntes Gelege
Eier sind eine wertvolle Nahrung für Räuber und werden schnell verzehrt, wenn sie nicht bewacht oder versteckt werden. Diese Wachteleier sind am Boden abgelegt worden. Wenn sie nicht gerade bebrütet werden, brauchen sie eine Tarnung. Man erkennt sie an den Farbflecken, die im Gras oder zwischen Kieseln kaum auffallen.

Wie man den Betrachter verwendet
Das Licht einer im Karton plazierten Taschenlampe strahlt das Ei an.

Vom Küken zum Hühnchen

Zunächst enthält das Ei nur eine einzige Eizelle, die sich nach der Befruchtung in viele kleine Zellen teilt. Wenn das Ei gelegt ist, setzt sich die Henne darauf und bebrütet es. Wenn das Küken nicht auf diese Weise ständig warm gehalten wird, kann es sich nicht richtig entwickeln. Etwa drei Wochen nach dem Legen ist das Küken im Ei völlig entwickelt und kann schlüpfen. Zuerst bekommt das Küken Sauerstoff aus seinen Blutgefäßen, die mit der durch die Schale eindringenden Luft in Berührung kommen. Wenn das Ei bebrütet wird, verliert es ein wenig Wasser, und am stumpfen Ende bildet sich zwischen den beiden Membranen der Eierschale eine Luftblase, in die das Küken ein paar Tage vor dem Schlüpfen den Schnabel steckt.

1 Wenn der Luftvorrat des Eis aufgebraucht ist, benötigt das Küken eine neue Sauerstoffquelle. Daher pickt es ein Loch in die Eierschale und atmet Frischluft von draußen. Wenn es bereit ist zu schlüpfen, pickt es einen Kranz von Löchern ins stumpfe Ende des Eis. An seinem Schnabel befindet sich eine besondere Hornspitze, der sogenannte Eizahn, mit dem es die harte Schale durchbrechen kann.

2 Mit Hilfe der Füße drückt das Küken das stumpfe Ende des Eis beiseite und schlüpft aus. Ein kleines Küken ist ein Nestflüchter: Bereits ein paar Stunden nach dem Schlüpfen läuft es herum und ernährt sich selbst. Die Jungen von Nesthocker-Vögeln wie Haussperlingen sind nach dem Schlüpfen hilflos und werden in den Nestern von ihren Eltern aufgezogen.

Wenn der Löcherkranz fertig ist, klappt das Eiende auf wie ein Deckel, und das Küken schlüpft heraus

EIER

EXPERIMENT
Einen Eibetrachter bauen

Mit einer speziellen Box könnt ihr in ein Ei hineinsehen. Malt die Schachtel dunkel aus, schneidet ein eiförmiges Loch in den Deckel und stellt eine nach oben zeigende Taschenlampe hinein. Wenn ihr ein Ei auf das Loch legt, könnt ihr den Umriß des Eidotters erkennen. Auf diese Weise kann man z.B. befruchtete von unbefruchteten Eiern trennen. Nur befruchtete Eier enthalten Küken, deren dunkle Silhouette man gegen das Licht wahrnimmt.

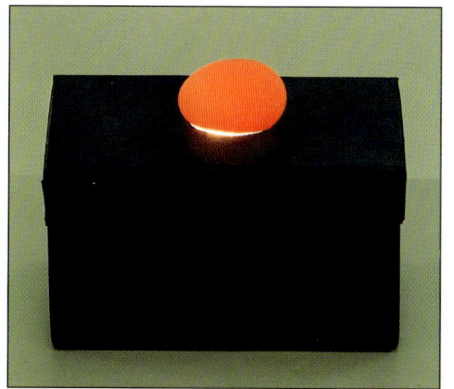

IHR BRAUCHT
- Schachtel, innen dunkel gestrichen
- Ei
- Taschenlampe

Vogelschau
Am besten ist es, wenn ihr die Betrachterbox in einem abgedunkelten Raum aufstellt.

Das Innere eines Eis

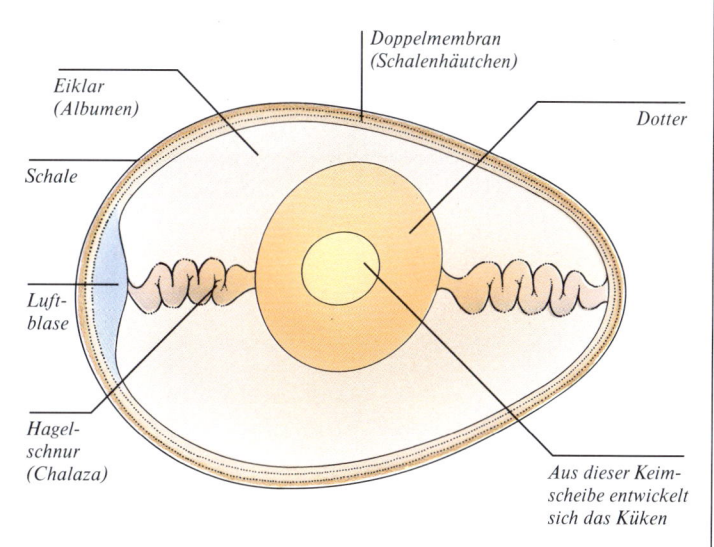

Eiklar (Albumen)
Doppelmembran (Schalenhäutchen)
Dotter
Schale
Luftblase
Hagelschnur (Chalaza)
Aus dieser Keimscheibe entwickelt sich das Küken

In der Mitte befindet sich der Dotter, die Nahrungsreserve des Kükens. In dieser Position wird der Dotter durch zwei gedrehte Schnüre gehalten, die Chalazae oder Hagelschnüre. Wenn die Mutter während des Brütens das Ei herumrollt, damit es gleichmäßig gewärmt wird, dreht die Hagelschnur den Dotter wieder in die ursprüngliche Position zurück, so daß das Küken immer oben bleibt. Das Eiklar oder Albumen enthält Wasserreserven. In dieser Zeichnung wird das Ei von oben gezeigt.

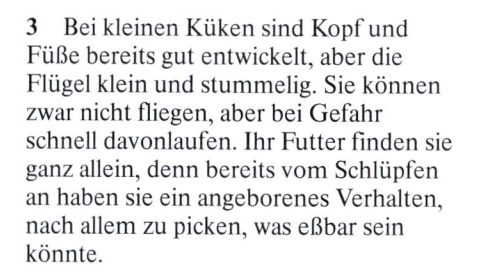

3 Bei kleinen Küken sind Kopf und Füße bereits gut entwickelt, aber die Flügel klein und stummelig. Sie können zwar nicht fliegen, aber bei Gefahr schnell davonlaufen. Ihr Futter finden sie ganz allein, denn bereits vom Schlüpfen an haben sie ein angeborenes Verhalten, nach allem zu picken, was eßbar sein könnte.

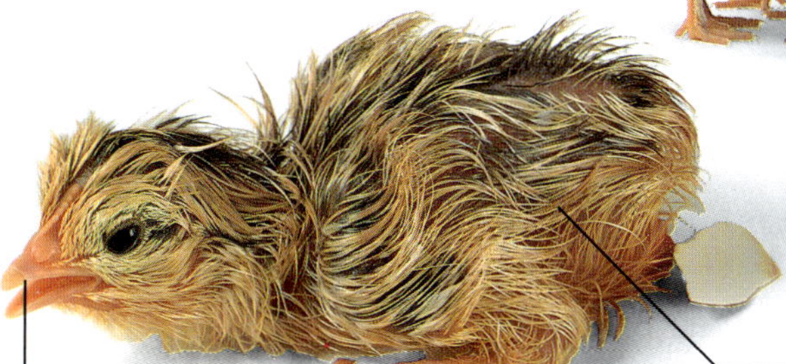

Bald nach dem Schlüpfen fällt der Eizahn ab

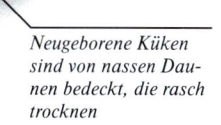

Neugeborene Küken sind von nassen Daunen bedeckt, die rasch trocknen

4 Kleine Küken lernen den Klang der Stimme ihrer Mutter bereits im Ei zu erkennen und folgen ihr, sobald sie laufen können. Sie erkennen sie auch rasch an ihrem Anblick, und diesen Vorgang nennt man Prägung (S. 140): Wenn man Eier künstlich ausbrütet, werden die Küken nach dem Ausschlüpfen von dem ersten Lebewesen geprägt, das sich bewegt.

Nester und Nistkästen

Überraschenderweise bauen nicht alle Vögel Nester. Einige legen ihre Eier einfach auf den Boden, auf Felskanten oder sogar auf den Stümpfen abgebrochener Äste hoch oben in den Bäumen ab. Tauben und Raubvögel zum Beispiel tragen das Baumaterial für ein Nest einfach zu einem ungeordneten Haufen zusammen. Viele andere Vögel – darunter auch welche in eurem Garten – bauen tage- oder wochenlang sorgfältig ihr Heim. Bei manchen Arten arbeiten Männchen und Weibchen zusammen daran, aber oft baut das Weibchen das Nest allein. Das kann zu einer Hauptaufgabe werden. Eine Schwalbe kann über tausendmal unterwegs sein, bis sie den ganzen Schlamm für ihr Nest angeschleppt hat. Und wenn das Nest dann fertig ist, muß sie sich noch mehr anstrengen, um das Futter für ihre heranwachsenden Jungen zu fangen.

EXPERIMENT
Ein altes Nest untersuchen

Schützt die Natur!

Stört nie einen Vogel auf seinem Nest. Wenn die Brutsaison allerdings vorbei ist, meist im Sommer, könnt ihr in aller Ruhe alte Nester besichtigen, um zu sehen, wie sie gebaut sind. Vergewissert euch, daß es nicht mehr benutzt wird – manche Vögel nämlich ziehen mehr als eine Brut im Jahr auf.

IHR BRAUCHT
- altes Nest
- Pinzette • Pappe
- Kleber • Lupe

1 Entfernt das Nest behutsam von seinem Standort. Vielleicht müßt ihr dabei ein paar kleine Zweige, um die das Nest herumgebaut ist, mit einer Gartenschere abschneiden. Stellt das Nest auf eine Tischplatte und schaut hinein. Nester enthalten oft Futterreste und zerbrochene Eierschalen, die euch einige Hinweise über die ehemaligen Bewohner geben. Danach zerzupft ihr das Nest mit einer Pinzette, um zu sehen, woraus es besteht. Wascht euch anschließend die Hände, bevor ihr eßt oder euren Mund berührt.

NESTER UND NISTKÄSTEN

EXPERIMENT
Einen Nistkasten bauen

Bei diesem Experiment sollte ein Erwachsener dabeisein

Mit einem einfachen Nistkasten kann man besonders leicht Vögel in den Garten locken. Viele kleine Vögel wie Meisen nisten in Baumhöhlen, und für solche Vögel bietet ein Kasten mit einem Loch genau die richtigen Voraussetzungen. Ein Loch mit einem Durchmesser von maximal drei cm läßt Meisen und andere kleine Vögel hinein, aber keine Spatzen oder Raubvögel. Wenn der Kasten bewohnt ist, dürft ihr nicht mehr hineinschauen, sonst werden die Jungen im Stich gelassen.

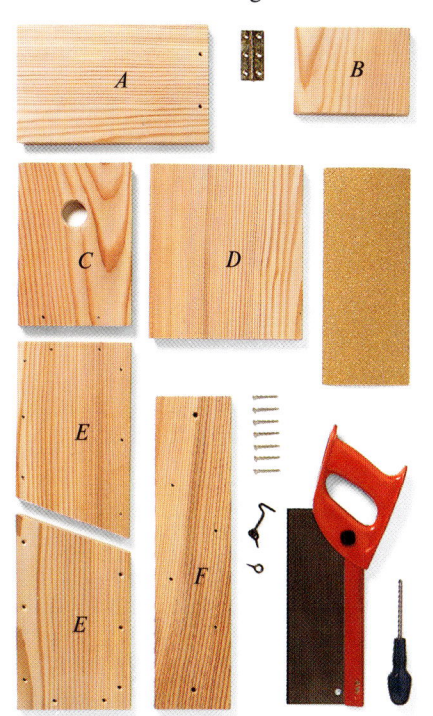

IHR BRAUCHT
- Holz von 2 cm Stärke: A Rückwand 25 x 15 cm, B Boden 11 x 15 cm, C Vorderseite 20 x 15 cm, D Dach 20 x 22 cm, E 2 Seitenwände 15 cm breit, hinten 25 cm und vorn 20 cm hoch, F Haltebrett 40 x 10 cm • Stichsäge • Bohrmaschine
- Schrauben • Schraubenzieher • Hobel
- Säge • Scharnier • Haken mit Öse
- Sandpapier

1 Schraubenlöcher (siehe Vorlage) bohren. Das Eingangsloch in die Vorderseite (C) sägen und rauhe Kanten abschmirgeln.

2 Den oberen Rand der Rückwand (A) mit dem Hobel nach vorn abschrägen, und den hinteren Rand des Dachs (D) so zurechthobeln, daß es flach auf dem Kasten aufliegt.

3 Das Haltebrett (F) und die Seitenwände (E) an die Rückwand (A) schrauben und dann Boden (B) und Vorderseite (C) befestigen. Das Dach (D) mit dem Scharnier und dann den Haken mit Öse anschrauben.

Den Kasten aufhängen
Der fertige Kasten sollte etwa zwei Meter über dem Boden an einen Baum oder eine Wand genagelt oder geschraubt werden und sich teilweise im Schatten befinden. Habt ein wenig Geduld, denn Vögel lassen sich bei der Suche nach dem richtigen Nistplatz Zeit.

Gras und Zweige

Schlamm aus der Nestverkleidung

Moos

Blätter

Zerbrochene Eierschalen

2 Auf einer solchen Pappe könnt ihr festhalten, woraus ein Nest besteht. Die meisten Nestbauer bevorzugen ein bestimmtes Baumaterial – Stöckchen, Zweige, Blätter, Moos, Haare oder sogar Spinnweben – und bauen es auf eine für sie charakteristische Weise zusammen. Einige Arten kleiden ihre Nester aus, oft mit Schlamm oder ihren eigenen Federn. In der Stadt könnt ihr Nester aus synthetischem Material finden. Schnüre und altes Verpakkungsmaterial werden bevorzugt, ja einige Vögel bauen ihre Nester sogar aus Nägeln und Drahtstücken.

Vögel beobachten

In der Stadt wie auf dem Land – Vögel sind wahrscheinlich die auffälligsten Tiere in eurer Umgebung. Sie sind sehr aktiv und halten ständig nach Futter oder Gefahren Ausschau. Ihr Verhalten ist teils angeboren, teils ist es erlernt. Wenn zum Beispiel ein Spatz ein Nest baut, ist ihm dieses Verhalten angeboren. Auch wenn er sich zunächst nicht sehr geschickt dabei anstellt, muß er sich nicht zeigen lassen, wie es geht. Und ohne es lernen zu müssen, besetzen Vögel ihr Revier, vertreiben Eindringlinge oder ziehen zu einer bestimmten Jahreszeit in eine vorgegebene Richtung. Mit Hilfe eines Feldstechers und eines Notizbuchs lernt ihr schnell, dieses Verhaltensmuster zu erkennen. Wenn ihr eine selbstgebaute Vogelwarte benützt, könnt ihr den Alltag eines Vogels ganz aus der Nähe beobachten, ohne daß er eure Anwesenheit bemerkt.

Vögel beringen
Ornithologen untersuchen das Verhalten von Zugvögeln, die sie mit Identifikationsringen markieren. Durch regelmäßiges Beobachten überwachen sie das Zugverhalten der Vögel. Das Beringen erfordert viel Geschick und Sorgfalt.

Vogelreviere

Viele Vögel stecken Reviere mit eindeutig festgelegten Grenzen ab. Diese Karten stammen aus einer berühmten Studie über Rotkehlchenreviere von dem englischen Ornithologen David Lack. Indem er dieses Stück Land vier Jahre lang beobachtete, fand er exakt heraus, wie sich diese Reviere im Laufe der Jahreszeiten änderten.

Frühlingsanfang
Rotkehlchen leben selten länger als ein Jahr, da viele im Winter verhungern. Wenn der Frühling kommt, sind nur noch ganz wenige da. Hier hat jedes von sieben überlebenden Rotkehlchenmännchen ein großes Revier abgesteckt.

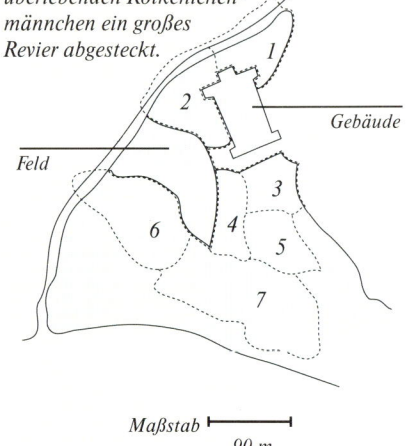

Maßstab 90 m

Winteranfang
Neun Monate später sind es mehr Rotkehlchen geworden, die dieses Gebiet beanspruchen. Einige Männchen haben Teile ihres Reviers an andere abgeben müssen. Bei den meisten Vogelarten verteidigt nur das Männchen das Revier, aber Rotkehlchen sind da anders: Im Herbst und Winter haben die Weibchen eigene Reviere.

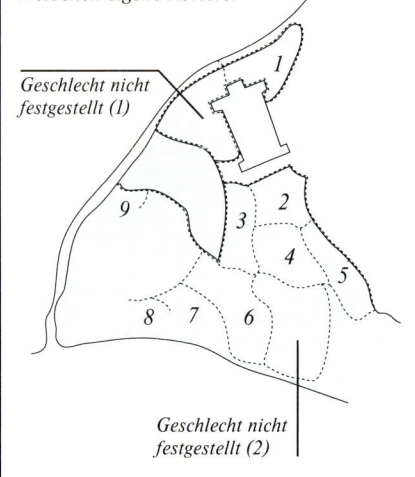

GROSSE ENTDECKER
Konrad Lorenz

Der Österreicher Konrad Lorenz (1903–1989) war ein bedeutender Verhaltensforscher. Er untersuchte vor allem das Zusammenspiel von angeborenem und erlerntem Verhalten. Mit einer Reihe berühmter Experimente an Vögeln erforschte Lorenz die Prägung – das Phänomen also, daß ein Jungtier aufgrund angeborenen Verhaltens an ein Elternteil fixiert ist. Bei seiner Arbeit mit Gänse- und Entenküken fand Lorenz heraus, daß die Prägung zu einer bestimmten Zeit stattfindet, im allgemeinen zwischen 5 und 24 Stunden nach dem Schlüpfen, in der die Küken auf alle möglichen Objekte »hereinfallen«. Wenn er z.B. einer Graugans die Eier wegnahm und sich beim Schlüpfen und während der sensiblen Phase in ihrer Nähe aufhielt, hielten ihn die Küken sofort für ihre Mutter. Sobald die sensible Phase aber vorbei war, kam es nicht mehr zu einer Prägung.

VÖGEL BEOBACHTEN

EXPERIMENT
Eine Vogelwarte bauen

Von einem solchen Unterstand aus habt ihr einen Rundblick und seid völlig getarnt. Ihr müßt ihn zu zweit aufbauen. Schlagt in jeden Pfosten oben einen Nagel, aber so, daß er mindestens 5 cm übersteht. Schraubt die Ösen in die Enden der Querbalken und sichert sie mit Holzleim.

IHR BRAUCHT
- 4 Pfosten, 1,5 m lang
- 4 Querbalken, 1 m lang
- 4 Nägel, 10 cm lang
- 8 Metallösen
- 10 Zeltheringe
- 4 Halteseile
- Holzleim • Tarnnetz • Hammer

Grundausstattung für die Vogelbeobachtung

Wenn ihr Vögel beobachten wollt, solltet ihr zwei Dinge nie vergessen: einen Feldstecher und ein Notizbuch, in dem ihr alle Details festhalten könnt, die ihr später nachsehen wollt.

Feldstecher
Wichtig sind ein großes Sehfeld und eine starke Vergrößerung.

Notizbuch
Darin könnt ihr die Vogelformen, Federn und Flugbewegungen skizzieren und das Verhalten notieren.

1 Legt die Pfosten auf den Boden und verbindet je ein Paar mit einem Querbalken, indem ihr Nägel durch die Ösen steckt. Stellt diese Gestelle gerade hin.

2 Achtet darauf, daß die Pfosten ein Viereck bilden. Während einer die ersten beiden Querbalken festhält, hängt der andere die übrigen zwei Querbalken ein.

3 Bindet ein Halteseil ans obere Ende eines jeden Pfostens und verankert es mit einem Hering. Das Seil muß mit dem Rahmen einen 45-Grad-Winkel bilden.

4 Seht nach, ob der Rahmen sicher steht. Dann verteilt ihr das Netz von der Mitte aus darüber und überlegt euch, wo der Eingang am günstigsten ist.

5 Befestigt drei Seiten des Netzes mit Zeltheringen am Boden. Die Eingangsseite bleibt frei. Paßt das Netz mit Zweigen und Blättern der Umgebung an.

6 Bringt von innen mehrere Löcher in der Tarnung an, so daß ihr nach allen Seiten sehen könnt. Nun ist eure Vogelwarte fertig.

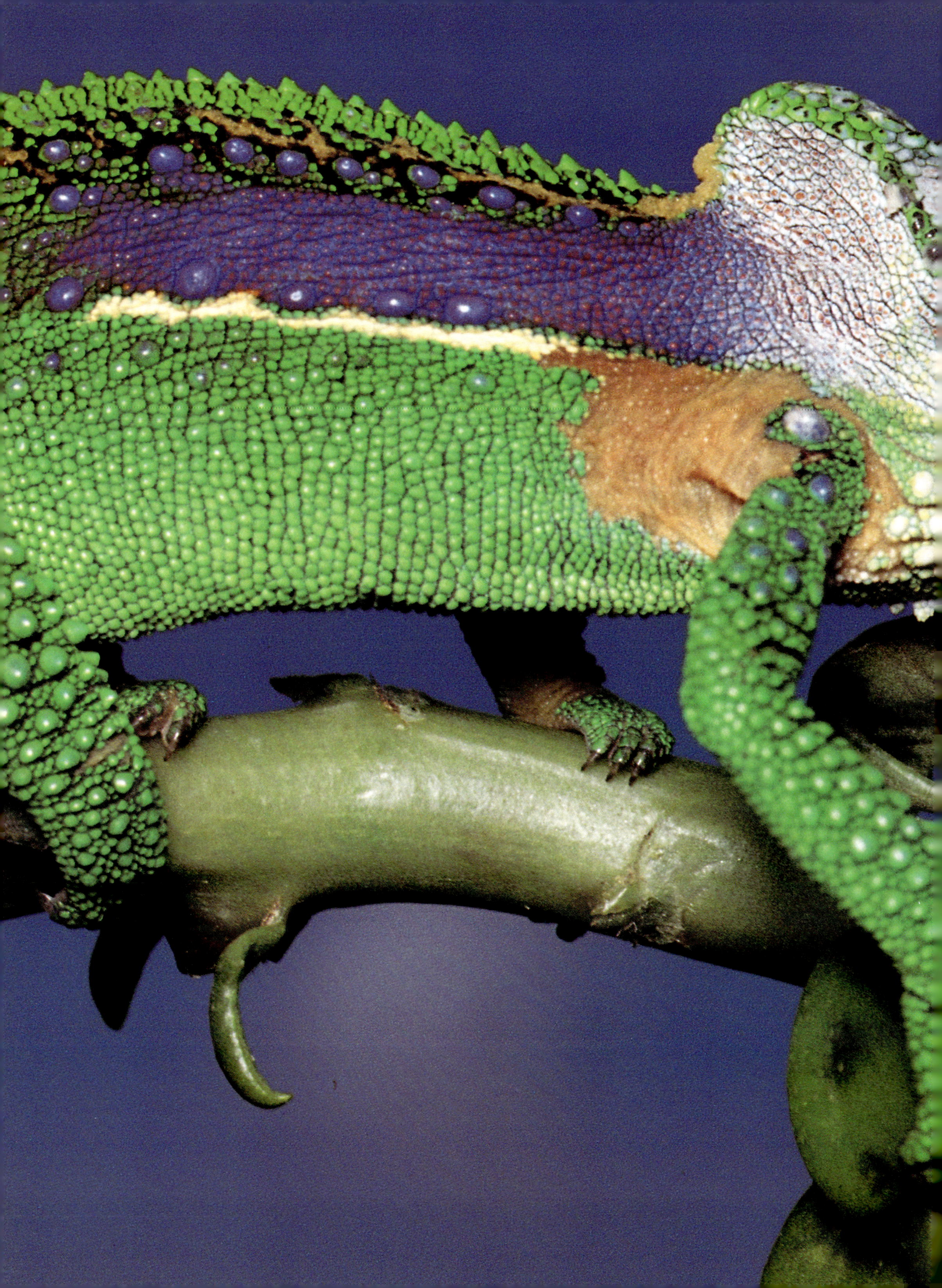

REPTILIEN

Die Artenvielfalt der Reptilien
Die Schildkröte (oben) besitzt einen Panzer, der sie vor ihren Feinden schützt. Wie viele andere Echsen können auch Chamäleons (links) ihre Farbe ändern, um sich untereinander zu verständigen oder sich ihrer Umgebung anzupassen und einer Gefahr zu entgehen.

Etwa 200 Millionen Jahre lang waren Reptilien die beherrschende Lebensform an Land. Im Zeitalter der Dinosaurier entwickelten sie sich zu den größten Tieren, die jemals auf dem Land gelebt haben. Doch mit dem Verschwinden der Dinosaurier ging auch die lange Herrschaft der Reptilien zu Ende. Noch heute erinnern ihre Nachfahren – die Schlangen, Echsen und Schildkröten – an die einstige Überlegenheit der Reptilien.

DIE WELT DER REPTILIEN

Vor etwa 260 Millionen Jahren tauchten die Reptilien auf der Erde auf, die heute mit über 6000 Arten weltweit verbreitet sind. Sie entwickelten sich aus Amphibien, die viel größer als ihre heutigen Nachfahren (S. 78 – 79) waren. Im Unterschied zu diesen legten die Reptilien Eier mit lederartig zähen Schalen und mußten nicht mehr im Wasser leben.

Schlangen sind Wechselwarme und können sich erst bewegen, wenn sie sich genügend erwärmt haben.

Unter den Landbewohnern sind Reptilien die größten, die nicht über eine ausreichende Wärmeproduktion verfügen – sie sind Wechselwarme. Reptilien brauchen die Sonnenwärme, die sie morgens erwärmt. Daher leben die meisten Reptilien der Erde in den Tropen und nur wenige in höheren Breitengraden. Reptilien trifft man überall da an, wo ihnen Wärme zur Verfügung steht. Im Meer leben Schildkröten und Seeschlangen, ja sogar einige Echsenarten wie die Meerechsen der Galapagosinseln. Im Süßwasser hausen Sumpfschildkröten, Krokodile, Alligatoren und Riesenschlangen wie die südamerikanische Anakonda oder die asiatische Elefantenrüsselschlange, die sich mit ihrem schlaffen grauen Körper an Land überhaupt nicht bewegen kann. Eine Echsenart nutzt sogar den Luftraum. Der Flugdrachen der Regenwälder Südostasiens hat an seinen Rippen Hautsäume, die er an beiden Seiten des Körpers fächerförmig entfalten kann. Mit diesen Flughäuten können die Echsen weite Gleitflüge von Baum zu Baum unternehmen.
Alle Reptilien haben ein Schuppenkleid, das sie schützt, insbesondere vor Austrocknung. Die Schuppen bestehen aus Keratin, also jenem Protein, aus dem auch unsere Haut, unsere Haare, Finger- und Zehennägel bestehen. Als Wechselwarme benötigen die Reptilien auch keine isolierende Schicht aus Fell oder Federn, die ihre Körperwärme erhalten würde. Ihre dicke, schuppige Haut schützt sie vor ihren Feinden – sie sind nicht leicht anzugreifen und auch nicht gerade appetitanregend.

Reptilieneier

Anders als Amphibieneier bewahren Reptilieneier großenteils ihre Feuchtigkeit, lassen aber Sauerstoff ein- und Kohlenstoffdioxid ausströmen. Derartige Eier können daher bis zum Schlüpfen an Land bleiben, wo sie im allgemeinen mit Erde oder Sand bedeckt sind. Einige Amphibien können sich zwar ohne Wasser fortpflanzen, indem sie ihre Eier im Körper behalten, die meisten aber müssen zum Laichen einen Tümpel oder Sumpf aufsuchen. Da sie nicht an Wasser gebunden sind, können Reptilien auch in trockeneren Lebensräumen leben, zum Beispiel in Wüsten, wo sie besonders reich vertreten sind. Die meisten Reptilien verlassen ihre Eier nach dem Legen. Im Unterschied zu Vogeleiern müssen sie nicht ständig warmgehalten werden, auch wenn sich einige Schlangenarten um ihre Eier ringeln und sie mit Muskelzuckungen ein wenig erwärmen. Andere Echsenarten behalten ihre Eier im Körper und bringen lebende Junge zur Welt. Krokodile (S. 148 – 149) bewachen ihr Nest und tragen ihre Jungen nach dem Schlüpfen zum Wasser, während Schildkröten ihre Eier sich selbst überlassen. Wie Jungvögel haben auch junge Reptilien einen speziellen Eizahn, mit dem sie sich ihren Weg aus dem Ei hakken, wenn sie bereit sind, auszuschlüpfen. Dieser Zahn fällt kurz danach ab.

Krokodile und Alligatoren gehören zu den engsten lebenden Verwandten der Dinosaurier.

Winzige griffige Borsten an den Zehen ermöglichen es dem Gecko, Wände hinauf und über Decken zu laufen.

Bei Gefahr kann eine Sumpfschildkröte Kopf und Beine in ihren sicheren Panzer einziehen.

Die Panzer von Schildkröten bestehen aus Knochen, die mit harten Schuppen bedeckt sind.

Ausgestorbene Reptilien

Heute gibt es noch drei Hauptgruppen von Reptilien: die Schlangen und Eidechsen, Krokodile und Alligatoren sowie die Schildkröten. Einst gab es noch viel mehr Reptilienarten, und im Zeitalter der Dinosaurier waren dies große und überaus erfolgreiche Lebewesen.
Einige Wissenschaftler glauben heute, daß die Dinosaurier nicht ausschließlich Wechselwarme gewesen sein konnten, da sie zu groß waren, um nur auf äußere Wärme angewiesen zu sein. Die Fossilien eini-

DIE WELT DER REPTILIEN

ger Flugsaurier, die Flügelspannweiten von bis zu 13 m hatten, lassen so etwas wie ein Fellkleid erkennen. Fell aber hält die Körperwärme zurück, und das hieße, daß diese Reptilien eine konstante Körpertemperatur hatten.

Die Dinosaurier sind zwar alle ausgestorben, aber sie haben Nachkommen hinterlassen: die Vögel. Wenn ihr euch einmal die Beine eines Huhns anseht, erkennt ihr, daß sie eine schuppige Haut haben – wie ihre Vorfahren, die Reptilien. Auch das Hühnerei ist im Innern dem Reptilienei sehr ähnlich.

Auch zwei andere große Gruppen von Reptilien sind ausgestorben: die Plesiosaurier und die Fischechsen (Ichthyosaurier). Sie stammten zwar von Landreptilien ab, doch die Ichthyosaurier hatten paddelähnliche Flossen und sahen wie Fische oder Delphine aus. Die Plesiosaurier glichen eher langhalsigen Reptilienrobben. Die Anghörigen beider Gruppen starben etwa zur gleichen Zeit wie die Dinosaurier aus, also vor 65 Millionen Jahren.

Die Gila-Krustenechse ist die größte Eidechse der USA. Sie und die Skorpions-Krustenechse sind die einzigen giftigen Eidechsen der Welt.

Die Augenhöhlen in diesem Echsenschädel zeigen, wie wichtig das Sehen für die Nahrungssuche ist.

Wasser- und Landschildkröten

Von allen heute lebenden Reptilien sind die Wasser- und Landschildkröten (S. 150) die älteste Gruppe. Vor etwa 260 Millionen Jahren entwickelte sich bei diesen Tieren ein schützender Panzer, dank dem sie bis heute überleben konnten. Bei einigen Arten scheint dieser Panzer überflüssig geworden zu sein. Der Panzer der Lederschildkröte, einer schwergewichtigen Meeresschildkröte, ist nichts weiter als ein dickes, gummiartiges Hautkleid. Diese Schildkrötenart lebt hauptsächlich von Weichtieren, und da diese nur wenig Kalzium liefern, das zur Ausbildung eines Panzers und der Knochen erforderlich ist, verwendet es die Lederschildkröte für ihre Knochen. Da sie aber mit 3 m Länge die größte Schildkröte ist, entkommt sie den meisten Feinden.

Bei einer Gruppe von Flußschildkröten, den Weichschildkröten, ist der Panzer stark zurückgebildet; so können sie ihre Beute schneller jagen. Dennoch bietet ihnen ihr Panzer noch ausreichend Schutz, da er ganz rund und glatt ist und von Feinden kaum gepackt werden kann.

Schildkröten haben keine Zähne und zerbeißen ihre Nahrung mit den harten Kiefern.

Krokodile und Alligatoren

Neben den Vögeln sind die Krokodile und Alligatoren (S. 148–149) die engsten Verwandten der Dinosaurier. Es sind auch die größten lebenden Reptilien. Heute leben nur noch 22 Arten in den Tropen und Subtropen. Sie sind hervorragend an das Leben im Wasser angepaßt. Da ihre Augen und Nasenlöcher oben auf dem Kopf liegen, können sie fast vollständig in einem See, Sumpf oder Fluß untertauchen und dennoch atmen und sehen.

Echsen in jeder Größe

Die größte Gruppe heute lebender Reptilien stellen die Echsen (S. 148–149) und Schlangen (S. 146–147). Die Größe der Echsen schwankt zwischen den nur 5 cm großen Geckos und den gigantischen Komodo-Waranen, die nur auf den südostasiatischen Sundainseln leben. Dieses wilde Raubtier kann bis zu 3 m lang werden und jagt Wild. Die meisten Echsen haben einen kleinen, leichten Körper, so daß sie an Baumstämmen und selbst an glatten Hauswänden hochklettern können. Einige Geckoarten können sogar an der Decke entlanglaufen, da ihre Zehen breit und flach wie Blütenblätter sind und an der Unterseite Dutzende feiner Querrippen aufweisen. Damit können sie sich an winzigen Unebenheiten einer Fläche festhalten, über die sie klettern. In tropischen Ländern sind Geckos oft willkommene Hausgenossen, da sie Ungeziefer jagen.

Der australische Dornteufel ist trotz seiner wilden Erscheinung ganz harmlos und ernährt sich von Ameisen.

Leben ohne Beine

Schlangen haben sich aus ihren vor über 100 Millionen Jahren lebenden echsenähnlichen Vorfahren entwickelt. Im Unterschied zu Echsen haben sie keine beweglichen Augenlider – statt dessen schützen sie ihre Augen durch eine fest verwachsene durchsichtige Haut. Außerdem haben Schlangen auch keine äußeren Ohren. Viele Echsenarten haben keine Beine. Sie sehen zwar genau wie Schlangen aus, doch ihr Körper ist eher wie der von Echsen als der von Schlangen gebaut.

Diese beinlosen Lebewesen haben sich vor ein paar Millionen Jahren aus Echsen mit Beinen entwickelt.

Schlangen und Echsen streifen immer wieder papierdünne schuppige Hautschichten ab, wenn sie wachsen.

Die langbeinigen Anolis wechseln zur Tarnung ihre Farbe.

REPTILIEN

Schlangen

Es gibt etwa 2400 Arten von Schlangen auf der Erde. Die meisten Schlangen sind giftig, aber nur ein paar Arten sind für Menschen gefährlich. Im Laufe der Entwicklung haben Schlangen, die von vierbeinigen eidechsenähnlichen Reptilien abstammen, ihre Beine verloren. Früher glaubte man deshalb, Schlangen hätten einst unter der Erde gelebt. Doch Biologen haben herausgefunden, daß sich dünne Echsen mit kleinen Beinen leichter als Schlangen durch Erdhöhlen bewegen, und darum ist es noch immer ein Rätsel, wie die Schlangen ihre Beine verloren.

Das Schlangenskelett

Es besteht aus dem Schädel, dem Rückgrat und bis zu 450 Rippenpaaren, die sich über den ganzen Körper erstrecken. Die urtümlicheren Schlangen – Boas und Pythons – haben noch Überreste von Beckengürteln in der Körpermitte.

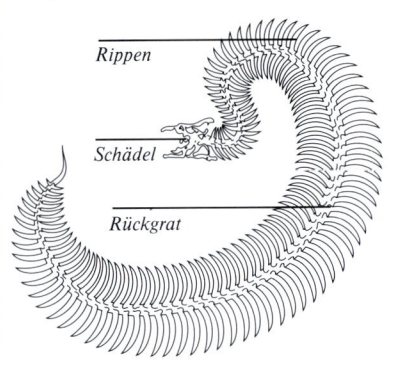

Rippen

Schädel

Rückgrat

Schlangen riechen, indem sie mit Hilfe der Zunge Duftstoffe in der Luft aufnehmen

Schlangenschuppen sind hart und trocken. Einige Schlangen besitzen große Bauchschuppen, die von Muskeln bewegt werden können und die ihnen Halt geben, wenn sie über den Boden gleiten

Schlange im Gras
Die Ringelnatter kommt in Nordeuropa häufig vor, ist ungiftig und für Menschen ungefährlich. Sie wird wie viele Schlangen von Menschen verfolgt, die alle Schlangen für gefährlich halten.

Eine funktionierende Lunge
Bei den meisten Schlangen arbeitet nur eine Lungenhälfte (gewöhnlich die rechte). Sie dehnt sich nach hinten wie nach vorne im Körper aus.

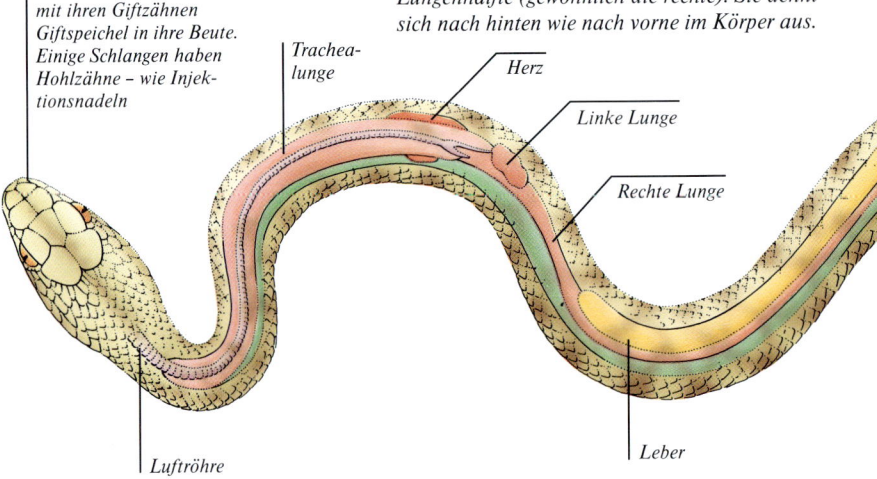

Anatomie einer Schlange

In einem Schlangenkörper ist alles so lang und dünn wie möglich, und die Organe sind dicht beieinander. Dennoch können Schlangen große Tiere wie Wild fressen. Dank loser Knochen im Schädel und frei spreizbarer Rippen können sie ihre Beute verschlingen – ein Vorteil in einer rauhen Umwelt, zum Beispiel in Wüsten, wo die Nahrung rar ist. Die meisten Schlangen fressen nur einmal die Woche oder weniger – ja, viele nur einmal im Monat.

Giftschlangen spritzen mit ihren Giftzähnen Giftspeichel in ihre Beute. Einige Schlangen haben Hohlzähne – wie Injektionsnadeln

Trachealunge

Herz

Linke Lunge

Rechte Lunge

Leber

Luftröhre

SCHLANGEN

Häutungen

Wenn eine Schlange wächst, wird ihre Schuppenhaut zu klein. Daher wirft sie, wie Insekten und Echsen, regelmäßig ihre alte Haut ab – sie häutet sich. Darunter befindet sich bereits die neue, größere Haut.

Kopf

Kopf

Eierschlange
Diese Schlange verschlingt ganze Eier. Sie zerbrechen im Körper, und die Schale wird wieder ausgewürgt.

Ringelnatter
Vergleicht diese Haut mit der der Ringelnatter links. Sie bedeckt den ganzen Körper – sogar die Augen.

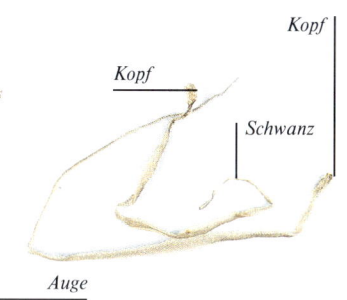

Große Schuppen an der Unterseite

Kopf

Kopf

Schwanz

Auge

Erwachsene Äskulapnatter
Diese große Haut stammt von einer ausgewachsenen Schlange und weist große Schuppen an der Unterseite auf.

Ausgeschlüpfte Äskulapnatter
Diese beiden Häute wurden kurz nach dem Schlüpfen zweier Äskulapnattern abgeworfen.

Riesenschlangen

Nachdem eine Python oder Boa ihre Beute mit den Kiefern geschnappt hat, wickelt sie ihren kräftigen Körper um das Opfer und drückt fest zu. Das Beutetier stirbt an Sauerstoffmangel – es bekommt in dieser tödlichen Umarmung einfach keine Luft mehr. Einige Pythons können mit dieser Technik mehrere kleine Tiere auf einmal töten, indem sie in jeder Körperwindung eins zerdrücken.

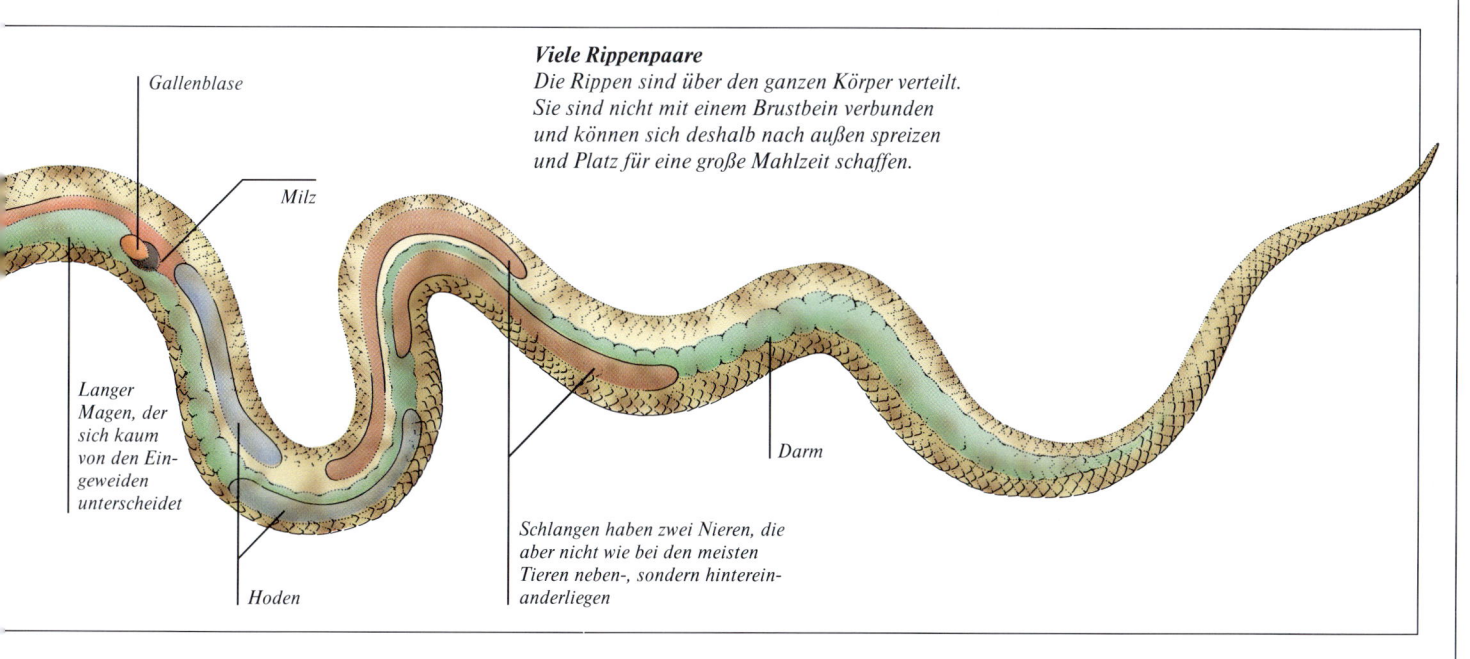

Netzpython
Boas und Pythons stellen die längsten Schlangen dar – den Rekord hält eine Anakonda mit 8 m. Große Pythons können Krokodile töten, und viele Arten ernähren sich von Wild.

Viele Rippenpaare
Die Rippen sind über den ganzen Körper verteilt. Sie sind nicht mit einem Brustbein verbunden und können sich deshalb nach außen spreizen und Platz für eine große Mahlzeit schaffen.

Gallenblase

Milz

Langer Magen, der sich kaum von den Eingeweiden unterscheidet

Hoden

Schlangen haben zwei Nieren, die aber nicht wie bei den meisten Tieren neben-, sondern hintereinanderliegen

Darm

REPTILIEN

Krokodile, Alligatoren und Echsen

Krokodile und Alligatoren sind die Riesen unter den Reptilien – die größte Art, die asiatischen Leistenkrokodile, sind zuweilen über 6 m lang. Alle Krokodile und Alligatoren haben besondere Eigenschaften, dank derer sie im Wasser leben können: durchsichtige Augenlider, mit denen sie unter Wasser sehen, und Klappen, mit denen sie ihre Ohren und Nasenlöcher beim Tauchen verschließen. Eine andere Klappe verschließt ihre Luftröhre, so daß sie ihre Beute unter Wasser fressen können, ohne zu ertrinken.
Der Gavial und das Sumpfkrokodil leben in Gebieten von Indien und Nepal, wo es strenge Winter gibt. Diese beiden Arten überleben auf ungewöhnliche Weise Frostnächte, die für Wechselwarme eine große Belastung darstellen: Sie sinken auf den Grund eines Flusses oder Tümpels und lassen ihren Stoffwechsel stark abfallen. Dadurch brauchen sie kaum Sauerstoff und müssen nur gelegentlich zum Atmen an die kalte Oberfläche auftauchen.

Zwergkrokodil
Das westafrikanische Zwergkrokodil ist nur 1,5 m lang und hat eine ungewöhnlich kurze Schnauze.

Eidechsen
Die engsten Verwandten der Eidechsen sind nicht etwa die Krokodile, sondern die Schlangen (S. 146–147). Eidechsen und Krokodile gleichen einander, weil sie mit kleinen, überlappenden Schuppen bedeckt sind. Die meisten Eidechsen haben vier Beine, es gibt aber auch einige beinlose Arten. Eidechsen sind relativ kleine Reptilien, die sich von Insekten ernähren, aber ein paar wie der Komodo-Waran jagen größere Beutetiere. Nur zwei Arten, die in Mittelamerika heimische Skorpions-Krustenechse und die nordamerikanische Gila-Krustenechse, sind giftg.

Langer Schwanz, der leicht abbricht, wenn er festgehalten wird

Mütterliche Krokodile
Verglichen mit anderen Reptilien kümmern sich Krokodile und Alligatoren aufmerksam um ihren Nachwuchs. Die Weibchen bauen ein Nest für die Eier und bewachen sie, bis die Jungen schlüpfen. Salzwasserkrokodile errichten an Land einen großen Pflanzenhaufen, der verfault und sich wie ein Komposthaufen dabei erwärmt und dadurch die Eier warm hält. Wenn die Jungen schlüpfen, rufen sie ihre Mutter, die sie ins Maul nimmt und zum Wasser trägt. Einige bleiben bei ihr bis zu drei Jahren.

Panzerhaut
Das Krokodil hat auf seinem Rücken einen schweren Knochenpanzer. Ausgewachsene Krokodile brauchen im Grunde das beschwerliche Schutzkleid nicht, aber vermutlich können die Jungen mit seiner Hilfe die Angriffe von Vögeln und Echsen überleben.

Junges Krokodil im Maul der Mutter

Krokodileier

Von der Mutter gegrabenes Nest

Kräftiger, zum Schwimmen geeigneter Schwanz

KROKODILE, ALLIGATOREN UND ECHSEN

Regenbogenechse
Wie vielen Echsen dient auch dieser Art aus dem tropischen Amerika ihr Schwanz zur Verteidigung. Wenn sie von einem Verfolger daran gepackt wird, bricht er ab, und die Echse entkommt. Ein neuer Schwanz wächst bald nach.

Streifenskink
Es gibt über 1200 Arten von Skinken, die eine der größten Echsenfamilien bilden. Die meisten Skinke haben sehr kleine Gliedmaßen und werden wegen ihres glatten Körpers leicht mit Schlangen verwechselt.

Anoli
Die Anolis, eine Leguangattung, halten sich in Wäldern auf. Ihr hellgrüner Körper bietet ihnen vor Blättern eine nützliche Tarnung, und wenn sie einen Baumstamm hinunterklettern oder nackten Boden überqueren, können sie rasch ihre Farbe von Grün auf Braun umstellen.

Die Haut kann die Farbe ändern

Alligatoren
Krokodile und Alligatoren ähneln sich zwar körperlich, gehören aber verschiedenen Familien an. Alligatoren und Krokodile haben ein hochentwickeltes Herz, das höher als das anderer Reptilien entwickelt ist und dem der Vögel ähnelt. Alligatoren sind die engsten lebenden Verwandten der Dinosaurier. Sie haben die größten und am höchsten entwickelten Gehirne unter den Reptilien.

Nilkrokodil
Das Nilkrokodil wird über 5 m lang. Bei der Jagd kann es ganz ruhig im Wasser liegen, wobei nur seine Augen und Nasenlöcher zu sehen sind. Antilopen und andere Tiere kommen zum Trinken ans Wasser, ohne das in der Nähe lauernde Krokodil zu bemerken. Das riesige Reptil packt das Beutetier am Kopf und zieht es unter Wasser, wo es ertrinkt. Krokodile können keine Stücke von ihrer Beute abbeißen, daher klemmen sie ihr Opfer unter einen Felsen im Wasser, packen beispielsweise ein Bein mit den Zähnen und drehen sich herum, bis das Bein abreißt.

Hinterfüße mit Schwimmhäuten

Körper hängt tief zwischen den Beinen

Zapfenartige Zähne

Krokodilstränen
Es ist ein Märchen, daß Krokodile weinen, wenn sie ihre Beute verzehren. Wenn jemand »Krokodilstränen« vergießt, tut er nur so, als ob er etwas bedaure – im Grunde freut er sich nämlich darüber. Tatsächlich aber müssen Krokodile zuweilen überschüssiges Salz loswerden und scheiden es mit ihren Tränen aus – manchmal eben auch, wenn sie fressen.

Wasser- und Landschildkröten

Schildkröten haben sich vor über 260 Millionen Jahren entwickelt – lange vor ihren größeren Verwandten, den Dinosauriern. Der Panzer dieser faszinierenden Tiere schützt sie gegen die meisten Feinde, wenn sie groß sind, doch wenn sie jung sind, sind sie verwundbar, da sie sich durch Eierlegen fortpflanzen. Besonders gefährdet sind die Wasserschildkröten, die ihre Eier nachts an Sandstränden ablegen. Einige Arten sind inzwischen ernsthaft bedroht: durch Menschen, die ihre Eier als Nahrung ausbuddeln, sowie durch hell erleuchtete und laute Touristenhotels.

Aufbruch ins Unbekannte
Eine junge Schildkröte schlüpft aus ihrem Ei. Einige Schildkröten legen hartschalige Eier wie Vögel, andere legen Eier mit elastischer, lederartiger Haut. Sie kümmern sich nicht weiter um die Eier, und die Jungen sind ganz auf sich gestellt, sobald sie geschlüpft sind.

Wachstumsringe auf der Keratinplatte oder -schuppe

Die Knochenplatte wird sichtbar, wo die Schuppen abgefallen sind

Verbindung zwischen Knochenplatten

Mehrschichtiger Panzer
Wo Schildkröten frei leben, könnt ihr Teile ihrer Panzer finden. Bei genauerem Hinsehen entdeckt ihr eine weiße Knochenschicht und darüber eine Schicht aus braunem Keratin. (Aus dem Eiweißstoff Keratin bestehen unsere Fingernägel und unsere Haut.) Dieser zweischichtige Panzer ist sehr fest. Die Verbindungen zwischen den Keratinplatten liegen nicht direkt über den Verbindungen der Knochenplatten. Die schwächsten Punkte in der Knochenschicht werden also durch die Keratinschicht überbrückt und umgekehrt. Die Zickzacklinien zwischen den Knochenplatten verstärken die Schale, da sie viel schwerer aufzubrechen sind als gerade Verbindungen. Derartige Verbindungen gibt es auch zwischen den Schädelknochen von Tieren.

Sonnenbadende Teichschildkröten
Hier liegen zwei europäische Teichschildkröten in der Sonne. Im Unterschied zu den vegetarischen Landschildkröten sind sie Fleischfresser – sie vertilgen Fische, große Insekten, Würmer, Frösche und Molche.

Schützt die Natur!
Der Handel mit Schildkröten als »Haustiere« bedroht viele Arten, und in einigen Ländern dürfen Schildkröten nicht mehr verkauft werden. Und überhaupt muß man sich sehr gut überlegen, ob man die Verantwortung für diese Tiere übernehmen kann, die nicht nur sehr alt werden, sondern auch sehr groß.

Mit Schuppen bedeckte Beine

Keratinplatten

WASSER- UND LANDSCHILDKRÖTEN

Häuslicher Panzer
Rückgrat und Rippen einer Schildkröte sind mit dem Panzer verbunden, ebenso der Becken- und der Schultergürtel. Der Panzer selbst besteht aus etwa 60 einzelnen Knochen. Beim Ausschlüpfen sind die Panzerknochen noch nicht miteinander verbunden – wie die Schädelknochen bei einem neugeborenen Menschen. Wenn das Reptil heranreift, wachsen die Knochenplatten zusammen und verzahnen sich. Einige Schildkrötenarten haben weiche Panzer, so daß sie leichter und schneller schwimmen können.

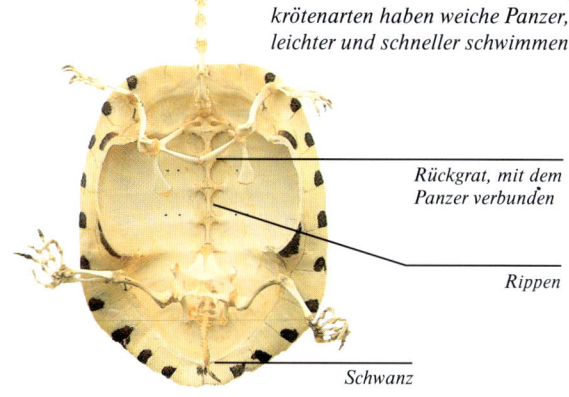

Rückgrat, mit dem Panzer verbunden

Rippen

Schwanz

Eier legen
Hier legt ein Weibchen Eier in eine Grube, die es an einem Sandstrand angelegt hat. Einige Arten legen über 200 Eier in ihre Nester. Die afrikanische Pfannkuchenschildkröte, die sich dank ihres flachen Panzers in Felsspalten verstecken kann, legt dagegen nur ein Ei.

Eine Teichschildkröte halten
Teichschildkröten kann man in einem Aquarium halten. Bevor ihr jedoch eine Schildkröte kauft, solltet ihr euch nach ihrer Herkunft erkundigen: Kauft keine Arten aus exotischen Ländern, da zahlreiche Tiere beim Fang und Transport sterben. Wechselt das Wasser im Behälter regelmäßig und entfernt dabei alle Nahrungsabfälle, die die Schildkröte hinterlassen hat – sie würden sonst das Wasser verunreinigen.

So wird das Aquarium eingerichtet
Schildkröten brauchen Wasser und »trockenes Land«. Wenn es kalt ist, wärmt ihr kleine Tiere mit einer Lampe über dem Behälter.

Reinigen einer Schildkröte
Wenn sich auf dem Panzer Algen gebildet haben, schrubbt ihr sie leicht mit einer Zahnbürste ab. Geht mit eurer Schildkröte stets behutsam um und wascht danach eure Hände gut, denn sie könnte Krankheitskeime tragen.

Legt einen Blumentopf umgekippt in den Behälter – ein guter Unterschlupf für die Schildkröte.

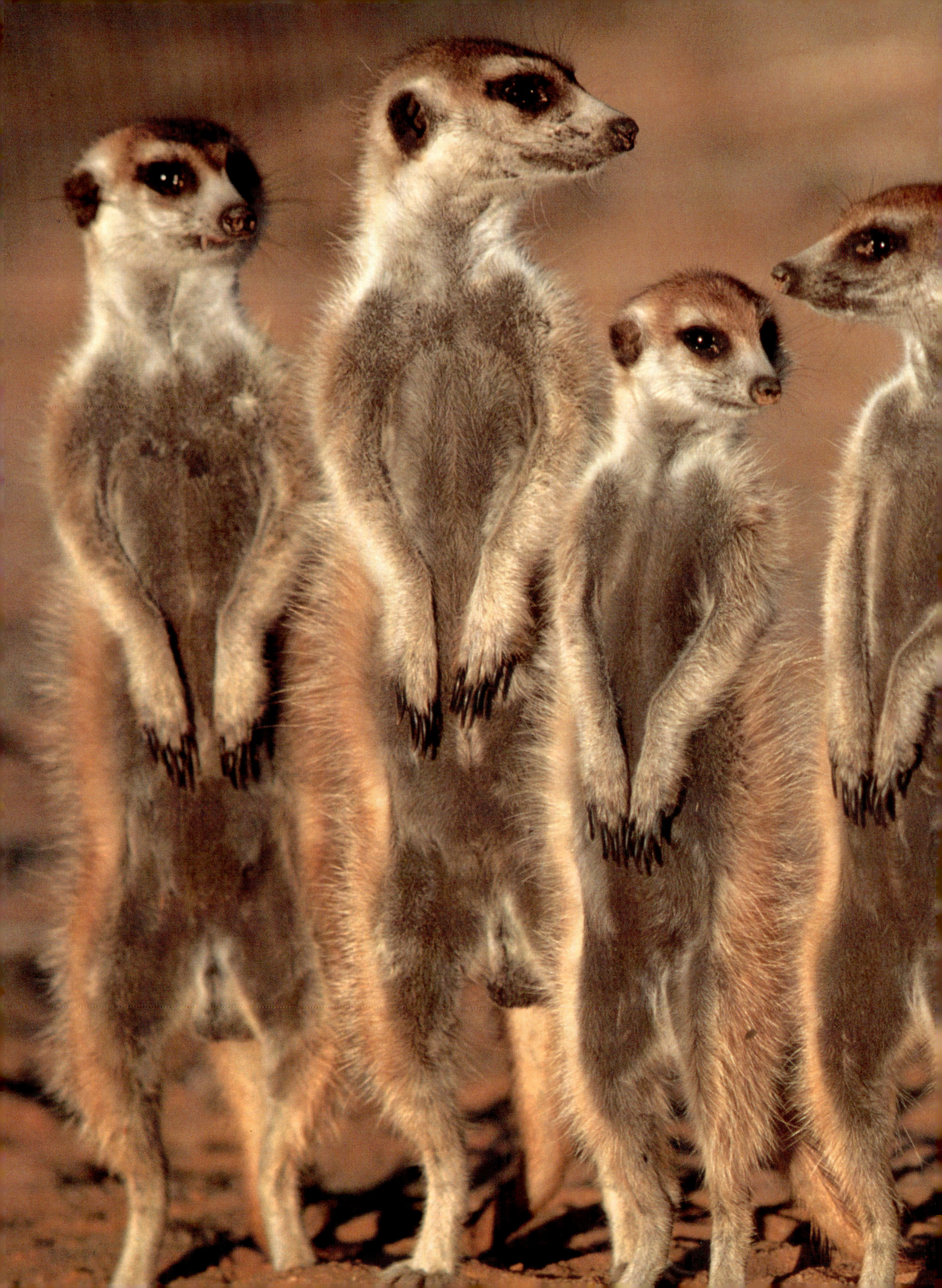

SÄUGETIERE

Zum Überleben ausgestattet
*Die jungen Hausmäuse in ihrem Nest (oben)
sehen hilflos aus, aber wie bei allen Jungtieren
sorgen ihr Lebenszyklus und ihr Verhalten
für das Überleben der Art. Auch diese südafrikanischen Erdmännchen (links) wissen
sich zu schützen, indem sie nach Gefahren
Ausschau halten.*

Es gibt etwa 4000 Säugetierarten auf der Welt, unter anderem die größten Land- und Meeresbewohner – die Elefanten und die Wale – und viele Tiere, die weiden und äsen, ebenso wie die Raubtiere, die Jagd auf sie machen. Zu dieser Gruppe von Lebewesen gehört schließlich auch eine Art, die mehr Einfluß auf diesen Planeten genommen hat als alle anderen: wir Menschen.

DER KÖRPERBAU DER SÄUGETIERE

Die ersten Säugetiere waren kleine Lebewesen, die sich vor allem von Insekten ernährten und zu einer Zeit lebten, als die Dinosaurier noch das Leben auf der Erde beherrschten. Als die Dinosaurier ausstarben, begannen diese fellbedeckten Warmblüter ihren Platz einzunehmen. Heute leben etwa 4000 Arten in den verschiedensten Gebieten unserer Erde.

Als die ersten europäischen Forscher nach Australien kamen, staunten sie über die Tiere, die sie dort vorfanden: statt äsender Rehe und Antilopen Känguruhs und Wallabys, die auf ihren Hinterbeinen davonhüpften, wenn sie aufgestöbert wurden. In den Eukalyptusbäumen entdeckten sie Koalas und auf dem Boden Bandikuts, Wombats und andere für sie ungewöhnliche Tiere.

Und zu ihrer nicht geringen Verblüffung trugen diese Tiere ihre Jungen in einer Art Beutel aus Hautfalten herum. Diese fremden Besucher erblickten zwar eine völlig neue Welt tierischen Lebens, fanden aber zumindest ein paar Dinge heraus, die auf beruhigende Weise vertraut waren. Trotz ihrer oft seltsamen Formen hatten diese Tiere ein Fell, sie gaben ihren Jungen Milch und waren Warmblüter. Demnach also waren sie Säugetiere – Angehörige einer Tierklasse, die fast auf der ganzen Erde verbreitet ist.

Die Jungen von Beuteltieren entwickeln sich im sicheren Beutel der Mutter.

Säugetier Mensch

Auch ihr seid Säugetiere. In den ersten paar Wochen oder Monaten ernähren sich Säugetiere von der Milch ihrer Mutter. Auch ihr habt vielleicht Milch aus der Brust eurer Mutter bekommen. Und an euren Zähnen erkennt man, daß ihr ein Säugetier seid. Im Unterschied zu Reptilien, deren Zähne so gut wie gleich sind, habt ihr drei verschiedene Arten von Zähnen, die alle eine andere Aufgabe haben (S. 162 – 163). Dank ihrer anpassungsfähigen Zähne haben die Säugetiere im Laufe ihrer Entwicklung die unterschiedlichste Nahrung zu sich nehmen können. Neugeborene Säuger bekommen die perfekte Nahrung – Muttermilch –, bis sie groß genug sind, um die gleiche Nahrung wie die Erwachsenen kauen, schlucken und verdauen zu können. Den Zeitraum, in dem sie sich von Milch auf andere Nahrung umstellen, nennt man Entwöhnung.

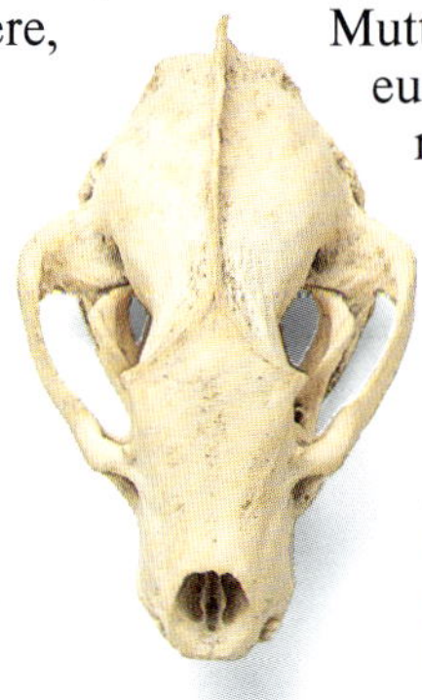

Daß ihr ein Säuger seid, erkennt ihr auch daran, daß ihr an kalten Tagen draußen herumlaufen könnt und mit ausreichender Kleidung nicht zu sehr friert: Ihr seid Warmblüter. Wie andere Säugetiere könnt ihr Fettreserven verbrennen, um Wärme zu erzeugen, so daß euer Körper stets etwa die gleiche Temperatur hat, ob ihr euch nun in den Tropen oder in der Arktis befindet. Wärt ihr eine Schlange

Ihr könnt eine Menge über ein Säugetier erfahren, wenn ihr seinen Schädel betrachtet.

Säugetierknochen kann man für eine naturkundliche Sammlung reinigen.

oder ein Frosch, würde sich eure Körpertemperatur in etwa mit der Lufttemperatur verändern. Allerdings sind nicht nur Säugetiere, sondern auch Vögel Warmblüter.

Warm bleiben und abkühlen

Auch das Haar auf dem Kopf weist euch als Säuger aus. Unsere Vorfahren hatten ein kurzes und dickes Fell, das den ganzen Körper bis auf die Fußsohlen und die Handflächen bedeckte. Katzen, Hunde, Mäuse und andere Säugetiere haben dieses Haarkleid, das wir gewöhnlich Fell nennen. Es ist typisch für Säugetiere, und es sorgt dafür, daß die so mühsam erzeugte Wärme nicht verlorengeht.

Man weiß nicht genau, warum wir Menschen unser Fell verloren haben – vermutlich hat das etwas mit der Tatsache zu tun, daß wir große Mengen Schweiß produzieren, um abzukühlen, statt wie Hunde zu hecheln. Und

Nachttiere jagen und ernähren sich in der Dunkelheit.

Schweiß und Fell vertragen sich nicht gut: Schweiß würde das Fell verkleben und nicht schnell genug verdunsten, um die gewünschte Wirkung zu erzielen. Abkühlen durch Schwitzen hat sich vielleicht entwickelt, als unsere Vorfahren die Wälder verließen und auf den offenen Savannen von Afrika zu leben begannen. Hier war es sehr heiß, vor allem bei so anstrengenden Tätigkeiten wie der Jagd auf große Tiere. Später wanderten die frühen Menschen von Afrika in kühlere Regionen aus. Sie kamen sehr schnell

DER KÖRPERBAU DER SÄUGETIERE

voran und lernten, sich mit Tierfellen warmzuhalten sowie den Umgang mit Feuer. Wären sie viel langsamer gewandert, hätten sie vielleicht durch die natürliche Auslese (S. 22 – 23) wieder ein Fell bekommen. Für uns moderne Menschen, die wir in kalten Klimazonen wie Europa und Nordamerika leben, wäre ein Fellkleid viel nützlicher als Schweißdrüsen. Wir Menschen sind nicht die einzigen Säuger, die ihr Fell verloren haben, sondern auch der Elefant, das Nashorn und das Flußpferd: alle großen Tiere also, die in warmen Klimazonen leben. Je größer ein Tier ist, desto mehr Mühe bereitet ihm das Abkühlen, da das Körperinnere weit von der Oberfläche entfernt ist. Für einen afrikanischen Elefanten wäre ein Fell nur lästig, während es für die wolligen Mammuts der letzten Eiszeit überaus nützlich war. Auch die Meeressäugetiere – Wale und Delphine – haben ihr Fell verloren, weil es sie beim Schwimmen stören würde. Wenn ihr jemals versucht habt, in voller Kleidung zu schwimmen, wißt ihr, wie schwerfällig und langsam man damit ist.

Ameisenigel und Schnabeltiere sind die einzigen Säuger, die Eier legen.

Lebendgebärende Säugetiere

Es gibt drei Gruppen von Säugetieren. Wir gehören zur größten Gruppe, den lebendgebärenden Säugern, bei denen die Jungen bereits heranwachsen, während sie sich noch in der Mutter befinden. Im Mutterleib bekommen sie alle Nahrung, die sie brauchen, aus dem Blut der Mutter – ohne daß sich das Blut des Babys und das der Mutter vermischen. In der sogenannten Plazenta läuft das Blut des Ungeborenen durch ein Geflecht winziger Blutgefäße, durch deren Wände alle nötigen Stoffe von der Mutter zum Fötus gelangen, während Kohlenstoffdioxid und andere Endprodukte in umgekehrter Richtung abtransportiert werden.

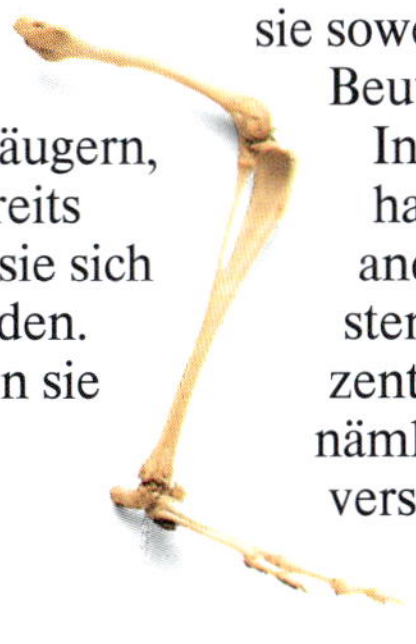

Das Baby ist mit der Plazenta durch seine Nabelschnur verbunden, durch die das Blut hin und her läuft. Bei der Geburt muß diese Nabelschnur durchtrennt werden – in freier Wildbahn beißen die weiblichen Säugetiere sie einfach ab. Euer Bauchnabel ist die Stelle, an der die Nabelschnur angesetzt war.

Beuteltiere

Andere Säugetiere tragen ihre Jungen in einem Beutel. Die ersten europäischen Reisenden, die nach Australien kamen, haben geglaubt, daß diese Beuteltiere ihre Jungen darin auch zur Welt bringen. Als Naturforscher sie aber genauer untersuchten, fanden sie heraus, daß die Jungen in einem sehr frühen Stadium geboren werden, in dem sie wie winzige rosa Larven aussehen. Sie kriechen durch das Fell der Mutter in den Beutel und bleiben dort, trinken Milch und werden größer, bis sie soweit sind, daß sie den Beutel verlassen können.

In gewisser Hinsicht haben die Beuteltiere ein anderes Überlebenssystem entwickelt als die Plazentatiere. Sie können nämlich mehrere Junge in verschiedenen Entwicklungsstadien haben: eines, das noch im Weibchen heranwächst, ein kleineres im Beutel und eines, das kurz davor ist, den Beutel zu verlassen. Wenn die Nahrung oder das Wasser einmal sehr knapp ist, kann die Mutter das kleinere Junge aus dem Beutel entfernen, so daß nicht ihr eigenes Leben gefährdet ist, wenn sie es mit Milch versorgt. Sobald sich die Bedingungen verbessert haben, kann der Embryo in ihr das verlorene Junge ersetzen.

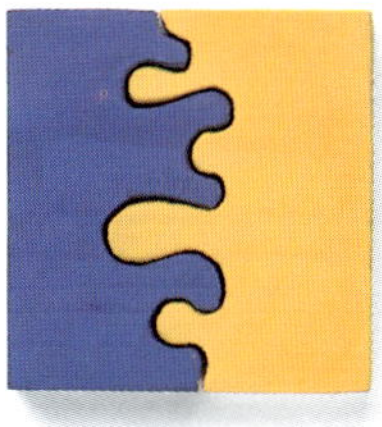

Überleben in der Abgeschiedenheit

Es ist noch immer ein Rätsel, warum die Plazentatiere die Beuteltiere in den meisten Gebieten der Erde verdrängt haben. Die Beuteltiere konnten in Australien nur deshalb überleben, weil sie dort von der übrigen Welt abgeschieden waren. Ein paar Beuteltierarten haben in Südamerika überlebt, doch die größeren Arten starben aus, weil sie den Plazentatieren unterlagen.

Australien bot auch der dritten und ungewöhnlichsten Säugetiergruppe ein Refugium: den Kloakentieren, die Eier legen. Es gibt heute nur noch drei Arten: das Schnabeltier und die beiden Ameisenigel-Arten. Nur auf wenige Tiere trifft die Bezeichnung »lebende Fossilien« so gut zu wie auf sie. Sie sind die Überbleibsel eines Entwicklungsprozesses, bei dem aus kaltblütigen, schuppigen, eierlegenden Reptilien warmblütige Säugetiere mit Fellen wurden. Das Schnabeltier hat einen breiten Hornschnabel und Füße mit Schwimmhäuten, mit denen es in Bächen und Flüssen nach Wirbellosen taucht, während die Ameisenigel mit Krallen und einer langen, klebrigen Zunge ausgestattet sind, mit deren Hilfe sie Ameisen und andere Insekten fangen.

An Gelenkmodellen sieht man, wie unser Skelett funktioniert.

Die Beine stützen den Säugetierkörper.

Junge Säugetiere ernähren sich von Milch – einige ein paar Tage, andere monatelang.

Ein Walbaby wird unter Wasser gesäugt.

155

SÄUGETIERE

Das Skelett

Das Skelett einer Krabbe oder Heuschrecke befindet sich an der Außenseite des Körpers und bildet einen harten Panzer, der abgeworfen werden muß, wenn das Tier wächst. Bei den Säugern wie bei allen anderen Wirbeltieren hingegen ist das Skelett innen und bildet eine Art Rahmen, auf dem sich der übrige Körper aufbaut.

Vor der Geburt besteht das Skelett aus Knorpel. Es ist kräftig und biegsam, aber nicht hart genug, um einen starken Körper zu tragen, der sich an Land bewegt. Beim Heranwachsen muß der Knorpel im Skelett verstärkt werden. In den Knorpelzellen lagern sich Mineralsalze ab und wandeln den Knorpel in eine viel härtere Substanz um – in Knochen. Beim Menschen dauert dieser Prozeß der Kalzifikation etwa 20 Jahre. Im Durchschnitt enthält ein Skelett schließlich etwa 5 kg Mineralsalze.

Das aufschlußreiche Skelett

Selbst wenn ihr noch nie einen Hasen gesehen habt, könnt ihr bereits an seinem Skelett erkennen, daß er ein Pflanzenfresser ist, der gut sieht und sich schnell einer Gefahr entziehen kann. Seine Zähne können Pflanzen abrupfen und kauen. Seine großen, seitlichen Augenhöhlen zeigen an, daß er große Augen und ein weites Gesichtsfeld hat. An den langen, schlanken Beinen seht ihr, daß er sehr schnell laufen kann.

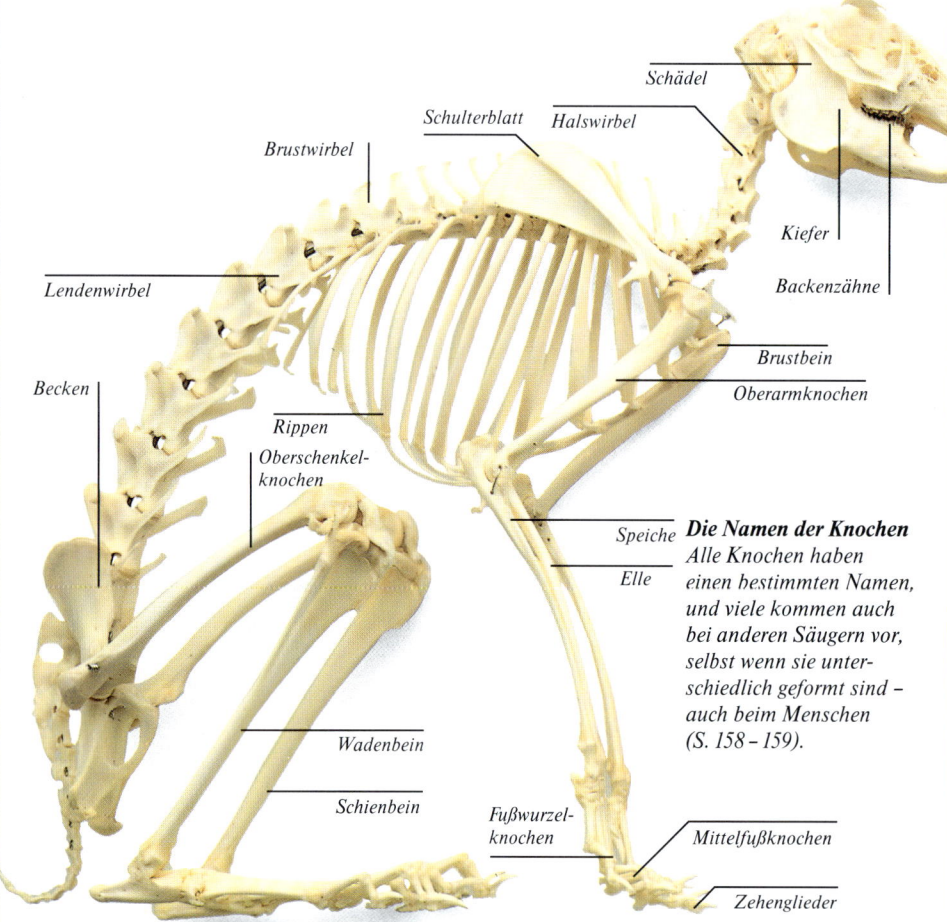

Brustwirbel
Lendenwirbel
Becken
Rippen
Oberschenkelknochen
Schulterblatt
Schädel
Halswirbel
Kiefer
Backenzähne
Brustbein
Oberarmknochen
Speiche
Elle
Wadenbein
Schienbein
Fußwurzelknochen
Mittelfußknochen
Zehenglieder

Die Namen der Knochen
Alle Knochen haben einen bestimmten Namen, und viele kommen auch bei anderen Säugern vor, selbst wenn sie unterschiedlich geformt sind – auch beim Menschen (S. 158 – 159).

EXPERIMENT
Einen Schädel präparieren

Bei diesem Experiment sollte ein Erwachsener dabeisein

Tierschädel sind faszinierende Sammelobjekte, müssen aber zuvor gründlich gereinigt werden. Die hier beschriebene Methode macht sich den natürlichen Zerfall zunutze, anschließend erfolgt eine chemische Reinigung. Steckt den Schädel in einen mit Erde gefüllten Blumentopf, den ihr im Boden vergrabt. Darin soll er bei warmem Wetter mindestens zwei Monate bleiben – sonst länger.

IHR BRAUCHT
• Becherglas • Bleichmittel • Blumentopf • Bleistift • Schnur • Soda • Erde • Löffel

---

Gliederformen

Fast überall auf der Erde leben Säugetiere – auch in der Luft und im Meer. Zur Bewegung und Ernährung haben sich ihre Gliedmaßen unterschiedlich entwickelt – von Händen bis zu den Flügeln.

Universalwerkzeuge
Das Fingertier lebt auf Madagaskar in Bäumen. Mit seinen extrem langen, dünnen Mittelfingern spießt es Insekten auf.

DAS SKELETT

Eichhörnchenschädel

Kieferknochen *Schneidezähne*

1 Holt den Schädel vorsichtig aus der Erde. Das Fleisch sollte verwest sein. Wascht die Knochen gründlich.

2 Bindet den Schädel an den Bleistift und hängt ihn vier Stunden in eine lauwarme Sodalösung (**Vorsicht**: ätzend!).

3 Spült die Knochen ab. Laßt sie zwei Stunden in Wasser mit etwas Bleichmittel. Spült und trocknet sie ab.

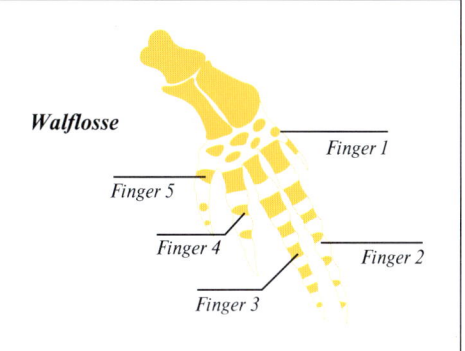

Walflosse

Finger 1
Finger 5
Finger 4
Finger 2
Finger 3

Fünffingrige Glieder
Alle Vierfüßer besaßen ursprünglich Gliedmaßen mit fünf Fingern. Bei den Säugern gibt es sie in verschiedenen Formen und Größen.

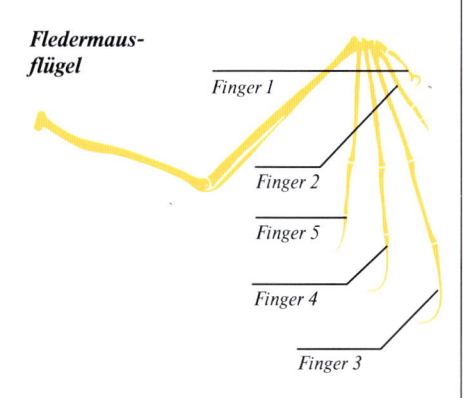

Fledermausflügel
Finger 1
Finger 2
Finger 5
Finger 4
Finger 3

Einen Schädel studieren
Ein Schädel ist eine komplizierte Konstrunktion mit vielen Knochen, die teilweise eng miteinander verbunden sind. Wenn ihr die Kiefer und Zähne untersucht, erfahrt ihr, wovon sich das Tier ernährt (S. 163). Die Lage der Augenhöhlen sagt euch, ob ein Tier räumlich sehen kann (S. 166), wie zum Beispiel viele Raubtiere.

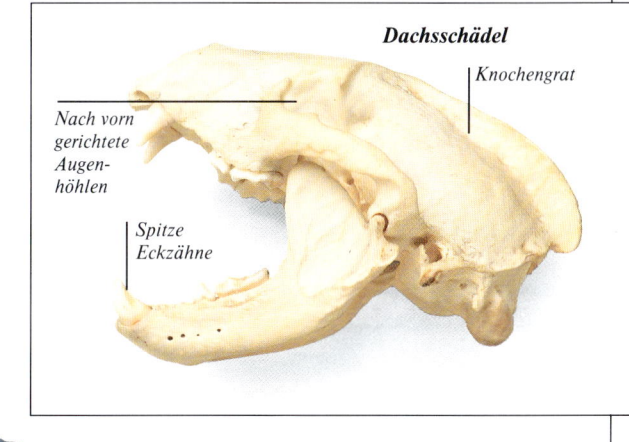

Dachsschädel
Knochengrat
Nach vorn gerichtete Augenhöhlen
Spitze Eckzähne

Schädeldecke eines Dachses
An dem hohen Grat, der mitten über die Schädeldecke eines Dachses verläuft, sind die Kaumuskeln befestigt. Mit seinen besonders kräftigen Kiefern reißt der Dachs Fleisch ab und kaut pflanzliche Nahrung.

Mit einer stumpfen Metallsonde könnt ihr einen Backenzahn ausheben, um zu sehen, wie er im Kiefer verwurzelt ist.

Wieselschädel
Trotz seiner geringen Größe ist das Wiesel ein guter Jäger. Mit seinem recht kleinen Schädel kann es auf Suche nach Beute in Höhlen eindringen. Das Wiesel hat kräftige Kiefer und Zähne zum Reißen und Kauen.

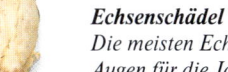

Echsenschädel
Die meisten Echsen haben gute Augen für die Jagd. Man erkennt sie an ihren großen Augenhöhlen. Im Unterschied zu Säugetieren haben sie einfache Zahnstummel, die alle gleich sind.

SÄUGETIERE

Gelenke und Bewegungsapparat

Das ausgewachsene menschliche Skelett besteht aus über 200 Knochen. Benachbarte Knochen sind durch sogenannte Gelenke verbunden, von denen ein paar starr, die meisten aber beweglich sind. Gelenke in eurem Rückgrat sind nur geringfügig beweglich, während andere – wie die Fingergelenke – viel flexibler sind.

Gelenke müssen geschmiert werden, damit sie sich nicht festfressen. Bei beweglichen Gelenken sind die Knochen an der Verbindungsstelle mit einer Knorpelschicht bedeckt, die sehr glatt und mit Gelenkschmiere versehen ist. Das ganze Gelenk wird von Bändern zusammengehalten und von einer flexiblen Membran umhüllt, die verhindert, daß die Gelenkschmiere ausläuft.

EXPERIMENT
Ein Gelenkmodell basteln

Bei diesem Experiment sollte ein Erwachsener dabeisein

An einfachen Holzmodellen kann man Aufbau und Funktion der Gelenke studieren.

IHR BRAUCHT
- Gummiringe
- Schraubzwinge
- Scharnier
- Laubsäge • Farbe
- Sandpapier
- Schrauben
- Zeichendreieck
- Feinsäge • Abwaschschwamm
- Holz

Fingerknochen (Phalangen)

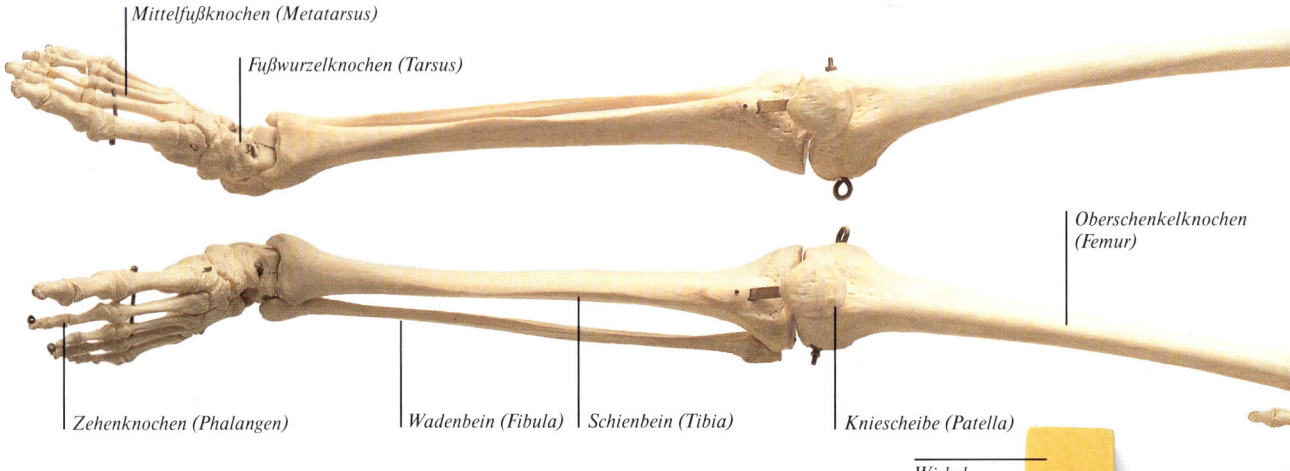

Mittelfußknochen (Metatarsus)
Fußwurzelknochen (Tarsus)
Oberschenkelknochen (Femur)
Zehenknochen (Phalangen) | *Wadenbein (Fibula)* | *Schienbein (Tibia)* | *Kniescheibe (Patella)*

Oberarmknochen

Ellbogen
Das scharnierähnliche Ellbogengelenk verbindet den Oberarmknochen mit den beiden Unterarmknochen Speiche und Elle und kann sich nur in einer Ebene bewegen.

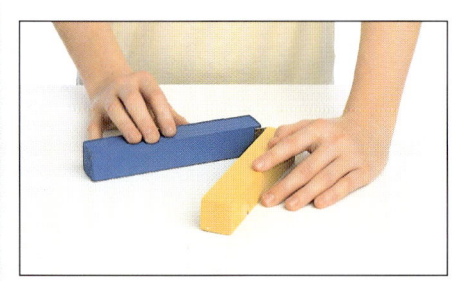

Gebeugter Arm
Das »Scharnier« des Ellbogens kann ganz geschlossen und der Arm gebeugt werden.

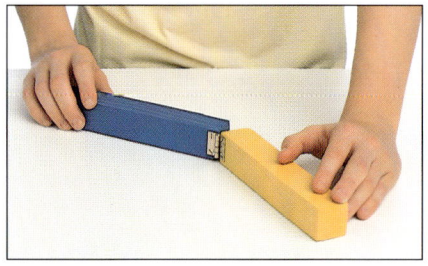

Gestreckter Arm
Das »Scharnier« des Ellbogens kann bis zu 180° geöffnet und der Arm gestreckt werden.

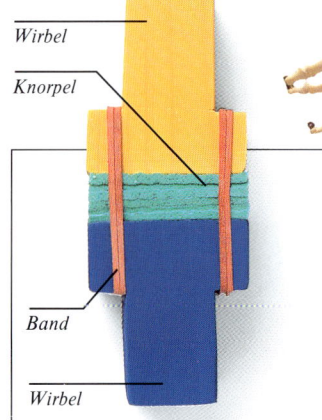

Unterarmknochen

Wirbel
Knorpel
Band
Wirbel

Rückenwirbel
Das Rückgrat besteht aus 33 Wirbeln, die durch Gelenke miteinander verbunden sind.

GELENKE UND BEWEGUNGSAPPARAT

Der Schädel
Die 8 Knochen, die euer Gehirn schützen, sind durch unbewegliche Gelenke, sogenannte Haften, zusammengeschlossen. Dieses Modell zeigt (in starker Vergrößerung) eines dieser Haften, die sich erst nach der Geburt bilden. Beim Größerwerden wachsen auch die Knochen und kommen zusammen. Beim Erwachsenen verwachsen sie schließlich, und die Haften verschwinden.

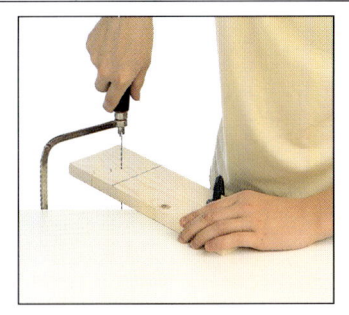

So bastelt ihr das Gelenk
Spannt ein Brett fest auf die Arbeitsplatte und zersägt es in einer senkrecht verlaufenden Schlangenlinie. Schleift die beiden Stücke an den Kanten ab und malt sie an.

Zusammengeschlossen
Die Knochen passen wie die Teile eines Puzzles zusammen. Die komplizierten Kurven verhindern jede Bewegung zwischen den Knochen.

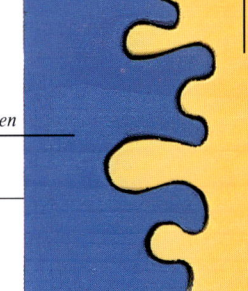

Schädelknochen

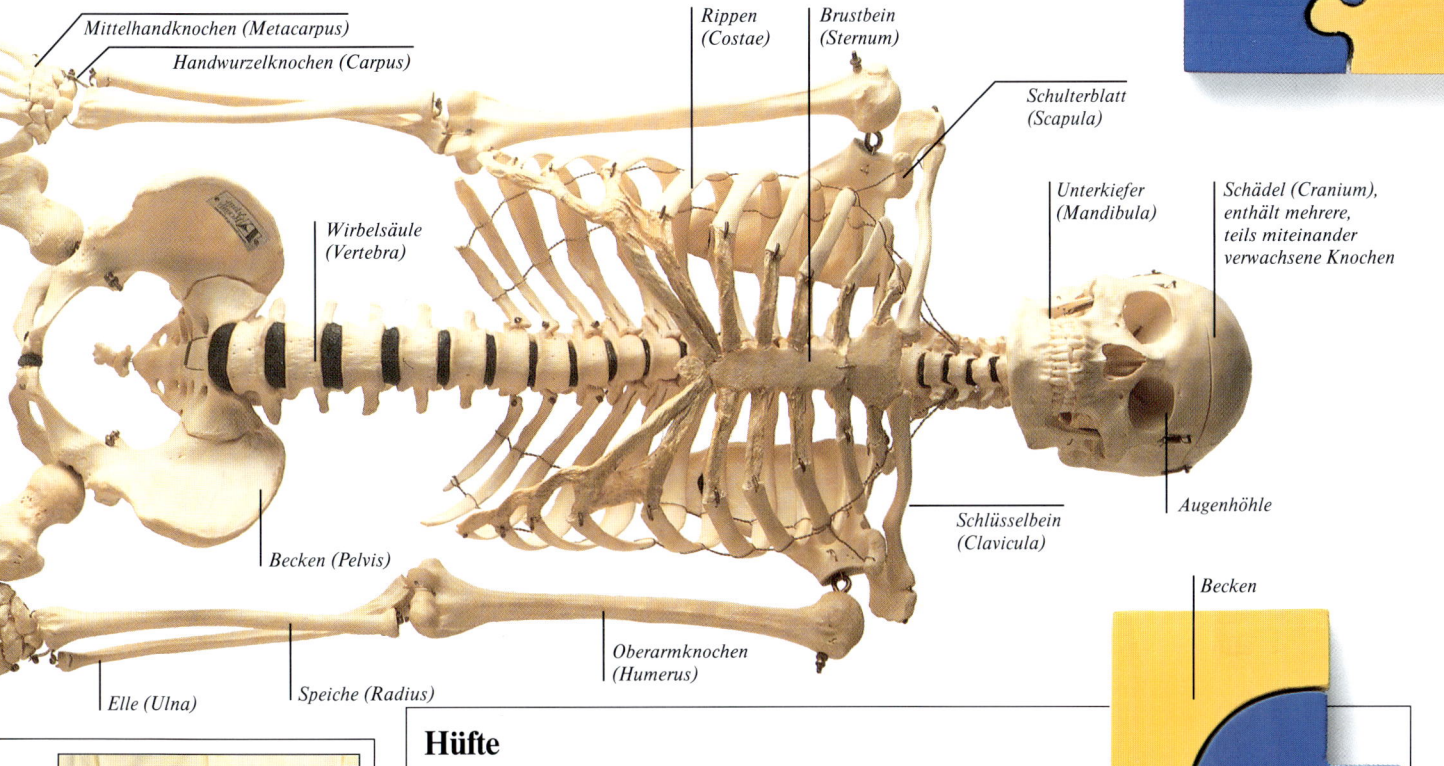

Schädelknochen

Mittelhandknochen (Metacarpus)
Handwurzelknochen (Carpus)
Rippen (Costae)
Brustbein (Sternum)
Schulterblatt (Scapula)
Unterkiefer (Mandibula)
Schädel (Cranium), enthält mehrere, teils miteinander verwachsene Knochen
Wirbelsäule (Vertebra)
Augenhöhle
Schlüsselbein (Clavicula)
Becken (Pelvis)
Oberarmknochen (Humerus)
Elle (Ulna)
Speiche (Radius)

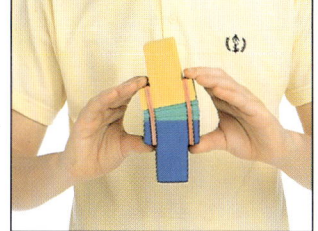

Becken

Oberschenkel

Hüfte
Bei diesem zweidimensionalen Modell ist das gelbe Teil die Hüftgelenkpfanne, das blaue der Kopf des Oberschenkelknochens.

Das Rückgrat beugen
Zwischen zwei Wirbelknochen, die durch starke Muskeln und Bänder zusammengehalten werden, befindet sich ein Knorpelpolster – die Zwischenwirbelscheibe.

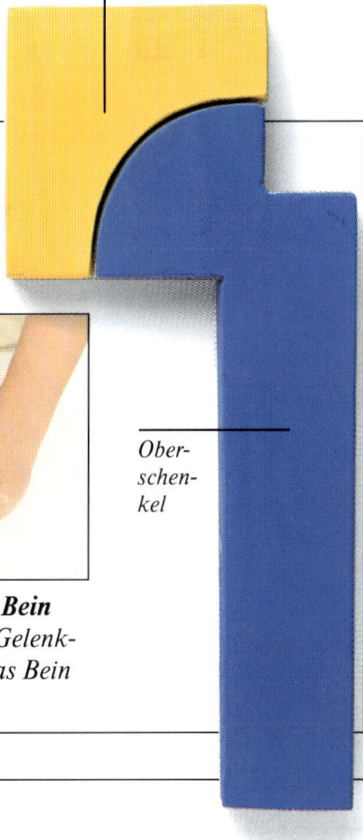

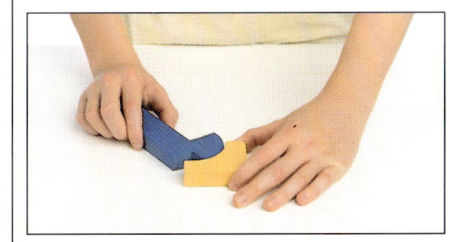

Nach außen schwingendes Bein
Der Kopf des Oberschenkelknochens dreht sich in der Gelenkpfanne nach innen, und das Bein schwingt nach außen.

Nach innen schwingendes Bein
Der Kopf dreht sich in der Gelenkpfanne nach außen, und das Bein schwingt nach innen.

SÄUGETIERE

Muskelkraft

Muskeln sind Teile des Körpers, die ihn in Bewegung halten. Die größten – eure Beinmuskeln – sind so stark, daß sie den ganzen Körper bewegen können. Die kleinsten sind so winzig, daß ihr sie gar nicht wahrnehmt. Wenn euch kalt ist, bekommt ihr eine »Gänsehaut«. Dabei ziehen sich winzige Muskeln an euren Haaren zusammen und stellen die Haare auf. Muskeln arbeiten auf unterschiedliche Weise. Mit den Skelettmuskeln bewegt ihr eure Beine, Arme und andere Körperteile. Man nennt sie willkürliche Muskeln, weil sie eurem Willen gehorchen. Andere Muskeln, unwillkürliche, halten die Funktionen eures Körpers aufrecht, ohne daß ihr darauf Einfluß habt: Der Herzmuskel zum Beispiel läßt euer Herz weiterschlagen, und in eurem Verdauungsapparat befördern glatte Muskeln die Nahrung weiter.

EXPERIMENT
Muskeln messen

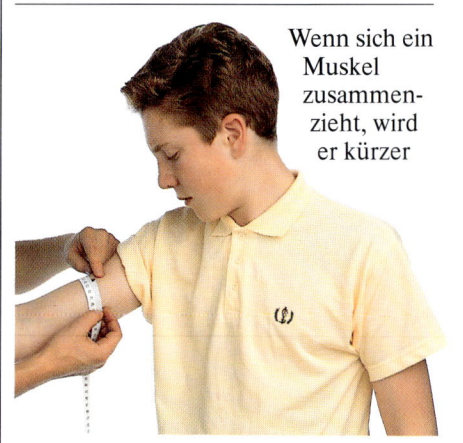

Wenn sich ein Muskel zusammenzieht, wird er kürzer

Gestreckter Arm
Meßt den Umfang des Oberarms an seiner dicksten Stelle.

Unter der Haut
Schon früh haben Anatomen die Muskeln sehr genau gezeichnet – allerdings hatten sie keine Ahnung, was sie bewegt.

Warum sich Muskeln bewegen

Motorische Neuronen sind Nervenzellen, die die Bewegung eures Körpers steuern. Jedes leitet ein elektrisches Signal an ein Muskelfaserbündel. Sobald das Neuron »feuert«, ziehen sich die Muskelfasern zusammen. Das Signal, das von einem motorischen Neuron ausgelöst wird, entspricht zwar nicht ganz dem elektrischen Strom, der durch einen Draht fließt, bewegt sich aber sehr schnell. Einige dieser Neuronen können über 1 m lang sein, aber selbst dann braucht ein Signal vom einen bis zum anderen Nervenende nicht mehr als $1/100$ Sekunde. Das motorische Neuron hier ist verkürzt dargestellt, damit es auf die Seite paßt.

Ranvier-Schnürring
Diese winzigen Lücken in der Myelinscheide sind wie Relaisstationen, die das elektrische Signal im Axon weitergeben.

Myelinscheide
Das Axon ist von besonderen Zellen umwickelt. Diese Zellen wirken wie Isolierband.

Axon
Dieser Achsenzylinder ist ein dünner Faden, der längste Teil der Nervenzelle. Er kann ein elektrisches Signal leiten.

Muskelfaser
Die Muskeln, durch die sich euer Körper bewegt, bestehen aus Faserbündeln. In jeder Faser befinden sich Proteinmoleküle, die aneinander vorbeigleiten können, wobei sich der Muskel zusammenzieht.

Nervenenden
Ein motorisches Neuron endet in winzigen Bläschen (Synapsen) an den Muskelfasern. Sobald ein Signal durch das Axon dorthin gelangt, wird eine Substanz (Neurotransmitter) freigesetzt, die den Muskel sich zusammenziehen läßt.

MUSKELKRAFT

und dicker. In eurem Oberarm arbeiten zwei Muskeln gegenläufig: der eine beugt den Arm und der andere streckt ihn.

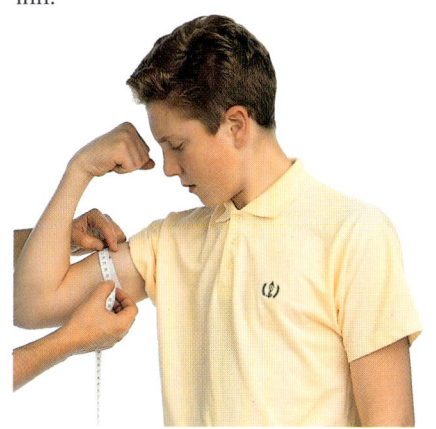

Gebeugter Arm
Meßt erneut: Gibt es einen Unterschied? Was passiert, wenn ihr nur die Vorder- oder Rückseite meßt?

EXPERIMENT
Paarweise ziehen

Muskeln können ziehen, aber nicht drücken. Damit sich eure Glieder bewegen können, bilden eure Muskeln Paare von »Gegenspielern«: Ein Muskel – der Beuger – biegt das Gelenk ab, der andere Muskel – der Strecker – streckt es. In diesem Armmodell fungieren Federn als Muskeln, und Schnüre bilden die Sehnen, die die Muskeln mit dem Skelett verbinden.

IHR BRAUCHT
- Scharnier
- 4 Haken • 4 Schrauben
- 2 Federn • Schnur
- 2 Leisten

Gebeugter Arm
Wenn ihr den Arm beugen wollt, müssen sich der Bizeps und andere Armmuskeln zusammenziehen. Der Trizeps wird automatisch länger.

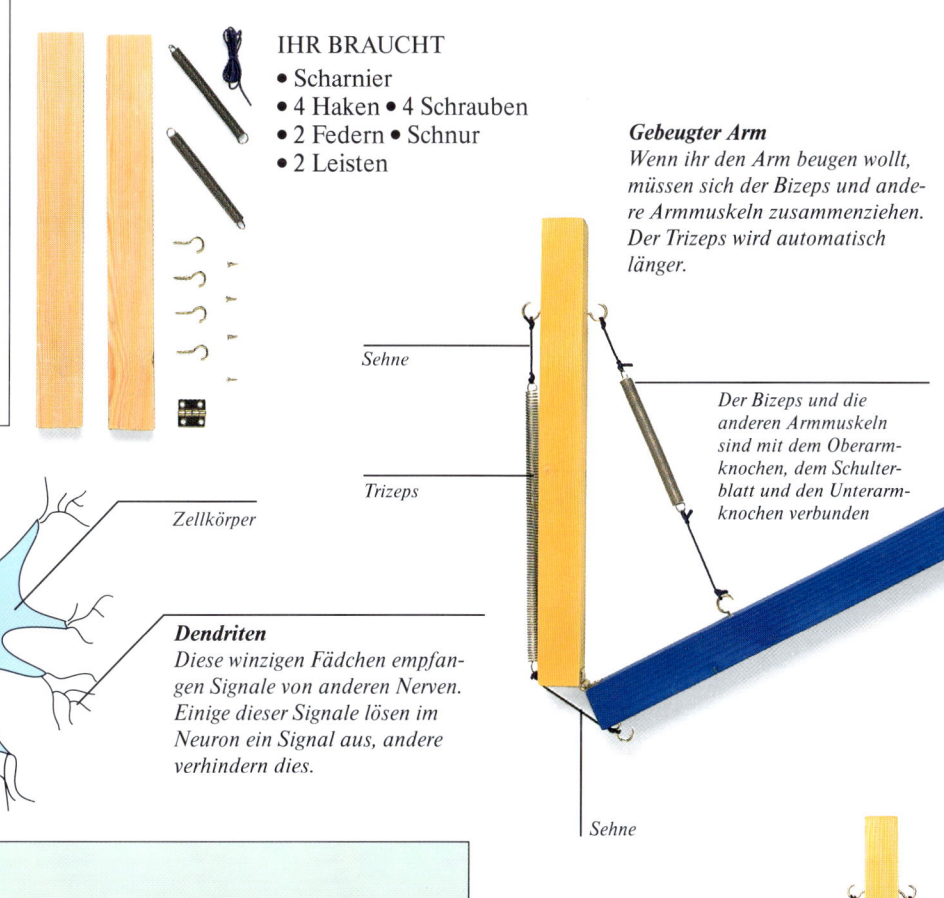

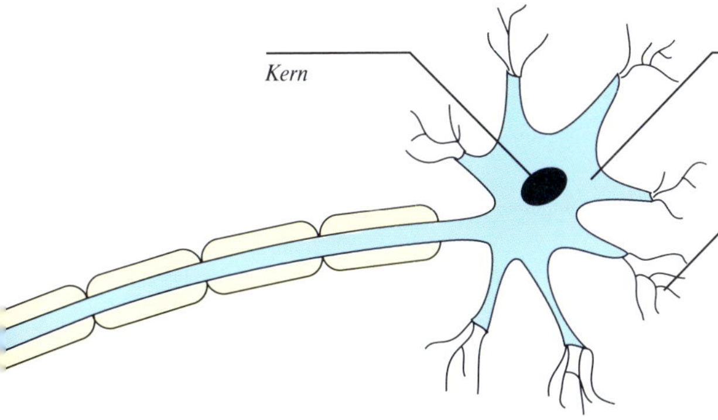

Sehne

Trizeps

Der Bizeps und die anderen Armmuskeln sind mit dem Oberarmknochen, dem Schulterblatt und den Unterarmknochen verbunden

Kern *Zellkörper*

Dendriten
Diese winzigen Fädchen empfangen Signale von anderen Nerven. Einige dieser Signale lösen im Neuron ein Signal aus, andere verhindern dies.

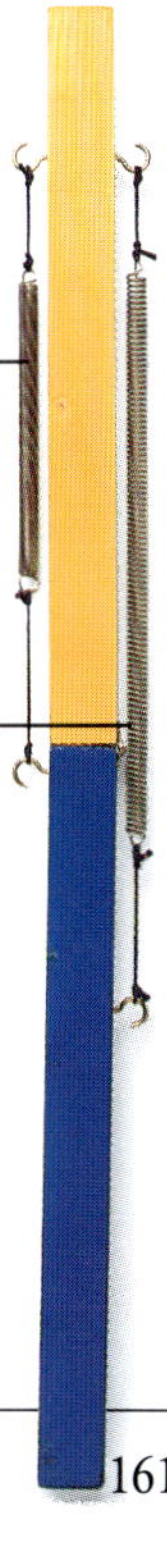

Sehne

GROSSE ENTDECKER
Luigi Galvani

Der italienische Anatom Luigi Galvani (1737–1798) kam als erster durch Zufall darauf, daß die Elektrizität bei der Bewegung der Tiere eine Rolle spielt: Er verband eine elektrische Batterie (galvanische Säule) mit einem Froschbein, dessen Muskeln freigelegt waren. Plötzlich zog sich das Froschbein zusammen, und Galvani konnte in weiteren Experimenten nachweisen, daß die Elektrizität aus der Batterie die Bewegung ausgelöst hatte. Galvanis Name lebt in der Methode des Galvanisierens fort, bei der mit Hilfe von Elektrizität zum Beispiel Zink oder andere Metalle auf Eisen aufgebracht werden, um es rostfrei zu machen.

Der Trizeps ist mit dem Oberarmknochen, dem Schulterblatt und der Elle verbunden

Bizeps

Gestreckter Arm
Der Trizeps zieht sich zusammen, um den Arm zu strecken, der Bizeps und die Armmuskeln werden länger.

Zähne

Die härtesten Teile eures Körpers sind nicht etwa eure Knochen, sondern eure Zähne. Knochen sind zwar sehr hart, aber damit könntet ihr nicht viele Jahre lang beißen und kauen. Dazu benötigt ihr den Zahnschmelz, der so hart ist, daß er ein Leben lang hält. Wie die Zähne der meisten Jagdsäuger wachsen eure Zähne nicht mehr, sobald sie sich gebildet haben. Dafür wechselt ihr eure Zähne, wenn ihr älter werdet. Euer erstes Gebiß entsteht im Alter von etwa sechs Monaten. Diese Milchzähne sind ziemlich klein und werden von den zweiten oder bleibenden Zähnen abgelöst, die viel größer sind. Manchmal kommen euch eure bleibenden Zähne zu groß vor – aber euer übriger Körper wird diesen Größenunterschied noch ausgleichen.

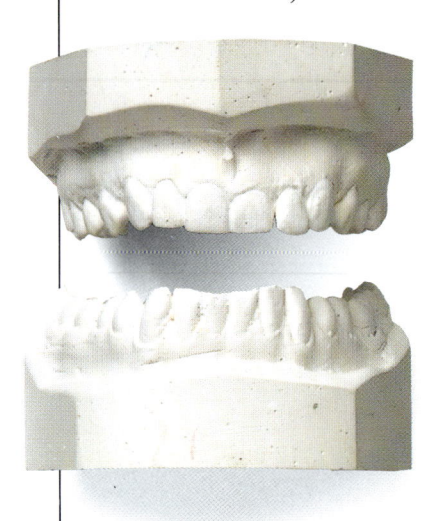

Vollständiges Gebiß
Dies ist der von einem Zahnarzt hergestellte Gipsabdruck eines bleibenden Gebisses.

Zahnarten

Beim Menschen gibt es drei Arten von Zähnen, die jeweils eine bestimmte Rolle bei der Nahrungsverarbeitung spielen.

Schneidezähne
Sie haben gerade Seiten und einen scharfen Rand. Eure oberen und unteren Schneidezähne beißen beim Zerteilen des Essens aufeinander.

Eckzähne
Sie sind scharf und spitz, damit man Fleisch packen und reißen kann. Seit es Messer und Gabel gibt, benutzen wir unsere Eckzähne seltener.

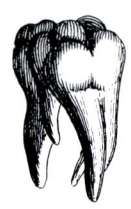

Vorbacken- und Backenzähne
Sie haben Spitzen und Höcker, die in die Vertiefungen der gegenüberliegenden Zähne passen. Sie durchbohren die Nahrung und zermahlen sie beim Kauen.

Oben und unten

Euer bleibendes Gebiß sollte insgesamt 32 Zähne enthalten – 16 in jedem Kiefer: 4 Schneidezähne, 2 Eckzähne, 4 Vorbacken- und 6 Backenzähne. Eure Weisheitszähne hinten im Kiefer kommen vielleicht erst, wenn ihr 20 seid, manchmal überhaupt nicht.

Oberkiefer
- Schneidezähne
- Eckzahn
- Vorbackenzähne
- Backenzähne

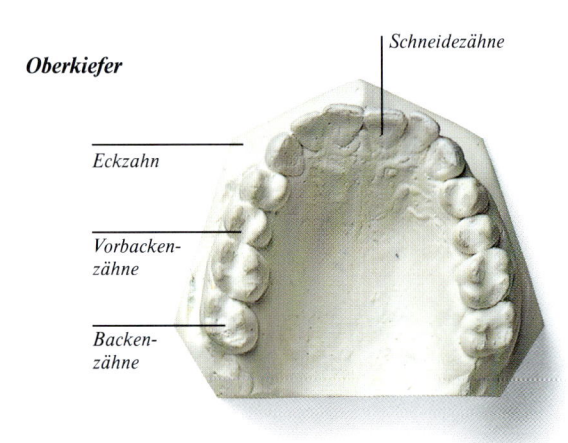

Unterkiefer

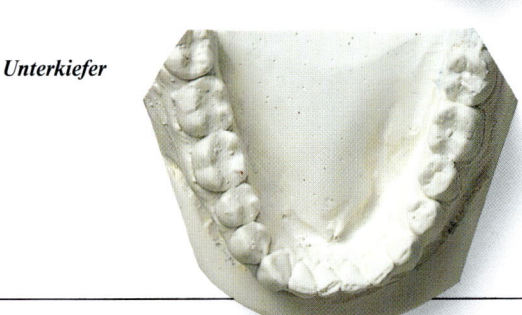

Innenleben eines Zahns

Wenn ihr wieder einmal Eis eßt, solltet ihr darauf achten, was passiert, wenn ihr mitten im Beißen aufhört. Nach kurzer Zeit habt ihr ein sehr kaltes und unangenehmes Gefühl in euren Zähnen. Darin befinden sich nämlich Nervenenden, die zusammen mit winzigen Blutgefäßen in der Pulpahöhle liegen, dem schwammigen Kern jedes Zahns. Die Pulpahöhle ist vom knochenartigen Zahnbein umgeben. Der Teil des Zahns, mit dem ihr beißt, ist mit dem extrem harten Zahnschmelz bedeckt.

Querschnitt durch einen Backenzahn
- Krone
- Zahnschmelz
- Zahnbein
- Pulpahöhle
- Wurzel
- Nerv

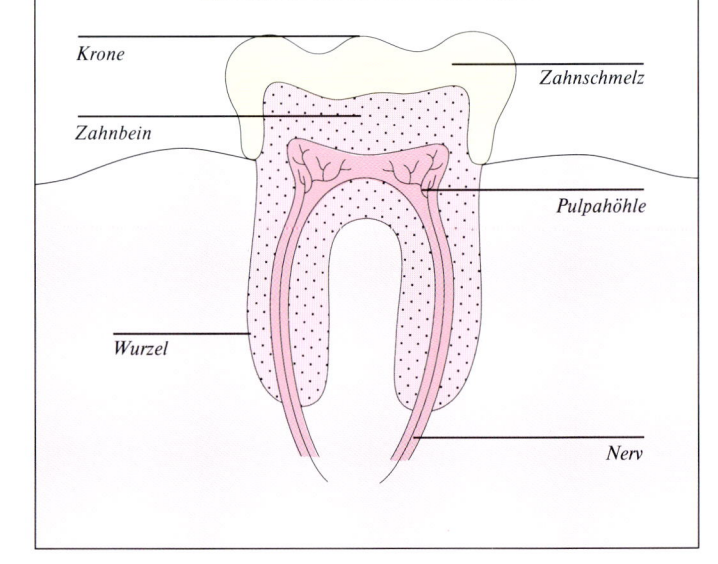

ZÄHNE

Zähne eines Pflanzenfressers

Der Schädel unten gehört einem Hirsch – einer der vielen Säugetierarten, die sich ausschließlich von Pflanzen ernähren. Er muß seine Nahrung schneiden und zermahlen können. Ganz vorn im Maul befinden sich die Schneide- und Eckzähne, und zwar nur im Unterkiefer. Wenn der Hirsch das Maul schließt, werden diese Zähne gegen eine harte Platte im Oberkiefer gepreßt. Hinter den Schneidezähnen befindet sich eine Lücke, das Diastema, so daß die Zunge Platz hat, die Nahrung herumzudrehen. Dann kommen die Mahlzähne: die großen Vorbacken- und Backenzähne hinten im Maul. Wenn der Hirsch kaut, bewegt sich sein Unterkiefer seitlich hin und her, und Grate oben auf den Zähnen zermahlen die Nahrung zu Brei.

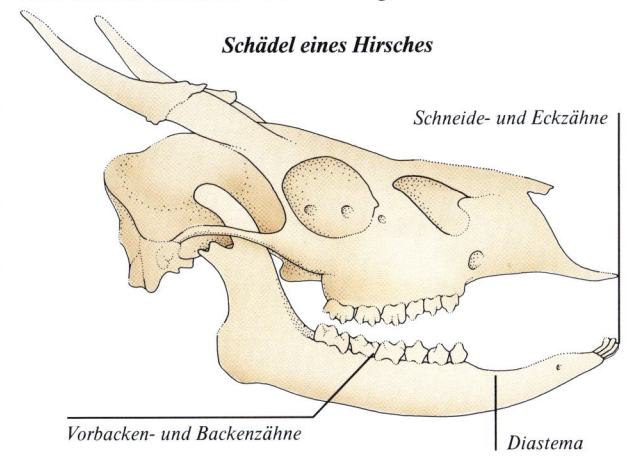

Schädel eines Hirsches

Schneide- und Eckzähne

Vorbacken- und Backenzähne | Diastema

Zähne eines Fleischfressers

Viele Säugetiere leben fast nur von Fleisch: Wölfe, Füchse und Katzen aller Art – von unseren Hauskatzen bis zu Löwen und Tigern. Der Schädel unten gehört einem Fuchs. Er hat scharfe, eng zusammenstehende Schneidezähne, mit denen er Fleisch schneidet und abnagt. Die langen Eckzähne nützt er, um eine Beute zu packen, festzuhalten und am Fleisch zu reißen. Die Zähne hinten im Kiefer dienen zum Beißen. Im Unterschied zu unseren Backenzähnen haben sie lange, scharfe Ränder. Man nennt sie Reißzähne. Da sie sich dicht am Kiefergelenk befinden, können sie einen so starken Druck ausüben, daß sie Knochen aufbrechen.

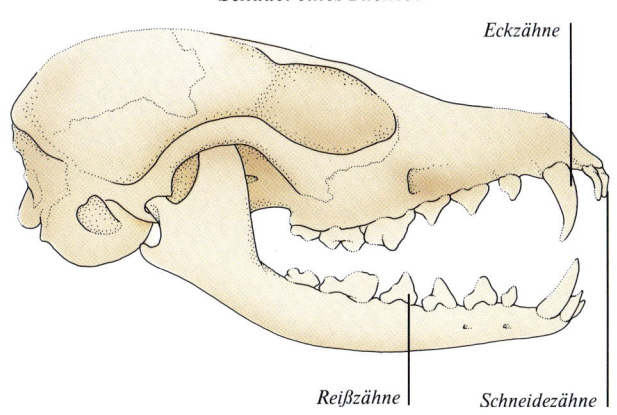

Schädel eines Fuchses

Eckzähne

Reißzähne | Schneidezähne

EXPERIMENT
Einen Zahn attackieren

Der Zahnschmelz ist zwar sehr hart, wird aber mit einem chemischen Angriff nicht so leicht fertig. Wenn ihr viel Zucker eßt, wird er von Bakterien in eurem Mund in Säure umgewandelt, die den Zahnschmelz angreift. Colagetränke greifen ihn direkt an. Bakterien gelangen dann in das darunterliegende Zahnbein und führen zu Zahnverfall. Gebt einen Zahn in Cola und seht, was passiert. Laßt ihn darin liegen und nehmt ihn 24 Stunden später heraus. Könnt ihr einen Unterschied feststellen?

IHR BRAUCHT
• einen Zahn (von euch oder einem Tier) • Cola • Trinkglas

Gefährdet wegen ihrer Zähne
Die Stoßzähne eines Elefanten sind spezielle Zähne und dienen zum Kratzen, zum Graben nach Wurzeln, zum Abheben von Rinde, zur Abwehr von Feinden und um andere Elefanten zu beeindrucken. Sie wachsen das ganze Leben lang: je länger also der Stoßzahn, desto älter der Elefant. Außerdem liefern sie Elfenbein, und darum sind unzählige afrikanische Elefanten wegen ihrer Stoßzähne getötet worden. Der Handel mit Elfenbein ist zwar inzwischen verboten, aber man wird abwarten müssen, ob der Elefant überlebt.

Hohler Schaft

Massive Spitze

SÄUGETIERE

Lunge und Atmung

Wie alle anderen Tiere braucht auch ihr Sauerstoff zum Leben. Euer Körper nimmt ihn durch die Lunge aus der Luft um euch herum auf. Sie ist wie ein Schwamm – voller winziger Kanäle und Kammern, die sich mit Luft füllen, wenn ihr einatmet. Der Sauerstoff der Luft dringt durch die Lungenbläschen in die benachbarten Blutgefäße ein. Zur gleichen Zeit entweicht Kohlenstoffdioxid, ein Endprodukt des Stoffwechsels (S. 18) in umgekehrter Richtung. Wenn euer Körper schwer arbeitet, pumpt euer Herz schneller, und ihr atmet heftiger. Im Unterschied zum Herzschlag geschieht das Atmen nicht vollautomatisch. Ihr könnt eure Atmung steuern, aber normalerweise tut das euer Körper für euch.

EXPERIMENT

Testet eure Lungenkapazität

Ein selbstgebastelter Spirometer zeigt euch, wieviel Luft eure Lunge halten kann.

IHR BRAUCHT
- großes Plastik- oder Glasgefäß mit Deckel • Plastikschüssel • Schlauch • Filzschreiber (Marker) • Meßbecher

1 Gießt eine genau bemessene Menge Wasser ins Gefäß und markiert den Wasserstand. Wiederholt diesen Vorgang so oft, bis das Gefäß voll ist.

2 Füllt die Schüssel zur Hälfte mit Wasser, schraubt den Deckel aufs Gefäß, dreht es um und stellt es in die Schüssel. Entfernt den Deckel.

3 Steckt ein Schlauchende ins Gefäß, ohne daß Luft eindringt, und blast so fest ihr könnt ins andere Schlauchende. Die Luft aus eurer Lunge drückt das Wasser aus dem Gefäß. Meßt das Luftvolumen mit Hilfe der Markierungen.

Füllt das Gefäß mit bemessenen Wassermengen und markiert jeweils das Volumen

Bittet jemanden, das Gefäß festzuhalten, während ihr blast

Färbt das Wasser mit Lebensmittelfarbe oder Rote-Bete-Saft, damit es leichter zu sehen ist

LUNGE UND ATMUNG

EXPERIMENT
Ein Lungenmodell basteln

An diesem Modell erkennt ihr, wie sich eure Lunge mit Hilfe des Zwerchfells (eines Muskelgewebes zwischen Brust und Bauchraum) füllt oder leert. Befestigt einen Ballon mit einem Gummiring am Ende eines Minenröhrchens. Das ist die »Lunge«. Steckt das Röhrchen oben in die Flaschenhälfte und versiegelt sie luftdicht mit Modelliermasse. Schneidet den anderen Ballon quer durch und verschließt damit den Boden der Flasche – das ist das »Zwerchfell«. Befestigt die Schnur mit Klebeband daran.

IHR BRAUCHT
- obere Hälfte einer Plastikflasche
- Minenröhrchen eines Kugelschreibers
- 2 Luftballons • Gummiring • Schnur
- Modelliermasse • Klebeband • Schere

1 Wenn ihr an der Schnur zieht, fällt der Luftdruck in der Flasche. Dann fließt Luft von draußen in den innen befestigten Ballon und bläst ihn auf. Genau das geschieht in eurer Lunge, wenn sich euer Zwerchfell zusammenzieht.

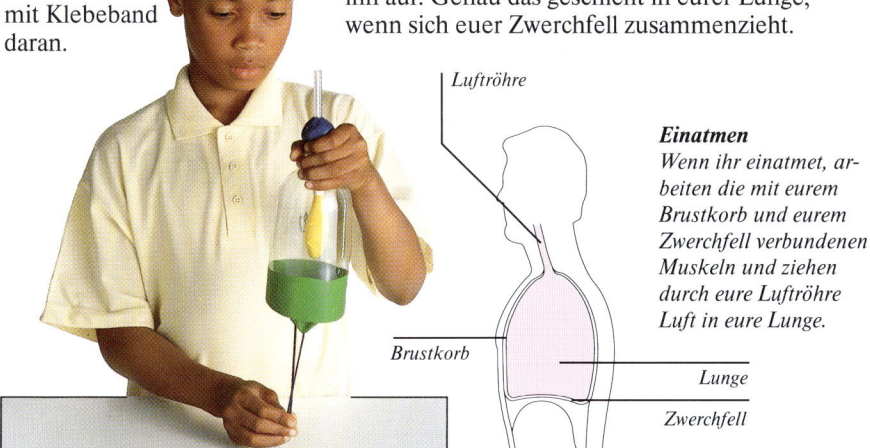

Luftröhre

Einatmen
Wenn ihr einatmet, arbeiten die mit eurem Brustkorb und eurem Zwerchfell verbundenen Muskeln und ziehen durch eure Luftröhre Luft in eure Lunge.

Brustkorb
Lunge
Zwerchfell

2 Wenn ihr die Schnur wieder losläßt, steigt der Luftdruck in der Flasche, und die Luft wird aus dem Ballon gepreßt. Er wird schnell schlaff – wie eure Lungen, wenn ihr ausatmet.

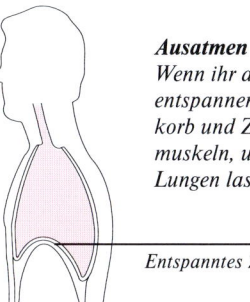

Ausatmen
Wenn ihr ausatmet, entspannen sich Brustkorb und Zwerchfellmuskeln, und eure Lungen lassen Luft ab.

Entspanntes Zwerchfell

EXPERIMENT
Atemschnelltest

Dieses einfache Experiment mit Kalkwasser zeigt, daß die Luft, die ihr ausatmet, reich an Kohlenstoffdioxid ist. Kalkwasser ist nicht allzu gefährlich, aber etwas ätzend – also Vorsicht!

IHR BRAUCHT
• Glas • Trinkhalm • Kalkwasser (gelöschten Kalk in Wasser lösen und filtrieren!)

1 Füllt das Glas zur Hälfte mit Kalkwasser. Wenn ihr durch den Halm ausatmet, beginnt das Kohlenstoffdioxid in eurem Atem mit dem Kalkwasser zu reagieren. Es bilden sich winzige Flöckchen von unlöslichem Kalk oder Kreide.

2 Wenn sich immer mehr Kalk bildet, beginnt sich das Wasser zu trüben und schließlich weiß zu werden. Daran zeigt sich, daß euer Atem Kohlenstoffdioxid enthält.

SÄUGETIERE

Sehen

Eure Augen sind überaus sensibel: Sie können das schwache Flimmern eines fernen Sterns ausmachen, sich aber innerhalb von Sekundenbruchteilen den millionenfach stärkeren Lichtverhältnissen eines hell erleuchteten Zimmers anpassen. Eure Augen nehmen Licht auf, verwandeln es in elektrische Signale und senden diese zum Gehirn. Im Unterschied zu einigen Säugetieren könnt ihr feinste Details und Farben sehen. Da eure Augen nach vorn gerichtet sind, könnt ihr in die Ferne blicken – aber zur gleichen Zeit auch zur Seite sehen, ohne euren Kopf zu bewegen. Einige Säuger haben ein größeres Gesichtsfeld: Ihre Augen sehen nach beiden Seiten, so daß sie herannahende Feinde ausmachen können.

Ein Blick ins Augeninnere

Trifft Licht eure Augen, bündelt es die Linse auf die Netzhaut. Das ist ein dünner »Bildschirm«, der aus Millionen sensibler Zellen, den Stäbchen und Zapfen, besteht. Die Stäbchen sind helldunkelempfindlich, können aber keine Farben erkennen – das ist Aufgabe der Zapfen. Der blinde Fleck – die Stelle, wo der Sehnerv aus der Netzhaut austritt – kann überhaupt nicht »sehen«.

Ziliarmuskel: verändert die Größe der Linse für Scharfeinstellung

Netzhaut: lichtempfindliche Schicht im Augenhintergrund

Pupille

Blinder Fleck

Hornhaut (Cornea)

Sehnerv: überträgt Bilder zum Gehirn

Regenbogenhaut (Iris): steuert die ins Auge eintretende Lichtmenge

Linse: bündelt Licht auf die Netzhaut

Glaskörper

EXPERIMENT
Räumliches Sehen

Wozu brauchen wir zwei Augen? Dank dem räumlichen Sehen könnt ihr Entfernungen abschätzen.

IHR BRAUCHT
- dicken Draht • 2 elektrische Kabel • elektrische Klingel
- 2 Lüsterklemmen
- Schrauben
- Holzgriff
- Holzplatte

1 Schraubt die Holzfüße an die Platte, in die ihr zwei Löcher bohrt. Bohrt ein Loch in den Griff und stemmt ein Loch aus, in das eine Klemme paßt. Biegt den Draht wie auf dem Bild zurecht und steckt die Enden in die Löcher der Platte. Verbindet ein Ende mit einem Stück Kabel und dieses mit der Klingel.

2 Schneidet ein 10 cm langes Stück Draht ab, biegt ein Ende zu einer offenen Öse um und steckt den Draht in den Griff, wo ihr ihn an der Klemme mit dem 2. Kabel verbindet und dieses wiederum mit der Klingel. Fahrt mit der Öse am gebogenen Draht entlang, ohne die Klingel auszulösen. Probiert das, indem ihr ein Auge zukneift.

SEHEN

EXPERIMENT
Welches ist euer dominantes Auge?

Euer Gehirn empfängt zwar Bilder von beiden Augen, kümmert sich aber mehr um das Bild, das von eurem »dominanten« Auge kommt. Das könnt ihr mit diesem Schnelltest herausfinden. Seht eine senkrechte Latte an. Streckt mit offenen Augen einen Finger aus und bringt ihn mit der Latte in Deckung. Deckt nun abwechselnd ein Auge ab: Beim dominanten Auge scheint sich euer Finger plötzlich zu bewegen – er deckt sich nicht mehr mit der Latte.

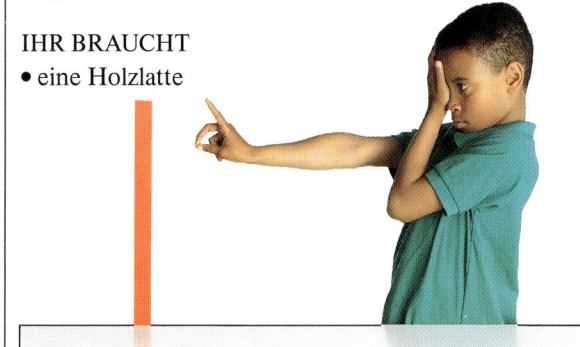

IHR BRAUCHT
- eine Holzlatte

1 Wenn euer dominantes Auge nicht abgedeckt ist, scheint sich der Finger mit der Latte zu decken.

2 Ist euer dominantes Auge abgedeckt, kann euer Gehirn nur das Bild des anderen Auges empfangen. Da euer unbedecktes Auge nicht auf einer Linie mit dem Finger und der Latte liegt, scheint euer Finger zu springen.

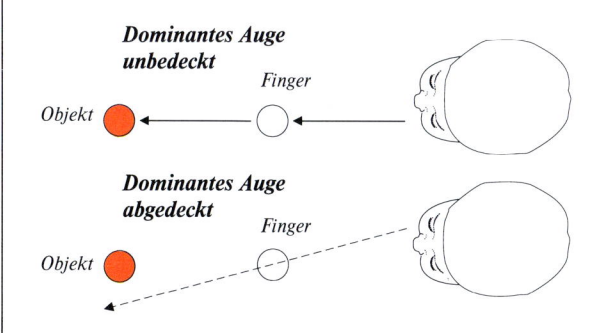

Dominantes Auge unbedeckt
Objekt *Finger*

Dominantes Auge abgedeckt
Objekt *Finger*

Testet auch eure Freunde, um zu sehen, ob Rechts- oder Linkshänder verschiedene dominante Augen haben.

EXPERIMENT
Testet das Randsehen

Selbst wenn ihr starr geradeaus seht, können eure Augen Dinge neben euch erkennen. Wie weit dieses Randsehen zurückreicht, hängt teilweise von der Farbe des Objekts ab.

IHR BRAUCHT
- je 2 verschiedenfarbige Pappscheiben, etwa 10 x 10 cm

Setzt euch auf einen Stuhl und schaut starr geradeaus. Hinter euch steht ein Freund, der in beiden Händen eine gleichfarbige Pappe hält und sie langsam nach vorn bringt, bis ihr sie sehen könnt. Merkt euch die Position, in der ihr die Pappe zum erstenmal gesehen habt. Probiert das nun mit andersfarbigen Pappen. Hat sich euer Randsehen verändert?

SÄUGETIERE

Fühlen

Wenn ihr schon mal etwas sehr Heißes angefaßt habt, ist euch die Bedeutung eures Tastsinns klargeworden. Nehmen die Nervenenden in eurer Hand Hitze wahr, geben sie blitzschnell eine Warnung durch euer Nervensystem weiter. Ihr müßt euch nicht einmal überlegen, was ihr als nächstes tun sollt, da eine automatische Reaktion, ein Reflex, sofort eine Notmaßnahme einleitet. Fast ehe es euch klar wird, ziehen sich Muskeln in eurem Arm zusammen und eure Hand aus dem Gefahrenbereich.
Das Fühlen geschieht meist durch die Haut, euer größtes Sinnesorgan. Sie besitzt Millionen von Nervenenden, die für Licht und schweren Druck, Hitze, Kälte und Schmerz empfindlich sind. Einige Teile des Körpers wie die Hände weisen besonders viele Nervenenden auf und sind darum noch sensibler.

GROSSE ENTDECKUNGEN
Mit Nadeln heilen

Die Akupunktur ist eine alte chinesische Methode der medizinischen Behandlung. Der Akupunkteur steckt dünne Nadeln in die Haut des Patienten, und zwar an einen oder mehreren speziellen Punkten, wie sie diese Körperschemata zeigen. Man weiß nicht genau, wie Akupunktur eigentlich funktioniert, aber viele Menschen sind dadurch von Schmerzen und Krankheiten befreit worden.

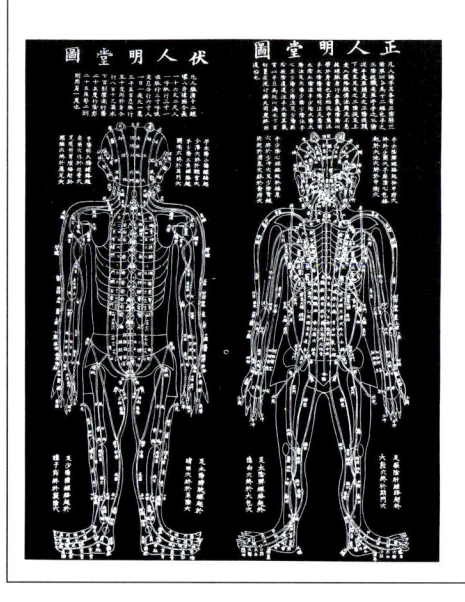

EXPERIMENT
Den Tastsinn vermessen

Bei diesem Experiment sollte ein Erwachsener dabeisein

Wenn ihr eure Hand mit heißen und kalten Büroklammern berührt, spürt ihr die Position der Nervenenden unter der Hautoberfläche, die auf Hitze und Kälte reagieren. Auf die gleiche Weise zeigen ein stumpfer Schreiber und ein spitzer Stift die auf Druck und Schmerz empfindlichen Nervenenden.

IHR BRAUCHT
- 2 Plastiktassen
- Buntstift • spitzer Filzschreiber • heißes Wasser • Eiswürfel • Büroklammern aus Metall
- Stecknadel
- Lineal • Millimeterpapier

EXPERIMENT
Hitze und Gewöhnung

Bei diesem Experiment sollte ein Erwachsener dabeisein

Die Signale, die ihr von euren Sinnesorganen bekommt, werden von eurem Gehirn verarbeitet. Wenn ein Signal lang genug erzeugt wird, beginnt sich euer Gehirn daran zu gewöhnen.

1 Füllt ein Glas mit nicht zu heißem Wasser, ein zweites mit warmem und ein drittes mit kaltem Wasser. Steckt einen Zeigefinger in das heiße, den anderen in das kalte Wasser und laßt sie eine Minute darin.

Euer Gehirn gewöhnt sich allmählich an die beiden unterschiedlichen Temperaturen

FÜHLEN

1 Zeichnet auf die Hand einen Raster wie unten gezeigt.

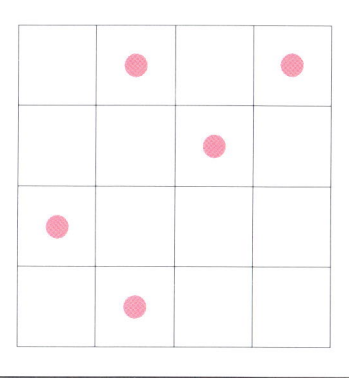

2 Erwärmt und kühlt je eine Büroklammer. Berührt jedes Kästchen leicht mit den Klammern, dem Buntstift und der Nadel. Haltet die Ergebnisse auf dem Papier fest.

3 Am Ende habt ihr vier Hautkarten, die hitze-, kälte-, druck- und schmerzempfindliche Nervenenden zeigen. Auf welcher sind die meisten Punkte?

2 Nun steckt ihr beide Finger ins warme Wasser. Was empfindet ihr? Eure Finger haben fast die gleiche Temperatur, doch euer Gehirn scheint da ganz anderer Ansicht zu sein.

EXPERIMENT
Die Empfindlichkeit der Haut testen

Bei diesem Experiment sollte ein Erwachsener dabeisein

Beobachtet einmal, wie eure Haut zwei Reize trennt, wenn sie dicht nebeneinander auftreten. Berührt vorsichtig die Haut eines Freundes mit Paaren von Nadeln und fragt ihn, wieviel Nadeln er verspürt.

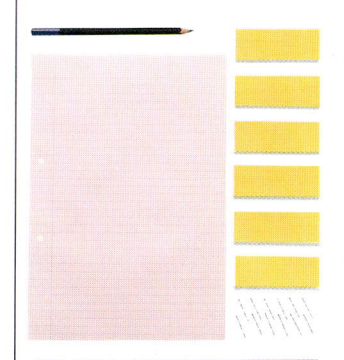

IHR BRAUCHT
- 6 kurze Leisten Balsaholz
- Papier • Bleistift • Nadeln
- Lineal

1 Stecht vorsichtig je zwei Nadeln durch die Balsaholzleisten, und zwar in folgenden Abständen: 2,5 cm; 2 cm; 15 mm; 10 mm; 5 mm; 2 mm.

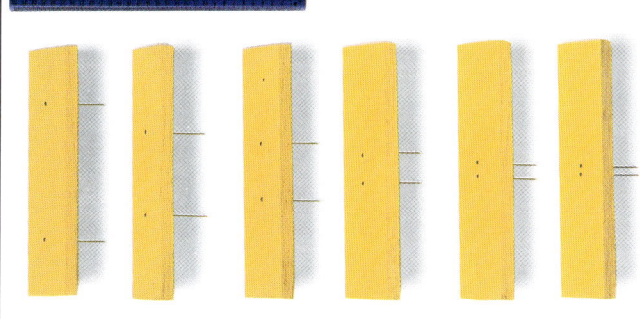

2 Bittet eure Versuchsperson, wegzuschauen. Nun berührt ihr leicht ihren Unterarm mit den Nadeln, die am weitesten auseinanderstehen. Fragt, wie viele Nadeln sie spürt.

3 Wiederholt das mit den anderen Leisten, bis nur noch eine Nadel verspürt wird. Haltet die Ergebnisse fest. Testet die Vorder- und Rückseite des Arms, um zu sehen, welche am empfindlichsten ist.

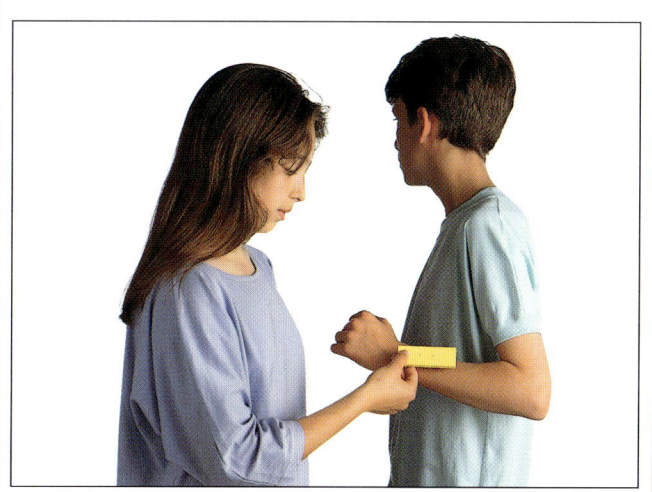

169

SÄUGETIERE

Schmecken und Riechen

Mit dem Geschmacks- und dem Geruchssinn könnt ihr Chemikalien wahrnehmen. Ihr könnt zwar die Unterschiede zwischen vielen verschiedenen Arten von Nahrung feststellen, aber nur vier verschiedene Geschmacksrichtungen empfinden: süß, sauer, salzig und bitter. Beim Essen ist auch euer Geruchssinn beteiligt. Er kann zwischen mehreren hundert Arten von Chemikalien unterscheiden und hilft euch zusammen mit dem Geschmackssinn, das Aroma eines Nahrungsmittels festzustellen. Bei einer Erkältung könnt ihr oft euer Essen nicht riechen, und daher scheint es nur wenig Geschmack zu haben.

Der Geruchssinn des Menschen ist empfindlicher als sein Geschmackssinn. Unsere Nase ist zwar nicht annähernd so empfindlich wie die eines Hundes, aber wir können immerhin einige stark riechende Chemikalien wahrnehmen, auch wenn sie nur ein dreißig Milliardstel der Luft um uns ausmachen. Zum Schmecken müssen Stoffe wesentlich stärker konzentriert sein. Sie werden von den Geschmacksknospen auf der Zunge wahrgenommen.

EXPERIMENT
Die Zunge vermessen

Wenn ihr einen Stoff mit eurer Zungenspitze berührt, könnt ihr nur feststellen, ob er süß, aber nicht, ob er bitter ist – weil sich nämlich die einzelnen Gruppen von Geschmacksknospen, die die vier Geschmacksrichtungen – süß, sauer, salzig und bitter – wahrnehmen, in verschiedenen Bereichen eurer Zunge befinden.

1 Halbiert die Zitrone und drückt etwas Saft in ein Glas aus. Nehmt etwas Bitter lemon pur, und stellt eine starke Lösung von den zwei anderen Stoffen (Zucker, Salz) her, indem ihr einen Löffel davon in ein Glas gebt und gerade so viel Wasser zufügt, daß sie sich lösen.

2 Zieht etwas von einer der Flüssigkeiten in die Pipette. Sucht euch einen Punkt auf der Zunge der Versuchsperson aus und tupft mit der Pipette darauf, ohne zu sagen, was es ist.

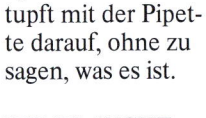

IHR BRAUCHT
- 4 Gläser
- Pipette • Löffel
- Wasser • Zitrone
- Zucker • Salz
- Bitter lemon
- Bleistift • Papier

Bittet die Person, den Geschmack zu identifizieren und den Mund zu spülen.

3 Wenn die Person den Geschmack identifizieren kann, tragt ihr die berührte Stelle in eine Skizze der Zunge ein.

4 Reinigt die Pipette unter fließendem Wasser und wiederholt die Schritte 2 und 3 mit beliebigen Stoffen an verschiedenen Stellen. Testet die Zunge einige Male mit jedem Geschmack, um die Karte zu erstellen.

SCHMECKEN UND RIECHEN

Geschmackssache

Die Geschmacksknospen sind Zellenbündel, die Chemikalien wahrnehmen können und mit Nerven verbunden sind, die von der Zunge ins Gehirn führen. Bestimmte Stoffe im Essen veranlassen die Zellen, Botschaften auszusenden. Und im Zusammenwirken mit dem Geruchsempfinden ergibt sich daraus der Geschmack.

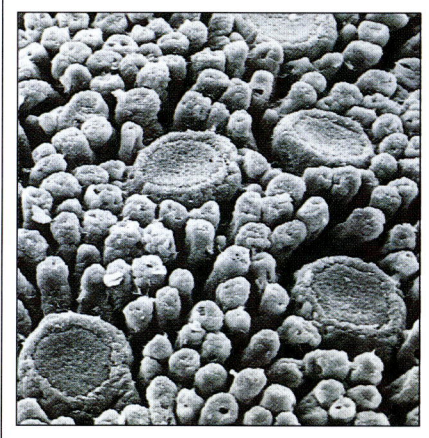

Zunge unter einem Elektronenmikroskop
Hier sind die Geschmacksknospen um die großen Kreisgebilde angeordnet. Die zündholzähnlichen Stifte sind Papillen, die die Oberseite der Zunge bedecken, mit dem Geschmackssinn aber nichts zu tun haben. Geschmacksknospen haben eine sehr kurze Lebensdauer – einige werden alle 24 Stunden erneuert.

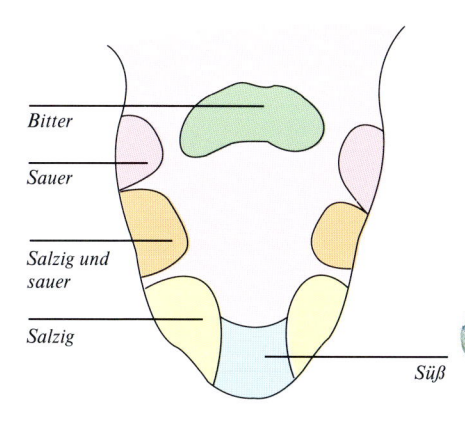

Bitter
Sauer
Salzig und sauer
Salzig
Süß

Die Karte einer Zunge
Nach dem Experiment solltet ihr feststellen können, daß verschiedene Teile der Zunge für unterschiedliche Geschmacksrichtungen empfindlich sind. Der Mittelteil kann kaum etwas schmecken, weil sich die meisten Geschmacksknospen im Zungengrund und entlang der Ränder konzentrieren.

EXPERIMENT
Die Geschmacksschwelle testen

Wie stark muß ein Geschmack sein, daß ihr ihn wahrnehmt? An diesen sechs verschieden starken Salzlösungen testet ihr eure Fähigkeit, Salz zu schmecken – eure Geschmacksschwelle. Die stärkste Lösung enthält 25 g Salz auf einen Liter Wasser. Die Konzentration der anderen Lösungen ist jeweils um die Hälfte schwächer als die vorhergehende.

IHR BRAUCHT
• großes Becherglas • Wasser • 6 Gläser • Löffel • Salz • Küchenwaage • eventuell Lebensmittelfarbe

1 Wiegt 25 g Salz ab und löst es im Becherglas in 1 l Wasser. Diese Salzlösung wird nach und nach verdünnt. Ihr könnt auch ein paar Tropfen Lebensmittelfarbe zugeben, um die Verdünnung sichtbar zu machen.

2 Markiert die Höhe, die der Hälfte der Lösung entspricht. Nun füllt das erste Glas. Gießt die übrige Lösung bis zur Mittelmarke weg. Füllt mit Wasser auf, so daß sich wieder ein Liter ergibt und der Salzgehalt halbiert wird.

3 Füllt das zweite Glas mit der verdünnten Lösung. Wiederholt Schritt 2, womit die Salzkonzentration erneut halbiert wird, und füllt das dritte Glas. Wiederholt das so lange, bis alle Gläser gefüllt sind.

4 Nehmt von der dünnsten Lösung einen kleinen Schluck. Schmeckt ihr das Salz? Wenn nicht, nehmt aus dem nächsten Glas einen Schluck. Sobald ihr das Salz schmecken könnt, habt ihr eure Geschmacksschwelle erreicht.

SÄUGETIERE

Hören

Schall entsteht, wenn etwas schwingt. Wenn ihr zum Beispiel das Radio anschaltet, wandelt es Funksignale in Bewegung um. Unsichtbar schwingt der Lautsprecher des Radios sehr schnell und schickt auf diese Weise Schallwellen in die umgebende Luft. Eure Ohren nehmen diese Wellen wahr, und so vernehmt ihr Schall.

Die Funktion eurer Ohren ist der eines Rundfunkempfängers entgegensetzt. Sie leiten die schwingende Luft in eine Öffnung in eurem Schädel. Hier treffen die Schwingungen aufs Trommelfell, eine kleine Membran, die vorm Innenohr liegt. Das Trommelfell schwingt vor und zurück, und drei damit verbundene Knöchelchen leiten die Bewegung in den Schneckengang weiter. Die Schnecke, das eigentliche Hörorgan, ist mit einer Flüssigkeit gefüllt und von druckempfindlichen Nerven gesäumt. Wenn das Trommelfell schwingt, drückt es auf die Flüssigkeit, und die Nerven erzeugen elektrische Signale, die sich zum Gehirn fortpflanzen – und das übersetzt sie in Töne.

Mit den Ohren »sehen«
Einige Tiere orientieren sich mit Hilfe des Schalls statt mit den Augen. Wenn eine Fledermaus in der Dunkelheit Insekten jagt, stößt sie im Flug sehr hohe Töne aus. Diese werden von allen Objekten in der Umgebung zurückgeworfen. Die Fledermaus hört mit ihren empfindlichen Ohren diese Echos und lokalisiert so ihre Beute.

EXPERIMENT
Hören ohne Ohren

Schall erreicht eure Ohren nicht nur durch die Luft. Die Schwingungen, aus denen Schall besteht, pflanzen sich sogar besser durch ein festes Objekt, zum Beispiel euren Körper, fort. Das könnt ihr mit Hilfe einer Stimmgabel nachweisen. Der Ton, den sie erzeugt, ist ganz rein, das heißt, sie schwingt mit einer einzigen Frequenz.

IHR BRAUCHT
• Stimmgabel

1 Schlagt mit dem Ende der Stimmgabel gegen eine harte Oberfläche, zum Beispiel auf eine Tischplatte. Dadurch schwingt sie und erzeugt einen reinen Ton.

2 Haltet die Gabel an euer Ohr. Zunächst ist der Ton laut. In dem Maße, wie die in der Gabel gespeicherte Energie an die Luft abgegeben wird, schwindet der Ton.

3 Wartet, bis ihr den Ton nicht mehr hören könnt. Nun berührt ihr mit dem unteren Ende der Gabel eure Zähne. Was für einen Ton hört ihr jetzt?

4 Wiederholt die Schritte 1 und 2 und haltet dann das untere Ende der Gabel an euren Kopf. Setzt sie an verschiedenen Stellen an. Wo tönt sie am lautesten?

HÖREN

EXPERIMENT
Die vertauschten Ohren

Mit euren beiden Augen könnt ihr Entfernungen sehr genau abschätzen (S. 166-167). In ähnlicher Weise ermöglichen es euch eure beiden Ohren, exakt zu bestimmen, woher ein Ton kommt. Wenn ihr einen Ton hört, vergleicht euer Gehirn die Signale von euren Ohren. Dabei kann es den winzigen Zeitunterschied ausmachen, mit dem der Schall jeweils die beiden Ohren erreicht, und damit die Schallquelle lokalisieren.

Mit diesem Experiment könnt ihr euer Gehirn überlisten, indem ihr die Signale von euren Ohren umkehrt. Jedes Ohr ist mit einem Trichter verbunden, der den Schall sammelt, doch die mit den Trichtern verbundenen Schläuche überkreuzen sich. Versucht mal, ob ihr hören könnt, ohne zu glauben, was ihr hört.

IHR BRAUCHT
- 2 Abschnitte Plastik- oder Gummischlauch
- 2 Plastiktrichter
- Holzleiste
- Isolierband
- Klebeband
- Stoffstückchen

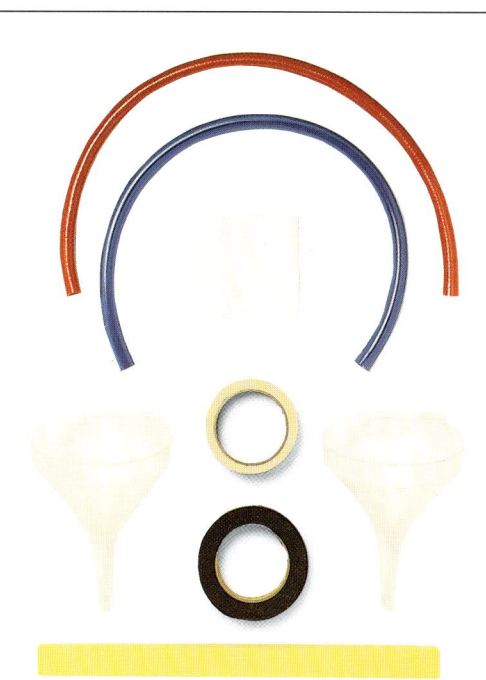

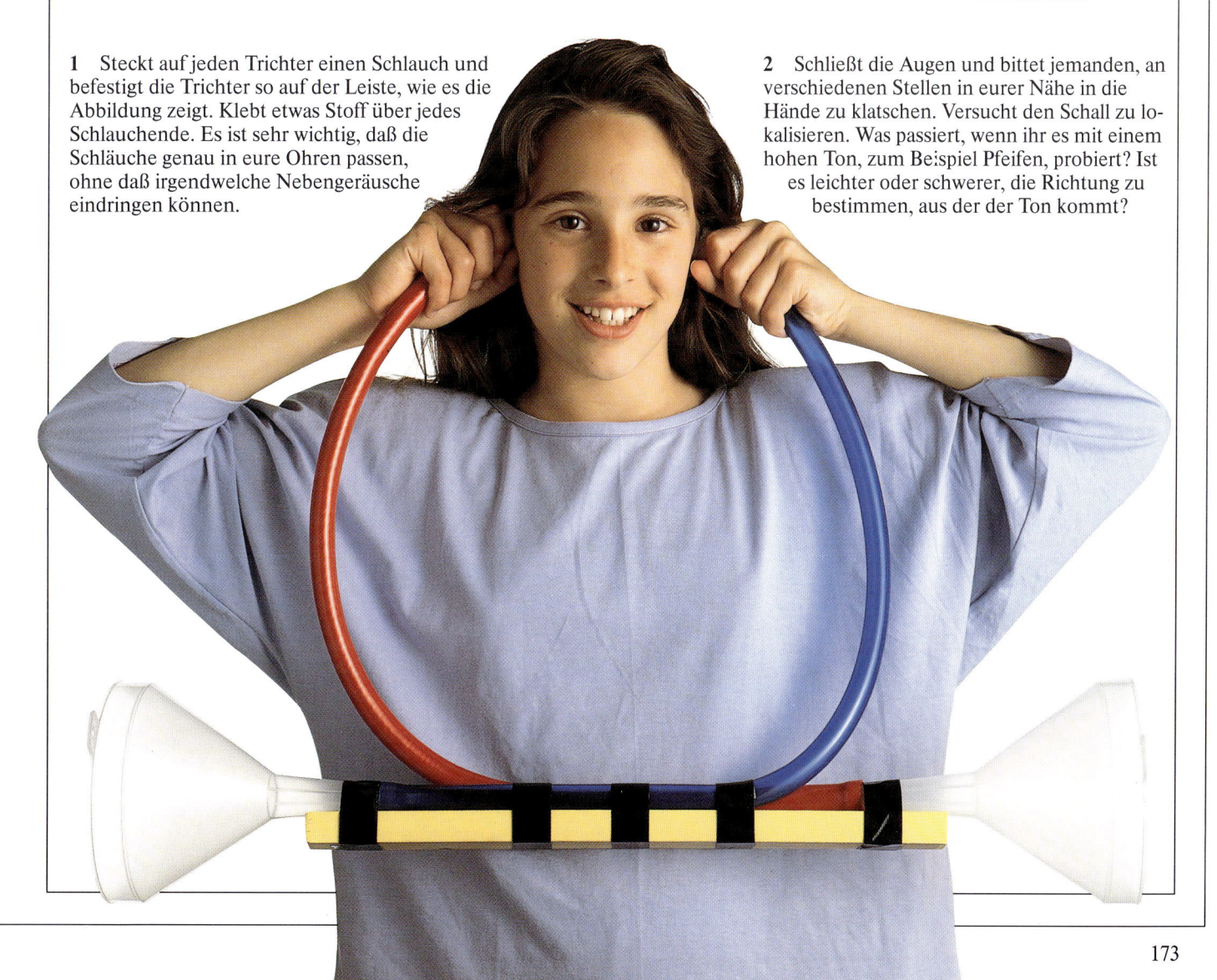

1 Steckt auf jeden Trichter einen Schlauch und befestigt die Trichter so auf der Leiste, wie es die Abbildung zeigt. Klebt etwas Stoff über jedes Schlauchende. Es ist sehr wichtig, daß die Schläuche genau in eure Ohren passen, ohne daß irgendwelche Nebengeräusche eindringen können.

2 Schließt die Augen und bittet jemanden, an verschiedenen Stellen in eurer Nähe in die Hände zu klatschen. Versucht den Schall zu lokalisieren. Was passiert, wenn ihr es mit einem hohen Ton, zum Beispiel Pfeifen, probiert? Ist es leichter oder schwerer, die Richtung zu bestimmen, aus der der Ton kommt?

173

SÄUGETIERE

In freier Wildbahn

Säugetiere zu studieren ist ebenso reizvoll wie schwierig, da viele Säuger sehr schnell lernen, aber scheu sind. Selbst in der afrikanischen Savanne, in der Säugetiere aller Größen häufig sind, verstehen es sogar die gewaltigen Elefanten, sich leise zu bewegen und nicht gesehen zu werden. Fußspuren und Nahrungsspuren (S. 180 – 183) verraten uns schon eine ganze Menge über das Verhalten eines Tiers, aber heutzutage können die Biologen mit Hilfe elektronischer Geräte sehr viel mehr herausfinden, hauptsächlich mit winzigen Sendern und Kameras, die im Dunkeln »sehen«.

Verteidigungshilfen

Viele Säugetiere wehren ihre Feinde oder Rivalen mit Zähnen oder Hörnern ab. Ein paar besitzen spezielle Waffen, mit denen sie gefährliche Situationen meistern können.

Braun-weiß geringelte Stacheln

Ein Stachelschwein kann seine scharfen Stacheln leicht abwerfen

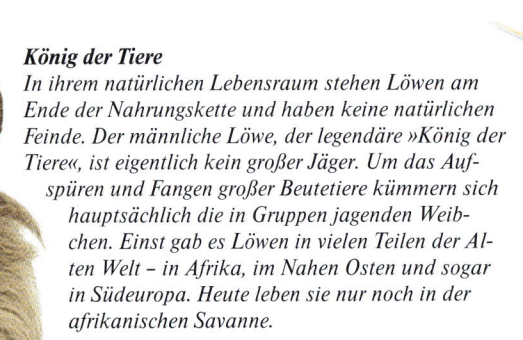

König der Tiere
In ihrem natürlichen Lebensraum stehen Löwen am Ende der Nahrungskette und haben keine natürlichen Feinde. Der männliche Löwe, der legendäre »König der Tiere«, ist eigentlich kein großer Jäger. Um das Aufspüren und Fangen großer Beutetiere kümmern sich hauptsächlich die in Gruppen jagenden Weibchen. Einst gab es Löwen in vielen Teilen der Alten Welt – in Afrika, im Nahen Osten und sogar in Südeuropa. Heute leben sie nur noch in der afrikanischen Savanne.

Rettender Rückzieher
Stachelschweine verteidigen sich mit ihren Stacheln, die sie im Körper des Angreifers hinterlassen. Die fehlenden Stacheln werden nach einiger Zeit durch neue ersetzt.

Das Aufspüren von Säugetieren

Ein Miniatursender ermöglicht es den Biologen, einem Säugetier auf Schritt und Tritt zu folgen. Der Sender ist im allgemeinen in einem Halsband untergebracht, das dem vorübergehend betäubten Tier angezogen wird.

Signale senden
Ein Halsbandsender strahlt Signale von einer bestimmten Frequenz aus. Der Biologe kann mit Hilfe einer Richtantenne das Tier lokalisieren, ohne sich ihm nähern zu müssen. Damit kann man große Landtiere wie Meerestiere verfolgen. Satelliten empfangen die Funksignale und übermitteln die Position des Tiers auf einen Computerbildschirm.

IN FREIER WILDBAHN

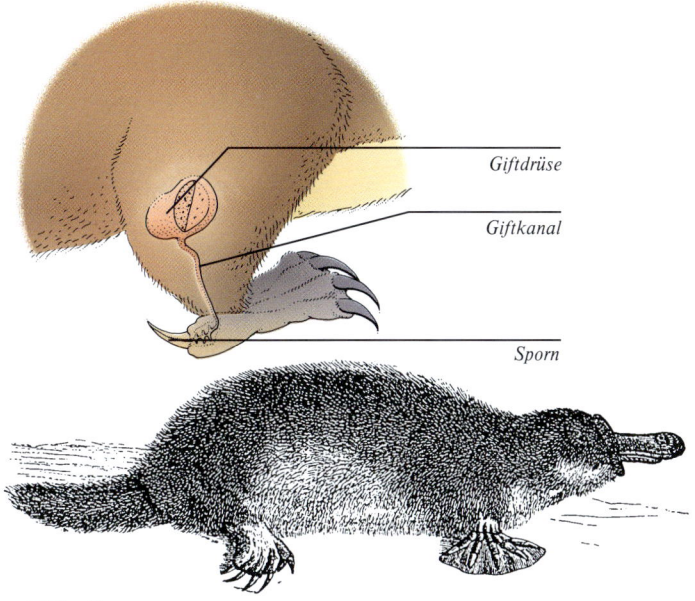

Giftdrüse
Giftkanal
Sporn

Giftige Sporen
Das männliche Schnabeltier ist eines der wenigen giftigen Säugetiere. Am Knöchel seiner Hinterfüße befindet sich ein Sporn, der Gift einspritzen kann. Damit kann das Schnabeltier Feinde abwehren, aber vielleicht schreckt es damit vor allem männliche Rivalen ab. Das Gift ist so stark, daß es kleine Tiere töten und einen Menschen teilweise lähmen kann. Weibliche Schnabeltiere haben keine Sporen.

Chemische Abwehr
Viele Säugetiere markieren mit starken Duftstoffen ihr Revier. Bei Stinktieren ist daraus ein Verteidigungsmittel geworden. Wenn es in die Enge getrieben wird, spritzt das Stinktier eine übelriechende Flüssigkeit gegen den potentiellen Angreifer, der es sich zweimal überlegen wird, ob er angreifen soll. Das kräftig gefärbte Fell des Stinktiers ist ein weiteres Beispiel für eine Warnfärbung (S. 118–119). Statt mit dem Hintergrund zu verschmelzen, hebt es sich auffällig ab und macht damit anderen Tieren klar, daß es sich sehr wohl zu wehren weiß, wenn es zu einem Kampf kommt.

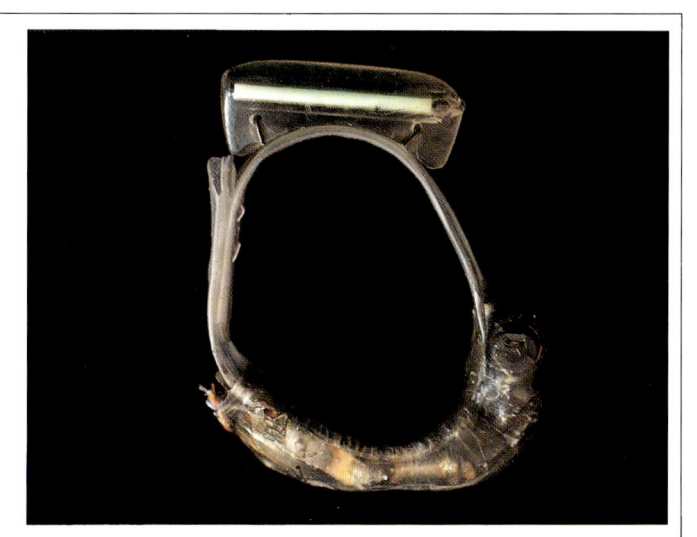

Verräterisches Halsband
Dieses Halsband paßt um den Hals eines kleinen Säugetiers. Mit der Batterie arbeitet der Sender etwa sechs Monate lang. Das Halsband wird entweder entfernt, bevor die Batterie leer ist, oder fällt ab, sobald das Forschungsvorhaben beendet ist. Neben dem Sender enthält dieses Halsband auch eine Betalampe: ein Glasröhrchen, das eine mit Niedrigradioaktivität betriebene Leuchte enthält. Die Radioaktivität ist zu schwach, um durch das Glas zu dringen, aber dank dem Lichtstrahl kann man das Tier aus kurzer Entfernung aufspüren, wenn Funksignale zu ungenau arbeiten. Bei der Verwendung von Betalampen muß man darauf achten, daß sie die Position des Tiers nicht auch an hungrige Raubtiere verraten.

Im Dunkeln sehen
Dachse gehören zu den zahlreichen Säugetieren, die man fast nie zu sehen bekommt. Tagsüber schlafen sie in ihrer tiefen Höhle, ihrem Bau, aus dem sie erst in der Dämmerung auftauchen. Im Dunkeln finden sie sich hauptsächlich durch den Geruchssinn zurecht, indem sie gewohnten Pfaden folgen. Mit Sendern kann man einen einzelnen Dachs aufspüren, aber nicht genau herausbekommen, was er tut. Dazu benutzen Biologen ein spezielles Gerät, einen sogenannten Bildverstärker. Damit kann man im Dunkeln »sehen«, indem man das »Restlicht« verstärkt. Solange der Beobachter sich gegen die Windrichtung bewegt, gehen die Tiere ihrer nächtlichen Tätigkeit nach, ohne zu ahnen, daß sie dabei beobachtet werden.

SÄUGETIERE

Fortpflanzung

Tiere vermehren sich auf zweierlei Weise: auf ungeschlechtliche und geschlechtliche. Bei ersterer entstehen durch Teilung oder Knospung Tochtertiere (beispielsweise in einem Korallenstock). Bei der geschlechtlichen Vermehrung gibt es die eingeschlechtliche (Entwicklung von Jungen oder Larven aus unbefruchteten Eiern – wie bei der Blattlaus) und die zweigeschlechtliche (Entwicklung aus befruchteten Eiern). Säugetiere, auch wir Menschen, können sich nur geschlechtlich vermehren. Während der Paarung von zwei Säugetieren befruchten die Samenzellen des Männchens die Eizellen im Weibchen. Aus jedem Ei entwickelt sich dann ein Embryo, der von der Mutter ernährt wird. Bei Plazentatieren wie Katzen bleibt der Embryo im Körper der Mutter, bis er entwickelt ist. Bei Beuteltieren wie dem Wallaby beenden die Jungen ihre Entwicklung außerhalb des Mutterkörpers.

Wie ein Ei befruchtet wird

Wenn sich zwei Säugetiere paaren, wandern Millionen von Samenzellen vom Männchen zum Weibchen – doch nur ein paar von ihnen gelingt es, ans Ziel zu kommen. Sie schlagen mit ihren winzigen Schwänzen oder Geißeln und schwimmen im Körper des Weibchens auf die Eileiter zu, wo sie auf die Eizellen treffen. Mehrere Samenzellen können auf ein Ei treffen, doch nur eine gelangt durch die Membran. Diese verändert sich sofort, so daß kein Samen mehr hinein kann. Die beiden Kerne des Samens und des Eis vereinigen sich, und damit ist das Ei befruchtet. Nun ist die Zelle soweit, daß sie sich teilen und wachsen kann.

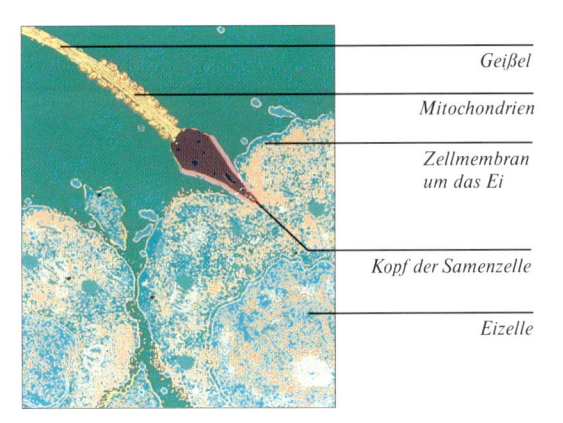

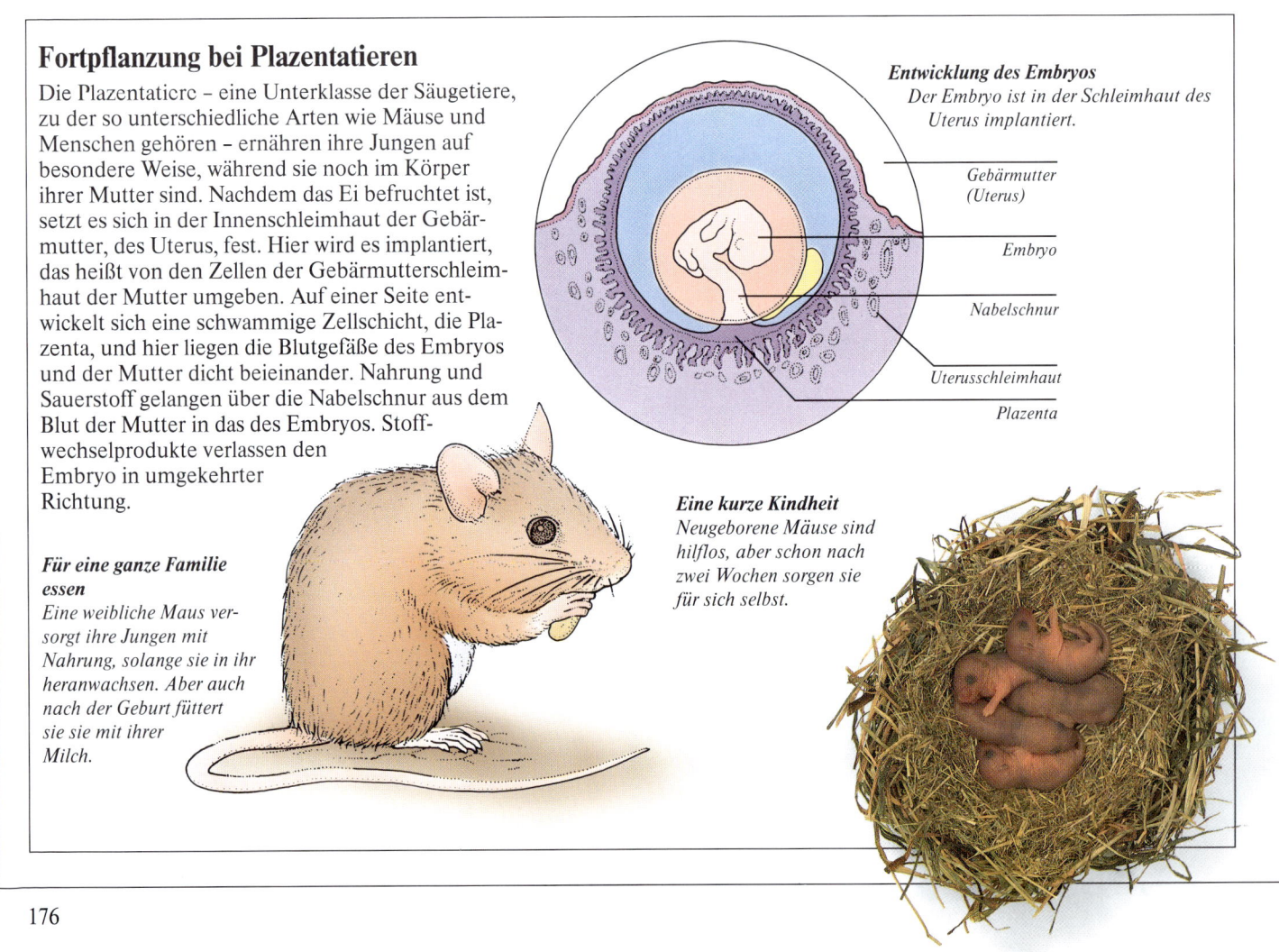

Geißel
Mitochondrien
Zellmembran um das Ei
Kopf der Samenzelle
Eizelle

Fortpflanzung bei Plazentatieren

Die Plazentatiere – eine Unterklasse der Säugetiere, zu der so unterschiedliche Arten wie Mäuse und Menschen gehören – ernähren ihre Jungen auf besondere Weise, während sie noch im Körper ihrer Mutter sind. Nachdem das Ei befruchtet ist, setzt es sich in der Innenschleimhaut der Gebärmutter, des Uterus, fest. Hier wird es implantiert, das heißt von den Zellen der Gebärmutterschleimhaut der Mutter umgeben. Auf einer Seite entwickelt sich eine schwammige Zellschicht, die Plazenta, und hier liegen die Blutgefäße des Embryos und der Mutter dicht beieinander. Nahrung und Sauerstoff gelangen über die Nabelschnur aus dem Blut der Mutter in das des Embryos. Stoffwechselprodukte verlassen den Embryo in umgekehrter Richtung.

Entwicklung des Embryos
Der Embryo ist in der Schleimhaut des Uterus implantiert.

Gebärmutter (Uterus)
Embryo
Nabelschnur
Uterusschleimhaut
Plazenta

Für eine ganze Familie essen
Eine weibliche Maus versorgt ihre Jungen mit Nahrung, solange sie in ihr heranwachsen. Aber auch nach der Geburt füttert sie sie mit ihrer Milch.

Eine kurze Kindheit
Neugeborene Mäuse sind hilflos, aber schon nach zwei Wochen sorgen sie für sich selbst.

FORTPFLANZUNG

Fortpflanzung bei Beuteltieren

Der gefährlichste Moment im Leben eines jungen Wallabys ist die Zeit zwischen seiner Geburt und dem Eintritt in den Beutel der Mutter. Wie andere Beuteltiere ist es winzig, blind, taub und haarlos bei der Geburt. Nur seine Vorderbeine sind voll ausgebildet, und damit klettert es langsam durchs Fell der Mutter auf ihren Beutel zu. Es findet seinen Weg durch den Geruchssinn und durch sein angeborenes Verhalten, nach oben zu klettern, gegen die Schwerkraft. Wenn das junge Wallaby den Beutel erreicht, klettert es hinein und umschließt sofort mit dem Maul eine der Zitzen. Hier kann es sich in Sicherheit ernähren und wachsen, während der nächste Embryo im Leib der Mutter heranreift.

Augen sind noch nicht ausgebildet

Zitze

Glieder sind noch nicht voll entwickelt

Innenwand des Beutels

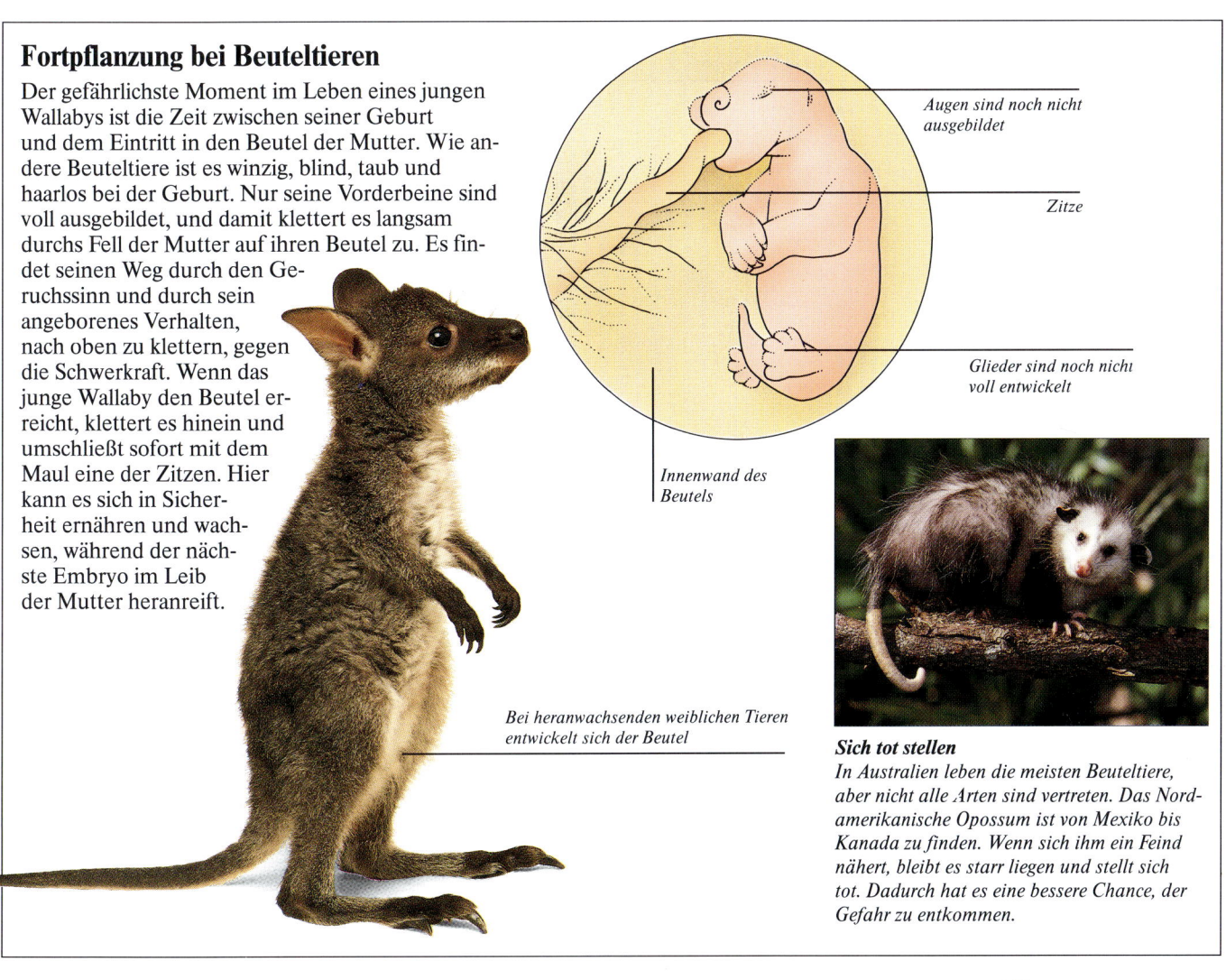

Bei heranwachsenden weiblichen Tieren entwickelt sich der Beutel

Sich tot stellen
In Australien leben die meisten Beuteltiere, aber nicht alle Arten sind vertreten. Das Nordamerikanische Opossum ist von Mexiko bis Kanada zu finden. Wenn sich ihm ein Feind nähert, bleibt es starr liegen und stellt sich tot. Dadurch hat es eine bessere Chance, der Gefahr zu entkommen.

Fortpflanzung bei Kloakentieren

Die Kloakentiere sind die seltensten und merkwürdigsten Säugetiere. Es gibt nur drei Arten: das Schnabeltier und die beiden Ameisenigel-Arten oder Echidniden – die einzigen Säugetiere, die Eier legen. Das Schnabeltier legt zwei lederhäutige Eier und bebrütet sie in einem Nest. Die Ameisenigel legen ein einziges Ei und tragen es in einem kleinen Beutel aus. Auch sonst weisen die Kloakentiere mehrere primitive Eigenschaften auf. Sie produzieren zwar Milch, haben aber keine Zitzen, an denen ihre Jungen saugen können. Die Milch fließt einfach aufs Fell, wo sie die Jungen aufschlecken. Außerdem sind Kloakentiere keine reinen Gleichwarmen. Ihre Körpertemperatur ist viel niedriger als sonst bei Säugern und kann beträchtlich schwanken – bei Ameisenigeln zwischen 25 und 37 Grad.

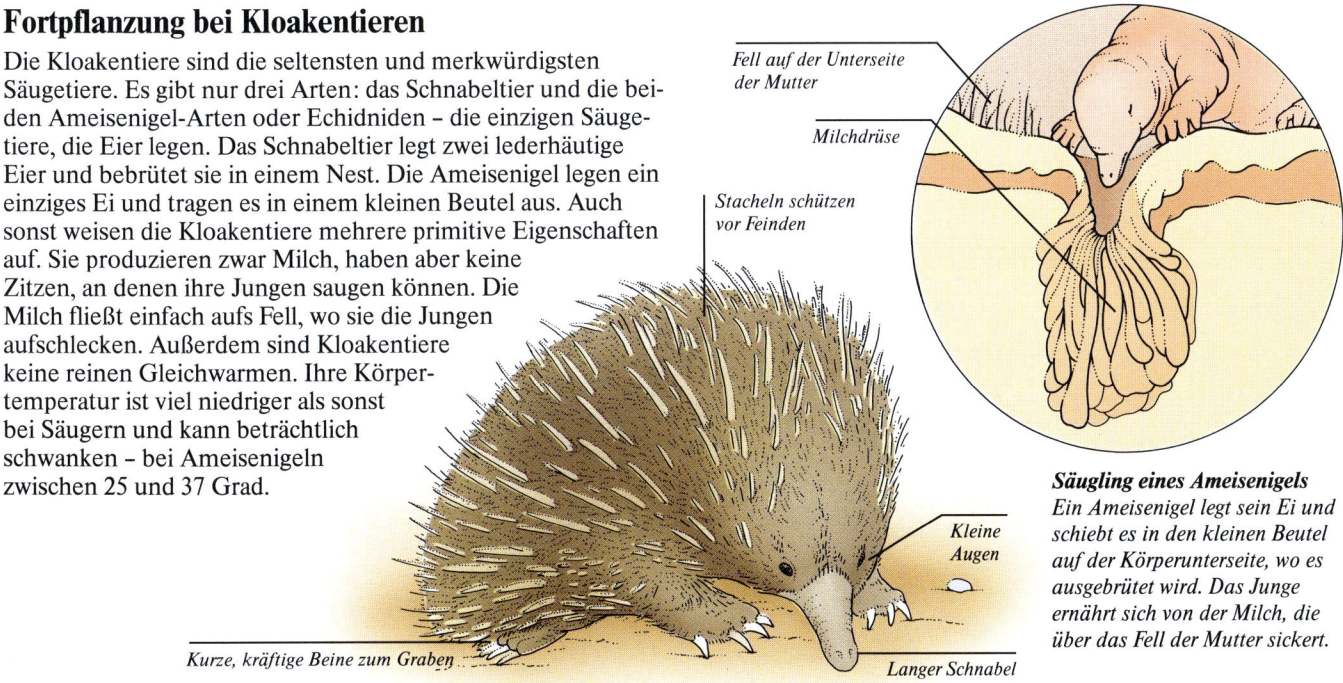

Fell auf der Unterseite der Mutter

Milchdrüse

Stacheln schützen vor Feinden

Kleine Augen

Kurze, kräftige Beine zum Graben

Langer Schnabel

Säugling eines Ameisenigels
Ein Ameisenigel legt sein Ei und schiebt es in den kleinen Beutel auf der Körperunterseite, wo es ausgebrütet wird. Das Junge ernährt sich von der Milch, die über das Fell der Mutter sickert.

Nachtsäugetiere

Im Unterschied zu uns sind viele Säugetiere nachts aktiv und schlafen tagsüber. Vor langer Zeit wagten sich die ersten Säugetiere vielleicht nur im Schutz der Dunkelheit heraus, um räuberischen Dinosauriern und anderen Feinden nicht über den Weg zu laufen. Viele kleine Säuger sind Nachttiere geblieben, aber auch Raubtiere wie der Fuchs sind nachts aktiv, um sie zu jagen.

Kletterbeutler
Der Fuchskusu gehört zu den wenigen Beuteltieren, die von der Ausbreitung der besiedelten Gebiete in Australien profitiert haben. Diese katzengroßen Lebewesen zeigen wenig Scheu vor Menschen und lieben die Gärten in den Vorstädten, weil sie ihnen genügend Früchte, Blätter und Blumen bieten. Der Kusu hält sich in Bäumen auf, nistet sich aber oft unter Hausdächern ein, und sein geräuschvolles Kommen und Gehen kann Menschen aus dem Schlaf reißen. Im 19. Jahrhundert wurden Kusus in Neuseeland ausgesetzt, wo sie sich inzwischen zu einer Plage entwickelt haben, weil sie kaum natürliche Feinde haben.

Stadt-Füchse

Füchse sind zwar im allgemeinen Nachttiere, doch besonders im Sommer, wenn die Nächte kurz sind, könnt ihr sie auch tagsüber sehen. Füchse bewegen sich immer auf vertrauten Pfaden, die man oft klar erkennt, zum Beispiel an Lücken in Hecken und Büschen, die Füchse angelegt haben. Sie verströmen mit Sekreten aus ihren Afterdrüsen einen durchdringenden Geruch, den ihr ab und zu riechen könnt, wenn ihr ihren Fährten folgt.
Wenn ihr euch an einem dieser Pfade in der Morgen- oder Abenddämmerung versteckt, habt ihr vielleicht Glück und seht einen Fuchs vorbeihuschen – bittet aber einen Erwachsenen, euch dabei zu begleiten. Und meidet wegen der Tollwutgefahr jeden Körperkontakt mit Füchsen. In manchen Regionen, vor allem in Großbritannien, halten sich Füchse sogar in Städten auf. Diese Stadt-Füchse durchstöbern auch Mülltonnen nach den Essensresten. Sie scheinen zwar beim Überqueren von Straßen aufzupassen, dennoch werden viele von Autos überfahren, und darum leben sie insgesamt viel kürzer als ihre Vettern auf dem Land.

Eine Wüstenmaus halten

Ein künstlicher Lebensraum
Wüstenmäuse leben in Wüsten und Steppen von Afrika bis China. Richtet einen künstlichen Lebensraum ein, indem ihr in ein Terrarium eine Schicht Sand gebt.

In Sand können sich Wüstenmäuse einbuddeln

Holz zum Nagen
Wie bei anderen Nagetieren wachsen auch bei Wüstenmäusen die Zähne ständig nach. Um sie gesund zu halten, müssen diese Tiere immer an etwas nagen. Gebt daher ein paar Wurzeln und Äste in den Behälter.

NACHTSÄUGETIERE

Beim Training
Fuchsjunge lernen spielerisch, wie sie ihre Beute fangen und festhalten müssen.

Waschbären
In Nordamerika leben Waschbären nicht nur in ihrer natürlichen Umgebung, an waldigen Bachufern, sondern oft auch in Städten, weil sie dort leicht ihre Nahrung finden können. Das geräuschvolle Umfallen von Mülltonnen oder Spuren in Schnee und Schlamm sind sichere Zeichen dafür, daß sie da sind. Nachts kann man sie sogar mit einer Taschenlampe beim Fressen aufstöbern. Verwilderte Tiere kommen inzwischen auch bei uns vor.

Fütterung
Wilde Wüstenmäuse ernähren sich hauptsächlich von Samen. Maiskörner, Hafer, Vogelfutter, Weizenkörner und sogar Cornflakes sind eine gute Grundnahrung. Auch Grünzeug brauchen sie – ihr könnt es mit allen möglichen wilden Pflanzen versuchen, nur nicht mit giftigen, wie beispielsweise Rhabarberblättern.

Mit den langen Hinterbeinen wühlt sie im Sand

Mit den Vorderpfoten hält sie Nahrung fest

Der lange Schwanz sorgt fürs Gleichgewicht

Der fertige Behälter
Das Terrarium ist jetzt für seine Bewohner bereit. Stellt es an einem warmen, trockenen Ort – ohne direkte Sonnenbestrahlung – auf. Reinigt den Behälter einmal in der Woche.

SÄUGETIERE

Fußspuren und Fährten

Viele Säugetiere sind scheue Wesen. Immer sind sie auf der Hut, und bei Geräuschen oder Gerüchen, die Gefahr signalisieren, sind sie längst davongehuscht, bevor ihr sie sehen könnt. Wenn ihr aber ihre Spuren auf dem Boden verfolgt, findet ihr eine ganze Menge über ihr Verhalten heraus. Am besten lassen sich Spuren auf feuchtem, aber festem Boden beobachten. Dabei erkennt ihr einige wichtige Unterschiede in der Art und Weise, wie sich Säugetiere bewegen. Huftiere wie der Hirsch hinterlassen ganz deutliche Spuren, da ihr ganzes Gewicht auf ein oder zwei harten Zehen an jedem Fuß lastet. Solche Tiere nennt man auch Zehengänger, und gewöhnlich sind sie flink und wendig. Weniger schnelle Säuger – wie Dachse, Waschbären und Bären – weisen im Verhältnis zu ihrer Größe viel größere Spuren auf. Diese Sohlengänger haben einen eher schwerfälligen Gang, und ihre Fußspuren liegen oft dicht beieinander.

Achtet beim Untersuchen von Tierfährten sorgfältig darauf, wieviel Zehen sichtbar sind und ob es Abdrücke von Krallen gibt. Bei Hunden und Füchsen sind die Krallen immer ausgestreckt, Katzen aber ziehen beim Laufen die Krallen ein und hinterlassen deshalb keine Krallenspuren.

Vorderpfote

Hinterpfote

Waschbärspuren
Bei Waschbären verteilt sich das Gewicht auf die Zehenballen. Die Zehen der Vorderpfoten, mit denen das Tier die Nahrung festhält, sind weiter gespreizt als die der Hinterpfoten.

Spuren im Schnee
In Regionen mit kalten Wintern halten viele Säugetiere einen Winterschlaf. Die meisten Säuger bleiben allerdings aktiv, und nach Schneefall kann man ihre Spuren leicht sehen. Hier die Fährte eines Luchses. An seinen Vorderpfoten befinden sich spitze Krallen, mit denen er seine Beute schnappt. Dazu gehören kleine Nagetiere, die in Gängen unter der Schneedecke leben.

Da Neuschnee sehr leicht ist, zeichnen sich Spuren deutlich darin ab. Wenn ihr den Spuren eines Raubtiers, zum Beispiel eines Fuchses, folgt, stoßt ihr vielleicht auf Zeichen im Schnee, die zeigen, wo er seine Beute geschnappt hat

EXPERIMENT
Spuren im Sand sammeln

Eine Sandschicht auf dem Boden macht die Spuren von großen und kleinen Tieren sichtbar.

1 Schüttet feuchten Sand auf den Boden oder eine flache Unterlage. Am besten eignet sich feiner Sand.

2 Glättet den Sand zu einer dünnen Schicht. Versenkt die Unterlage so im Boden, daß sie eben damit abschließt.

3 Hier sind die Pfoten einer Katze deutlich im Sand abgedrückt.

FUSS-SPUREN UND FÄHRTEN

EXPERIMENT
Gipsabdrücke von Spuren

Mit Hilfe von Gips könnt ihr die Spuren eines Tiers verewigen. Das funktioniert am besten bei feuchtem, festem Schlamm, zum Beispiel an Teichrändern oder auf schattigen Waldpfaden – aber nicht auf Schnee, da Gips warm wird, wenn er erstarrt, und so die Spuren vernichtet.

IHR BRAUCHT
• Pappe • Becher • Mischgefäß • Büroklammern • Gips
• Schere • Löffel

1 Reinigt die Spuren von loser Erde oder Blättern, damit sie nicht im Gips hängenbleiben.

2 Steckt einen von Büroklammern zusammengehaltenen Pappring um die Spuren herum fest in den Boden.

3 Rührt etwas Gips mit Wasser zu einem dünnflüssigen Brei an. Gießt ihn auf die Spuren und glättet die Oberfläche.

4 Hebt den Gips nach dem Erstarren zusammen mit der Form hoch, laßt ihn einen Tag trocknen und entfernt die Form.

Erhabener Gipsabdruck von Spuren

Andere Tierfährten

Mit der auf der linken Seite beschriebenen Methode könnt ihr die Fährten der verschiedensten Tiere festhalten – nicht nur von Säugern, sondern auch von Reptilien, Amphibien, Vögeln und Wirbellosen. Laßt die Unterlage tagsüber wie nachts am gleichen Ort stehen, um zu sehen, wie sich die Spuren unterscheiden.

Durch Kriechen entstandene strichförmige Spuren

Parallele Linien von Fußabdrücken

Frösche und Kröten
Wenn dieser Frosch über den Sand kriecht, hinterlassen seine Füße lange Spuren. Frösche und Kröten sind Amphibien (S. 78–79) und können kriechen oder hüpfen. Wenn sie nach Nahrung Ausschau halten, kriechen sie normalerweise, aber bei Gefahr hüpfen sie davon. Fast alle Amphibien sind Nachttiere, so daß ihr ihre Spuren nur nachts festhalten könnt.

Wirbellose
Eine Kellerassel hinterläßt feine, aber deutliche Spuren, wenn sie über Sand krabbelt. Sie ist eine der vielen Tiere, die sich nachts auf dem Boden ernähren. Auch Insekten (die groß genug sind) hinterlassen Spuren im Sand – zum Beispiel Käfer, Grillen und Tausendfüßler.

Ein natürlicher Abdruck
Die Gehörnte Klapperschlange (Seitenwinder) hinterläßt unverwechselbare Spuren. Sie rollt sich seitwärts ab, wobei sie nur an zwei oder drei Punkten gleichzeitig den Boden berührt.

SÄUGETIERE

Nahrungsspuren

Das Aufspüren und Erkennen von tierischen Nahrungsspuren ist reine Detektivarbeit. Aus den verstreuten Hinweisen in eurer Umgebung könnt ihr euch ein Bild von dem Tierleben in einem bestimmten Gebiet machen. Federn, zerfetzte Rinde, Kot, zerbrochene Muscheln und zerkaute Samen sind nur einige von vielen Indizien. Ihre Anzahl hängt von der Ernährungsweise eines Tiers ab. Viele Pflanzenfresser wie Kaninchen und Rehe fressen die meiste Zeit, und zwar oft an Stellen, die sie immer wieder aufsuchen. Das könnt ihr an zerkauten Pflanzen wie an ihrem Kot erkennen. Viele Säuger, zum Beispiel Kaninchen und Dachse, hinterlassen ihren Kot an bestimmten Plätzen, sogenannten Latrinen. Mit diesen Markierungen zeigen sie anderen Tieren der gleichen Art an, daß sie ein bestimmtes Gebiet für sich beanspruchen. Die Nahrungsspuren von Fleischfressern sind seltener und liegen weiter auseinander, da sie nicht so oft fressen und manchmal ihre Beute mit Haut und Haaren verzehren. Wenn ein Fuchs einen Vogel angreift, bleiben an dieser Stelle oft Federn liegen. Hebt er das Nest einer Maus aus, gibt es von dieser Beute keine Spuren – außer einer Vertiefung im Boden.

Duftmarken
Kothäufchen von Kaninchen befinden sich oft auf Grasbüscheln. Ihr Geruch sagt anderen Kaninchen, daß das Gebiet besetzt ist. Kaninchen sind Pflanzenfresser, und darum ist ihr Kot rund und faserig. Rehe fressen viel nährstoffarmes Futter und hinterlassen große Kotmengen. Der Kot von Fleischfressern ist gewöhnlich zugespitzt und enthält oft Fell und Knochensplitter. Auch Fleischfresser markieren mit Kot ihr Revier.

Kaninchenkot

Abgenagte Zapfen

Zapfenfresser
Viele Tiere beißen die Schuppen von Zapfen ab, um an die Samen zu kommen.

Haselnußschalen

Andere Überreste
Große wie kleine Lebewesen hinterlassen Nahrungsspuren. Vögel kehren zum Fressen immer wieder an bevorzugte Plätze zurück. Wenn ihr die Überreste hier untersucht, findet ihr heraus, was die Vögel gefressen haben.

Nußknacker
Welches Tier am Werk war – hier war es eine Wühlmaus –, könnt ihr oft daran erkennen, wie es eine Nuß geöffnet hat.

Insektenreste
Diese Schmetterlingsflügel hat ein Vogel übriggelassen, der nur die weichen Körper verzehrt hat.

Speisekammer eines Würgers
Würger, wie zum Beispiel der Neuntöter, sind kleine Vögel, die sich von Insekten, kleinen Säugern und zuweilen von anderen Vögeln ernähren. Es kommt vor, daß sie ihre Beute auf Pflanzendornen oder Stacheldraht aufspießen. Dadurch wird die Beute festgehalten, während der Würger Stücke davon abreißt. Auch Reste verwahrt er in dieser »Speisekammer«.

NAHRUNGSSPUREN

Rindenschäler
In Afrika deuten zerbrochene Äste und abgestreifte oder zerfetzte Rinde darauf hin, daß Elefanten da waren. Überall auf der Welt ernähren sich viele Säugetiere von Baumrinde, besonders dort, wo es in kalten Wintern wenig nahrhaftes Futter gibt.

Beute eines Fuchses
Diese Schwinge eines Eichelhähers markiert die Stelle, wo ein Fuchs zugeschlagen hat. Da sich an dem Flügel kaum Fleisch befindet, hat ihn der Fuchs zurückgelassen.

Möwenmahlzeit
An einem Felsenstrand seht ihr oft Muscheln und Krebsbeine auf dem Boden verstreut. Sie stammen von Möwen, die Strandtiere auf die Felsen fallen lassen, wobei die Schale aufbricht.

Miesmuschelschalen

Wellhornschneckenschalen

Krabbenglieder

Strandschneckenschalen

Drosselamboß
Singdrosseln essen gern Schnecken. Statt die Schnecke durch die Öffnung in der Schale herauszupicken, trägt die Drossel sie zu einem Stein, zerschmettert das Schneckenhaus auf diesem »Amboß« und frißt das Fleisch. Jede Drossel besitzt ihren eigenen Amboßstein, um den sich immer mehr zerbrochene Schalen aufhäufen.

Kalkstein

Weichtierbohrer
Die Löcher in diesem Kalkstein stammen von Weichtieren, die sich mit ihren scharfen Schalen ins Gestein gebohrt haben. Der sogenannte Schiffsbohrwurm ernährt sich von Holz und hinterläßt darin lange Nahrungsgänge.

Fachbegriffe

Auf den folgenden vier Seiten könnt ihr euch kurz über die vielen Begriffe aus der Biologie informieren, die wir in diesem Buch verwendet haben. Hier bekommt ihr Erklärungen über all das, was Leben ausmacht. Details über die verschiedenen Lebensformen findet ihr im anschließenden Register (S. 188 – 191), das euch auch auf bestimmte Gruppen von Lebewesen, z. B. die Reptilien, verweist.

Aminosäuren Die Bausteine der Proteine. Es gibt 20 verschiedene Aminosäuren. Verbunden in einer bestimmten Folge, bilden sie verschiedene Proteine.

Art Gruppe von Lebewesen, deren Angehörige sich miteinander, aber nicht mit anderen Arten vermehren können.

Atom Sehr kleines Teilchen, das den Grundbaustein aller Stoffe bildet. Alle Stoffe bestehen aus Atomen; die eines chemischen Elements nur aus einer einzigen Sorte. Chemische Verbindungen enthalten verschiedene Sorten von Atomen.

Bänder Den Gelenkkapseln aufgelagertes starkes, elastisches Bindegewebe, das zwei Knochen in einem beweglichen Gelenk verbindet.

Basidie Gruppe sporenbildender Zellen bei vielen Pilzen. Ein einzelner Ständerpilz kann Millionen von Basidien bilden.

Befruchtung Stadium bei der geschlechtlichen Vermehrung, in dem sich männliche und weibliche Geschlechtszellen verbinden und eine einzelne Zelle bilden.

Bestäubung Die zur Befruchtung einer Pflanze notwendige Übertragung von Pollen vom männlichen Teil einer Blüte zum weiblichen Teil. Die Blüten befinden sich meist auf verschiedenen Pflanzen.

Biosphäre Der von Lebewesen bewohnte Bereich der Erde.

Chitin Aus besonderen Kohlenhydraten aufgebauter widerstandsfähiger Stoff, der sich im Außenskelett von Insekten, Krebstieren und Spinnen sowie in den Zellwänden von Pilzen befindet.

Chlorophyll Farbstoff, mit dem Pflanzen Lichtenergie zur Photosynthese nutzen.

Chloroplasten Zellorganellen bei Pflanzen, in denen die Photosynthese stattfindet.

Chromosomen Hauptsächlich aus DNS bestehende Stränge in Zellen, die den chemischen Code zur Steuerung von Aufbau und Entwicklung der Zelle enthalten. Die meisten Zellen besitzen Paare von Chromosomen.

Chrysalis Bezeichnung für die Puppe eines Schmetterlings oder Falters. *Siehe auch Puppe.*

Coelom Mit Flüssigkeit gefüllte Höhle im Körper von Regenwürmern, Insekten, Seesternen und anderen Tieren. Durch Druck der Muskulatur gegen diese Höhlen kann das Tier sich vorwärtsbewegen.

DNS Abkürzung für **Des**oxyribo**n**ukleinsäure. Dieser wichtige Stoff trägt alle Informationen, die zum Aufbau und zur Lebenserhaltung eines Lebewesens erforderlich sind.

Paare von Basen bilden den genetischen Code

*DNS-Molekül
Die deutliche Doppelhelix des Moleküls sieht wie eine verdrehte Leiter aus.*

Eierstock Teil eines Tiers, in dem die der Vermehrung dienenden Eizellen entstehen.

Eizelle Weibliche Geschlechtszelle bei Tieren und Pflanzen. *Siehe auch geschlechtliche Vermehrung.*

Element Einfacher Stoff, der nur aus einer Sorte von Atomen besteht.

Embryo Sehr junge Pflanze oder junges Tier, die oder das sich noch in der Mutter (bei Säugetieren), im Ei (z. B. bei Vögeln und Reptilien) oder im Samen (bei Pflanzen) befindet.

Endoplasmatisches Retikulum System feinster, wie eine Ziehharmonika gefalteter Kanälchen aus Membranen in Pflanzen- und Tierzellen, in denen verschiedene Proteine gespeichert sind, die erst bei Bedarf abgegeben werden.

Enzyme Spezielle Proteine, die alle chemischen Reaktionen in Lebewesen steuern.

Evolution Sehr langsamer Veränderungsprozeß bei allen Lebewesen. Er kann aufgrund natürlicher Auslese die Eigenschaften einer Art nach und nach verändern und neue Arten aus bereits bestehenden schaffen.

Fette Eine Familie ähnlich aufgebauter energiereicher Stoffe, die sich nicht mit Wasser vermischen. Dazu gehören Feststoffe (Fette) und Flüssigkeiten (Öle).

Fleischfresser Tier, das sich von anderen Tieren ernährt.

Fossil Alte Überreste eines Tiers oder einer Pflanze, die in Stein oder anderen Materialien erhalten geblieben sind.

Frucht In der Botanik jedes samenumhüllende Gebilde, das oft bunt gefärbt, saftig und angenehm süß ist.

Fühler Paarige Sinnesorgane auf dem Kopf von Wirbellosen, mit denen das Tier fühlen und schmecken kann.

Gelenk Teil des Skeletts, an dem zwei Knochen zusammenkommen.

Gelenkschmiere Flüssigkeit, die Reibung in Gelenken vermindert.

Gen Vererbungseinheit, die von den Eltern an den Nachwuchs weitergegeben wird. Einige Gene wirken sich deutlich sichtbar aus, z. B. in blauen oder braunen Augen. Ein Gen besteht aus einem Stück DNS in einer Zelle. Jedes Gen steuert die Zusammensetzung eines bestimmten Proteins.

FACHBEGRIFFE

Geschlechtliche Vermehrung Erzeugung von Nachwuchs, bei dem in der Regel (S. 176/177) zwei Elternteile erforderlich sind. Das Weibchen produziert Eizellen, das Männchen Samenzellen. Bei der geschlechtlichen Vermehrung bekommen die Jungen ihre Chromosomenpaare jeweils zur Hälfte von jedem Elternteil und darum auch von beiden einige Eigenschaften. *Siehe auch ungeschlechtliche Vermehrung.*

Gewöhnung Vorgang, durch den das Gehirn lernt, immer wiederkehrende Signale von den Sinnesorganen zu ignorieren.

Glukose Zuckerart, die die meisten Lebewesen bei ihrem Abbau mit Energie versorgt.

Habitat Die Umwelt, die eine bestimmte Tier- oder Pflanzenart zum Leben benötigt.

Haftorgan Organ zum Festhalten an Oberflächen (z. B. klammert sich damit Seetang an Felsen).

Hinterleib Der vom Kopf am weitesten entfernte und mit dem Brustkorb verbundene Körperabschnitt bei Insekten, Spinnen und Krebstieren.

Hormon Ein körpereigener chemischer Stoff, der von einem Organ produziert und ins Blut abgegeben wird, um Veränderungen in den Funktionen anderer Organe auszulösen (z. B. Insulin aus der Bauchspeicheldrüse senkt Blutzuckerspiegel).

Humus (lat. Erde, Erdboden). Die abgestorbenen Überreste von Pflanzen und Tieren in den oberen Bodenschichten.

Hyphen Zellengeflecht, aus dem ein Pilz besteht.

Kalzifikation Verhärtungsprozeß, bei dem sich Kalziumkarbonat (Kalk) in Zellen ablagert.

Kambium Zellschicht unter der Baumrinde. Sie teilt sich, damit der Stamm wächst. Auch in Ästen und Wurzeln gibt es eine Kambiumschicht.

Kaulquappe Larven der Frösche, Kröten und anderer Amphibien.

Keimung Vorgang, bei dem ein Same, eine Spore oder ein Pollenkorn sich zu entwickeln beginnt.

Keratin Protein, aus dem Haut, Haar – also auch Fell –, Nägel und Hufe bestehen.

Kiemen Organe bei Fischen und anderen Wassertieren, die zur Atmung Sauerstoff aus dem Wasser aufnehmen.

Knolle Speicherorgan bei Pflanzen, das meist aus einem verdickten Stengel gebildet wird.

Knorpel Elastischer Stoff und Grundsubstanz des Skeletts, in die härtende Knochenerde eingelagert ist. *Siehe auch Kalzifikation.*

Kohlenwasserstoffe Chemische Verbindungen, die nur aus Kohlenstoff- und Wasserstoffatomen aufgebaut sind (z. B. Erdgas, Benzin, Paraffin, Petroleum).

Kolonie Gruppe verwandter Lebewesen, die alle zur gleichen Art gehören und nahe beieinander leben oder brüten.

Königin Das Weibchen bei den staatenbildenden Insekten wie Bienen und Termiten, das eine Kolonie aufbaut. Höherentwickelte Insekten dieser Art haben nur eine Königin, die, von zahlreichen Arbeiterinnen ernährt und umsorgt, als einzige Angehörige der Kolonie Eier legt.

Konsument Ein Lebewesen, das andere Lebewesen frißt. Außer Pflanzen, die ihre eigene Nahrung herstellen, sind die meisten Lebewesen Verbraucher.

Konvergente Evolution Prozeß, durch den zwei nicht näher miteinander verwandte Lebewesen (die auf ähnliche Weise leben) allmählich ähnliche Formen entwickeln.

Lamelle Ein meist nach unten hängendes Blättchen, auf dem die Sporen eines Pilzes entstehen.

Larve Jugendstadium eines Tiers, das sich in Aussehen und Aufbau völlig von den Eltern unterscheidet.

Lignin Substanz in Pflanzen, besonders Bäumen, die die Verholzung bewirkt.

Mantel Körperschicht bei Schnecken, Austern und anderen Weichtieren, die Kalk produziert und damit die Schale aufbaut.

Mauser Vorgang, bei dem Vögel die Federn wechseln.

Metamorphose Totale Veränderung der Körperform bei der Umwandlung der Larve zum erwachsenen Tier – z. B. wenn sich eine Raupe in eine Puppe und dann in einen Schmetterling verwandelt.

Mimikry Nachahmung eines Lebewesens durch ein anderes als Schutz.

Mimese Nachahmung von belebten und unbelebten Gegenständen durch Tiere als Schutz.

Mineral Kohlenstofffreie, natürlich vorkommende Stoffe. Einige davon, z. B. Kalziumverbindungen, sind für Lebewesen lebensnotwendig.

Mitochondrien Kleine Organellen in Zellen, die beim Abbau von Nährstoffen Energie freisetzen.

Molekül Teilchen, das aus zwei oder mehr verbundenen Atomen besteht. Selbst die größten Moleküle kann man mit dem stärksten Mikroskop gerade noch sehen.

Nahrungsnetz Diagramm, das zeigt, wie Nahrung und damit auch Energie in einem

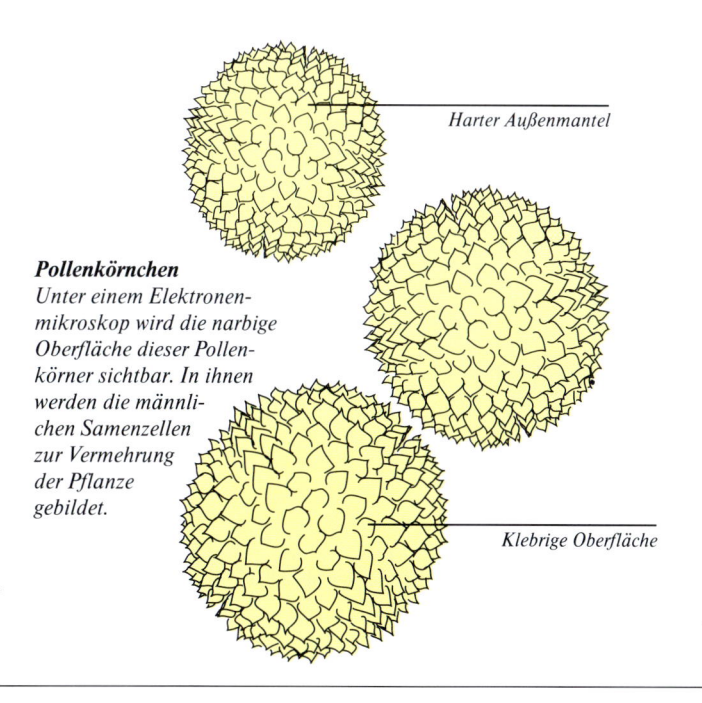

Pollenkörnchen
Unter einem Elektronenmikroskop wird die narbige Oberfläche dieser Pollenkörner sichtbar. In ihnen werden die männlichen Samenzellen zur Vermehrung der Pflanze gebildet.

Harter Außenmantel

Klebrige Oberfläche

FACHBEGRIFFE

Ökosystem von einem Lebewesen zu einem anderen gelangt.

Natürliche Auslese Prozeß, bei dem viele verschiedene natürliche Faktoren, vom Klima bis zur Nahrungsversorgung, den Lauf der Entwicklung steuern. Lebewesen, die ihrer Umwelt am besten angepaßt sind, haben mehr Junge, die ihre erfolgreichen Eigenschaften weitergeben.

Nektar In Blüten erzeugte zuckerhaltige Flüssigkeit zum Anlocken von Bestäubern.

Nematozyste Nesselzelle bei Seeanemonen und anderen Nesseltieren.

Neotenie Geschlechtsreife im Larvenstadium.

Nestflüchter Tiere, vor allem Vögel, die in einem fortgeschrittenen Entwicklungsstadium schlüpfen und schnell selbständig werden. *Siehe auch Nesthocker.*

Nesthocker Jungtiere von Vogel- und Säugetierarten, die unvollkommen entwickelt (blind, ohne Fell und Federn) zur Welt kommen. *Siehe auch Nestflüchter.*

Nukleolus Teil eines Zellkerns, der bei der Produktion von Proteinen mitwirkt.

Nymphe Spätes Jugendstadium eines Insekts, z. B. eines Grashüpfers, das wie eine kleine Ausgabe der Eltern aussieht.

Ökologie Wissenschaft von den Wechselbeziehungen zwischen Lebewesen und ihrer Umwelt.

Ökosystem Alle Lebewesen in einem bestimmten Bereich (Wald, See oder Fluß) sowie der Boden, das Wasser und die unbelebten Dinge, von denen sie leben.

Organelle Winziges, abgegrenztes Gebilde in einer Zelle, z. B. ein Mitochondrium.

Organismus Jedes Lebewesen.

Parasit Jeder Organismus, der auf oder in einem anderen (dem Wirt) lebt, von dem er seine ganze Nahrung bezieht.

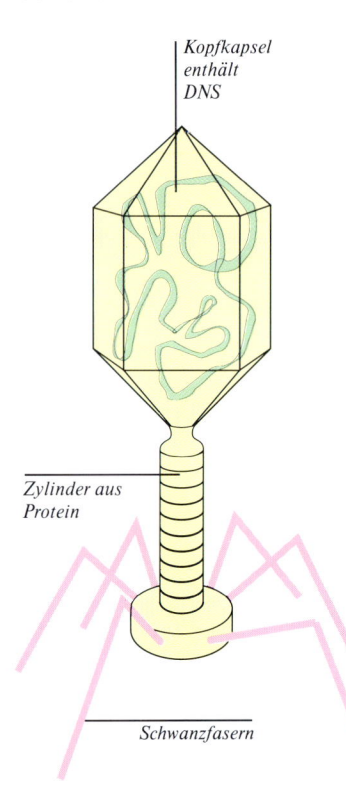

Kopfkapsel enthält DNS

Zylinder aus Protein

Schwanzfasern

Bakterienfressendes Virus
Dieser Bakteriophage sieht wie ein kleines Raumschiff aus. Er vermehrt sich, indem seine DNS in eine Bakterie übertragen wird. Mit den Schwanzfasern ist das Virus an den Zellwänden des Wirts verankert.

Pflanzenfresser Tier, das sich von Pflanzen ernährt.

Pheromon Chemischer Stoff, der von einem Tier abgesondert wird und in einem anderen Tier der gleichen Art eine Reaktion auslöst.

Photosynthese Prozeß, bei dem Pflanzen die Energie des Sonnenlichts zum Aufbau von Zucker nutzen.

Plankton Sammelbegriff für mikroskopisch kleine Pflanzen und Tiere, die an der Oberfläche von Meeren und Seen schwimmen.

Plazenta Komplexe Schicht bei weiblichen Säugetieren, durch die zwischen dem Blut der Mutter und dem des ungeborenen Jungen Nahrung, Sauerstoff und Abbauprodukte ausgetauscht werden.

Pollen Von Blüten erzeugter, oft gelber Staub. Er enthält die männlichen Geschlechtszellen.

Polyp Einzelne Koralle oder Seeanemone.

Prägung Lernprozeß, durch den ganz junge Tiere während einer kurzen – der sensiblen Phase – die Fixierung an einen Elternteil (oder ein anderes lebeniges oder unbelebtes Objekt) vollziehen. Ein Umlernen danach ist nicht möglich.

Produzent In der Ökologie jeder Organismus, der Nahrung selbst produziert. Die meisten Pflanzen und viele Bakterien nutzen dabei die Energie des Sonnenlichts.

Proteine Lebenswichtige chemische Stoffe, die von lebenden Zellen aus Aminosäuren gebildet werden. Es gibt viele Arten von P., z. B. die Enzyme und Gerüststoffe wie das Keratin.

Puppe Stadium im Lebenszyklus eines Insekts, in dem sich die Larve in ein ausgewachsenes Tier verwandelt. *Siehe auch Metamorphose.*

Ranke Langes, dünnes, drahtartiges Gebilde an einer Kletterpflanze, das sich an Zweigen, Wänden oder einem anderen Objekt festklammert. Ranken haben sich im Laufe der Evolution aus Blättern oder Sprossen entwickelt.

Raubtier Ein Tier, das andere Tiere frißt.

Räumliches Sehen Sehen mit zwei Augen ermöglicht das Abschätzen von Tiefe.

Raupe Larve eines Schmetterlings oder Falters.

Rhizomorph Wurzelähnliches Geflecht bei Pilzen.

RNS Abkürzung für **R**ibo**n**uklein**s**äure, die an der Produktion von Proteinen beteiligt ist. *Siehe auch DNS.*

Samen Eine feste Kapsel, die einen Pflanzenembryo und Nahrungsreserven für diesen enthält. Nach dem Keimen kann sich jeder Samen zu einer neuen Pflanze entwickeln. Samen entstehen durch geschlechtliche Vermehrung aus einer befruchteten Eizelle und dienen der Überdauerung ungünstiger Zeiten und der Verbreitung der Samenpflanzen (Blütenpflanzen).

Samenzelle Männliche Geschlechtszelle, auch Sperma genannt.

Saprobien Fäulnistiere und -pflanzen, in der Ökologie auch Destruenten genannt, die sich hauptsächlich von toten Substanzen ernähren und sie zu einfacheren Stoffen zersetzen.

Schwimmblase Gasgefüllte Blase bei Fischen, mit der sie ihren Auftrieb regulieren.

Sehnen Gebündelte Bindegewebsfasern, die Muskeln mit Knochen verbinden.

Seitenlinie Druckempfindliche Sinnesorgane, die sich entlang der Seite eines Fischkörpers befinden.

Sozial Gesellschaftliches Leben in einer Gruppe, die sich ihre Aufgaben teilt.

Sporangium Teil einer Pflanze oder eines Pilzes, in dem Sporen entstehen.

Sporen Sehr kleine, fest ummantelte Zellkapsel, aus der eine Pflanze oder ein

FACHBEGRIFFE

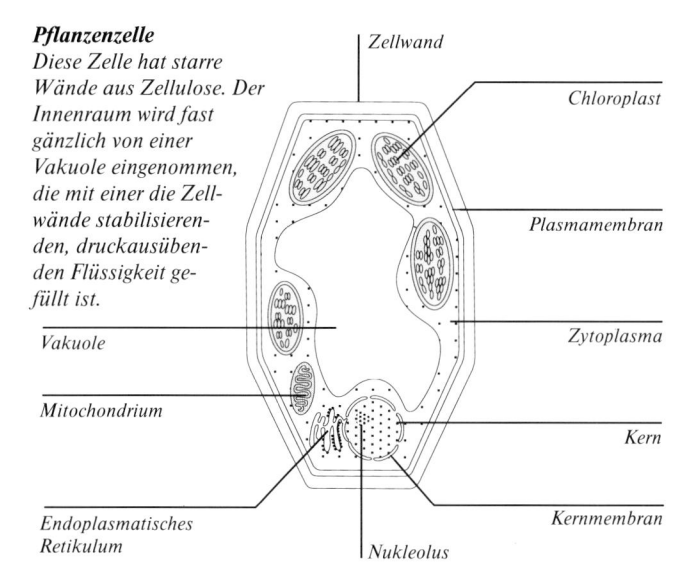

Pflanzenzelle
Diese Zelle hat starre Wände aus Zellulose. Der Innenraum wird fast gänzlich von einer Vakuole eingenommen, die mit einer die Zellwände stabilisierenden, druckausübenden Flüssigkeit gefüllt ist.

Labels: Zellwand, Chloroplast, Plasmamembran, Zytoplasma, Kern, Kernmembran, Nukleolus, Vakuole, Mitochondrium, Endoplasmatisches Retikulum

Pilz entsteht. Sporen sind meist viel kleiner als Samen, enthalten keine Embryonen und entstehen niemals durch geschlechtliche Vermehrung.

Springtide Extreme Flut oder Ebbe. Sie entsteht, wenn Sonne, Mond und Erde in einer Linie liegen, so daß sich die Anziehungskräfte von Mond und Sonne bei der Bewegung des Meerwassers summieren.

Stärke Von einigen Pflanzen wie Kartoffeln, Weizen und Reis als Energiespeicher verwendetes Kohlenhydrat.

Stigma Körperöffnung bei Insekten, durch die Luft in die Tracheen gelangt. *Siehe auch Tracheen.*

Stoffwechsel Alle chemischen Reaktionen in einem lebenden Organismus.

Stoma (Plural Stomata) Winzige Spaltöffnung an der Oberfläche von Pflanzenblättern und -stengeln, durch die Gase ein- und ausströmen.

Sukzession Prozeß, bei dem eine Art eine andere ersetzt, wenn ein neuer Lebensraum besiedelt wird.

Thorax Bei Insekten, Spinnen und Krebstieren der mittlere Teil des Körpers.

Trägt bei Insekten die Beine und Flügel.

Trachea Die Luftröhre bei Wirbeltieren, die von der Kehle zu den Lungen führt.

Tracheen Bei Insekten winzige Röhrchen im ganzen Körper, die für die Luftzufuhr sorgen.

Transpiration Prozeß, bei dem eine Pflanze durch ihre Wurzeln Wasser aus dem Boden zieht und zu den Blättern befördert, wo es verdunstet.

Tropismus Durch Reiz von außen (Licht oder Schwerkraft z. B.) hervorgerufene Reaktion (z. B. Wachstumsrichtung) einer Pflanze.

Ungeschlechtliche Vermehrung Bei dieser Vermehrung entstehen durch Teilung oder Knospung Tochtertiere. *Siehe auch geschlechtliche Vermehrung.*

Vakuole Sie dient dem Aufbau eines Drucks, der eine Pflanzenzelle stabil hält.

Virus DNS- oder RNS-Strang in einer schützenden Eiweißkapsel. Das Virus kann sich nur durch das Eindringen in eine lebende Zelle vermehren.

Wanderung Regelmäßige und fest eingebürgerte Reise von Tieren von einem Ort zum andern, z. B. bei Zugvögeln.

Warmblüter Tier, das Eigenwärme durch Abbau von Nahrung erzeugt. Dadurch bleibt es warm, auch wenn seine Umgebung kalt ist.

Warnfärbung Kräftige Färbung, die Feinden anzeigt, daß ein Tier gefährlich ist, wenn es angegriffen wird, z. B. die schwarzen und gelben Streifen von Bienen und Wespen.

Wechselwarme Tiere, die im Unterschied zu Warmblütern keine Eigenwärme bilden können. Ihre Körpertemperatur ist umgebungsabhängig, d. h. Wechselwarme sind bei warmem Sonnenschein warm usw.

Wirbellose Tiere ohne eine Wirbelsäule.

Wirbeltiere Tiere, die eine Wirbelsäule haben.

Zahnschmelz Sehr harter Stoff, der die Zahnoberfläche bedeckt.

Zelle Grundeinheiten, aus denen alle Organismen aufgebaut sind. Sie bestehen aus gallertartigem Zytoplasma, das von einer Plasmamembran umschlossen ist, sowie den Organellen und Strukturelementen, wie z. B. dem Zellkern.

Zellkern Steuerungszentrum einer Zelle, das die Chromosomen enthält. Bakterienzellen haben keinen Zellkern.

Zellmembran Sehr dünnes, elastisches Häutchen, das alle Zellen umgibt.

Zellulose Kohlenhydrat, aus dem die Zellwände von Pflanzen bestehen.

Zirpen Ein von vielen Insekten erzeugtes Geräusch, das durch das Aneinanderreiben von zwei Oberflächen entsteht.

Zytoplasma Inhalt einer Zelle, in den die Organellen und der Kern eingebettet sind.

Zytosol Gallertartiger Teil des Zytoplasmas, in dem die Organellen aufgehängt sind.

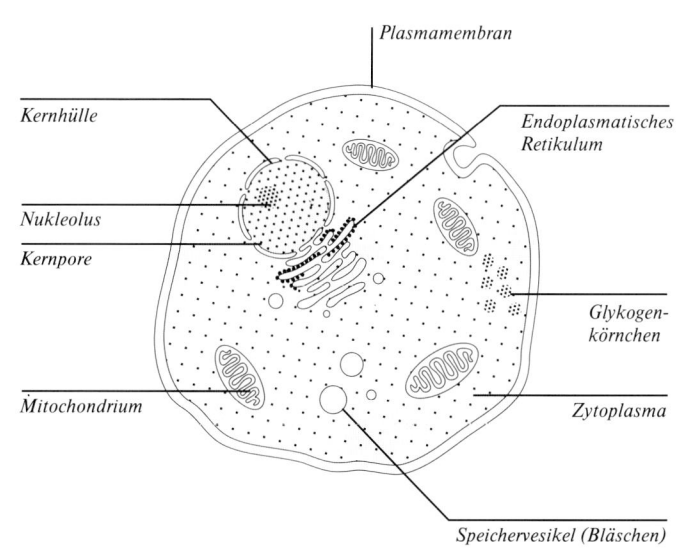

Labels: Plasmamembran, Endoplasmatisches Retikulum, Kernhülle, Nukleolus, Kernpore, Glykogenkörnchen, Mitochondrium, Zytoplasma, Speichervesikel (Bläschen)

Tierzelle
Diese Zelle enthält den Kern, der die Zelle steuert, und das Zytoplasma, in dem sich viele winzige Gebilde, die sogenannten Organellen, befinden.

Register

A

Akupunktur 168
Albumen 137
Algen 27, 60, 65, 73, 92, s. a. Flechten u. Meeresalgen
Alligatoren 144f, 148f
Ameisen 30, 110f
Ameisenigel 155, 177
Aminosäuren 14f
Ammoniak 30
Amöbe 28, 65, 74
Amphibien 29, 78f, 144, 181
Anakonda 147
Animalia 24
Anneliden 28, 124
Antibiotika 67
Aquarium 76f, 89
Arachniden 28, 123
Arbeiterinnen (Ameisen) 111
Arbeiterinnen (Bienen) 112, 114
Archaeopteryx 128f
Art 24
Arthropoden 28
Asseln 117, 181
Atem, Nachweis von Kohlenstoffdioxid 165
Atemwurzeln 86
Atlasspinner 108
Atmung 164f
Atoll 94f
Audubon, John James 128
Auftrieb (Federn) 133
Augen 166f
Auslese, natürliche 21ff
Auswahlverhalten 117
Axolotl 78
Axon 160

B

Backenzähne 162f
Baermann-Trichter 122
Bakterien 26f, 34
Balsaholz 56
Bärlappgewächse 61f
Barriereriff 94
Basen 15
Basidiomyzeten 66
Bäume 54ff
Baumfarne 54, 61
Baumschwämme 66
Baumstamm, Aufbau 56f
Baumwurzeln 54
Becherling 66
Bedecktsamer 27
Bedingter Reflex 82f
Befruchtung (Blüten) 46f
Befruchtung (Säugetiere) 176
Bestäubung 38f, 46f
Beuger (Muskeln) 161
Beuteltiere 154f, 176ff
Bevölkerungsgesetz 22
Bienen 112ff
Bioakkumulation 31
Biosphäre 30
Biotop 30, 32, 34, 38, 72
Bizeps 161
Blätter 58f
Blattläuse 34
Blattskelett 58
Blaualgen 26
Blinder Fleck (Auge) 166
Blumen pressen oder trocknen 49
Blütenaufbau 46ff
Blütenboden 46, 50
Blütenlose Pflanzen 61ff
Blütenpflanzen 27, 38ff, 55
Boa 146f
Bodenorganismen 120ff
Bodenproben 122f
Botanisches Meßquadrat 32f
Bovist 69
Braunalgen 96f
Breitblättrige Bäume 55
Brennstoffe, fossile 61
Brutkäfig für Insekten 102f
Brutpflege (Krokodil) 148
Bryozoen 96

C

Carnivora 24
Cephalopoden 91
Chaeten 125
Chain, Ernst 67
Chalaza 137
Chitin 28
Chlorella 60f
Chlorophyll 38, 40, 42, 96f
Chloroplasten 16, 42
Chordatiere 24
Chromatogramm (Pflanzenpigmente) 40
Chromosomen 15
Clitellum 125
Cnidarien 28
Code, genetischer 21
Coelom 124
Cornea 166
Crick, Francis 14
Crustaceen 28
Cyclops 74

D

Dachs 175
Daphnia 74
Darwin, Charles 20ff, 94, 128
Deckfedern 130
Delphin 25
Dendriten 161
Destruenten 34
Diastema 163
Dinosaurier 132, 144f, 150, 178
DNS (Desoxyribonukleinsäure) 15, 21, 25
Doppelhelix 15
Dornenkrone 87, 94
Drohnen 112
Drosseln 183
Duftmarken 182

E

Ebbe 84f
Echiniden 177
Echinodermaten 28
Echsen 20, 144f, 148f
Eckzähne 162f
Eidechsen 144, 148f
Eier 136f, 144f
Einkeimblättrige 27, 55
Einzeller 28f, 74
Eisenholz 56
Eizahn 136, 144
Eizelle 15, 46, 176
Elfenbein 163
Ellbogengelenk 158
Embryo 176
Empfindlichkeit (Haut) 169
Endoplasmatisches Retikulum 16f
Entstehung des Lebens 14ff
Enzyme 18, 65
Eukalyptus 54
Eule 134f
Evolution 20ff, 25, 54, 110, 128

F

Fabre, Jean-Henri 101
Fadenwurm s. Nematode
Fährten 180f
Falsche Frucht 50
Falter 104, 108f
Falterfalle 109
Familie (Klassifikationssystem) 24
Farne 27, 61ff
Federn 130ff
Felidae 24
Fell 154f
Felsküste als Lebensraum 84f, 88f
Felsstrand-Aquarium 89
Fermentierung 67
Fette 18f
Finken 20f, 131
Fische 25, 29, 82f
Flachmoor 31
Flechten 26, 63, 65
Fledermäuse 39, 172
Fleischfresser 24, 163, 182
Fleming, Alexander 67
Fliegenpilz 69
Florey, Howard 67

Flugdrachen 144
Flügel 130f
Flugmuster 131
Flut 84f
Formicarium 110f
Fortpflanzung 176f
Fossile Brennstoffe 61
Fossilien 21
Fötus 155
Frisch, Karl von 83, 115
Frösche 78f, 181
Frucht 50f
Fruchtknoten 46f, 50
Fruchtkörper der Pilze 64, 68
Fuchs 178f
Fucoxanthin 97
Fühlen 168
Fußspuren 180f
Futtersuche d. Bienen 114f

G

Galapagos-Finken 20f
Galapagosinseln 20
Galvani, Luigi 161
Gametophyt 62f
Gärung s. Fermentierung
Gastropoden 91
Gattungsname 24
Gebärmutter 176
Gebiß 162f
Geckos 145
Gefäßlose Pflanzen 26f
Gefäßpflanzen 27
Geier 131
Gelenke 158f
Gemeiner Bläuling 30
Gemüsefrüchte 50
Gene 15
Genetik 48
Genetischer Code 21
Genus 24
Geradflügler 104
Geruchssinn 170, 175, 177
Geschlechtliche Vermehrung 176
Geschmacksknospen 171

REGISTER

Geschmackssinn 170
Gesichtsfeld 166f
Gewöhnung 168f
Gewölle 134f
Gezeiten 84ff, 88
Ginkgo 27, 54f
Glaskörper (Auge) 166
Gliederfüßer 28, 101
Glykogenkörnchen 16
Grashüpfer 104
Großkatzen 24
Grünalgen 96f
Grundwasser 73

H

Habitat 30
Haeckel, Ernst 30
Haften (Schädelknochen) 159
Hagelschnur 137
Hai 25
Hallimasch 66
Harze 55
Haut als Sinnesorgan 169f
Hautflügler 110
Häutungen (Heuschrecke) 104
Häutungen (Schlange) 147
Häutungen (Schmetterling) 106
Hefepilze 64, 66f
Heimlabor, Ausstattung 8ff
Herbarien 48f
Heuschrecken 102ff
Heuschrecken, Aufzucht 105
Hexenring 68
Honigopossum 39
Hooke, Robert 16
Hören 172f
Hornhaut (Auge) 166
Hüftgelenk 159
Huftiere 180
Hühnerei, Entwicklung 136f
Hülsenfrüchtler 55, s. a. Leguminosen
Hummeln 39, 112
Hummelnistkasten 112

Humus 122f
Hutpilze s. Ständerpilze
Hymenoptera 110
Hyphen 64f, 66, 68

I

Ichthyosaurier 145
Immunsystem 65
Insekten 28, 38, 74, 100ff
Internodium 53
Invertebraten 28, 100
Iris (Auge) 166

J

Jahresringe 56f

K

Käfer 101
Käfer als Bestäuber 38
Kalkstein 128
Kalzifikation 156
Kambium 56f, 59
Känguruh 154
Kaninchen 30
Kartoffelstärke 42
Katalase 18
Katzen 24
Kaulquappen 78ff
Keime 52f
Keimung verschiedener Samen, Vergleich 52f
Kelchblatt 47
Keratin 132, 144
Kernzelle 16f
Kiemen 81f
Kiesstrand 85f
Kirschkern 50
Klassifikationssystem 24f
Klatschmohn (Blüte) 47
Kletten (Samenverbreitung) 51
Kletterbeutler 178
Klimaxgemeinschaft 31

Kloakentiere 155, 177
Knochen 156
Knochenfische 29, 82f
Knorpel 156
Knorpelfische 29, 82
Knospung 176
Koala 154
Kohlenhydrate 18
Kohlenstoffe 14, 40, 42, 164f
Kolibri 39, 128, 131
Kommunikationssystem der Bienen 114f
Kompositen 47
Koniferen 27, 54f, 58
Königin 110f
Konturfedern 130
Konvergente Evolution 25, 110
Kopffüßer 91
Korallen 28, 94f
Korallenriffe 94f
Korbblütler s. Kompositen
Korona 100
Körperfedern 133
Krebstiere 28
Kriechtiere s. Reptilien
Krokodile 144f, 148f
Kröten 78ff
Kryptobiose 61

L

Lamellen (Pilze) 68f
Lamellibranchier 91
Landschildkröten 150f
Larven 111f
Laubbäume 54f, 58
Laubmoose 26, 60f, 63
Leben, Entstehung 14ff
Lebendgebärende Säugetiere 155
Lebensgemeinschaft 26
Lebermoose 27, 60f, 63
Leguane 149
Leguminosen 47
Lehm 123
Lepidoptera 106
Libellenlarve 74

Lignin 56, 65
Linné, Carl von 24
Linse (Auge) 166
Lorenz, Konrad 129, 140
Lunge 164f
Lungenfische 83
Lungenkapazität testen 164
Lurche 80f, s. a. Amphibien

M

Malthus, Thomas Robert 22
Mammalia 24
Mammutbaum 54
Mangrovensümpfe 86
Mantelkiemer 91
Margerite (Blüte) 47
Mauersegler 131
Meeresalgen 96f
Meeressäugetiere 155
Meerwasser 72
Meerwasser-Aquarium 89
Megalopa-Larven 89
Mendel, Gregor 48
Metamorphose 101, 104, 106f
Mikroorganismen im Boden 122
Milchzähne 162
Miller, Stanley 14
Mimese 108, 118f
Mimikry 118f
Mitochondrium 16f, 176
Mohnkapsel 50
Molche 78f
Mollusken 28
Moose 27, 60, 62f
Moostierchen 96
Mooszellen 16
Morchel 66
Motorische Neuronen 160
Möwe 131
Mückenlarve 74
Muscheln 90f
Muskeln 160f
Mutterkorn 64f
Muttermilch 154

Myelinscheide 160
Mykorrhiza 65
Myxomatose 30
Myzel 68

N

Nachtfalter 108f
Nachtsäugetiere 178f
Nacktsamer 27
Nadelbäume 27, 54f
Nährstofferzeugung bei Pflanzen 40ff
Nahrungsnetze 30, 34f
Nahrungsspuren 182f
Narbe (Blüte) 46
Nastien 44
Natürliche Auslese 21ff
Nautilus 90f
Nektar 46, 107, 114
Nematode 64
Nematozyste 92
Neotenie 78
Nervensystem 168
Nervenzelle 160
Nesseltiere 28, 92
Nesselzellen 92
Nest 138f
Nestflüchter 136
Nesthocker 136
Netzhaut (Auge) 166
Neuntöter 182
Neuronen 160
Neurotransmitter 160
Nilkrokodil 149
Nippflut 84, 88
Nistkasten bauen 139
Nitrate 30
Nukleinsäure 18
Nukleolus 16f
Nukleus 16f

O

Ohren 172f
Ökologie 30ff
Ökologische Gemeinschaft 32f
Opossum 177, s. a. Honigpossum

189

Orchideen 38
Ordnung (Klassifikationssystem) 24
Organellen 28
Ornithologen 140
Orthopteroidea 104
Osmose 17, 72

P

Palmfarne 27, 54f
Panthera 24
Parasiten 100
Parasitische Pilze 64f
Pasteur, Louis 15
Pawlow, Iwan 83
Penicillin 65, 67
Pepsin 17
Pestizide 31
Pflanzen 26ff, 32f, 38ff
Pflanzenfresser 156, 163, 182
Pflanzenpigmente 40
Pflanzenzelle 17
pH-Wert des Bodens 120f
Pheromone 101, 108, 110
Photosynthese 38, 40ff, 53, 60f, 63, 65, 73, 85
Phototropismus 44f
Phykobiline 96
Phytoplankton 60
Pilze 26f, 34, 64ff
Pilzkrankheiten 64f
Pinguin 131
Plankton 88
Plasmamembran 16
Plazentatiere 155, 176
Plesiosaurier 145
Pneumatophoren 86
Pollen 38f, 46f, 114
Polyp 94f
Prägung 137, 140
Primärkonsumenten 34f
Primärproduzenten 34f
Proteine 14, 18f, 21
Prothallium 62f
Protisten 28

Pseudoskorpion 123
Pulpahöhle, Zahn 162
Pupille 166
Puppe (Schmetterling) 106f
Pygmäenfalter 108
Python 146f

Q

Quallen 28
Quecksilber 31
Querschnittsmessung der Vegetation 32f

R

Rädertierchen 65, 100
Ranken 44
Ranvier-Schnürring 160
Räuberische Pilze 64f
Raubtiere 34
Räumliches Sehen 166
Raupe (Schmetterling) 106f
Reflex 168
Regenbogenhaut (Auge) 166
Regenwald 30f, 39f, 54
Regenwasser 72f
Regenwürmer 34, 124f
Reiche 24, 26ff
Reptilien 20, 29, 144ff
Rhizoide 60
Riechen 170f
Riesenkrake 100f
Riesenschlangen 147
Riesenseetang 96
Rinde 58f
Ringelnatter 146f
Ringelwürmer 28, 124
Röhrenblüten 47
Rosengewächse 55
Rotalgen 96
Rotkehlchen 140
Rübling 67
Rückenwirbel 158
Ruderfußkrebse s. Cyclops
Ruderwanze 74
Rundtanz der Bienen 115

S

Salamander 78
Salinenkrebse 23
Samen 46f, 52f
Samenanlage (Blüte) 46
Samenpflanzen 27
Samenverbreitung 50f
Samenzelle 176
Saprobien 64
Sauerstoff 14, 18, 72, 164
Sauerstoffproduktion (Photosynthese) 41
Säugetiere 24f, 29, 154ff, 182
Saumriff 94f
Schachtelhalme 27, 61, 63
Schädel präparieren 156f
Schädelformen 157
Schallwellen 172
Schildkröten 20, 144f, 150f
Schimmelpilze 66f
Schlangen 144ff
Schlauchpilze 66
Schleimpilz 67
Schmecken 170f
Schmetterlinge 102ff
Schmetterlinge, Aufzucht 103, 106f
Schnabeltier 155, 175, 177
Schnecken 29, 74, 90f, 116f
Schneckengang (Ohr) 172
Schneckenhausformen 91
Schneidezähne 162f
Schopftintling 68
Schraubenalge 60, 97
Schuppenflügler 106
Schwämme 100
Schwann, Theodor 17
Schwänzeltanz der Bienen 115
Schwanzfedern 133
Schwemmsand 123
Schwerkraft u. Pflanzenwachstum 45

Schwimmblase (Alge) 96
Schwimmblase (Fisch) 83
Schwungfedern 130, 133
Sediment 128
Seeanemone 28, 92f, 100
Seeigel 29
Seepocken 28
Seesterne 29, 87
Seetang 60, 92
Sehnerv 166
Sekundärkonsumenten 34f
Silberfischchen 101
Skelett 156ff
Skelett (Mensch) 158f
Sohlengänger 180
Soldaten (Ameisen) 111
Sonnenenergie 28, 34f, 38, 40, 43, 45
Soziale Insekten 110
Spaltöffnungen s. Stomata
Speichervesikel 16
Spezies 24
Sphagnum 61
Spinnentiere 28
Spirogyra 60, 97
Sporangien 62, 66
Sporen 62f, 64ff, 69
Sporophyten 62
Springflut 84, 88
Springschwänze 101
Spuren 174f, 180f
Stachelhäuter 28f
Stachelschwein 174
Stamm (Klassifikationssystem) 24
Ständerpilz 66, 68f
Stärke 19
Staubgefäße 46f
Steinstrand 87
Stelzwurzeln 54
Stickstoff 30, 44
Stigmen 101
Stinktier 175
Stomata 42, 48
Storchschnabel 27, 51
Stoßzähne (Elefant) 163
Strahlenblüten 47

Strand, Lebensraum 84ff
Strandkrabben 88f
Strandzonen 88
Strauß 128, 131
Strecker (Muskeln) 161
Stridulation 104
Sukzession 31f
Sumpf 31
Süßwasser-Aquarium 76f
Süßwasserbiotop 72ff
Symbiose 26
Synapsen 160

T

Tarnung 118f
Tastsinn 168f
Teich 76f
Teichschildkröte 151
Termiten 110f
Tertiärkonsumenten 35
Thermik 131
Thigmonastie 44
Tide 84, 88
Tiere 28f
Tierzellen 16
Tiger (Klassifikationssystem) 24
Tochtertiere 176
Torfmoose 61
Tracheen 101
Transpiration der Blätter 48
Treibhauseffekt 61
Trizeps 161
Trommelfell (Ohr) 172
Tropischer Regenwald 30f, 39f
Tropismen 44f
Tullgren-Trichter 121

U

Überlebenskampf 23
Umweltverhalten 116ff
Umweltverschmutzung 30f

Ungeschlechtliche Vermehrung 176
Uterus 176

V

Vakuolen 16, 72
Vegetation vermessen 32f
Vegetationspunkt 52f
Venusfliegenfalle 44
Verdunstung (Blätter) 59
Verhaltensforschung 82f, 116ff, 140, 174f
Vermehrung 176f
Vertebraten 24, 100
Virus 14f
Vögel 29, 39, 128ff, 145
Vogelbeobachtung 140f
Vogeleier 136
Vogelflügel 130f
Vogelreviere 140
Vogelwarte bauen 141
Vogelwicke (Blüte) 47
Volvox 60
Vorbackenzähne 162f

W

Wachstumspunkt s. Vegetationspunkt
Wald 31
Wald (Nahrungsnetz) 35
Wallaby 154, 176f
Wallriff 94
Wanderung der Aale 82
Warane 145, 148
Warmblüter 154
Warnfärbung 118f, 175
Waschbär 179f
Wasserflöhe s. Daphnia
Wasserkreislauf 72
Wasserlinsen 38, 77
Wasserschildkröten 150f
Wasserstoffperoxid 18
Watson, James 14
Wattenmeer 85f
Watvögel 85f
Wechselwarme 20, 144, 148
Weichtiere 28f, 91, 183
Wespen 112f
White, Gilbert 74
Windbestäubung 39
Winkerkrabben 84
Winterruhe (Bäume) 55
Wirbellose Tiere 28, 92, 100ff, 181
Wirbeltiere 24, 29, 100
Wombat 154
Wurmkiste 124f
Wurzel (Zahn) 162
Wurzeln (Bäume) 54
Wüstenmäuse 178f

Z

Zähne 156, 162f
Zahnschmelz 163
Zehengänger 180
Zellen 16ff
Zellmembran 17
Ziliarmuskel 166
Zoëa-Larven 88f
Zunge 170f
Zweikeimblättrige 27
Zwerchfell 165
Zytoplasma 16f

Danksagung

Der Autor dankt all denen, deren Hilfe, Rat und Mitarbeit zur Entstehung dieses Buches beigetragen hat. Mein Dank gilt insbesondere den begeisterten und einfallsreichen Tierfotografen Jane Burton und Kim Taylor sowie dem Fototeam des Verlags, Tim Ridley, Barnabas Kindersley, Steve Gorton und Sarah Ashun. Besonders danken möchte ich Ken Day für die fachmännischen Entwürfe und Konstruktionen vieler Geräte, dem pädagogischen Berater Richard Scrase für seine Hilfe bei der Planung des Buches und für eine Reihe der von ihm vorgeschlagenen Experimente sowie Steve Parker für die sorgfältige Überprüfung des Textes. Ferner danke ich John Gillam dafür, daß er eine Reihe von Motiven zum Fotografieren zur Verfügung gestellt hat.

Meine besondere Anerkennung gilt außerdem Linda Gamlin, die sich überaus sorgfältig mit dem Buch beschäftigt und mich oft ermutigt hat, sowie dem Verlagsteam, Sharon Lucas, Sally Hibbard und Gurinder Purewall, die viele Monate an diesem Buch gearbeitet haben.

Der Verlag dankt Charyn Jones, Caroline Ollard, Stephanie Jackson und Susannah Tapper für redaktionelle Mitarbeit, Diana Morris für Bildrecherche, Clair Lidzey Watson für graphische Mitarbeit, Hazel Taylor für fotografische Mitarbeit und besonders Lynne Jowett, die so viele Modelle gefunden hat.

Bildquellenverzeichnis

SPEZIALFOTOS

Jane Burton, Kim Taylor: 4 – 5, 14 – 15, 16, 20 – 21, 28 – 29, 30 – 31, 44, 65, 69, 72 – 73, 76 – 77, 78 – 79, 80 – 81, 83, 84 – 85, 88 – 89, 93, 99, 100 – 101, 104 – 105, 106 – 107, 108 – 109, 111, 112 – 113, 114 – 115, 116 – 117, 118 – 119, 128, 129, 136 – 137, 141, 143, 144 – 145, 146 – 147, 149, 152 – 153, 154 – 155, 174 – 175, 176, 178 – 179, 180 – 181
Peter Chadwick: 51, 127, 133, 135
Richard Davies: 29, 82
Philip Dowell: 151, 155, 158 – 159, 162
Neil Fletcher: 66 – 67, 76, 118
Linda Gamlin: 56, 59, 64
Steve Gorton: 6 – 7, 8 – 9, 10 – 11, 14 – 15, 16 – 17, 18 – 19, 20 – 21, 22 – 23, 50 – 51, 86 – 87, 155, 158 – 159, 160 – 161, 162 – 163, 182 – 183
David Johnson: 130
Colin Keates: 108, 119
Dave King: 29, 82, 92, 156, 174, 177, 182
Cyril Laubscher: 131
Andrew Lawson: 27
Steven Oliver: 30 – 31, 32 – 33, 38 – 39, 40 – 41, 44 – 45, 48 – 49, 52 – 53, 120 – 121, 122 – 123
Roger Philips: 50
Tim Ridley: 6 – 7, 14 – 15, 16 – 17, 18 – 19, 24 – 25, 26 – 27, 28 – 29, 34 – 35, 42 – 43, 46 – 47, 48 – 49, 54 – 55, 56 – 57, 58 – 59, 60 – 61, 62 – 63, 64 – 65, 66 – 67, 68 – 69, 74 – 75, 82 – 83, 84 – 85, 90 – 91, 92, 94 – 95, 96 – 97, 100 – 101, 102 – 103, 106, 109, 110 – 111, 112, 117, 118, 124 – 125, 128 – 129, 132 – 133, 134 – 135, 136 – 137, 138 – 139, 141, 144 – 145, 150, 154, 157, 164 – 165, 166 – 167, 168 – 169, 170 – 171, 172 – 173, 180 – 181
Karl Shone: 4, 27, 61
Matthew Ward: 24, 29, 37, 174
Jerry Young: 28, 29, 144, 145, 147, 150 – 151

ABDRUCKGENEHMIGUNGEN

Abkürzungen: o = oben; M = Mitte; u = unten; l = links; r = rechts

Heather Angel: 60 ul, 98 – 99, 114 Ml
Ardea: Francois Gohier 20 ul, 21 ur
Biofotos: Andrew Henley 155 ol
Bruce Coleman Ltd: Jane Burton 78 or; Eric Creighton 54 or; Jack Dermid 149 oM; Michael Fogden 55 o, 179 or; Peter Hinchliffe 100 ul; Gordon Langsbury 30 o, 140 Ml; John Markham 119 o; Jan Taylor 93 ol; Kim Taylor 34 ul, 125 ol; John Wallis 178 ol
Mary Evans Picture Library: 21 M, 30 u, 168 ul
Horizon: 126-7
Hulton-Deutsch Picture Co: 14 ur, 83 ur, 101 M, 129 Ml, 140 uM
Mansell Collection: 15 o, 22 or, 24 M, 48 ul, 67 Ml, 161 ul, 168 ul
Natural History Photographic Agency: 86 ol; A. N. T. 131 Mr, 147 or; Anthony Bannister 142 – 143, 183 ur; Stephen Dalton 69 or, 172 ol; Peter Johnson 181 ol; Stephen Krasemann; John Shaw 119 ol, 177 Mr
Oxford Scientific Films: H. G. Arndt 182 uM; Kathie Atkinson 154 Ml; Steve Earley 25 uM; Michael Fodgen 36 – 37; Richard Kolar 130 or; Lou Lauber 128 Ml; David Macdonald 152 – 153; Roland Mayr 180 ur; Tom Ullrich 175 or
Planet Earth Pictures: 70 – 71; Walter Deas 151 or; D. Perrine 25 ur; James Watt 155 ur
Premaphotos: K. Preston-Mafham 106 Ml, 124 ul, 149 ol, 156 ur
Ann Ronan Picture Library: 17 ul, 84 or, 96 ol
Edward Ross: 110 Ml
Science Photo Library: Michael Abbey 28 ul; Dr. Tony Brain 26 Ml; Dr. Jeremy Burgess 12 – 13; John Durham 67 ul; Jan Hinsch 23 or; Omikron 171 ol; Petit Format 176 M
Tony Stone Associates: 31 Mr, 40 or
Ullstein: 115 or

ILLUSTRATIONEN

Kevin Marks: 35, 62, 68, 76, 82 – 83, 87, 88, 90 – 91, 94 – 95, 102, 104, 106, 108 – 109, 111, 112 – 113, 137, 146 – 147, 150, 163, 175, 176 – 177
Richard Lewis: 135

COMPUTERGRAFIKEN

Rik Greenland: 133, 184 – 185, 186
Sally Hibbard: 42, 46, 169
Dawn Ryddner: 16 – 17, 18, 33, 56, 61, 66, 78, 80, 115, 136, 146, 157, 160 – 161, 162, 165, 166 – 167, 171, 180, 187
Salvo Tomaselli: 67, 100 – 101

MODELLBAU

Ken Day: 33, 103, 109, 111, 117, 125, 139, 168

MODELLE

Steven Casson: 57
Nancy Graham: 151, 178 – 179
Arabella Grinstead: 105
Sam Jacobson: 118 – 119, 141
Sharon Lucas: 141
Jake O'Leary: 2, 125, 132 – 133
Tim Ridley: 35, 165
Samantha Schneider: 3, 57, 110, 136
Roger Smoothy: 2, 103, 109, 167
Gemma Taylor: 2, 103, 106, 167
Alle anderen Modelle von Little Boats Model Agency, Rascals Child Model Agency

Die Mikroskope wurden zur Verfügung gestellt von Mirador Limited, London.